Un membre
d'une famille distinguée

GENERATIONS

Histoire des peuples du Canada

Un membre d'une famille distinguée

Les communautés polonaises du Canada

Henry Radecki
et Benedykt Heydenkorn

Édité par Le Cercle du Livre de France
conjointement avec la
division du multiculturalisme,
Secrétariat d'État du Canada,
et le Centre d'édition du gouvernement du Canada,
ministère des Approvisionnements et Services Canada

Dépôt légal : 2ᵉ trimestre 1980
Bibliothèque nationale du Canada
Bibliothèque nationale du Québec

DÉDICACE

Ce livre est dédié aux milliers d'immigrants polonais anonymes
dont la vie au Canada n'a pas connu d'actions d'éclat,
mais fut remplie de courage, de persévérance et de souffrances,
pour leur procurer à la fin satisfaction et bonheur.

Photographe : W. F. Chuchla

ISBN-2-89051-010-7

Table des matières

Préface

Au Canada, la communauté polonaise ne constitue que 2% de la population. Pourtant, sur ce faible pourcentage, on recense un nombre prodigieux d'ingénieurs, de maîtres de conférences, de chercheurs, de médecins et d'avocats, qui ont tous grandement contribué à la vie économique et sociale du pays.

Cependant, ce ne fut pas toujours le cas. En effet, le mouvement d'immigration polonais et les premiers Polonais à s'établir au pays ne favorisaient pas l'ascension rapide de ces derniers dans la société canadienne. Ceux qui immigrèrent au début au Canada fuyaient la persécution qui régnait dans leur pays. Même s'ils étaient issus de la classe la mieux instruite, leur apport fut négligeable en raison de leur petit nombre. Toutefois, vers la fin des années 1850, de nombreux cultivateurs polonais vinrent s'installer au Canada, d'abord dans le comté de Renfrew, en Ontario, et plus tard, dans l'Ouest, sur l'instigation de Clifford Sifton.

Au lendemain de la Seconde Guerre mondiale, de nombreux Polonais qualifiés commencèrent à arriver au Canada et nombre d'entre eux s'établirent dans les agglomérations urbaines. Ils y fondèrent leurs propres églises, leurs propres journaux et leurs propres organisations. A la même époque, la deuxième génération de Polonais, issue des premières familles de cultivateurs, s'installait dans les villes et commençait à participer à tous les aspects de la vie canadienne.

Depuis son arrivée au Canada, la communauté polonaise a beaucoup apporté à l'agriculture et à l'industrie. Ce sont les Polonais qui ont défriché la majeure partie des terres cultivées de l'Ouest, notamment au Manitoba et en Alberta. Les ouvriers spécialisés de la période d'après-guerre ont été pour beaucoup dans le développement économique et industriel du pays. Mais leur contribution ne s'arrête pas là. On compte maintenant d'éminents poètes, peintres, enseignants, politiciens et éditeurs d'origine polonaise.

Aujourd'hui, plus que jamais, la communauté polonaise est source d'enrichissement pour la société canadienne. Immigrants ou nés au Canada, les Polonais témoignent d'un vif désir de contribuer, par leurs talents et leurs aptitudes, à l'essor du pays et il ne fait aucun doute qu'ils continueront à s'épanouir au sein de la mosaïque culturelle canadienne.

Dr Stanley H<small>AIDASZ</small>

Présentation

On a assisté récemment au Canada, comme dans bien d'autres pays, à une transformation des mentalités à l'égard de la composition pluri-ethnique de la société. En effet, cette diversité des origines et des cultures, autrefois considérée comme un problème qui ne pourrait se régler qu'avec le temps, commence à être perçue, et à juste titre, comme une précieuse ressource. Ainsi, les Canadiens commencent à s'enorgueillir de ce que des personnes nous viennent des quatre coins du globe, avec pour bagage les points de vue, les connaissances, les aptitudes et les traditions les plus variés, et ce, pour le plus grand bien de tous.

C'est pourquoi les auteurs du *Rapport de la Commission royale d'enquête sur le bilinguisme et le biculturalisme* se sont attachés à décrire, dans le livre IV, l'apport culturel au Canada des groupes ethniques autres que les Anglais, les Français et les autochtones, et que le gouvernement fédéral, pour donner suite à leurs recommandations, a annoncé que le secteur de la citoyenneté du Secrétariat d'État financerait une série d'études portant essentiellement sur les origines, l'apport et les problèmes des divers groupes culturels qui vivent au Canada. D'où la réalisation de cette série d'études historiques. Bien qu'entreprises pour le compte du gouvernement, elles ne prétendent être ni définitives, ni officielles : elles s'insèrent plutôt dans le cadre des efforts fournis par des spécialistes qui ont voulu rassembler une bonne partie des données qui existent sur les groupes ethniques concernés, donner une idée de ce qui reste encore à étudier et ainsi, susciter des travaux de recherche plus approfondis sur les composantes ethniques du pays. Ces documents historiques doivent être objectifs, analytiques et faciles à lire et s'adresser aussi bien au grand public qu'aux élèves des classes terminales, aux étudiants de niveaux préuniversitaire et universitaire, et aux enseignants des écoles primaires.

La plupart des Canadiens appartiennent à un groupe « ethnique ». On entend par là qu'ils possèdent « un sens de l'identité qui prend racine dans une communauté d'origine... que cette communauté soit réelle ou imaginaire [1] ». En ce qui concerne les autochtones, les Anglais et les Français (désignés comme peuples fondateurs, étant les premiers Européens à avoir pris possession du territoire), les Allemands et les Hollandais, établis au Canada depuis plus d'un siècle et les derniers arrivants, ils possèdent tous des traditions et des valeurs qui leur sont chères et qui font désormais partie du patrimoine culturel des Canadiens. Ces groupes sont très différents les uns des autres, du point de vue de leur importance démographique, de leur répartition géographique et de leur rôle socio-économique respectifs. Dans cette série d'études, sera retracée l'histoire de leurs luttes, de leurs échecs et de leurs triomphes.

Comme il est dit dans le *Rapport de la Commission royale d'enquête sur le bilinguisme et le biculturalisme*, « certains individus ont plus que d'autres un sentiment très vif de leur origine, de leur appartenance à un groupe [2] ». De nos jours, au Canada, les mariages inter-ethniques se faisant de plus en plus fréquents et les gens se réclamant, de ce fait, d'ancêtres de plus en plus divers, nombreux sont ceux qui en sont arrivés à se considérer comme simples Canadiens, indépendamment de leur origine ancestrale. Cette série d'études qui prétend cerner la dimension ethnique de la société canadienne, dans une perspective historique, ne part pas du principe que chacun doit être assimilé à un groupe précis, ni que l'ethnicité est toujours le facteur primordial dans la vie d'un individu. Ce qu'elle veut, par contre, faire ressortir, c'est qu'il s'agit d'une question digne d'intérêt pour qui entend bien saisir l'essence de la société et de l'identité canadiennes et cerner ces deux phénomènes.

Jusqu'ici, les historiens canadiens ont toujours abordé l'histoire surtout du point de vue politique et économique. Comme l'avenir politique et économique du pays a surtout reposé entre les mains des Anglais et des Français, ils ont eu tendance à passer sous silence le rôle des autres groupes ethniques dans l'évolution du Canada. En outre, nos historiens étant jusqu'ici, à quelques exceptions près, d'origine anglaise ou française, ils n'avaient ni l'intérêt ni les compétences linguistiques voulus pour se pencher sur l'histoire des autres groupes ethniques. En effet, le pluralisme n'ayant pas été admis comme réalité sociale, aucune étude n'a été entreprise sur l'incidence des traditions et valeurs des Britanniques — ou plus exactement, des Anglais, des Irlandais, des Écossais et des Gallois — sur l'évolution de la société canadienne. Par contre, pour un certain nombre de raisons, les historiens se sont intéressés de plus près à l'influence des diverses traditions et valeurs françaises.

Cette série d'études témoigne de l'intérêt grandissant porté à l'aspect social de l'histoire du Canada, notamment à l'histoire de l'immigration et des groupes ethniques. Cette nouvelle tendance tient peut-être à ce qu'un nombre sans cesse plus grand de spécialistes dans ce domaine ont des origines autres que françaises ou anglaises et ont un sentiment d'appartenance ethnique différent. Comme ce phénomène vient à peine de surgir, les auteurs des études précitées n'ont, pour la plupart, pu disposer que d'une bibliographie très sommaire. Il existe, il est vrai, certaines études historiques sur des groupes autres que les Anglais et les Français, mais celles-ci sont souvent plus ou moins teintées de chauvinisme et se caractérisent par une absence de rigueur sur le plan de l'analyse.

Malgré la rareté des sources de référence, les auteurs ont été tenus d'effectuer une étude aussi complète que possible et d'accorder une importance égale aux thèmes suivants : origines, choix du lieu d'établissement, identité et assimilation ethniques, associations ethniques, évolution démographique, religion, valeurs, profession et catégorie sociale, familles, presse ethnique, préférences linguistiques, réactions face à la politique, éducation, relations inter-ethniques, arts et loisirs. En outre, ils ont été invités à donner une idée des différences constatées entre membres du même groupe, selon la région du pays où ils habitent. Enfin, on leur a demandé de se montrer à la fois subjectifs lorsqu'ils décrivent les expériences du groupe en tant qu'immigrants et minoritaires, et objectifs, autrement dit, présenter le groupe non pas simplement comme il se perçoit lui-même ou comme il voudrait être perçu.

Le défi était donc de taille. Dans la mesure où l'entreprise a été une réussite, les auteurs nous ont présenté sous un éclairage nouveau de nombreuses facettes de la société canadienne, telle qu'elle est maintenant. Dans la mesure où ils n'ont pu atteindre tous leurs objectifs, ils invitent d'autres historiens, sociologues et anthropologues à venir prendre la relève et à achever l'œuvre entreprise.

Jean BURNET
Howard PALMER

NOTES

1. *Rapport de la Commission royale d'enquête sur le bilinguisme et le biculturalisme* — paragraphe 7.
2. *Ibid.* — paragraphe 8.

Avant-propos

Depuis quelques décennies déjà, on dit du Canada qu'il est une « mosaïque culturelle ». Et, au sein de cette mosaïque, les Polonais occupent une très large place. En effet, le recensement de 1971 dénombrait 316 430 Canadiens d'origine polonaise. On les retrouve dans toutes les sphères d'activité ; ils participent pleinement à la vie culturelle et économique du Canada et jouissent, au même titre que tous les autres Canadiens, des avantages que leur offre le pays. Voici un portrait historique des immigrants polonais, et de leurs descendants, qui ont choisi de faire du Canada leur patrie.

Nous espérons qu'il permettra aux Canadiens de faire connaissance avec ce groupe ethnique et aux descendants d'immigrants polonais de mieux connaître l'histoire et le cheminement, souvent pénible, de leur groupe. Enfin, par les lacunes qu'elle présente, cette étude devrait inciter historiens et universitaires à poursuivre les recherches.

Grâce à la collaboration de diverses associations polonaises, et notamment de l'Institut polonais-canadien des recherches, d'organismes fédéraux et provinciaux et de nombreuses personnes, nous avons pu recueillir une foule de renseignements, d'articles, de mémoires et de documents sur la présence polonaise au Canada, qui, sans être exhaustifs, sont néanmoins très diversifiés. Aucun thème n'est traité en profondeur. Certaines questions sont plus ou moins fouillées, d'autre à peine effleurées. Nous avons abordé le sujet de façon générale et aussi rigoureusement que nos ressources nous le permettaient ; aussi, nous ne prétendons pas avoir brossé un tableau complet et scrupuleusement fidèle du groupe ethnique polonais, de son évolution et de sa vie actuelle au Canada.

Nous n'avons pas cherché à décrire en détail les expériences de certains groupes ou particuliers, ni à retracer la mise sur pied de divers établissements, organismes ou associations de bénévoles, ou encore à vanter les mérites des nombreux Polonais qui se sont distingués par leurs réalisations. Au contraire, nous avons soigneusement évité ces sujets pour mettre l'accent sur le groupe et les expériences qu'il a vécues. Ainsi, nous espérons informer les Polonais, nés au Canada ou qui y ont vécu depuis leur petite enfance, sur leur histoire et leur patrimoine et leur instiller un profond désir d'en savoir davantage.

Toutes les questions présentant un intérêt n'ont pas été touchées. Ainsi, il existe déjà une abondante littérature sur la contribution des Polonais au domaine artistique et littéraire, de sorte que nous n'avons pas jugé utile d'examiner cette question. De même, nous avons volontairement négligé de parler de la présence polonaise sur la scène politique canadienne ; d'autres questions, telles que la migration professionnelle et sociale, la stratification sociale, les loisirs, la mobilité géographique et résidentielle et la concentration résidentielle des Polonais, restent encore à approfondir. Nous nous estimerons satisfaits si, malgré les lacunes flagrantes de notre étude, nous réussissons à faire mieux comprendre la culture, les valeurs, les traditions et le dynamisme qui caractérisent la communauté polonaise et la distinguent des autres groupes ethno-culturels du Canada.

Nous tenons à remercier le Secrétariat d'État qui, par ses nombreux conseils et son aide financière généreuse, nous a permis de mener cette étude à bien. Nous désirons aussi témoigner notre profonde reconnaissance à nos femmes qui ont fait preuve de compréhension et de patience tout au long des recherches et de la rédaction du rapport. A tous ceux également qui nous ont fait part de leurs connaissances et de leurs expériences, nous offrons nos sincères remerciements. Plus particulièrement, nous aimerions remercier pour sa contribution le directeur de l'Institut polonais-canadien des recherches de Toronto, M. R.K. Kogler, et témoigner notre gratitude aux professeurs W.W. Isajiw, de l'Université de Toronto et H. Palmer, de l'Université de Calgary, qui ont bien voulu lire, commenter et critiquer les premières versions du texte. Enfin, nous désirons souligner tout particulièrement l'admirable travail de Mme Jean Burnet, professeur au collège Glendon de l'Université York, dont les judicieuses suggestions et les précieux conseils nous ont grandement facilité la rédaction définitive. Nous lui en sommes sincèrement reconnaissants. Il va de soi que nous assumons l'entière responsabilité des erreurs que pourrait renfermer cette étude.

Henry RADECKI
Benedykt HEYDENKORN

CHAPITRE UN

Tour d'horizon

Nous savons que le premier immigrant polonais est arrivé au Canada en 1752 [1], mais que fort peu de ses compatriotes l'ont imité au cours du siècle suivant. Il est probable que, chaque année depuis la Confédération, davantage de Polonais ont choisi de s'établir au Canada que pendant tout le siècle qui l'a précédée. Les recensements canadiens de 1850-1851 [2], 1860-1861, 1870-1871 et 1880-1881 laissent supposer que leur nombre au Canada augmentait lentement, mais il est difficile de le déterminer exactement car les données sont réunies dans les catégories de recensement : « Russes-Polonais » ou « Russes et Polonais ». En attendant que de nouvelles recherches soient entreprises, il est donc impossible d'établir combien d'immigrants polonais figuraient dans ces catégories.

Les seuls Polonais officiellement catalogués ont très probablement été les immigrants originaires du royaume du Congrès, région comprenant le domaine russe de la Pologne démembrée. Il y avait au moins un autre groupe important de Polonais déjà établis au Canada en 1870 qui ne sont pas inscrits dans la catégorie des Polonais, ce sont les Kachoubes dans la région de Renfrew-Barry's Bay en Ontario. Les données des recensements d'avant 1901 sont incomplètes et doivent faire l'objet de recherches plus poussées.

Les statistiques dont nous disposons fournissent le nombre de nouveaux arrivants polonais à partir de 1900 mais, là aussi, les chiffres ne correspondent pas au recensement décennal du Canada et ils appellent des éclaircissements.

Le recensement canadien de 1901 indique 6 285 personnes d'origine polonaise. De 1900 à 1914, le ministère de la Main-d'œuvre et de l'Immigration a inscrit 109 613 immigrants polonais arrivant au Canada ; pourtant, le recensement canadien de 1921 n'indique que 53 403 personnes appartenant à ce groupe ethnique. Même si on ne tient pas compte de la natalité, l'erreur est flagrante.

1

TABLEAU 1

ORIGINE — RUSSIE ET POLOGNE

Classification du recensement	Nouv. Bruns.	Nouvelle-Écosse	Île-du-Prince Édouard	QUÉBEC			ONTARIO			Manitoba	C.B.	Territoires
				Montréal	Québec	Autres	Toronto	Hamilton	Autres			
Russie et Pologne 1860-1861				20	21	18	23	12	126	pas d'information		
TOTAUX					59			161				
Russie et Pologne 1870-1871	1	28	–	28	29	129	81	31	280	pas d'information		
TOTAUX	1	28	–		186			392				
Russie et Pologne 1880-1881	26	Halifax 14	1	220	?		132	38	–	Winnipeg 6	48	pas d'information
TOTAUX	26	30	1		300			787		24	48	
Russie et Pologne 1885-1886										293 (lieu de naissance 5 724)		17 (lieu de naissance 97)
1890-1891 Polonais Catégorie séparée	1	9		176	4		97	17		31	New Wstm. 29 Vanc. 3 Vict. 5	Alta. 10 Assinb. E. 177 Assinb. O. 4
TOTAUX					236			187		31	40	191

Sources: *Recensements du Canada*: 1860-1861, 1870-1871, 1880-1881. *Recensement du Manitoba*, 1885-1886.

Un certain nombre de facteurs permettraient sans doute de voir clair dans cet imbroglio. Avant 1918, la Pologne était partagée entre trois États voisins : la Russie, l'Autriche et l'Allemagne. Les immigrants devaient obtenir leurs passeports, leurs permis de sortie ou autres titres, des autorités compétentes de leurs localités. Les fonctionnaires canadiens, peut-être ignorants ou insouciants de ces distinctions ethniques, ont pris les documents des immigrants comme critère de la citoyenneté aux fins des données du recensement. Ne parlant habituellement pas couramment l'anglais, les immigrants ne pouvaient pas fournir les renseignements pertinents même s'ils le désiraient.

Un autre facteur important a trait au sentiment d'appartenance. La très grande majorité des Polonais ayant participé à cette première vague d'immigration avaient un sentiment d'identité nationale extrêmement faible ou nébuleux. D'abord, ils s'estimaient les sujets d'un des empereurs : l'autrichien, le prussien ou le russe. Cette identité leur avait été imposée pendant toute leur vie et depuis des générations. Elle faisait autorité lors de l'appel au service militaire, du paiement des impôts et du fait de la présence des représentants officiels des empereurs, soit les soldats, les gendarmes et les fonctionnaires subalternes. Officiellement, ils ressortissaient à la puissance qui les gouvernait. Ils se disaient également Polonais de Galicie (Pologne autrichienne), du royaume du Congrès (Pologne russe) ou de la « Poznańskie » ou « Śląsk » (Pologne prussienne). Toutefois, ils se considéraient avant tout comme membres d'une collectivité distincte et circonscrite par son voisinage immédiat. Comme le déclarait Balch[3] : « Chaque petit village constituait un microcosme avec ses traditions et ses coutumes, son costume, voire même son dialecte. L'habitant du village voisin était... un étranger. »

La situation des Polonais immigrant à la suite des événements de la Première Guerre mondiale allait changer, mais l'absence, à l'origine, d'une identité nationale précise a semé la confusion chez les autorités canadiennes ; de nombreux Polonais ont été inscrits ou se sont déclarés comme Autrichiens, Allemands ou Russes. Lorsque la Pologne a accédé à l'indépendance en 1918, la nouvelle nation comptait plusieurs minorités ethniques qui se considéraient ou étaient classées comme polonaises. Cela a embrouillé davantage une situation qui, selon l'avis de certains écrivains, n'a pas été entièrement élucidée, et a donné lieu à ce qu'on pourrait appeler une loterie des ethnies où certains groupes revendiquent des membres d'autres groupes ethniques[4].

Ces deux facteurs peuvent expliquer, en partie, les écarts des données démographiques des Polonais vivant au Canada entre 1900 et 1921, mais il faut aussi en retenir deux autres. De nombreux immigrants de Pologne ne sont pas venus au Canada avec l'intention d'y demeurer en permanence, mais avec l'espoir d'y travailler pendant un certain temps, de gagner de l'argent et de retourner chez eux réclamer leurs terres hypothéquées ou en acheter de nouvelles. Bien qu'il n'existe aucune donnée statistique sur les immigrants qui sont repartis (le Canada n'ayant jamais consigné les départs), certains écrivains prétendent qu'entre 10% et 15% d'immigrants polonais sont effectivement retournés chez eux. Il faudrait sans doute corriger ces chiffres et adopter une proportion plus réaliste de 35% à 45% de Polonais repartis. Jusqu'en 1921 en effet, l'immigration de tous les Européens aux États-Unis était relativement facile. Il n'existe pas actuellement de données sur le nombre d'immigrants polonais qui sont venus au Canada, y ont obtenu la qualité d'immigrants reçus pour ensuite repartir vers les États-Unis.

Enfin, il ne faut pas écarter non plus la possibilité de l'assimilation totale des immigrants polonais, notamment de leurs descendants, à l'un des groupes dominants, soit les Canadiens français et les Anglo-Saxons, ou à une autre minorité, habituellement les Ukrainiens. L'assimilation se faisait surtout par mariage avec un conjoint non polonais. Les données statistiques indiquent que le groupe ethnique polonais était surtout composé d'hommes[5]. Nombre d'entre eux, lorsqu'ils le pouvaient, arrivaient au Canada avec leurs fiancées ou leurs épouses éventuelles. D'autres ont eu recours à des solutions plus faciles et ont épousé des femmes de leur entourage immédiat. Quant aux isolés et aux dispersés, leur choix se faisait parmi les Canadiens français, les Anglo-Saxons et d'autres groupes ethniques. Ces facteurs pourraient expliquer les écarts importants des deux séries de données, mais le rôle qu'ils ont joué n'a pas encore été établi avec précision.

Comme l'indique le tableau 2, seules les données de 1917 ne font pas état d'immigrants polonais au Canada. Ce mouvement de population apparemment continu se compose en réalité de cinq vagues d'immigration distinctes. Ces dernières tiennent aux conditions sociales en Pologne et au Canada, et aux caractéristiques des immigrants : leurs conditions socio-économiques, les raisons qu'ils avaient d'émigrer, leur nombre et leur dernier lieu de résidence avant de venir au Canada.

Durant la première et la plus longue étape, soit jusqu'en 1895, les Polonais immigrèrent au Canada en nombre relativement faible, soit seuls, soit en groupes, et pour des raisons très variées. Pendant l'étape suivante, des milliers de personnes arrivèrent à la recherche de travail et de terres, en particulier de Galicie en Pologne autrichienne.

TABLEAU 2

NOMBRE D'IMMIGRANTS POLONAIS ARRIVÉS AU CANADA
1900-1974 *

1900/1	4 702	1920	3 544	1940	19	1960	3 182
1902/2	6 550	1921	2 853	1941	16	1961	2 753
1902/3	8 656	1922	2 758	1942	5	1962	1 956
1903/4	8 398	1923	4 157	1943	6	1963	1 866
1904/5	7 671	1924	2 908	1944	32	1964	2 399
1905/6	6 381	1925	1 952	1945	249	1965	2 566
1906/7	2 685	1926	5 359	1946	565	1966	1 678
1907/8	15 861	1927	8 248	1947	2 610	1967	1 470
1908	7 346	1928	8 319	1948	13 799	1968	1 092
1909	4 098	1929	6 197	1949	12 233	1969	859
1910	5 454	1930	4 968	1950	6 612	1970	723
1911	6 028	1931	560	1951	12 938	1971	1 132
1912	10 077	1932	379	1952	5 485	1972	1 321
1913	13 339	1933	360	1953	3 176	1973	1 261
1914	2 373	1934	392	1954	2 274	1974	945
1915	7	1935	405	1955	1 886		
1916	15	1936	378	1956	2 269		
1917		1937	632	1957	2 909		
1918	2	1938	570	1958	2 996		
1919	24	1939	381	1959	3 733		

* Durant la période 1900-1905, les Polonais étaient définis par leur origine ethnique. Depuis 1966, sont classés Polonais les immigrants qui habitaient en Pologne au moment d'émigrer.

Source : *Rapport de la Commission royale* (1970 ; tableau A-1 ; 238-245), et les statistiques d'immigration pour les années 1966-1974.

Ce mouvement massif de population atteignit son apogée en 1907, avec l'arrivée de 15 861 immigrants polonais, et prit fin en 1914. La troisième étape débuta en 1920. Une fois de plus ce fut une vague massive d'immigrants en quête de travail et de terres, en provenance cette fois de l'État déjà indépendant et non plus surtout de Galicie. En 1930, les restrictions d'un décret du Conseil mirent pratiquement fin à l'immigration ; moins de 4 000 immigrants polonais sont venus au Canada entre 1932 et 1939, avant que n'éclate la Seconde Guerre mondiale qui allait interdire tout déplacement. La quatrième étape débuta en 1945 et, au cours des onze années suivantes, 63 845 Polonais ont immigré au Canada, cette fois, non pas directement de Pologne, mais d'Italie, de Grande-Bretagne, de diverses parties de l'Europe continentale et d'autres parties du monde. C'était des vétérans de l'armée polonaise, des anciens prisonniers de guerre, des détenus de camps de concentration et des travailleurs forcés d'Allemagne, libérés par un des alliés occidentaux, des réfugiés politiques qui ne voulaient pas vivre sous un régime socio-politique communiste. La dernière et actuelle étape, qui débuta en 1957, comprend moins d'immigrants que les trois précédentes, et elle provient de plus en plus directement de Pologne.

Dans la présente étude, nous nous proposons d'analyser chacune de ces étapes plus profondément au moyen d'une étude sommaire des principaux intéressés et de leurs raisons d'émigrer au Canada, mais il serait sans doute utile de présenter d'abord le peuple polonais en brossant un tableau de la structure du pays d'origine de ces immigrants.

LE CONTEXTE POLONAIS

On accepte généralement l'année 966, date du baptême du chef de la principauté indépendante la plus considérable, comme étant le début de l'histoire de la Pologne. L'histoire tribale du peuple polonais remonte beaucoup plus loin, mais il y a pénurie de sources exactes et fiables à cet égard. Les savants se fondent sur les brèves remarques de quelques chroniqueurs et voyageurs. Il semble donc plus valable d'aborder l'aperçu historique de la Pologne à partir de la date déjà mentionnée, d'autant plus qu'il appartient au prince Mieszko d'avoir jeté les fondements de l'État polonais. Il consacra tous ses efforts à la création d'un État homogène sous l'autorité centrale d'un monarque auquel les princes féodaux auraient à prêter le serment d'allégeance. En épousant une princesse tchèque, Mieszko ouvrit l'ère chrétienne sur ses territoires géographiques et nationaux.

L'histoire de la nation polonaise est très mouvementée, pleine de drames, de succès et d'échecs. Le fils de Mieszko, Bolesław, réussit à se soustraire à l'obligation de rendre hommage au Saint Empire romain germanique et à se faire couronner roi, mais le nouvel État se trouva, après sa mort, aux prises avec de graves problèmes. Pendant toute l'histoire de la Pologne, le désir de l'expansion vers l'est a toujours caractérisé la politique étrangère du pays. À certains égards, Bolesław fut l'instigateur de cette politique, car il poussa ses conquêtes territoriales jusqu'à Kiev. Plusieurs siècles s'écoulèrent toutefois avant que la Pologne puisse être de nouveau en mesure de réaliser ses ambitions politiques. L'expansion vers l'est découlait d'un état de fait, car la situation politique dans ces régions était changeante, l'organisation des États en était encore à ses débuts et prenait la forme de luttes et de batailles entre divers seigneurs féodaux, tandis que la situation à l'ouest était plus stable. L'expansion vers l'est aboutit à l'Union de Lublin en 1569, lors de la fusion de la Lituanie avec le royaume de Pologne.

Il est remarquable de constater qu'à partir du XVe siècle, la Pologne étend son territoire en direction de l'est, mais que son influence culturelle demeure superficielle. La Pologne n'étant pas une nation colonisatrice, elle ne réussit à assimiler que quelques membres des classes supérieures lituanienne, biélorusse et ukrainienne : la classe moyenne et le bas peuple ne furent pas touchés par l'influence polonaise. Durant la Renaissance, son époque la plus glorieuse, la Pologne est la nation la plus tolérante d'Europe. Le supplice du feu réservé aux hérétiques, les guerres de religion et la persécution des minorités religieuses, tellement courants alors dans d'autres pays européens, sont pratiquement absents de Pologne. Lorsque les Juifs sont persécutés en Europe occidentale, qu'ils s'enfuient ou sont expulsés de l'Espagne, du Portugal, de l'Angleterre et des principautés germaniques, non seulement la Pologne les accueille-t-elle, mais elle leur offre également l'autonomie en matière religieuse. Évidemment, la tolérance religieuse n'était ni illimitée, ni permanente, mais même durant la période la plus intense des activités de la contre-réforme, les dissidents polonais, soit les Ariens, ne périrent pas sur le bûcher mais purent quitter le pays.

Jusqu'à ce qu'elle perde son indépendance en 1795, la Pologne[6] était une monarchie dont la classe dirigeante était la noblesse ou la « szlachta ». Les rois étaient élus, mais leur pouvoir dépendait de l'influence politique qu'ils exerçaient auprès de quelques grandes familles nanties. Le principe de l'unanimité des décisions de la Diète empêchait les nantis et le roi de s'approprier le pouvoir absolu. Le *liberum veto*, c'est-à-dire un seul vote d'opposition investi du pouvoir de rendre nulle toute délibération et de rendre l'adoption de certaines lois impossible, était à la fois un instrument factieux et la manifestation d'une démocratie véritable, poussée au maximum. Les effets néfastes en étaient toutefois plus prononcés que les bénéfices.

Seuls la noblesse et le clergé jouissaient pleinement des droits de citoyens et de tous les privilèges qui en découlaient. Juste avant de perdre son indépendance, la société polonaise se composait des catégories apparaissant au tableau 3.

Frédéric le Grand, roi de Prusse, orchestre le premier partage de la Pologne en 1772, alors qu'un tiers du territoire et environ la moitié de la population passent à l'Autriche, à la Prusse et à la Russie. Le deuxième partage de la Pologne au profit de ses voisins survient en 1793, et la Pologne disparaît de la carte de l'Europe en 1795. Nombre de failles dans la structure socio-économique de la Pologne partagée jouent un rôle important dans la mise en marche du mouvement d'émigration. Viennent s'y ajouter les questions politiques, comme

TABLEAU 3

LA SOCIÉTÉ POLONAISE — 1791

Noblesse	700 000
Clergé	50 000
Citadins	600 000
Juifs	900 000
Villageois	6 500 000
Autres (Arméniens, Tartars,	
« Old Believers », etc.)	250 000
Population totale de la Pologne	9 000 000

Source: Tazibr and Rostworowski (1968:344).

le refus de s'enrôler dans une des armées des conquérants, et les sentiments nationalistes qui sont des plus prononcés dans le secteur prussien, là où les Polonais font l'objet d'une germanisation à outrance et sont chassés de leurs terres s'ils s'y refusent. Cependant, la principale raison est le manque de travail et de terres arables qui en incite bon nombre à chercher ces choses à l'étranger [7].

La Pologne retrouve son indépendance en novembre 1918 à la suite de nombreuses tractations et manœuvres dans l'arène politique et des efforts de la nation polonaise combattante au cours de la Première Guerre mondiale. Les frontières de la Pologne ressuscitée ne sont ni celles de sa période historique de gloire, ni celles qu'elle avait avant de perdre son indépendance. En novembre 1918, les frontières de la Pologne sont instables, une partie du territoire demeure sous administration allemande et une autre partie est engloutie par les activités militaires.

L'État polonais se heurte immédiatement à des difficultés d'ordre économique, politique et militaire ; après la guerre, le pays est en ruines, il est politiquement divisé en un certain nombre de camps et déjà son indépendance est menacée. Des combats avec les Ukrainiens se livrent dans le sud-est de la Pologne, les Tchèques réussissent à occuper une partie de la région de Cieszyn, en Silésie, et la haute Silésie appartient aux Allemands. La guerre de 1920 contre l'U.R.S.S. constitue pour le nouvel État sa plus rude épreuve. Après plusieurs campagnes, les deux camps ayant tour à tour remporté la victoire, on signe en mars 1921, la paix de Riga qui fixe la frontière entre la Pologne et l'U.R.S.S. Les frontières occidentales sont délimitées après un plébiscite en haute Silésie, de sorte que la région se trouve coupée en deux, la plus grande partie revenant à l'Allemagne, et les frontières de la Pologne sont finalement confirmées en 1923.

En 1921, le premier recensement de la Pologne indépendante indique une population de 27 400 000 habitants sur une superficie de

388 634 kilomètres carrés. Le territoire de la Pologne s'étend légèrement en 1938, à la suite de l'acquisition de lopins de terre dans la région de Cieszyn, en Silésie, et en Slovaquie, pour atteindre 389 720 kilomètres carrés. Selon le recensement de 1931, la population compte 32 348 000 habitants et, vers la fin de 1938, selon les données du Bureau de la statistique, elle passe à 34 875 000 âmes.

La nouvelle Pologne compte un nombre considérable de minorités [8] nationales et religieuses à l'intérieur de ses frontières. L'hétérogénéité de sa population résulte de l'acquisition de territoire par des conquêtes, notamment à l'est, d'ententes politiques, comme dans le cas des Lituaniens, ou de la fusion de territoires à la suite des mariages des maisons royales régnantes. Un grand nombre de colons allemands jouent un rôle important dans l'essor des villes polonaises mais, tout en conservant leurs religions, ils sont largement assimilés à la société polonaise. La population juive, qui commença à s'y installer en grand nombre dans la première moitié du XIVᵉ siècle, les Biélorusses, les Ruthéniens et les Ukrainiens, conservent tous leur culture et leur religion au cours des siècles, sous l'autorité polonaise.

Le nouvel État polonais assure aux autres nations intéressées que toutes les minorités religieuses et nationales à l'intérieur de ses frontières politiques jouissent de tous leurs droits de citoyens, garantis en vertu de la Constitution polonaise de 1920. La Pologne réitère officiellement ces assurances quant aux droits des minorités à la Société des Nations en 1934 mais, en fait, les autorités polonaises conçoivent différents moyens d'absorber et finalement d'assimiler les minorités et elles appliquent certaines mesures pour mater les opposants. Par exemple, la Constitution polonaise garantit à toutes les minorités tous les privilèges d'éducation dans leur propre langue, mais elle n'accorde pas aux écoles de subventions suffisantes, de locaux ou autres ressources nécessaires. Les minorités polonaises nationales et religieuses accèdent rarement à des fonctions politiques, elles sont victimes de discrimination à tous les paliers de la fonction publique et dans la distribution des terres. Le ressentiment, né d'un sentiment d'injustice et de discrimination, venant s'ajouter à l'action des mouvements nationalistes et indépendantistes parmi certains groupes, est général et il éclate lors du conflit armé des Ukrainiens en 1918-1919. Les Ukrainiens sont défaits par l'armée polonaise, mais ils continuent à s'opposer à l'État polonais au moyen d'assassinats et de sabotage jusqu'à l'éclatement de la Seconde Guerre mondiale. Les mouvements indépendantistes des Lituaniens et des Biélorusses ne sont jamais bien articulés, tandis que la minorité allemande demeure calme, mais hostile à l'État polonais. La population juive est également victime de discrimination, mais elle n'a aucun défenseur.

L'attitude du gouvernement polonais vis-à-vis de ses minorités n'est pas toujours conséquente. Des politiques libérales caractérisent la période de 1926 à 1930 et sont suivies d'un nationalisme polonais puissant. Le degré de discrimination varie d'une minorité à l'autre ; les Allemands et les Russes, par exemple, sont mieux considérés que les Ukrainiens et les Juifs.

Les politiques et les plans d'absorption et d'assimilation échouent en grande partie, mais la situation faite aux minorités polonaises de 1918 à 1939 joue un rôle décisif dans l'essor et l'expansion du groupe polonais au Canada. Il est probable que les conditions de vie en motivent un grand nombre à émigrer de la Pologne, et quantité d'Ukrainiens, de Biélorusses, de Lituaniens, d'Allemands et de Juifs prennent le chemin du Canada [9]. Nés en Pologne, ils quittent ce pays en tant que citoyens de langue polonaise mais, à leur arrivée au Canada, ils se réclament d'un groupe ethnique autre que polonais ou encore ils changent de nationalité ou d'ethnie à l'occasion d'un des recensements décennaux du Canada [10].

En mai 1926, un coup d'État militaire est monté par le maréchal Jósef Piłsudski, un des principaux créateurs et défenseurs du nouvel État polonais, lequel renverse le système parlementaire et le remplace par une dictature partielle. Le Parti communiste et ses divers organes avaient été déclarés illégaux en 1919 et, après le coup d'État militaire, les partis politiques d'opposition assistent à l'arrestation et à l'emprisonnement de leurs chefs et de leurs activistes influents, et certains droits civiques fondamentaux sont considérablement limités. Toutefois, aucun parti d'opposition ne perdit jamais sa légitimité, quelque amère que fût son opposition au système instauré par Piłsudski. Les organes d'information représentant l'opposition demeurent libres de paraître, et les syndicats poursuivent leur activité ouvertement, toujours libres de recruter de nouveaux membres, de manifester et d'exprimer leur opposition.

Sur la scène internationale, la Pologne est l'alliée de la France et, en ce qui concerne ses voisins, surtout de la Roumanie. Par suite d'un différend au sujet d'une partie de la région de Cieszyn, en Silésie, les relations avec la Tchécoslovaquie sont tendues. Les relations germano-polonaises demeurent acerbes jusqu'en 1933, lorsque Hitler réussit habilement à profiter du manque d'intérêt de la France concernant les suggestions de la Pologne pour une guerre préventive et propose à la Pologne un pacte réciproque de non-agression, rompu en septembre 1939. La Pologne est aussi partie à un pacte réciproque de non-agression avec l'U.R.S.S. que Moscou

TABLEAU 4
LANGUE MATERNELLE ET RELIGION — POLOGNE — 1931

LANGUE MATERNELLE

RELIGION	Totaux (en milliers)	Polonais	Ukrainien	Ruthénien	Biélorusse	Russe	Allemand	Juif et Hébreu	Autre langue et non déclarée
Totaux (en milliers)	31 915,8	21 993,4	3 222,0	1 319,6	989,9	138,7	741,0	2 732,6	878,6
Catholique romaine	20 670,1	20 333,3	12,6	12,9	77,8	1,9	118,5	–	113,1
Catholique grecque	3 336,2	487,0	1 676,8	1 163,8	2,3	0,9	0,3	–	5,1
Grecque orthodoxe	3 762,5	497,3	1 501,3	38,7	903,6	99,6	0,1	–	721,9
Protestante	835,2	219,0	6,7	0,5	0,5	0,7	598,9	–	8,9
Autre rel. chrétienne	145,4	55,1	23,2	2,7	4,2	35,0	15,9	–	9,3
Israélite	3 113,9	371,9	0,2	0,3	0,2	0,4	6,8	2 731,4	2,7
Autre non-chrétienne	6,8	4,4	0,1	0,1	1,0	0,1	0,0	–	1,1
Inconnue et non déclarée	45,7	25,4	1,1	0,6	0,3	0,1	0,5	1,2	16,5

Source: *Mały Rocznik Statystyczny*, 1939.

enfreint le 17 septembre 1939 lorsque l'armée soviétique envahit le territoire polonais conformément aux ententes secrètes germano-soviétiques du mois d'août 1939.

En 1939, la Pologne est un pays agricole et, selon les données statistiques disponibles [11], 60,9% de la population vit de l'agriculture [12]. Des changements considérables modifient toutefois le régime agraire au cours des deux décennies qui séparent les deux Guerres mondiales. La Pologne est dorénavant dotée de petites entreprises agricoles indépendantes. Au cours des années 1919–1937, 2 536 000 hectares sont distribués et, de plus, des servitudes totalisant 589 000 hectares sont supprimées. Aussi les terres des paysans augmentent-elles durant cette période de plus de 3 100 000 hectares, ce qui leur donne, en plus de la répartition des terres de 1938 et de 1939, plus de 3 400 000 hectares de terre.

En 1939, les terres de plus de 50 hectares constituent environ 15% des terres arables, c'est-à-dire environ 3 600 000 hectares et, de cette portion, environ 10% des terres arables, soit environ 2 500 000 hectares, appartiennent aux grands propriétaires. De toutes les terres distribuées, et par l'État et par les particuliers, 2 538 000 hectares (54%) deviennent de nouvelles exploitations, 38% permettent d'agrandir les petites exploitations et 7% se partagent en jardins et en lopins de terre. Ces transformations permettent de créer 1 880 000 nouveaux emplois agricoles. Pourtant, selon certains calculs, le nombre de travailleurs agricoles surnuméraires varie de 5 à 8 millions [13].

Le 1ᵉʳ septembre 1939, l'armée allemande envahit la Pologne : la Seconde Guerre mondiale débute. Les armées polonaise et allemande sont de force tellement inégale que le résultat de la campagne est inévitable. La catastrophe frappe toutefois plus tôt que prévu parce que l'U.R.S.S. rompt son pacte de non-agression et entre en guerre aux côtés de l'Allemagne. Le 17 septembre 1939, l'U.R.S.S. et l'Allemagne se partagent le pays de sorte que la Pologne se retrouve sous l'occupation de deux de ses voisins.

Les Polonais ne déposent pas les armes pour autant. La résistance politique et militaire se met à l'œuvre dans tout le territoire polonais le jour même de la prise de Varsovie par les Allemands. Dans le même temps, la formation d'armées polonaises voit le jour en France. Les armées de l'air et de mer polonaises réussissent à passer à l'Ouest, et plus tard, de nombreux soldats, qui se sont échappés de la Pologne occupée et ont été enfermés dans des camps en Roumanie et en Hongrie, parviennent en France et en Angleterre. De plus, les Polonais vivant en France sont enrôlés dans l'armée polonaise. Un nouveau gouvernement, dirigé par le général Władysław Sikorski, se constitue à Paris. Ce gouvernement dirige également les activités politiques et militaires dans le pays occupé. Les soldats polonais combattent littéralement sur tous les fronts occidentaux. La grande et courageuse armée du pays surgit en Pologne, et ses membres effectuent toute une série d'opérations extrêmement audacieuses. Non seulement l'armée du pays réussit-elle de nombreux actes de sabotage, mais elle fournit également aux Alliés occidentaux beaucoup de renseignements militaires ainsi qu'une fusée V-1, et des renseignements très précis quant au lieu où cette arme est fabriquée[14].

Par suite de l'entente du mois d'août 1941, les relations diplomatiques entre la Pologne et l'U.R.S.S., rompues le 17 septembre 1939, reprennent. Une armée polonaise se forme en U.R.S.S. grâce aux soldats se trouvant dans des camps de prisonniers de guerre ou déportés en Sibérie et ailleurs en Union soviétique. Diverses difficultés et malentendus amènent l'évacuation de l'armée polonaise de l'U.R.S.S. au cours de l'été 1942 et, après la révélation du crime de Katyń[15] en avril 1943, les relations diplomatiques sont de nouveau rompues. Le recrutement pour l'armée polonaise en U.R.S.S. se poursuit sous la direction du colonel Zygmunt Berling, chef d'État-major de la Division de l'infanterie polonaise en U.R.S.S., unité subordonnée au commandement soviétique. Les rangs se composent entièrement de communistes polonais, tandis que les officiers et instructeurs sont détachés de l'armée soviétique, certains d'origine polonaise, mais la plupart Russes de naissance. Beaucoup d'entre eux restent dans l'armée polonaise jusqu'à la fin de 1956 alors que Władysław Gomułka, nouveau secrétaire général du comité central du Parti ouvrier polonais unifié, exige qu'ils soient rappelés.

L'avenir politique de la Pologne est déjà déterminé par les accords de Téhéran et il est finalement entériné à Yalta en février 1945. Les puissances occidentales abandonnent la Pologne à la sphère d'influence de l'U.R.S.S., se contentant des quelques promesses vides de sens de Staline. Un appareil politique et administratif communiste, créé en U.R.S.S., exerce l'autorité en Pologne libérée. Au début, Moscou gouverne par l'intermédiaire du Comité national de libération, qui devient par la suite le gouvernement intérimaire, reconnu par la plupart des pays, y compris les Alliés occidentaux en juillet 1945.

Après la Conférence de Potsdam en 1945, une période de soviétisation rapide s'amorce en Pologne. Une réforme agraire s'effectue, sans trop frapper la propriété privée dans les territoires faisant partie de la Pologne d'avant-guerre. La reconstitution de la

Pologne commence après la dévastation de la guerre et, parallèlement, un nouveau modèle socio-économique s'implante grâce auquel la Pologne se transforme de pays agricole en une nation industrialisée.

Après les accords de Yalta et de Potsdam, les frontières de la Pologne sont décalées vers l'ouest, et la composition de la population change radicalement. Les régions dont s'est emparée l'U.R.S.S. comptent le plus grand nombre des minorités ethniques ukrainiennes et biélorusses. La minorité allemande, tant dans les régions anciennes que nouvelles, doit être rapatriée et la grande majorité des Juifs ont été massacrés par les occupants allemands. Les survivants quittent la Pologne en plusieurs vagues. Ethniquement parlant, la Pologne est presque parfaitement homogène. Le régime politique amène des changements aussi bien dans la composition de la main-d'œuvre que dans l'économie nationale. Dévasté par la guerre, le pays se relève grâce aux efforts énormes et au sacrifice de la population. Au cours de la première période de développement, ou plus précisément jusqu'à la fin de 1956, l'agriculture subit un processus de collectivisation comme en U.R.S.S. Mais quand Gomułka reprend le pouvoir en 1956, il met immédiatement fin à la collectivisation obligatoire et rétablit la propriété privée en agriculture. La Pologne reste le seul État du bloc soviétique dont le régime agraire admette l'entreprise privée.

Après cette première libéralisation, marquée par une plus grande autonomie, même pour l'Église catholique romaine, Gomułka entreprend de réduire systématiquement la marge de liberté. La situation économique se détériorant, la population proteste inévitablement par divers moyens, ce qui lui vaut un retour à l'État policier. Les années soixante se caractérisent par des luttes pour le pouvoir aux échelons supérieurs du parti. En 1967, les manifestations de jeunes se multiplient et, en juin, profitant de la guerre israélo-arabe, Gomulka inaugure officiellement un mouvement antisémite sous le couvert de l'antisionisme. Cet antisionisme prend plus d'ampleur après la manifestation étudiante de mars 1968. Cette manifestation et la participation de l'armée polonaise à l'invasion de la Tchécoslovaquie en 1968 sauvent Gomułka au Congrès du parti d'octobre 1968, mais sa victoire est de courte durée. La situation économique en Pologne se détériore inexorablement, et le mécontentement de la population s'envenime davantage. Pour pallier ces difficultés économiques, le gouvernement polonais, le 12 décembre 1970, hausse par décret les prix de tous les biens de consommation. La réaction est immédiate. Deux jours plus tard, les ouvriers de la cour navale de Gdańsk se mettent en grève, cet arrêt de travail s'étend plus tard à

Gdynia, Elbląg et Szczecin. Gomułka assimile l'initiative des ouvriers à une contre-révolution et il ordonne la répression. La police et l'armée tentent sans pitié de mater la grève tandis que les ouvriers détruisent bon nombre d'immeubles du parti et mènent des combats dans la rue. Les autorités du parti à Varsovie cachent les événements à Gomułka pendant deux jours, mais il s'ensuit rapidement une lutte du pouvoir au sein du parti. Il semblerait que Moscou ait souhaité le rétablissement du calme politique ce qui signifiait changer la direction du parti et limoger les grands responsables, et c'est ainsi que Edward Gierek prend le pouvoir le 20 décembre 1970.

L'émigration de la Pologne d'après-guerre est minime et, pendant un certain temps, elle est nulle. Entre 1945 et 1956, ceux qui arrivent de Pologne sont surtout des réfugiés et quelques personnes qui viennent rejoindre leur famille dispersée par la guerre. À partir de 1957, les règlements de l'émigration polonaise sont modifiés ou élargis et, de 1960 à 1963, l'immigration annuelle au Canada atteint un sommet d'environ 3 000 personnes, suivi d'un autre ralentissement. Au cours des dernières années, le nombre d'immigrants de Pologne n'a pas dépassé 1 000 personnes par année.

LE CONTEXTE CANADIEN

Les politiques d'immigration du Canada ont dicté les conditions dans lesquelles les Polonais sont venus au Canada [16]. Avant 1910, le Canada n'a pas de politique d'immigration. Un certain nombre de lois ou de décrets du Conseil sont présentés après la Confédération, mais ne font guère plus qu'interdire trois classes d'immigrants : les déficients mentaux ou physiques et les malades ; diverses catégories de criminels ; et les personnes jugées moralement ou socialement indésirables, y compris celles qui sont susceptibles de passer à la charge de l'État. Officieusement, l'opinion publique se traduit par trois degrés différents d'accueil et d'aide financière aux immigrants et par le nombre différent d'agents de recrutement dans divers pays. Les catégories « préférées » comprennent d'abord et avant tout les ressortissants des Îles britanniques, les Américains de race blanche, surtout les agriculteurs, et les Européens occidentaux et septentrionaux. La catégorie « non préférée » se compose d'autres Européens, y compris les Polonais. Les immigrants de cette catégorie, bien qu'on ne les encourage jamais fortement à émigrer au Canada, sont autorisés à immigrer après avoir satisfait aux principaux règlements d'admissibilité. La catégorie des indésirables vise principalement les non-Européens. La plupart des lois et des décrets du Conseil visent précisément cette dernière catégorie et ne concernent pas les immigrants polonais. Avant 1915, les immigrants polonais se présentant à un port d'entrée canadien devaient posséder un petit montant d'argent ($25 par famille), être en bonne santé et ne pas avoir de casier judiciaire. La proportion des Polonais refusés est très inférieure à la moyenne [17].

Au début des années 1920, les immigrants polonais éventuels doivent se soumettre à des examens médicaux un peu plus sévères. Un premier examen a lieu en Pologne ; le second, à Gdańsk (ou Danzig), le port de sortie, comporte un stade de désinfection. Par suite de l'établissement de bureaux consulaires canadiens à Varsovie au début des années vingt, les émigrants éventuels doivent avoir un visa d'entrée au Canada. Pour l'octroi des visas, les agriculteurs et travailleurs agricoles ont la préférence, tandis que les autres se voient déconseiller l'entrée au pays mais, en fait, toute personne ne tombant pas dans les trois catégories frappées d'interdiction finit par obtenir un visa de séjour.

Le Canada compte parmi les nombreux pays sévèrement touchés par la Crise. Une grande partie de sa population active est en chômage et, pour empêcher la situation de se détériorer, un décret du Conseil de 1930 met fin à l'immigration. Seules les familles dont le mari habite déjà au Canada et ceux qui ont des fonds suffisants pour lancer une exploitation agricole et en obtenir un rendement sont admissibles à titre d'immigrants reçus. Ce règlement vaut pour tous les Européens.

La politique d'immigration du Canada demeure inchangée jusqu'en 1947 lorsque le premier ministre King élabore de nouveaux critères d'immigration au Canada. Cette nouvelle orientation part du principe que l'immigration massive ne doit pas altérer la composition de la population canadienne. Elle est conçue de façon à donner préséance aux nationalités numériquement dominantes au Canada et à attirer des résidents permanents, non pas des migrants. Elle a aussi pour but de faciliter l'absorption économique des nouveaux venus. Eu égard à cette politique, les Polonais (et autres Slaves) figurent au bas de l'échelle des catégories désirables. Le gouvernement canadien accepte d'accueillir un certain nombre de vétérans et de réfugiés polonais, mais avec certaines réserves. Les personnes acceptées doivent s'engager à travailler pendant un certain temps (un ou deux ans) comme ouvriers agricoles, dans l'industrie du textile et à d'autres emplois subalternes. Les agents de la main-d'œuvre envoyés en Europe recrutent les personnes jugées les plus aptes à s'intégrer à l'économie canadienne d'alors. Même sans être accueillis à bras ouverts, des milliers de Polonais auraient sans doute émigré au Canada et quitté leur pays appauvri et déchiré par la guerre, mais le Rideau de fer ferme déjà les frontières de la Pologne, et le gouvernement polonais s'oppose catégoriquement à d'autres fuites par le moyen de l'émigration.

Les mesures sélectives et restrictives de la nouvelle politique d'immigration furent finalement assouplies pour des motifs humanitaires et de compassion, relativement aux réfugiés d'après-guerre et aux exilés politiques. On accorda une considération spéciale aux vétérans polonais ayant combattu avec les Alliés durant la Seconde Guerre mondiale. La plupart des Polonais ayant immigré entre 1945 et 1956 le doivent à cette mesure d'exception. De plus, certaines dispositions autorisant les immigrants reçus à parrainer des membres de leur famille désireux d'immigrer au Canada permirent aux immigrants polonais reçus de faire venir leurs parents de différentes parties du monde et, après 1956, directement de Pologne.

Les nouveaux règlements sur l'immigration, adoptés en 1962, ne font plus de discrimination en raison de la race, de l'ethnie ou du lieu d'origine, mais ils maintiennent des dispositions permettant l'exclusion de certains ressortissants non parrainés provenant de sociétés « où le triage sécuritaire habituel ne peut être effectué [18] ». Ces sociétés font partie de ce qu'on appelle le Bloc communiste, qui comprend la Pologne. Par suite de la modification des règlements en 1967, laquelle reconnaissait les demandes d'admission en qualité d'immigrant reçu faites sur le sol canadien, de nombreux touristes polonais recoururent à ce moyen avec un succès mitigé. Depuis novembre 1972, personne ne peut présenter une demande d'admission en qualité d'immigrant reçu de l'intérieur du Canada, et de nouveau, seuls les cas de personnes parrainées originaires de pays comme la Pologne sont retenus par les services de l'immigration au Canada.

NOTES

1. Voir Boleslaw MAKOWSKI, *History and Integration of Poles in Canada* (Péninsule du Niagara, 1967) et B.J. ZUBRZYCKI, *Polacy w Kanadzie 1759-1946* (Toronto, 1947).

2. À cette époque, il y avait 188 Russes ou Polonais dans le Haut-Canada et 8 dans le Bas-Canada.

3. Emily BALCH, *Our Slavic Fellow Citizens* (New York, 1910), p. 34.

4. Pour plus de précisions sur cette question et d'autres s'y rapportant, voir N.J. HUNCHAK, *Population: Ukrainians of Canadian Origin, Series No. 1* (Winnipeg, 1945); V.J. KAYE, « Problems of Research Connected with the

Dictionary of Ukrainian-Canadian Biography, 1891–1900 », dans Cornelius J. JAENEN, édit. *Slavs in Canada*, Vol. III (Toronto, 1971); N.B. RYDER, « The Interpretation of Origin Statistics », *The Canadian Journal of Economics and Political Science*, XXI (1955), 466–479; Victor TUREK, *Poles in Manitoba* (Toronto, 1967).

5. Quant à la répartition démographique de la collectivité polonaise, y compris le rapport hommes/femmes, voir R.K. KOGLER, « A Demographic Profile of the Polish Community in Canada », T.W. Krychowski, édit. *Polish Canadians: Profile and Image* (Toronto, 1969).

6. Pour connaître les conditions socio-économiques et politiques durant la période des partages, voir S. ESTREICHER, « Galicia in the Period of Autonomy and Self-Government, 1849–1914 », dans W.F. REDDAWAY et autres, éditeurs, *The Cambridge History of Poland*, II (Cambridge, 1941), et W.J. ROSE, « Russian Poland in the Late Nineteenth Century » et « Prussian Poland, 1850–1914 », dans REDDAWAY, *ibid.*

7. Voir graphique 1, annexe 1.

8. Voir graphique 2, annexe 1.

9. De 1927 à 1939, parmi les 100 000 citoyens polonais qui émigrent au Canada, 35 000 sont catholiques grecs (en majorité Ruthéniens), 10 500 sont orthodoxes grecs (en très grande majorité Ukrainiens), 6 000 évangélistes (en majorité Allemands) et 13 500 Juifs. Il est probable que plus de 65% des émigrants de Pologne venant au Canada durant cette période appartiennent à des minorités nationales et religieuses. *Mały Rocznik Statystyczny*, 1939.

10. Comme preuve, le changement qui a lieu entre 1961 et 1971 relativement aux membres juifs, catholiques grecs et orthodoxes grecs du groupe ethnique polonais au Canada. Des contacts personnels, des liens étroits et souvent amicaux se poursuivent parfois, surtout entre les Ukrainiens et les Polonais, mais, en règle générale, les minorités polonaises entretiennent peu de contacts officiels et ne s'identifient pas aux intérêts du groupe polonais au Canada. Pour cette raison, la présente étude ne portera pas sur les minorités religieuses et nationales de Pologne au Canada.

11. *Mały Rocznik Statystyczny*, 1939.

12. Voir graphique 3, annexe 1.

13. Les lecteurs intéressés pourront consulter les ouvrages suivants pour plus de précisions sur cette question : Lidia CIOŁKOSZOWA et Barabara WYSOCKA, *informator Polski* (Londres, 1945); Tadeusz MINCER, *The Agrarian Problem in Poland* (Londres, 1944); Stanisław RAK, *Agricultural Reform in Poland* (Londres, 1946); Janusz RAKOWSKI, *Wczoraj i Dziś Reformy Rolnej* (Fribourg, Suisse, 1946); *Mały Rocznik Statystyczny*, 1939.

14. En raison de ce fait, Peenemünde fut bombardé et des sections des usines V-1, y compris le personnel scientifique et de production, furent anéanties, ce qui retarda considérablement l'utilisation de cette arme par les Allemands.

15. Lors duquel plus de 10 000 officiers et officiers sans commandement polonais furent fusillés par les Russes, probablement en 1940.

16. Voir Mabel F. TIMLIN, « Canada's Immigration Policy, 1896–1910 », *The Canadian Journal of Economics and Political Science*, XXVI (1960), p. 517–532. Un certain nombre d'ouvrages fournissent une étude détaillée des politiques d'immigration du Canada. Voir, par exemple, Freda HAWKINS, *Canada and Immigration, Public Policy and Public Concern* (Montreal, 1972); Benedykt HEYDENKORN, « The Immigration Policy of Canada », dans J.M.

Kirschbaum et autres, éditeurs, *Twenty Years of the Ethnic Press Association of Ontario* (Toronto, 1971); W.E. KALBACH, *The Impact of Immigration on Canada's Population* (Ottawa, 1970); et Anthony H. RICHEMOND, *Post-War Immigrants in Canada* (Toronto, 1967).

17. Selon Smith, entre le 1ᵉʳ janvier 1903 et le 31 mars 1909, 2 303 Britanniques, 49 Galiciens, 20 Autrichiens et 5 Polonais sont déportés. (W.G. SMITH, *A Study in Canadian Immigration* (Toronto, 1920, p. 78.) Selon l'*Annuaire statistique*, 1915, tableau 39, de 1903 à 1915 inclusivement, 76 Polonais sont déportés. Le rapport des déportés dans des groupes choisis est le suivant : Antillais — 1 sur 30; Polonais — 1 sur 471; Britanniques — 1 sur 168; Grecs (plus faible) — 1 sur 477; Moyenne = 1 sur 255.

18. La Politique d'immigration du Canada, « Livre blanc sur l'immigration » (Ottawa 1966/37), Paragr. 96.

CHAPITRE DEUX

L'arrivée

> Il y a ceux qui sont venus et sont restés à cause de la paix et de la stabilité. Certains sont des réfugiés fatigués d'être pourchassés et d'attendre. D'autres ne veulent plus rien entendre de l'Europe, de sa destruction et de sa souffrance. Certains viennent, poussés par le goût de l'aventure.
>
> R. Helling

LES NOTABLES, LES KACHOUBES ET LES AUTRES — LA PREMIÈRE VAGUE

Le vaste, riche et beau pays du Canada a attiré toute une gamme de personnes dès les premiers temps de la colonisation. Les Français vinrent les premiers, colons, commerçants et trappeurs ; les Britanniques, hommes d'affaires, administrateurs, colonisateurs et travailleurs liés par contrat ne tardèrent pas à les suivre. Il y eut les pêcheurs et les marins venus des péninsules ibérique et scandinave et d'Italie qui décidèrent de s'établir en permanence au Canada. Des soldats de fortune, des aventuriers et des fugitifs, poursuivis par la justice ou fuyant l'oppression, vinrent de différents pays d'Europe.

Avant la Confédération, des groupes et des particuliers arrivaient chaque année. Les Highlanders écossais commencèrent à s'établir en Nouvelle-Écosse en 1621 ; en 1763, Lunenburg et ses environs comptaient déjà environ 10 000 colons allemands. De 1783 à 1787, on assista à l'arrivée des Loyalistes des États-Unis, renforçant ainsi la population anglaise du Haut-Canada et des Maritimes. Des collectivités entières de Mennonites vinrent des États-Unis s'installer dans le comté actuel de Waterloo en 1799. La famine causée par la maladie de la pomme de terre en Irlande dans les années 1840 poussa des milliers d'Irlandais à venir s'installer dans différentes parties de ce qui constitue maintenant l'Ontario et le Québec. Après les guerres napoléoniennes, en 1815, des immigrants de plus en plus nombreux du Royaume-Uni vinrent s'installer, surtout dans le Haut-Canada. Les Maritimes et les provinces actuelles du Québec et de l'Ontario accueillaient les nouveaux arrivés, mais de vastes étendues de terre restaient le domaine des chasseurs, des trappeurs et des commerçants [1].

Le premier recensement canadien de 1870-1871 indique une population de plus de trois millions d'habitants, dont la composition illustre cependant clairement l'hétérogénéité ethnique qui allait caractériser davantage encore le pays jusqu'à ce jour. En 1871, le groupe le plus important au Canada était celui des Français, suivi des Irlandais, des Anglais et des Écossais [2]. Il y avait au delà de 200 000 Allemands et, en plus petit nombre, des Néerlandais, des Scandinaves et des Italiens. Le recensement ne tient pas compte des autres Européens à cause de leur nombre insuffisant. Il y avait aussi les autochtones du Canada et des Noirs.

Parmi les Européens, il y avait les immigrants polonais et leurs descendants. Les données susceptibles de démontrer leur présence et leur nombre sont encore en grande partie enfouies dans des archives municipales et paroissiales, sur les listes des compagnies de navigation et dans les archives du gouvernement, mais un certain nombre de Polonais nous sont connus, pour s'être signalés par leurs réalisations et leur influence au sein de la société canadienne [3]. Mentionnons, parmi les plus remarquables, August F. Globenski, venu au Canada avec le Régiment Hesse-Heynau en 1776. Après la signature du traité de 1783, Globenski quitta le régiment, épousa une Canadienne française et exerça la médecine à Saint-Eustache (Québec). Ses trois fils se distinguèrent dans la milice canadienne durant la guerre de 1812 et l'un d'entre eux, Maximilien, joua un rôle important lors de la Rébellion des patriotes de 1837. Un de ses petits-fils, Charles Auguste Maximilien Globenski, né en 1830, devint le Seigneur des Mille Îles et fut élu à la Chambre des communes en 1875. Le deuxième immigrant polonais élu à la Chambre des communes, en 1867, fut Aleksander Edward Kierzkowski, qui arriva au Canada en 1841 et s'installa à Saint-Hyacinthe (Québec).

Le plus remarquable parmi les premiers immigrants polonais fut sans doute Sir Casimir Gzowski. Ayant participé à l'insurrection de 1831 en Pologne, Gzowski arriva au Canada en 1842 via les États-Unis et s'intéressa vite aux affaires et aux événements politiques, industriels, éducatifs et militaires de la société canadienne. Il fut aide de camp honoraire de la reine Victoria et fut fait chevalier. Il fit aussi fonction de lieutenant-gouverneur de l'Ontario. Pendant vingt ans, il fut membre du Conseil de l'Université de Toronto et président du Collège Wycliffe. Il fut très actif au sein de la Dominion Rifle Association et du Collège militaire royal, détenant le grade de colonel dans la milice canadienne. Il doit sa renommée surtout aux divers projets de génie civil qu'il mit en train ou exécuta : le tracé de la rue Yonge entre Toronto et Simcoe ; la construction de ponts, canaux, routes et chemins de fer ; l'esquisse du parc Niagara et l'érection du Pont international au-dessus de la rivière Niagara entre Fort Érié et Buffalo [4].

Un autre immigrant polonais de marque fut Edwin Brokowski. Ses activités et ses intérêts le menèrent de l'enseignement dans les écoles de l'Ontario au journalisme, en passant par la fonction publique et la milice canadienne durant les raids feniens de 1870. Installé à Winnipeg, Brokowski devint rédacteur du *Manitoba Gazette* et plus tard son propriétaire. En 1881, il fut nommé agent foncier de la Saskatchewan, poste qu'il occupa jusqu'à sa mort en 1916.

Ces derniers, et d'autres comme l'évêque Hellmuth, le frère Kowalczyk, Debartzch, Łucki, Mazell, Blaskowitz et Czerwiński, de la première vague d'immigration au Canada, étaient des soldats de carrière, des émigrés et des exilés politiques, dont plusieurs avaient voyagé ou vécu dans diverses capitales d'Europe ou aux États-Unis avant d'arriver au Canada. On peut se demander si nombre d'entre eux avaient d'abord choisi le Canada comme pays de résidence permanente, mais puisqu'ils étaient instruits, qu'ils parlaient déjà le français ou l'anglais, ils furent immédiatement acceptés et ils eurent tout le loisir de participer à tous les aspects de la vie de la société canadienne.

Ils étaient peu nombreux [5], et le rôle que certains d'entre eux jouèrent dans le développement de la société canadienne n'eut que peu d'effet sur les autres immigrants polonais. Ils n'ont ni exercé de leadership ni entretenu de liens avec les autres ou avec la Pologne. Ils ne semblaient pas désireux de conserver leur identité ethnique. Nombre d'entre eux épousèrent des Canadiennes, adoptèrent la citoyenneté, l'une des deux langues, les valeurs canadiennes, et furent assimilés à l'ensemble de la société. Quelques-uns ne laissèrent aucune trace ; les descendants de certains autres portent le nom de leurs aïeux, mais ne s'identifient pas au groupe ethnique polonais [6].

Les soldats de Meuron

Outre ces personnages de marque, il existait plusieurs groupes de Polonais moins bien connus au Canada avant 1895. Chronologiquement, les premiers furent ceux qu'on appelait les soldats de

Meuron. Ayant perdu son indépendance en 1795, la Pologne estima possible de la reprendre grâce aux efforts de Napoléon Bonaparte. De nombreux particuliers s'enrôlèrent dans la Légion polonaise qui participa à diverses opérations militaires sous commandement français. En 1807, la Légion polonaise entra en contact avec l'armée britannique en Espagne. De nombreux Polonais furent capturés et emprisonnés dans des conditions extrêmement pénibles. Certains saisirent l'occasion d'améliorer leur situation en combattant sous le drapeau britannique et furent incorporés à deux régiments de mercenaires suisses, commandés par les colonels de Meuron et de Watteville. Selon une source particulière[7], il y avait onze Polonais dans le régiment de Meuron et 529 dans celui de Watteville. Les deux régiments furent finalement envoyés au Canada pour participer à la guerre de 1812. Le régiment de Watteville combattit dans la région de Fort Érié, en Ontario, et on rapporte que de nombreux soldats polonais passèrent du côté américain. Lors de la cessation des hostilités, le régiment de Watteville rejoignit celui de Meuron qui tenait alors garnison près de Kingston, en Ontario. On ne sait au juste combien de Polonais sont restés dans les deux régiments après 1815. La Couronne accorda une parcelle de terre aux soldats désireux de rester et de s'installer au Canada et il est possible que certains des anciens légionnaires polonais aient accepté cette offre[8].

Lorsque Lord Selkirk organisa ses expéditions de 1815 et de 1817 au Manitoba pour protéger les colons de la rivière Rouge, il recruta, entre autres soldats, douze Polonais. C'était de simples soldats d'origine paysanne, illettrés et tous célibataires. À une exception près[9], les Polonais ne restèrent pas dans la colonie de la rivière Rouge. Quelques-uns moururent, d'autres allèrent s'installer ailleurs au Canada ou aux États-Unis[10].

Les Kachoubes

Un autre groupe de Polonais arriva au Québec en 1858 en provenance du port allemand de Brême après environ onze semaines en mer sur un navire surchargé, souffrant du typhus et de la faim. Un agent maritime leur ayant dit que chaque famille recevrait 100 acres de terre au Canada, ils vendirent leurs quelques acres et leurs chaumières et débarquèrent ici, démunis, sans même assez d'argent à eux tous pour s'acheter une miche de pain[11]. Le groupe comprenait 16 familles, soit 76 personnes en tout. En raison de la sollicitude que leur sort éveilla chez l'agent de l'immigration canadienne, le groupe fut transporté dans la région de Renfrew et logé chez les résidents de l'endroit. L'agent a fièrement consigné qu'ils « représentaient un fardeau à leur arrivée, mais en un an, ils avaient déjà obtenu une mention honorable de la part de l'agence d'Ottawa [12] ».

Ces gens étaient les Kachoubes, une minorité distincte, mais étroitement liée au peuple polonais, qui quittèrent leur patrie [13] non seulement pour se soustraire aux tentatives des autorités prussiennes de les germaniser, mais aussi pour améliorer leur situation économique. On leur accorda des terres et, dans l'espace de quelques années, d'autres familles les rejoignirent pour s'établir dans les cantons de Hogarty, Richards, Sherwood, Jones et Burns. D'autres suivirent et, en 1864, il y avait environ 500 Kachoubes dans la région, d'après les souvenirs personnels des résidents les plus âgés [14]. La terre sur laquelle les Kachoubes s'établirent était rocailleuse, « idéale pour ériger de nombreuses murailles de Chine [15] ». Sans doute se trouvait-il de meilleures terres mais les Kachoubes eux-mêmes choisirent certaines régions qui leur rappelaient leur mère patrie [16].

Certains hommes ne s'établirent pas sur des terres [17], mais travaillèrent dans des camps de bûcherons ou à la construction de routes, y compris, fort probablement, la construction de l'historique route Opeongo. D'autres furent embauchés comme journaliers, faisant ainsi concurrence aux immigrants irlandais ; il y eut de fréquents affrontements, voire des bagarres entre les deux groupes. Avec le temps, la situation économique se normalisa ; on fit passer la ligne du CN par Wilno en 1894, on termina la route principale en 1905, ce qui améliora la vie socio-économique en général, et tous les habitants de la région commencèrent à entretenir de bonnes relations.

Vers le milieu des années 1890, il y eut reprise de l'immigration kachoube ; en effet, 250 autres familles arrivèrent en l'espace de quatre ans, sollicitées en Pologne par le curé de la paroisse de Wilno. Quarante autres familles arrivèrent des États-Unis où elles vivaient depuis les années 1860, mais où elles avaient éprouvé des difficultés linguistiques et souffert des dépressions économiques qui y sévissaient. Ces nouvelles familles s'établirent à Barry's Bay et dans les localités environnantes.

Aujourd'hui, la collectivité de Barry's Bay compte environ 1 400 habitants, dont plus de 75% d'origine polonaise. La localité de Wilno, voisine de Barry's Bay, demeure isolée et ethniquement distincte. Elle compte environ 700 âmes, et se compose entièrement de Kachoubes et de leurs descendants. D'autres groupes d'immigrants polonais et leurs descendants vivent dans les localités de

Combermere, Whitney, Brudnell et Killaloe qui regroupent environ 2 000 personnes en tout.

Les Kachoubes étaient et sont encore profondément religieux. Avant 1875, presque tous devaient parcourir à pied jusqu'à 10 milles pour se rendre à l'église catholique romaine la plus proche, située à Brudnell. Le curé de la paroisse était irlandais [18]. L'éloignement et la messe incompréhensible déplaisaient aux Kachoubes qui protestèrent par écrit auprès des évêques de Pologne. Quelques prêtres arrivèrent effectivement de Pologne, mais ils ne restaient jamais longtemps. Vers 1870, un prêtre polonais arriva et resta six mois, le temps d'établir une paroisse polonaise à Wilno [19].

En 1875, un autre prêtre arriva de Pologne et, l'année suivante, on construisit une chapelle. Depuis cette année-là, la paroisse de Wilno est desservie par des prêtres polonais. La construction d'une église en bois commença en 1880 et se termina en 1895. Dans la même année, on construisit à Barry's Bay une autre église en bois à l'intention de la communauté polonaise grandissante de l'endroit. On édifia une troisième église polonaise à Round Lake Center en 1910. L'église de Wilno brûla en 1936 et fut remplacée la même année par un bel édifice en brique. La construction d'une nouvelle église au plus fort de la Crise exigea beaucoup de sacrifices financiers. Les Kachoubes donnèrent leur temps et leurs services, quelques-uns consentant jusqu'à 150 jours de travail gratuit ; il y avait habituellement chaque jour ouvrable [20], 60 volontaires sur le chantier.

Les Kachoubes s'intéressaient avant tout à la vie religieuse, ce qui se traduisait par la création d'organisations paroissiales. La paroisse de Wilno a une chorale depuis 1890, et deux autres confréries s'organisèrent en 1901, à savoir la Société du Saint-Rosaire et la Fraternité du Saint-Scapulaire. Les Kachoubes s'intéressaient aussi à l'éducation de leurs enfants et ils construisirent en 1894 une école qui comprenait deux classes d'enseignement primaire et offrait, deux fois par semaine, des cours de langue, parlée et écrite, et d'histoire en polonais [21].

Les Kachoubes forment un groupe uni. Les archives paroissiales de Barry's Bay et de Wilno indiquent qu'environ 3% d'entre eux seulement se marient avec des membres d'autres groupes, bien que, à part leur langue, leur mode de vie et leurs activités ne les différencient guère de leurs voisins non polonais. Ils « ne soulignent pas leur héritage en exécutant des danses folkloriques polonaises ou en conservant leurs coutumes ancestrales [22] ».

Jusqu'à une époque récente, les Kachoubes n'avaient pas entretenu de liens avec les autres groupes polonais de l'Ontario et d'ailleurs, et les immigrants polonais manifestaient peu d'intérêt pour ces premiers colons. L'éloignement de la région de Wilno-Barry's Bay des autres centres où vivaient des immigrants polonais retarda l'établissement de contacts. Aussi, bien que les Kachoubes se prétendent d'identité et d'origine polonaises, ils parlent un dialecte distinct, difficilement compris des autres Polonais. Ils établirent certains contacts grâce à leur participation à des festivals religieux dans les années cinquante et, depuis ce temps, divers événements ont renforcé leurs liens avec d'autres Canadiens polonais. Les anciens prisonniers politiques ont déposé les cendres des morts d'Oświęcim (Auschwitz) dans l'église de Wilno et s'y rassemblent tous les ans pour commémorer ces décès. Les associations canado-polonaises choisissent fréquemment Barry's Bay comme lieu de conférences, de discussions et de colloques. Les scouts et guides polonais tiennent leurs camps d'été non loin de là. Des contacts fréquents et chaleureux ont été établis par les Canadiens polonais qui ont des chalets d'été dans la région, construits par les Kachoubes sur des terres qu'ils ont achetées.

Ces développements pourraient permettre aux Kachoubes de la région de Wilno-Barry's Bay de participer pleinement à la vie des collectivités canado-polonaises du Canada. Toutefois, Wilno et Barry's Bay n'ont guère d'industries et de perspectives d'avenir. Comme dans nombre d'autres régions rurales, les jeunes Kachoubes quittent leur localité pour aller s'installer dans les grands centres où les possibilités sont plus nombreuses.

Autres pionniers

Les Kachoubes furent suivis par un autre petit groupe qui arriva au Canada en 1862. Comme nombre d'entre eux parlaient l'allemand, on les envoya à Berlin (aujourd'hui Kitchener, en Ontario) où de nombreux immigrants allemands étaient déjà établis. En 1872, près de cinquante familles polonaises vivaient à Berlin [23]. Ils acceptaient le travail qu'on leur offrait. De 1861 à 1865, leur chapelle était située dans une vieille école, et ils recevaient régulièrement la visite des pères rédemptoristes polonais des États-Unis. Ils fondèrent également une société coopérative qui commença à fonctionner en 1872, avec la permission de l'évêque, et qui reçut une charte provinciale en 1886. D'autres immigrants sont ensuite venus grossir les rangs des premiers pionniers; les Polonais de Kitchener constituent une communauté prospère qui possède son église et bon nombre d'organisations [24].

Peu à peu, d'autres régions de la Pologne démembrée eurent vent des perspectives offertes en Amérique du Nord et, même si la majorité des immigrants pleins d'espoir choisirent les États-Unis, il se peut aussi que certains soient venus au Canada. Gibbon [25] n'est pas le seul à avoir noté la présence d'« importantes colonies » d'immigrants polonais sur des terres impropres à la culture à l'est de Winnipeg entre 1890 et 1900. Les premiers colons polonais vinrent s'installer à Assiniboia, dans les Territoires du Nord-Ouest (partie maintenant intégrée à la Saskatchewan) en 1886 et 1888 [26], et environ une demi-douzaine de familles s'établirent dans le district de Bolognie, toutes originaires du même village de Onufry en Bukovine [27].

Avant 1895, les immigrants polonais arrivaient également au Canada via les États-Unis. L'immigration aux États-Unis en provenance de la partie russe de la Pologne morcelée et des provinces polono-prussiennes débuta en 1854 [28] et, au cours des trois décennies suivantes, prit des proportions importantes [29]. Pour la grande majorité des émigrants polonais, les États-Unis représentaient un pays aux possibilités inégalées, un paradis aux rues pavées d'or, alors qu'avant 1895, le Canada leur semblait tout au plus un pays froid et inhospitalier. Des centaines de milliers d'hommes affluèrent vers la « terre promise » à la conquête de la richesse et du bonheur, et cette population atteint aujourd'hui plusieurs millions. Dans une proportion écrasante, c'était de pauvres agriculteurs, des ouvriers agricoles et autres journaliers. Les intellectuels et les professionnels ne suivirent les masses qu'en très petit nombre. La plupart s'établirent dans des villes et villages près de la frontière canadienne et acceptèrent n'importe quel travail qui s'offrait. Cependant, les rues d'Amérique n'étaient pas pavées d'or, et la stagnation économique forçait souvent les nouveaux arrivants à chercher du travail ailleurs. Dans les années 1880, le Canada construisait un vaste réseau ferroviaire entre autres grandes réalisations. Les entrepreneurs embauchaient la main-d'œuvre la plus économique et la plus disponible, surtout parmi les nouveaux immigrants, y compris les Italiens, les Slovaques, les Hongrois et les Polonais [30]. On ne sait au juste combien de travailleurs, venus participer à la construction des routes, des écluses et des chemins de fer ou travailler dans des camps de bûcherons [31], restèrent au Canada de façon permanente, mais des mémoires [32] sur les immigrants et d'autres documents suggèrent que certains s'établirent ici à l'expiration de leurs contrats [33]. D'autres qui, à l'origine, s'étaient établis à Buffalo, New York, Chicago ou dans d'autres villes américaines vinrent s'installer à Hamilton et dans d'autres villes de l'Ontario et du Québec. Les quelques premiers immigrants polonais venus s'installer à Montréal arrivèrent des États-Unis en 1894 et, un an plus tard, « vingt-cinq nouvelles familles, également des États-Unis, les rejoignirent[34] ». En 1897, environ deux cents immigrants polonais travaillaient dans diverses industries à Montréal. Les archives municipales de Hamilton indiquent que des Polonais figuraient sur la liste des contribuables dès 1878[35]. D'autres encore se dirigèrent vers l'ouest pour y réclamer une concession. *Czas*[36] signale la présence d'un certain nombre de colons polonais au Manitoba en 1879 ; Turek[37] a fait état d'une colonie de Polonais à Brookland, au Manitoba, en 1882 ; il y avait aussi toute une « colonie de Polonais américains, tous de Buffalo, dans l'État de New York, qui immigrèrent d'abord aux États-Unis pour ensuite se laisser gagner à l'idée de chercher des terres dans le district de la vallée Hunn[38] ». Selon une autre source, les colons de la vallée Hunn comprenaient « un apport de Polonais[39] » qui « dépassèrent vite en nombre les colons slovaques, de sorte que cette communauté devint, pendant trois décennies environ (1890–1920), une colonie strictement polonaise[40] ».

D'autres collectivités ont été signalées par divers auteurs[41], et le nombre des immigrants polonais au Canada avant 1895 est sans aucun doute plus élevé que les données recueillies à ce jour ne le laissent supposer. De nombreuses personnes disparurent sans guère laisser de trace dans les grands espaces du territoire canadien.

Résumé — La première vague

Les Polonais faisant partie de la première vague d'immigration, arrivèrent au Canada en provenance de différentes régions de la Pologne morcelée et ils émigrèrent pour des motifs d'ordre politique, économique et idéologique. Il est probable que la majorité d'entre eux étaient illettrés ou peu instruits et qu'ils constituèrent dans leur nouveau milieu les couches socio-économiques les plus démunies. Quelques-uns, comme les Kachoubes, conservèrent leur caractère distinctif pendant de nombreuses générations mais, en règle générale, au bout d'un certain temps, tous réussirent à s'adapter à leur nouveau milieu et furent, en retour, acceptés sans réserve par les autres Canadiens. Un petit nombre de professionnels et de très instruits s'engagèrent et furent acceptés d'emblée dans toutes les sphères de la vie canadienne.

La première vague d'immigration polonaise fut numériquement faible ; on ne peut en déterminer le volume avec certitude à l'heure actuelle en raison d'une pénurie de données probantes, des critères ambigus utilisés par les autorités canadiennes pour identifier les immigrants et leur dispersion sur de grandes étendues. Le recensement canadien de 1890-1891, comportant pour la première fois une catégorie distincte pour le groupe polonais, révèle sa présence dans toutes les provinces et les territoires. Il y avait 40 personnes d'origine polonaise en Colombie-Britannique, dont 29 à New Westminster; 31 au Manitoba; 187 en Ontario, dont 97 à Toronto; 236 au Québec, dont 176 à Montréal; 191 dans les Territoires et quelques-unes en Nouvelle-Écosse et au Nouveau-Brunswick. De toute évidence, ces chiffres sont inexacts même si on ne tient compte que du nombre de Kachoubes, mais ils établissent la présence et la dispersion des immigrants polonais au Canada. Leur présence et leurs expériences n'influèrent en rien sur les masses de nouveaux immigrants polonais qui, à l'invitation de Clifford Sifton, commencèrent à arriver après 1895 pour s'installer sur les terres des Prairies devenues accessibles.

LES GALICIENS ET AUTRES POLONAIS
— LA DEUXIÈME VAGUE

Vers la fin du siècle dernier, le Canada constituait un pays viable. Il abondait en richesses naturelles, jouissait d'un climat tolérable et aspirait à un grand avenir. Le chemin de fer transcontinental, terminé en 1885, contribua à unir les provinces, facilita la libre circulation des marchandises et de la population, affermit la souveraineté du Canada dans les provinces des Prairies et ouvrit de vastes nouveaux domaines de terres fertiles, jusque-là inaccessibles. On avait espéré que le *Dominion Act* de 1872 favoriserait la colonisation au moyen d'offres de concessions gratuites [42]. Les ressources ne manquaient pas, les conditions économiques étaient favorables, mais il manquait le facteur essentiel à toute croissance future, les hommes, pour peupler et exploiter la terre. En dépit de campagnes acharnées menées pour attirer les Canadiens vers l'Ouest, les colons canadiens escomptés n'ont pas saisi l'offre de terres gratuites et des autres encouragements. Le gouvernement canadien d'alors se rendit compte qu'il ne pouvait obtenir les colons nécessaires que par une promotion soutenue et vigoureuse de l'immigration. Pour ce faire, il ouvrit de nombreux bureaux de recrutement en Grande-Bretagne, en Europe occidentale, en Europe du Nord et aux États-Unis.

Au début, l'immigration canadienne visait exclusivement les nations dont les populations étaient déjà connues des Canadiens avec qui ils possédaient des affinités culturelles, surtout la Grande-Bretagne, les États-Unis et l'Europe occidentale. À cette époque toutefois, le Canada comptait parmi plusieurs régions d'accueil en quête de ressources humaines ; les États-Unis demeuraient le pays idéal où s'établir et solliciter du travail et d'autres régions, comme l'Australie, cherchaient à attirer les immigrants britanniques. La campagne de recrutement eut pour résultat l'arrivée de 1 250 000 immigrants du Royaume-Uni, près d'un million des États-Unis et 800 000 autres de l'Europe du Nord-Ouest entre 1896 et 1914 [43]. Bien que le nombre d'arrivants des États-Unis, de Grande-Bretagne et d'Europe occidentale fût élevé, le gouvernement canadien le jugea insuffisant pour la colonisation des Prairies.

Le gouvernement avait prévu une immigration beaucoup plus forte en provenance des États-Unis, mais nombre d'agriculteurs américains doutaient des possibilités et des occasions offertes dans ce milieu septentrional réputé hostile malgré toutes les assurances et preuves du contraire, sans compter que le nombre des concessions n'était pas épuisé aux États-Unis. De plus, il est probable qu'en proportion importante les agriculteurs américains venus dans l'Ouest canadien soient retournés aux États-Unis [44], après s'être aperçus que les meilleures terres avaient été prises. Les immigrants du Royaume-Uni n'étaient pas toujours des agriculteurs d'expérience [45] et nombre d'entre eux restèrent dans les villes et les grands centres.

Les résultats de ces campagnes de recrutement de grande envergure, si coûteuses [46], ne découragèrent cependant pas Clifford Sifton, ministre de l'Intérieur dans le gouvernement Laurier, qui assumait, entre autres responsabilités, celle du ministère de l'Immigration [47]. Comme il s'était rendu compte que l'immigration venant des pays conventionnels et préférés ne répondait pas à la demande canadienne, Sifton demanda à la North Atlantic Trading Company de parcourir l'Europe centrale et orientale, patrie des peuples polonais et slaves, à la recherche d'autres immigrants pour peupler les terres inhabitées des Prairies. Un grand nombre d'agents de compagnies de navigation [48] commencèrent à recruter des colons, ce qui leur fut facile, surtout dans les provinces polonaises autrichiennes connues sous le nom de Galicie [49]. Ces agents décrivaient le Canada comme un pays aux emplois nombreux et rémunérateurs, offrant des terres et des concessions gratuites à tous ceux qui désiraient s'y établir, un pays aux possibilités illimitées. Cette réputation se trouvait corroborée par les premiers émigrants qui s'étaient établis avec bonheur et qui écrivaient des lettres encourageantes pour inviter amis et parents à venir les rejoindre. D'autres furent attirés par de la publicité dans les journaux ou par les contes merveilleux de mendiants itinérants ou après avoir entendu ceux qui pouvaient lire les brochures de l'immigration canadienne rédigées en allemand, qui toutes exaltaient les grandes possibilités qu'offrait le Canada [50].

L'immigration des Polonais au Canada débuta par l'arrivée de très petits groupes au milieu des années 1890, mais leur nombre augmenta constamment, créant ainsi un grand mouvement de gens désireux et empressés de remplir leurs obligations, de réaliser leurs espérances et de jouir des avantages offerts à tous les nouveaux venus. En 1907, 15 861 Polonais ayant quitté leurs foyers, leurs familles et leur milieu arrivèrent à la recherche de revenus, de terres et d'une vie meilleure. Au total, 115 895 Polonais avaient été admis au Canada jusqu'en 1915 [51]. Après le début de la Première Guerre mondiale, l'émigration depuis la Pologne cessa et, de 1915 à 1918, seulement 24 Polonais immigrèrent au Canada, probablement après avoir séjourné aux États-Unis.

À l'heure actuelle, le lieu d'origine de cette population est mal connu. Il est probable que la plupart de ceux qui s'établirent dans les provinces des Prairies avant 1914 venaient de la région de la Galicie [52]. D'autres sont venus du royaume du Congrès, soit directement (après avoir clandestinement traversé les frontières prusso-russes) ou via les États-Unis. Un nombre plus restreint d'immigrants provenaient des provinces prussiennes de la Pologne [53].

Cette deuxième vague d'immigrants n'était pas représentative de la population polonaise en général, ni même de son secteur rural. Rares sont les agriculteurs propriétaires fonciers qui émigrèrent. La

TABLEAU 5

NOMBRE DES ARRIVÉES PAR TERRE ET PAR MER AU CANADA
POUR LES ANNÉES FISCALES 1908–1915

	1908	1909	1910	1911	1912	1913	1914	1915
Bucoviniens	2145	1546	725	700	328	687	1549	72
Galiciens	14268	6644	3368	3553	1594	497	1698	36
Hébreux (Polonais)	46	2	28	85	52	26	22	6
Autrichiens polonais	586	42	483	1065	2773	4462	4310	1272
Allemands polonais	16	3	12	43	21	29	46	7
Russes polonais	736	255	738	800	1624	4488	4507	544
Polonais N.E.S.	255	76	174	269	642	966	930	153

Source: *Canada Year Book, 1915.*

31

majorité des nouveaux venus étaient des valets de ferme, des agriculteurs sans espoir d'héritage, des ouvriers agricoles ou des fils d'agriculteurs, envoyés ici pour y gagner de l'argent afin d'accroître les dimensions de l'exploitation qu'ils possédaient déjà ou pour rembourser des dettes contractées lors de mauvaises années. À l'occasion, des pères émigraient seuls dans ce but [54].

Après 1870, les intellectuels, les professionnels, les politiciens et les leaders de l'opinion furent peu nombreux à quitter la Pologne. Les classes moyennes peu nombreuses et les commerçants, avaient peu de motifs de quitter le pays puisque les conditions socio-économiques sous l'occupation de toutes les puissances prenantes leur assuraient un emploi, tandis qu'en Amérique du Nord la possibilité de faire carrière dans leur métier ou leur profession était mince [55]. Seuls quelques prêtres suivirent les immigrants polonais au Canada, jamais en nombre suffisant pour assurer les services exigés par les colons dispersés.

Les petits fermiers et les ouvriers agricoles n'avaient pas grand-chose à perdre. Nombreux étaient les saisonniers à se rendre en Prusse [56], de sorte que le voyage en Amérique n'était qu'une suite logique à ce mode de vie. Les possibilités y étaient plus grandes. Puisque la grande majorité d'entre eux était extrêmement pauvre, ils devaient vendre tous leurs biens pour payer leur passage. Cela se révélait souvent insuffisant, et ils devaient emprunter à des parents plus fortunés ou à des prêteurs [57]. Arrivés au Canada, ces immigrants n'étaient pas seulement pauvres mais aussi étrangers les uns aux autres puisqu'ils venaient à titre personnel et à leurs frais. Le taux d'analphabétisme parmi eux était élevé [58], mais ce fait ne les préoccupait pas. Leur éducation, reçue à l'«école de la vie», était suffisamment étendue pour leur permettre de résoudre la plupart des problèmes de leur nouveau milieu. Ils différaient grandement des Canadiens par leur mode de vie, leur comportement, leurs attitudes et leurs valeurs, mais c'était des travailleurs acharnés, honnêtes et économes.

La politique de Sifton pour la colonisation de l'Ouest exigeait de solides constitutions et des candidats laborieux. Les Polonais venus avant 1915 étaient tout désignés pour défricher brousse et forêt en vue de la culture de la terre ou pour lutter contre le sol vierge, le climat et les calamités naturelles ou humaines. D'autres immigrants creusèrent des fossés, participèrent à l'extraction du charbon ou d'autres minéraux, scièrent le bois, construisirent des routes ou cherchèrent d'autres emplois exigeant de la résistance, mais peu de formation.

Facteurs d'émigration

Ceux qui connaissent les sentiments et l'attachement des paysans à l'égard de leur terre et leur milieu sont en mesure de comprendre la gravité de la décision de se déraciner de tout ce qui est familier. Néanmoins, des milliers de gens se sont mis en route vers un endroit inconnu qu'ils avaient peine à s'imaginer, mais qui offrait de grandes perspectives d'avenir [59].

Parmi les trois régions de la Pologne morcelée, la Galicie était la plus démunie, à la fois économiquement et culturellement. Elle avait peu d'industries et un surplus de population croissant. Les familles étaient nombreuses ; la mortalité infantile diminuait brusquement et les cultivateurs n'avaient pas assez de terres à distribuer à leurs fils en âge de s'établir. Les perspectives de gagner de l'argent pour l'achat de terres étaient minimes dans la société agricole traditionnelle. Ceux qui devaient travailler contre rémunération (ce qui constituait une déchéance sociale en soi) pouvaient rarement épargner assez pour acheter une terre, même après de nombreuses années de travail acharné et de grande frugalité. Une seule erreur, une seule mauvaise année pouvait anéantir toutes leurs économies. Seule l'émigration, saisonnière ou plus prolongée, pouvait éventuellement venir à bout de cette situation apparemment désespérée. Les paysans venaient dans l'espoir d'acquérir une terre, chose tant convoitée, et ils s'établissaient volontiers au Canada où leurs rêves devenaient réalité [60].

Il est probable que nombre d'autres paysans et travailleurs agricoles sans terres seraient venus au Canada s'il ne leur avait pas tant coûté, sur le plan matériel [61] et affectif. Seuls les plus aventureux, les plus audacieux, ou les plus découragés franchirent ce pas. De nombreux autres émigrèrent pour échapper au service militaire obligatoire sous les drapeaux autrichien, prussien ou russe [62].

Cette période d'immigration se caractérise par deux courants : le premier, plus durable, composé de familles et de particuliers à la recherche de terres ou d'emplois permanents, l'autre composé de gens qui ne venaient que pour trouver du travail, économiser et s'en retourner [63]. Il est probable que la majorité des immigrants polonais de cette deuxième vague vinrent au Canada avec l'intention de rentrer chez eux après avoir économisé suffisamment d'argent pour rembourser des dettes contractées, pour acheter une terre, ou pour ces deux raisons à la fois.

Les immigrants polonais venus via les États-Unis furent attirés par les agents de l'immigration canadienne et d'autres recruteurs [64] et encouragés par leurs organisations à chercher des terres au Canada [65]. D'autres jugèrent les perspectives d'emploi insuffisantes dans les villes américaines et misèrent sur l'économie canadienne en plein essor.

Premières impressions et expériences

Venir d'Europe au Canada pour la première fois était une expérience étrange et souvent redoutée. Pour ceux qui n'avaient jamais quitté leur localité, ne s'étaient jamais aventurés plus loin que le village le plus proche, les jours de marché, l'idée de passer des jours ou des semaines en mer sur de gros navires était tout à fait inimaginable. Certains écrivains ont décrit les traversées de l'Atlantique [66]. Les mémoires [67] ou les romans [68] en brossent sans doute les tableaux les plus saisissants.

Avant de s'embarquer sur les navires qui devaient les conduire à Halifax ou à Québec, les immigrants polonais étaient assujettis à des conditions, à des exigences et à des situations qui leur étaient totalement nouvelles ou étrangères. Les titres de voyage, les douanes étrangères et les fouilles aux frontières, les grandes villes et les langues différentes : tout leur était nouveau. Les déficients mentaux et les handicapés mouraient durant le voyage ou étaient refoulés par les fonctionnaires de l'Immigration canadienne. Seuls les immigrants sains de corps et d'esprit pouvaient survivre [69].

À l'arrivée des navires, les immigrants ébahis et perplexes se retrouvaient dans un monde nouveau par la langue, les vêtements et les coutumes. Ils devaient posséder de l'argent comme preuve de solvabilité ; la maigre somme de \$25 par famille suffisait, mais rares étaient ceux qui possédaient autant. Des amis, des compatriotes ou des agents fonciers venaient à leur secours et « prêtaient » la somme nécessaire qui permettait aux nouveaux arrivants de débarquer.

Les immigrants polonais en route vers les Prairies étaient entassés dans des hangars avant de prendre place dans le train. Il n'y avait ni groupes d'accueil, ni organismes, ni représentants du gouvernement pour les renseigner ou leur souhaiter la bienvenue. Ils devaient acheter un paquet de vivres pour la durée du voyage en chemin de fer. Une bonne partie de ces rations se composait d'aliments en conserve et il arrivait que les gens les jettent ne sachant pas ce qu'elles étaient.

Ils jugeaient les trains confortables, et il y avait fréquemment un interprète et un conseiller ou un agent foncier qui pouvait parler leur langue, mais il ne leur était pas permis de descendre des trains avant d'être arrivés à destination. La police ferroviaire se tenait à l'affût des infractions à cette règle.

Une fois arrivés à Winnipeg ou encore plus à l'ouest, les petits cultivateurs, les fils de cultivateurs, les valets de ferme et les ouvriers agricoles ne réclamaient pas tous leurs concessions gratuites, pressés de s'installer sur une terre ou de se mettre au service d'un autre agriculteur. Nombre d'entre eux demeurèrent dans les villes à la recherche d'un travail de manœuvre. En 1889, Winnipeg comptait 1 000 Polonais sur une population globale de 30 000 habitants [70], et chaque petite ville de l'Ouest avait sa collectivité polonaise [71]. Bientôt, plusieurs s'aventurèrent à la recherche d'emplois non agricoles en Ontario et au Québec où les emplois étaient plus nombreux et les salaires plus élevés. Il s'agissait là d'immigrants provisoires, venus travailler et économiser, avec l'idée de retourner en Pologne.

Il en existait cependant beaucoup d'autres dont le seul but et la seule raison d'être était la terre. Les terres abondaient alors, mais souvent les meilleures étaient déjà prises, on acheminait alors les immigrants polonais vers des régions moins désirables, ou encore ils les choisissaient eux-mêmes, mal informés, animés par des considérations sentimentales peut-être, mais ignorant les conditions différentes de l'agriculture canadienne. Des mémoires d'immigrants relatent le fait que de nombreux colons, incapables de réussir, abandonnèrent leurs concessions et s'adonnèrent à un autre métier.

Le gouvernement canadien n'encourageait pas les concentrations, mais un certain regroupement ethnique s'est quand même réalisé. Les immigrants polonais voulaient habiter près des leurs ou tout au moins près de gens qui leur étaient familiers ; s'il ne se trouvait pas de Polonais, ils choisissaient alors des Ukrainiens comme voisins. Les lotisseurs et le Canadien Pacifique encourageaient la colonisation sans égard à l'ethnie, et quand une région comportait un certain nombre de familles polonaises, une chapelle ou même une église était érigée, ce qui décidait d'autres Polonais à venir s'établir tout près.

Nous savons qu'un certain nombre de « colonies », principalement polonaises, se formèrent dans les trois provinces de l'Ouest, dont quelques-unes portaient des noms clairement identifiables tels que Wisla, Kopernik, Vilno et Krakow, mais la documentation demeure incomplète [72]. Il est très probable que les communautés polonaises des régions rurales ne représentaient qu'une fraction du peuplement polonais en général, très dispersé ou regroupé, dans une certaine mesure, à proximité de collectivités ukrainiennes plus populeuses.

Les pionniers polonais établirent des types et des structures d'immigration qui affectèrent toutes les vagues ultérieures d'immigrants polonais au Canada. Ils quittèrent leur patrie ne sachant que vaguement ce qui les attendait au Canada. Il n'y avait pas de gouvernement polonais pour les protéger, et les autorités canadiennes ne s'intéressaient guère aux immigrants « non préférés ». Ils arrivèrent à titre personnel, sachant qu'ils devaient « surnager ou couler », échouer ou réussir par leurs propres moyens. La solitude et l'isolement étaient courants. Il n'y avait pas d'organismes bénévoles pour aplanir les difficultés de leur adaptation. Ils ont vite compris la nécessité de créer des associations, et ceux qui les suivirent purent en recueillir les bénéfices. C'est eux également qui essuyèrent le plus gros de la discrimination, des préjugés et du ressentiment dirigés contre les paysans étrangers durant les deux premières décennies du XXe siècle. Ce ressentiment tourna à l'hostilité durant la guerre. Ressortissants autrichiens ou allemands de nom seulement, les Polonais furent étiquetés comme étrangers ennemis, certains furent envoyés dans des camps de prisonniers et d'autres placés sous la surveillance étroite de la police. Ceux qui arrivèrent plus tard de Pologne doivent beaucoup à leurs prédécesseurs qui construisirent des églises et des salles paroissiales, établirent des organisations, fondèrent des journaux, et principalement acquirent une expérience précieuse des conditions de travail, des relations sociales et des moyens de survivre dans leur nouveau milieu, toutes choses qu'ils partagèrent avec les nouveaux arrivants polonais.

LES POLONAIS — LA TROISIÈME VAGUE

La Pologne redevint un État indépendant en 1918. Le pays fut la scène de nombreuses grandes batailles entre les Russes et les puissances centrales. Les conscrits polonais, enrôlés dans l'une ou l'autre armée, combattaient fréquemment les uns contre les autres. En Pologne, la guerre ne prit pas fin en 1918. Des luttes armées continuèrent avec les Ukrainiens, les Lituaniens et les Tchèques, et avec le nouvel État soviétique. Le pays fut ravagé, économiquement et physiquement.

La tâche de la reconstruction nécessita la collaboration de toutes les personnes qualifiées, spécialisées et professionnelles. On les encouragea, on les exhorta à rester et à ne pas émigrer. Quelques-uns restèrent sourds à cet appel, ce furent ceux qui ne pouvaient pas pactiser avec le gouvernement polonais, et une poignée d'autres à la recherche d'horizons économiques ou de nouveaux défis en

Amérique du Nord. Peu nombreux furent ceux qui émigrèrent au Canada car, après tout, le Canada ne souhaitait pas leur venue. Répétons-le, le Canada voulait des agriculteurs et des ouvriers agricoles, en bonne santé et de bonnes mœurs. Le personnel du Consulat canadien nouvellement établi appliqua cette politique en choisissant des candidats qui semblaient être des agriculteurs ou des ouvriers agricoles et qui satisfaisaient aux exigences d'examens médicaux rigoureux [73].

Les candidats se présentèrent par milliers. Malgré les pertes civiles causées par la guerre et les réformes en agriculture, il n'y avait toujours pas assez de terres pour tous les paysans ou travailleurs agricoles en Pologne, ni assez de travail pour tous les hommes bien portants dans l'industrie polonaise naissante. Pour beaucoup, l'émigration semblait être la seule solution, et l'Amérique du Nord demeurait la Terre promise. Mais les Polonais ne pouvaient plus compter sur les États-Unis, dont le régime de quotas, instauré en 1921 et révisé en 1924, ne permettait l'immigration que de 6 524 Polonais par année. (En 1932, ce chiffre fut réduit à 2 000.) Le Canada garda ses portes ouvertes, et le courant d'immigration reprit. Le nombre ne fut pas aussi élevé qu'avant la guerre, mais les immigrants temporaires se faisaient moins nombreux. Entre 1919 et 1931, 51 847 immigrants polonais arrivèrent au Canada, dont 8 248 en 1927 et 8 319 en 1928.

L'immigration ralentit avec l'avènement de la grande Crise. Entre 1932 et 1939, il n'arriva que 3 497 immigrants polonais au Canada. La plupart des immigrants de cette vague étaient d'origine rurale, mais ils comprenaient aussi une bonne proportion de prolétaires urbains qui se faisaient passer pour des ouvriers agricoles. Certains émigraient avec leurs familles, mais il y avait aussi des pères qui partaient seuls, espérant les faire venir plus tard. Il y avait maintenant de nombreux célibataires qui avaient vu d'autres régions de la Pologne et de l'Europe durant la Première Guerre mondiale, avaient reçu une certaine formation et acquis quelque savoir dans l'armée, et qui, ayant côtoyé des peuples et des cultures différents, n'étaient plus satisfaits de rester dans de petits villages isolés, aux perspectives trop limitées.

Les immigrants étaient originaires de différentes régions de la Pologne devenue indépendante, et non pas surtout de villages. Le taux d'analphabétisme était en baisse par suite des lois sur l'instruction obligatoire, et de nombreux nouveaux immigrants possédaient une certaine expérience comme cadres, acquise dans l'armée ou durant la réorganisation de la nouvelle république.

La filière de l'émigration était maintenant mieux organisée. Le gouvernement polonais fournissait des renseignements aux immigrants éventuels[74], et des publications étaient disponibles[75]. Une société de colonisation fut établie à Varsovie en 1927 et un délégué, le baron de Logo[76], fut envoyé au Canada en 1929 pour trouver des endroits se prêtant au peuplement polonais. Les compagnies de navigation avaient de nombreuses années d'expérience dans le transport de millions d'immigrants vers le Nouveau Monde ; les centres d'accueil se trouvaient maintenant mieux à même de recevoir des milliers de nouveaux arrivants étrangers dépaysés. Le Bureau polonais d'émigration (Urząd Emigracyjny) collaborait depuis quelques années avec les deux compagnies ferroviaires canadiennes au recrutement de familles destinées à des régions ou des chantiers particuliers[77]. Malgré cela, la plupart des émigrants partaient seuls, sans le parrainage d'organisations et sans projets bien définis.

Cette vague a ceci de particulier qu'un grand nombre d'immigrants qui étaient allés en Amérique du Nord de 1895 à 1914, pour ensuite rentrer chez eux avant ou après la guerre, sont revenus au Canada (ou aux États-Unis). Des mémoires illustrent bien l'ambivalence éprouvée par ces personnes. Au Canada, ils regrettaient cruellement leurs parents et leurs communautés d'origine, les coutumes et les paysages de leur patrie, et n'attendaient que de pouvoir retourner chez eux, mais une fois de retour en Pologne, ils ne pouvaient plus s'adapter ni économiquement, ni socialement à leur pays et à sa société encore foncièrement traditionnelle.

On continuait d'encourager les arrivants polonais à se diriger vers l'Ouest et à s'y livrer à l'agriculture. Il restait bien aussi quelques concessions reculées, mais la plupart cherchèrent du travail dans les villes, dans les mines, dans la construction de routes et de chemins de fer, dans des camps de bûcherons ou tout autre lieu d'embauche qui se présentait. Plus de la moitié des nouveaux venus choisirent l'Ontario et le Québec, et de nombreux autres, d'abord installés et travaillant dans les provinces des Prairies, gagnèrent l'Est, peu à peu, dans les années 1930 à la recherche de meilleures conditions de vie.

LES RÉFUGIÉS ET EXILÉS D'APRÈS-GUERRE — LA QUATRIÈME VAGUE

Lorsque la Seconde Guerre mondiale éclata, l'immigration directe de la Pologne vers le Canada cessa de nouveau pour ne reprendre qu'en 1957 [78]. En 1939, la Pologne fut conquise et partagée entre l'Union soviétique et l'Allemagne. En 1940, des masses de Polonais avaient été relocalisés ou resitués en Sibérie (pour employer l'euphémisme des autorités soviétiques pour désigner cette déportation) et dans d'autres régions de l'Union soviétique [79]. Durant l'occupation allemande, des millions [80] de Polonais avaient été envoyés en Allemagne aux travaux forcés pour y rejoindre les prisonniers de guerre capturés en 1939 [81]. Pendant qu'on envoyait mourir des millions de Polonais dans des camps de concentration allemands en territoire polonais, des milliers d'autres se retrouvèrent dans des camps de concentration en Allemagne même.

Le peuple polonais n'abandonna jamais la lutte contre l'occupant et, tandis que la plupart restèrent pour combattre dans les rangs de la résistance polonaise, des milliers d'autres s'enfuirent pour s'enrôler et combattre comme volontaires aux côtés des Alliés [82]. En 1941 et 1942, près de mille techniciens, ingénieurs et ouvriers qualifiés vinrent prêter main forte à la mobilisation des forces vives canadiennes. Ils n'étaient pas alors considérés comme immigrants, mais comme résidents temporaires [83]. Un certain nombre de pilotes et d'aviateurs polonais vinrent au Canada pour y recevoir une formation. Ils se consacrèrent au transport d'aéronefs du Canada vers divers fronts [84].

Après la défaite de l'Allemagne, les prisonniers militaires, les détenus des camps de concentration et les condamnés aux travaux forcés, libérés par les Alliés eurent le choix [85] de retourner chez eux ou de rester comme réfugiés ou personnes déplacées. La plupart des Polonais qui se trouvaient à l'étranger en 1945 sont effectivement rentrés en Pologne ; parmi les membres de l'armée polonaise à l'étranger, 94 000 furent rapatriés et parmi les millions de Polonais condamnés aux travaux forcés, environ 380 000 seulement restèrent comme réfugiés ou apatrides [86].

La Grande-Bretagne assuma la responsabilité du personnel militaire polonais et de leurs personnes à charge qui ne désiraient pas être rapatriés. Ils avaient le choix entre demeurer en Grande-Bretagne ou émigrer ailleurs [87] grâce à un projet de voyages subventionnés. La plupart de ceux qui désiraient émigrer choisirent les États-Unis ou l'Australie, mais le Canada eut aussi leur faveur. Entre 1945 et 1956, 64 096 autres Polonais arrivèrent dans le cadre de divers programmes et non pas au titre des lois sur l'immigration canadienne d'alors. Lors de la libération, ils ne vinrent pas directement de Pologne, mais d'autres États européens et d'autres régions du monde, de camps de réfugiés, de bases militaires, de camps de concentration et de prisons.

La collectivité polonaise du Canada se préoccupait du sort de ces gens. Le Canadian Polish Congress et d'autres associations [88] firent valoir auprès du Comité permanent du Sénat sur l'immigration, en juin 1946, que le Canada pouvait accueillir 500 000 immigrants acceptables parmi les réfugiés et vétérans polonais. Leur admission se heurta à l'opposition d'une autre organisation polonaise au Canada [89] sous prétexte que ces gens n'avaient rien à offrir, étaient des dissidents et étaient inacceptables comme candidats à la citoyenneté canadienne.

Nous ne savons pas exactement dans quelle mesure ces interventions influencèrent les politiques et décisions des responsables de l'immigration canadienne, mais, durant l'été de 1946, une commission de spécialistes en agriculture fut envoyée en Italie pour y recruter 5 000 ouvriers agricoles parmi les membres de 2e corps polonais [90], qui seraient admis grâce à un décret spécial du conseil. Ce fut le premier groupe important d'immigrants polonais après la Seconde Guerre mondiale.

Le gouvernement canadien adopta une attitude humanitaire à l'égard des réfugiés, mais il céda aussi à d'autres considérations. Durant les premières années de l'après-guerre, le Canada souffrait d'une pénurie de main-d'œuvre agricole et dans d'autres secteurs peu spécialisés. Les anciens combattants et les réfugiés polonais pouvaient remédier à cette pénurie. Nombre d'entre eux avaient de l'expérience en agriculture, ils étaient forts, en bonne santé et prêts à faire certains métiers ou à assumer certaines obligations en échange de leur admission au Canada.

En tout, 4 247 hommes furent recrutés pour travailler dans l'agriculture en vertu d'un accord de deux ans à l'échéance duquel ils pouvaient demander un permis de séjour permanent. 2 800 hommes arrivèrent d'Italie et les autres d'Angleterre, pays qui comptaient la plus forte concentration de soldats polonais. Ceux qui se trouvaient en Italie arrivèrent au Canada en novembre 1946 et, après deux semaines de repos, commencèrent à travailler dans des exploitations agricoles, principalement en Ontario. Ceux de Grande-Bretagne vinrent les rejoindre l'année suivante [91]. Le gouvernement ne recruta plus d'anciens combattants. mais de nombreux autres immigrèrent, en groupes ou individuellement, aidés par le gouvernement britannique.

Les réfugiés polonais des divers camps européens se trouvaient sous les auspices de l'Organisation internationale des réfugiés. Le Canada envoya un certain nombre d'équipes de recrutement du ministère du Travail pour choisir des personnes aptes à travailler dans certaines industries, dans les mines et les camps de bûcherons, pour les chemins de fer et dans la construction. On dirigea les femmes vers le travail en usine, dans les hôpitaux et les emplois de domestiques. Ces réfugiés commencèrent à arriver en 1947, à destination de diverses provinces canadiennes. Cette vague atteignit son apogée en 1948 alors que 13 799 Polonais entrèrent au Canada. La plupart des immigrants polonais arrivés au Canada avant 1955 le doivent à ces deux programmes, soit la sollicitation pour des métiers particuliers et le parrainage du gouvernement britannique[92]. De plus, certains immigrants vinrent à la suite d'un programme de parrainage créé par la Loi sur l'immigration de 1952, d'autres arrivèrent à titre particulier, grâce à des moyens divers et parfois détournés[93].

Les immigrants de cette période diffèrent considérablement de ceux des autres vagues. Pour la première fois, une forte proportion d'entre eux était très instruite, plusieurs ayant un métier ou une spécialisation ; ce groupe comprend des universitaires, des avocats, des ingénieurs, des architectes et un grand nombre d'officiers de carrière. Leur moyenne d'âge était de 30 à 35 ans et il y avait trois fois plus d'hommes que de femmes. Les anciens combattants arrivèrent avec des économies, des vêtements et une certaine connaissance de la langue et des coutumes anglaises. Les réfugiés arrivèrent sans le sou, et moins bien renseignés sur le Canada et les possibilités qui s'y offraient.

Ils représentaient à peu près toutes les classes sociales de la Pologne d'avant-guerre, venant de diverses régions de Pologne, de villes, de villages et de grands centres, mais ils avaient aussi derrière eux six années de discipline ou de prison militaires, de stress excessif, de séparation de leurs familles et de déplacements constants.

Il est douteux que de nombreux Polonais de cette vague d'immigration aient considéré le Canada comme lieu de résidence permanente, en particulier ceux qui avaient fait partie d'un des corps d'armée polonaise, car ils espéraient toujours rentrer dans une Pologne libérée. Au Canada, ils trouvèrent les cadres créés par leurs prédécesseurs, ce qui leur facilita l'adaptation. Les différentes autorités canadiennes et des organismes privés informèrent les nouveaux arrivés des conditions et des ressources que leur offrait le pays[94].

LES DERNIERS IMMIGRANTS
— LA CINQUIÈME VAGUE

De 1957 à 1971, il y eut 31 320 nouveaux arrivés polonais au Canada. Le nombre passa d'un maximum de 3 733 immigrants en 1959 à un minimum de 723 en 1970. C'est un peu arbitrairement que l'on désigne l'année 1957 comme l'amorce d'une nouvelle vague d'immigration polonaise au Canada, mais la division de toute la période d'après-guerre en deux parties est dictée par un certain nombre de facteurs. C'est en 1957 que l'émigration directe de la Pologne, bien que faible, reprit après la disparition du gouvernement stalinien et le retour provisoire d'un gouvernement plus libéral dirigé par Gomułka. On assista à la libéralisation de certains règlements, ce qui permit à certaines catégories de parents de résidents permanents à l'étranger de partir les rejoindre. Des familles séparées pendant quelque quinze ans ou davantage purent enfin être réunies.

Les changements qui s'opéraient en Pologne y attirèrent de nombreux Canadiens polonais à titre de touristes, dont des célibataires à la recherche d'épouses. De tels « voyages-emplette » donnèrent souvent lieu à l'arrivée de la « future » venue rejoindre son fiancé. Le mariage à une Polonaise pouvait également être arrangé par le truchement d'annonces dans la presse et par courrier. Entre 1967 et 1972, un certain nombre de touristes polonais au Canada demandèrent le statut d'immigrant reçu et restèrent au Canada.

Bien que permettant aux parents de Canadiens polonais de partir et tout en encourageant même certains autres à émigrer, la Pologne n'autorise pas la libre émigration. Les lois polonaises ne donnent pas aux particuliers le choix de quitter le pays librement et à jamais. On soutient que l'économie en plein essor nécessite toute la main-d'œuvre existante et, non seulement il n'y a pas de chômage, mais il y a une pénurie de travailleurs dans certains secteurs. L'émigration aggraverait une situation déjà inquiétante.

Il ne semble pas que ces conditions changent dans un proche avenir. Même si elles devaient changer, les lois actuelles sur l'immigration au Canada ne prévoient pas l'immigration non parrainée depuis la Pologne, puisque les vérifications de sécurité publique courantes ne peuvent être effectuées [95]. Nous devons conclure que l'immigration en provenance de la Pologne restera faible dans l'avenir immédiat.

Cette dernière vague compte aussi deux autres catégories de Polonais ayant immigré au Canada. La première comprend les derniers réfugiés d'après-guerre qui furent admis entre 1957 et 1960 et un petit nombre de nouveaux venus, des déserteurs de navires, par exemple, qui quittèrent la Pologne par différents moyens pour demander asile au Canada. La seconde catégorie comprend les réfugiés d'après-guerre et les anciens combattants qui s'établirent aux Pays-Bas, en Allemagne, en Grande-Bretagne, en Australie, en Argentine et ailleurs pendant un certain nombre d'années mais qui, maintenant, considèrent le Canada comme un pays offrant de meilleures perspectives d'avenir. D'autres émigrent de nouveau pour rejoindre parents et amis venus s'établir ici plus tôt. Nombre de ces immigrants sont parrainés, et d'autres viennent à titre particulier. Au début de cette vague, ces derniers constituaient la majorité des immigrants polonais, mais depuis le milieu des années soixante, ils ne constituent plus que 10% de l'ensemble.

La composition de cette vague varie selon l'âge, le milieu socio-économique et les facteurs d'émigration. Des familles incomplètes aussi bien que des particuliers viennent rejoindre des parents. Un certain nombre de femmes émigrent pour se marier. De nombreuses familles parrainées arrivent de Pologne et d'ailleurs dans le but d'améliorer leur situation économique, sociale ou politique. La plupart sont instruits, et il s'y trouve nombre de professionnels et de techniciens. Il n'y a pas d'illettrés, au contraire, beaucoup arrivent avec des diplômes d'études universitaires et supérieures. Ils ont accès à une vaste gamme de cours de langue anglaise (ou française) et à des programmes de recyclage professionnel, au même titre que tous les Canadiens ainsi que les immigrants reçus [96]. Il existe maintenant un certain nombre de services publics et d'organismes bénévoles privés dont l'activité principale est la prise en charge et le bien-être de tous les nouveaux arrivés au Canada [97].

La plupart des immigrants polonais s'installent en Ontario, le Québec, surtout Montréal, étant leur deuxième choix. Environ la moitié des immigrants s'intègrent à la population active du Canada. Beaucoup éprouvent relativement peu de difficultés à exercer leurs professions, à savoir l'enseignement universitaire ou le travail dans divers domaines techniques et industriels. Bien sûr, la connaissance préalable d'une des langues officielles est de rigueur. Il y a relativement peu d'immigrants non spécialisés ou peu qualifiés. Il est vraisemblable que ces immigrants polonais sont accueillis d'emblée par les autres Canadiens et éprouvent peu de difficultés à s'adapter à leur nouveau milieu.

NOTES

1. Secrétariat d'État, *Notre Histoire* (Ottawa, 1970). Voir aussi Arthur R.M. LOWER, *Colony To Nation* (Toronto, 1971); Edgar McINNIS, *Canada: A Political and Social History* (Toronto, 1969); Rapport de la Commission royale d'enquête sur le bilinguisme et le biculturalisme, Livre IV, *L'apport culturel des autres groupes ethniques* (Ottawa, 1970).

2. Recensement du Canada, 1870-1871.

3. Le lecteur qui désire plus de précisions peut consulter de nombreuses sources sur les immigrants polonais venus au Canada avant la fin du XXe siècle à titre particulier. Les ouvrages suivants font mention d'une ou plusieurs personnes : Henry ARCHACKI, « America's Polish Gift to Canada », *24th Annual Meeting of the Polish-American Historical Association*, Toronto, 28 décembre 1967; O.E. BRETON, *Kowal Boży* (Londres, 1961); A.H. CROWFOOT, *Life of Isaac Hellmuth, This Dreamer* (Toronto, 1963); J. Murray GIBBON, *Canadian Mosaic* (Toronto, 1938); Edward M. HUBICZ, *Father Joe — A Manitoba Missionary* (London, 1958); V.J. KAYE, « Sir Casimir Stanislaus Gzowski, a Great Canadian » (1813–1898), *Revue de l'Université d'Ottawa*, 25 (4), 457–464; L. KOS-RABCEWICZ-ZUBKOWSKI, *The Poles in Canada* (Toronto, 1968); L. KOS-RABCEWICZ-ZUBKOWSKI, and W.E. GREENING, *Sir Casimir Gzowski* (Toronto, 1959); Bolesław MAKOWSKI, *Polska Emigracja w Kanadzie* (Linz-Salzburg, 1951) et *History and Integration, op. cit.*; H.J. MORGAN, ed., *Canadian Men and Women of the Time* (Toronto, 1912); Victor TUREK, « Jeszcze o Polonii Kanadyjskiej », *Kultura* (Paris, 1957 122, 85–94; TUREK, *Sir Casimir Gzowski (1813–1898)* (Toronto, 1957); TUREK, ed., *The Polish Past in Canada* (Toronto, 1960); TUREK, *Poles in Manitoba*; A. WOŁODKIEWICZ, *Polish Contribution to Arts and Sciences in Canada* (Londres, 1969); B.J. ZUBRZYCKI, *op. cit.*

4. Cette brève énumération ne rend absolument pas compte de la myriade d'intérêts et d'activités de cet unique individu. Il existe deux biographies, l'une en anglais, l'autre en polonais, que le lecteur intéressé peut consulter pour plus de précisions. Voir L. Kos-Rabcewicz-Żubkowski et Greening, *op. cit.*, TUREK, *op. cit.*, et un compte rendu d'une rencontre en 1873 à Skorzewski (1888).

5. Selon A.J. STANIEWSKI, « Do Wokandy Historyka — z Życia Polonii Toronto », *Związkowiec* (Toronto), Numéro jubilaire, avril 1935, et d'autres, un groupe d'exilés polonais ayant fui à la suite de l'insurrection de 1863 s'est retrouvé au Canada vers la fin des années 1860 ou au début des années 1870. Leur voyage fut organisé par la *English Association of the Friends of Poland*. Ces Polonais s'établirent principalement à Toronto où ils fondèrent une association appelée le *Slavic Club* ultérieurement rebaptisée *Polish Citizens Club*. Le club exista de 1880 à 1890; l'honneur lui reviendrait d'avoir été la première organisation laïque formée par le groupe polonais au Canada. Les renseignements de Staniewski sont basés sur des comptes rendus de seconde main et, en 1905, l'auteur n'avait trouvé aucune mention de ce groupe ; il supposa donc que le groupe s'était rendu aux États-Unis ou qu'il s'était complètement assimilé, au point de n'avoir plus rien de polonais.

6. Par exemple, Peter Gzowski, auteur, journaliste et animateur bien connu de la radio, est l'arrière-arrière-petit-fils de Sir Casimir. De ses origines, il garde le nom patronymique et la conscience filiale, mais il participe très peu à la collectivité ethnique polonaise au Canada. Les père et grand-père de Peter ainsi que d'autres membres de sa famille participèrent aux activités du groupe

polonais au cours de la Seconde Guerre mondiale (généralement à titre honorifique) dans le but d'aider la Pologne mobilisée.

7. Mieczysław HAIMAN, *Ślady Polskie w Ameryce* (Chicago, 1938), fournit les noms de tous les membres polonais de deux régiments.

8. Robert ENGLAND, « Disbanded and Discharged Soldiers in Canada Prior to 1914 », *The Canadian Historical Review*, XXVII (I), 1–18, découvrit que les membres de la « Légion étrangère » de la guerre américano-britannique reçurent des terres dans les cantons d'Oxford, de Montague, de Wolford et de Malborough, tous en Ontario.

9. L.S. GARCZYŃSKI, « Od Atlantyku Po Ocean Spokojny », *Kisięga Pamiątkowa Z.P.w.K 1906–1946* (Toronto, 1946).

10. Victor TUREK, « Poles Among the De Meuron Soldiers », *Historical and Scientific Society of Manitoba*, Série III (9), 53–68, affirme que « les premiers pionniers polonais dans l'Ouest canadien étaient des colons opiniâtres et de grande valeur. »

11. « Report of the Select Committee on Emigration, 1860 », *Journal of the Legal Association*, XVIII, Annexe 4.

12. *Ibid.*

13. J.L. PERKOWSKI, « Folkways of the Canadian Kashubs » in Cornelius J. JAENEN, ed. *Slavs in Canada*, Vol. III (Toronto, 1971), p. 332, note qu'ils « proviennent d'une région située à l'est de Bytowo. » S.K. GŁĘBORZECKI, « Kanadyskie Wilno », *Związkowiec*, n°s 23, 25, 27 (Toronto, 1957), nomme environ 15 localités de Pologne d'où les Kachoubes sont originaires.

14. Bolesław MAKOWSKI, *History and Integration.*

15. GŁĘBORZECKI, p. 25.

16. *Kalendarz Czasu Na 1951 Rok; Czas* (1951).

17. D'après le recensement de 1870-1871, il y avait 18 familles, soit 77 personnes dans le village de Renfrew qui étaient employées comme ouvriers. D'après MAKOWSKI dans *History and Integration.*

18. Le prêtre fit un effort pour communiquer avec les Kachoubes, quand ce ne serait que dans le dessein d'entendre leurs confessions, et il réussit à apprendre un peu de polonais, d'après Głęborzecki, qui tira ses renseignements de chroniques, d'archives paroissiales et des traditions orales des plus vieux résidents.

19. La date de la fondation de la paroisse est très probablement 1873, puisqu'il n'y a guère plus de documents sur les Kachoubes dans l'église de Brudnell après 1872.

20. GŁĘBORZECKI, *op. cit.*

21. PIEPRZYCKI (1974) fournit d'autres précisions sur la vie religieuse et socio-culturelle de la paroisse de Wilno depuis ses débuts jusqu'à nos jours.

22. Brenda B. LEE-WHITING, « First Polish Settlement in Canada », *Canadian Geographical Journal*, LXXXV (1967), 108–12. Cependant, Perkowski constata que les Kachoubes conservent encore de vieilles traditions comme le « dyngus » et des rites religieux particuliers. Ils croient encore aux êtres surnaturels et ils usent de remèdes de bonne femme. Głęborzecki signale qu'ils veillent les morts pendant une nuit entière, soit le « pusta noc » ou nuit vide, et les noces, bien qu'elles ne durent plus trois jours, comportent encore une cérémonie spéciale concernant l'enlèvement du voile nuptial. Les noces et les décès s'accompagnent encore de danses traditionnelles.

23. John Iwicki, C.R., *The First One Hundred Years* (Rome, 1966).

24. S. Kinastowski, « Dzieje Polonii w Kitchener », *Glos Polski*, n° 24, le 14 juin 1973.

25. Gibbon, *op. cit.*

26. Kaye, *op. cit.*

27. Ce groupe se distingue à deux égards : a) l'émigration polonaise de la Galicie, dont la Bukovine formait une division administrative, selon la plupart des sources, ne débuta pas avant 1894, et ce groupe constituerait une exception à la règle ; b) les écrivains traitant de ce sujet convinrent que ce n'est qu'en de rares occasions (les Kachoubes, le groupe de Berlin) que plus d'une famille quitta le même village simultanément pour s'établir à proximité l'une de l'autre au Canada. Les auteurs remercient le professeur Kaye pour ces renseignements.

28. Joseph A. Wytrwal, *America's Polish Heritage : A Social History of the Poles in America* (Detroit, 1961).

29. Selon Theresita Polzin, *The Polish Americans : Whence and Whither* (Pulaski, Wisc., 1973), en 1860, il y avait 30 000 immigrants polonais aux États-Unis ; ce nombre atteignit 50 000 en 1870, 500 000 en 1880 et un million en 1890. Voir aussi M. Haiman, *op. cit.*, Wacław Kruszka, *Historya Polska w Ameryce* (Milwaukee, 1905) ; R.A. Schermerhorn, *These Our People* (Boston, 1949) ; Wytrwal, *op. cit.* Voir aussi le graphique 4, annexe 1.

30. L'afflux de la main-d'œuvre en provenance des États-Unis provoqua l'adoption de la Loi sur le travail des aubains de 1897, conçue principalement de façon à restreindre l'entrée d'ouvriers de chemins de fer étrangers. Voir Timlin, *op. cit.*

31. J. Kage, « From "Bohunk" to "New Canadian" », *Social Worker 29* (4), 1, constata que « tous les camps de bûcherons à cette époque étaient remplis de "Bohunks" (un terme péjoratif pour désigner les Polonais et d'autres Slaves) et personne ne les aimait beaucoup. »

32. *Pamiętniki Emigrantów : KANADA* (Varsovie, 1971).

33. Selon L.W. Luke, « Citizenship and Immigration », *28ᵉ assemblée annuelle de la Chambre de commerce canadienne*, Victoria (C.-B.), le 3 octobre 1957, p. 5, Sudbury fut fondée en 1883 lorsque le Canadien Pacifique gagna le Nord de l'Ontario et les « Italiens, les Polonais et d'autres qui posèrent les rails parcourant le Canada en furent les premiers habitants. »

34. Makowski, *History and Integration*, p. 115.

35. *Czterdziestoletni Jubileusz* (1952).

36. *Czas* (1959).

37. Turek, *Poles in Manitoba*. Il mentionne également deux épiceries polonaises à Winnipeg dont on sait qu'elles existaient dans les années 1870.

38. *Northwest Review* (45ᵉ numéro anniversaire), Winnipeg, 1930, p. 119.

39. Joseph M. Kirschbaum, *Slovaks In Canada* (Toronto, 1967), p. 224.

40. *Ibid.*, p. 66.

41. Voir surtout C.A. Dawson, « Group Settlement : Ethnic communities in Western Canada », dans W.A. Mackintosh et W.L.G. Jones, eds., *Canadian Frontiers of Settlement*, Vol. VII (Toronto, 1936) ; C.A. Dawson et R.W. Murchie, « The Settlement of the Peace River Country », dans Mackintosh, *op. cit.* ; C.A. Dawson et Eva R. Younge, « Pioneering in the Prairie Provinces », dans Mackintosh, Vol. VIII, 1940.

42. Voir David C. CORBETT, *Canada's Immigration Policy: A Critique* (Toronto, 1957), et Duncan M. McDOUGAL « Immigration into Canada, 1851-1920 », *Canadian Journal of Economics and Political Science*, XXVII (1961), 162-175, pour une étude approfondie de ces conditions.

43. *Rapport de la Commission royale d'enquête.*

44. Nathan KEYFITZ, « The Growth of the Canadian Population », *Population Studies* (IV), juin 1950 ; RYDER, *op. cit.*

45. Hugh EMERSON, *The Sowing* (Winnipeg, 1909) ; James S. WOODSWORTH, *Strangers Within Our Gates* (s.l. 1909).

46. WOODSWORTH, *Ibid.*, fait remarquer que 2 703 646 brochures et autres documents rédigés en anglais, en allemand, en néerlandais, en norvégien, en suédois et en français furent distribués en Europe selon les instructions de Sifton. Smith constata que le coût de la propagande entre 1898 et 1908 était de $2 500 432 pour le Canada, dont $1 936 000 dépensés aux États-Unis, $1 643 000 au Royaume-Uni et seulement $700 000 en Europe centrale. Voir son tableau 4, p. 59.

47. Voir J.W. DAFOE, *Clifford Sifton in Relation to his Times* (Toronto, 1931).

48. La politique de recrutement de Sifton comportait le versement de primes aux agents de navigation qui envoyaient des immigrants au Canada plutôt qu'ailleurs. Les primes étaient considérables : on versait £ 1 ($4,86) pour chaque personne de plus de 18 ans, et la moitié de ce montant pour les plus jeunes. Cette politique ne s'appliquait à l'origine qu'aux sujets britanniques exerçant certains métiers (agriculture et ouvrage non spécialisé) mais elle fut rapidement étendue de façon à inclure d'autres Européens et finalement les peuples slaves.

49. Le bureau de l'immigration du Canada prit certaines précautions avant de juger de l'admissibilité des Galiciens en envoyant en Europe l'inspecteur de l'immigration, W.T.R. Preston, y visiter les villages et autres collectivités. L'inspecteur trouva beaucoup de choses favorables à signaler : la propreté, la sobriété, l'économie et de bonnes méthodes de culture. Voir « Sessional Papers No. 10, Vol. XXXIV, partie II, Immigration », *Department of the Interior Sessional Papers 13, No. 2*, Rapport de W.T.R. Preston, inspecteur des agences en Europe (Londres, le 23 décembre 1899), 12-19.

50. Les « Annuaires statistiques » (1885-1904) illustrèrent les effets de la promotion par la hausse du nombre des immigrants. Les Galiciens arrivant au Canada en 1898 : 5 509 ; 1899 : 6 700 ; 1900 (six premiers mois) : 4 992.

51. Ce chiffre comprend 6 285 personnes d'origine polonaise signalées dans le recensement de 1901. *Rapport de la Commission royale d'enquête, op. cit.*

52. Il s'agit du point de vue de M. TUREK, *Poles in Manitoba*, énoncé dans sa monographie, fruit d'une recherche approfondie.

53. J.T.M. ANDERSON, *The Education of the New Canadians* (Toronto, 1918).

54. E.K. FRANCIS, « Variables in the Formation of So-Called "Minority Groups" », *The American Journal of Sociology*, 60, 6-14.

55. Certains ouvriers urbains et activistes politiques sont effectivement venus au Canada après la révolution avortée de 1905, révolution russe qui toucha un certain nombre de centres industriels polonais dans le royaume du Congrès.

56. Voir spécialement Roman MAZURKIEWICZ, *Polskie Wychodźctwo i Osadnictwo w Kanadzie* (Varsovie, 1930) ; TUREK, *Poles in Manitoba* ; J. ZUBRZYCKI, *Polish Immigrants in Britain* (La Haye, 1956).

57. Des exemples figurent dans *Pamiętniki Emigrantów* et Melchior WAŃKOWICZ, *Tworzywo* (Varsovie, 1970).

58. Selon TUREK, *Poles in Manitoba*, plus de 40% de la population masculine ayant émigré de Galicie au Canada, ne savait ni lire ni écrire.

59. Les facteurs d'émigration font partie intégrante de toute étude sur le déplacement d'une population et, selon Oscar HANDLIN, *The Uprooted* (New York, 1951), p. 16, pour comprendre le mode d'adaptation dans le nouveau milieu, il « faut connaître les circonstances dans lesquelles les nouveaux arrivés ont quitté leur patrie. »

60. Wańkowicz croque sur le vif les membres d'une famille semblable qui décidèrent d'abandonner la vie de valets de ferme (ou komornicy) et sont partis à l'aventure au Canada pour se retrouver gagnants.

61. Les frais d'entrepont entre 1870 et 1880 étaient de $17 et $18, mais à la fin des années 1880 et 1890, ils atteignirent une moyenne de $38 d'un port allemand à la ville de Québec, une forte somme pour le valet de ferme polonais moyen.

62. Balch mentionne avoir rencontré aux États-Unis de nombreuses personnes qui s'y étaient rendues dans le seul but de fuir la conscription, pour eux-mêmes et leurs fils, pendant de longues périodes dans les « Armées des empereurs ».

63. Voir Y.W. LOZOWCHUK et H. RADECKI, « Slavs in Canada », exposé présenté lors du symposium sur la race et les relations ethniques dans le cadre de l'Assemblée annuelle de l'association américaine d'anthropologie, à Toronto, du 30 novembre au 2 décembre 1972.

64. Le travail du comte Esterhazy est discuté dans KIRSCHBAUM, *op. cit.*

65. La préoccupation de Kennedy s'exprima de cette façon : « J'apprends que le comité polonais de Chicago envisage de transplanter 50 000 familles de leurs compatriotes au Canada (l'objet dans ce cas étant philanthropique plutôt que commercial). Si le projet se réalise, j'espère que les Polonais seront dispersés dans toutes les prairies où l'air frais pourra en chasser toute trace de Chicago. » H.A. KENNEDY, *New Canada and the New Canadians* (Toronto, 1907), p. 56-57.

66. Edith ABBOTT, *Historical Aspects of the Immigration Problem* (Chicago, 1926) ; H.A. CITOREN, *European Immigration Overseas, Past and Future* (La Haye, 1951) ; HANDLIN, *op. cit.*

67. *Pamiętniki Emigrantów.*

68. WAŃKOWICZ, *op. cit.*

69. Nombreux sont ceux qui voyagèrent sur des navires transportant un chargement de bétail d'Amérique du Nord en Europe, et on ne s'efforça pas trop de nettoyer et de réaménager ces navires de façon à les rendre propres au transport d'êtres humains.

70. Edward M. HUBICZ, *Polish Churches in Manitoba* (Londres, 1960).

71. Stewart W. WALLACE, ed., « The Polish Group », *The Encyclopedia of Canada*, Vol. 5 (Toronto, 1937), 131 ; Kate A. FOSTER, *Our Canadian Mosaic* (Toronto, 1926).

72. Il est fait mention dans les ouvrages suivants de lieux particuliers, où se sont concentrés les colons polonais : R.P. A.J. GOCKI, *Historia Osiedli Polskiej w Candiac, Saskatchewan* (Regina, 1924) ; Edward M. HUBICZ, « Early Polish Priests in Manitoba », in Victor TUREK, ed., *The Polish Past in Canada* (Toronto 1960) ; B. MAKOWSKI, *History and Integration, op. cit.* ; Howard PALMER, *Land of the Second Chance* (A History of Ethnic Groups in Southern Alberta),

(Lethbridge, 1972); Turek, *Poles in Manitoba*, et autres publications commémoratives de diverses organisations polonaises.

73. *Pamiętniki Emigrantów.*

74. *Wskazówki dla Wychodźców do Kanady* (Warszawa, 1927).

75. *Kalendarz Rolnika Polskiego Na Rok 1929* (Toruń, Pologne, 1929); Jan Bargiel, *Amerykańska Pula; Organizacja Zbytu Amerykanskich Rolników* (Varsovie, 1937); L.S. Garczyński, *Co To Jest Kanada?* (Varsovie, 1930); Jósef Lubicz, *Kanada — Kraj i Ludność* (Toledo, Ohio, 1929).

76. Les tentatives n'ont jamais dépassé l'étape de la discussion. Voir Turek, *Poles in Manitoba*, p. 87 et suiv.

77. On avait besoin d'environ 150 familles pour coloniser un poste expérimental près de La Ferme et de Barrant (Québec), administré par le C.N. On avait stipulé que les candidats devaient être des agriculteurs connaissant la coupe du bois et possédant $250 par famille. Qu'ils devaient accepter de travailler dans les forêts et à la construction de routes, en échange d'une maison de trois pièces et de tout le nécessaire à des conditions de remboursement faciles. Chaque colonie devait se composer d'au moins dix familles. On a jugé le plan « louable » (*Czas*), mais le sol s'est révélé être de l'argile « stérile ». Nous ne disposons d'aucun autre renseignement sur le sort de ce projet.

78. Quelques personnes réussirent à franchir le Rideau de fer et quelques autres furent réunies à leurs familles entre 1945 et 1956 grâce à l'intercession de la Croix rouge internationale.

79. Certaines estimations en situent le nombre entre un million et 1 500 000.

80. Jacques Vernant, *The Refugee in the Post-War World* (Londres, 1953), prétend que 2 500 000 personnes furent déportées en Allemagne.

81. Environ 150 000 Polonais furent libérés par les seuls Alliés occidentaux.

82. En 1946, les effectifs déclarés des armées polonaises en Europe occidentale étaient de 228 000 officiers et autres cadres, selon Vernant, *ibid.*, p. 74-75.

83. Benedykt Heydenkorn, « Emigracja Polska w Kanadzie », *Kultura*, 54 (Paris, 1952), 79–93. Seules quelques-unes de ces personnes retournèrent en Pologne à la fin de la guerre. La plupart demandèrent le statut d'immigrant reçu et, jusqu'à ce jour, sont encore au Canada.

84. *Złoty Jubileusz Towarzystwa Białego Orła w Montrealu*, 1902–1952 (Toronto, 1952).

85. Le nouveau gouvernement polonais exigea que les Alliés rapatrient tous les citoyens polonais sous leur juridiction, au besoin, par la force.

86. Pour approfondir la question, voir Vernant, p. 73–78.

87. Avec l'accord de la société d'accueil. Le Canada accepta ce plan, mais il n'est pas certain que les conditions y aient été stipulées.

88. *Stowarzyszenie Polaków w Kanadzie* et M. Victor Podoski, un consul-général polonais d'avant-guerre, devenu premier ministre polonais aux affaires canadiennes en 1943.

89. Le Comité démocratique pour l'aide à la Pologne, représenté par M.W. Dutkiewicz. Il est probable que cette organisation agissait comme porte-parole du gouvernement polonais quant au retour en Pologne de tous les réfugiés et des membres des forces armées à l'étranger. Voir Le Sénat du Canada, *Procès-verbaux du Comité permanent sur l'Immigration et la Main-d'œuvre*, n° 12, le 18 juin 1947.

90. Ce corps combattit dans la Campagne d'Italie avec la British Eighth Army et resta au pays dans l'armée d'occupation jusqu'en 1946.

91. 4 112 de ces hommes furent admis en permanence.

92. D'avril 1947 à décembre 1851, 36 549 réfugiés polonais furent admis au Canada.

93. Trois petits bateaux de pêche, dont les équipages se composaient de gens de la Baltique et d'un certain nombre de Polonais arrivèrent de Scandinavie en août et en décembre 1948. Les équipages purent rester au Canada. Les immigrants polonais non parrainés furent admis également, à condition de posséder au moins $2 000 et d'accepter d'acheter une exploitation agricole. Un nombre incertain mais probablement faible d'immigrants polonais tombaient dans cette catégorie.

94. « Guide for New Canadians », *The Toronto Telegram*, s.d.

95. « La politique d'immigration du Canada », 1966, p. 37.

96. Une fois inscrit à ces cours, l'«étudiant» reçoit une somme d'argent qui assure, à lui et à sa famille, l'indépendance financière pour la durée du cours.

97. Voir Hawkins pour plus de précisions, particulièrement la partie V.

CHAPITRE TROIS

L'adaptation

Quand je parle de qualité... je pense à un paysan robuste, vêtu d'une peau de mouton, né sur une terre et issu d'une lignée d'agriculteurs, avec une femme plantureuse et une demi-douzaine d'enfants... ça c'est de la bonne qualité.

Clifford SIFTON

Le peuple canadien ne désire pas modifier profondément son caractère en raison d'une immigration massive.

Le Très hon. W.L. MACKENZIE KING

Les campagnes de recrutement, la publicité et les descriptions enthousiastes, envoyées par les parents et les amis du Canada contribuèrent tous à rendre attrayantes les possibilités et les perspectives offertes aux nouveaux venus.

Les émigrants polonais quittaient leur pays avec de grandes espérances. De vastes lotissements s'obtenaient à titre gratuit, et les employeurs avaient un pressant besoin de main-d'œuvre. Forts de ces conditions, ils allaient conquérir le monde, dans la mesure où leur santé le leur permettrait. Ils arrivaient au Canada pleins d'espoir et confiants que ce riche pays leur permettrait d'accéder rapidement à un mieux-être socio-économique. Ils étaient décidés à vaincre tous les obstacles et toutes les difficultés, et à faire face à l'adversité sous toutes ses formes. La plupart y sont finalement parvenus, mais au prix d'efforts beaucoup plus considérables qu'ils n'avaient d'abord prévu.

Les problèmes et difficultés auxquels les immigrants polonais devaient faire face à leur arrivée au Canada étaient légion, et on comprenait peu les obstacles que devait, dans son nouveau milieu, surmonter un immigrant, possédant une culture étrangère totalement différente. Ces problèmes s'inscrivent dans trois grandes catégories, à savoir : les attitudes de la société d'accueil, qui influaient fortement sur les chances de réussite des immigrants et de leurs descendants ; les problèmes particuliers des milieux agricoles eux-mêmes, et les problèmes des centres industriels et urbains [1].

LES ÉTRANGERS

La culture polonaise se distingue nettement des cultures dominantes du Canada. La langue polonaise n'ayant rien de commun avec l'une ou l'autre des langues officielles du Canada, l'absence d'un moyen de communication constituait un obstacle majeur à l'adaptation réciproque. Il est probable que la plupart des immigrants polonais des premières vagues ne sentaient pas le besoin de s'adapter à certaines normes et valeurs canadiennes relatives au travail, à l'éducation, au comportement en société, à l'hygiène et à la langue ; il se peut qu'ils aient négligé d'établir des liens plus étroits avec leurs hôtes, puisque la plupart d'entre eux prévoyaient ou espéraient pouvoir retourner en Pologne quelques années plus tard.

Peu d'agences ou d'organisations se préoccupaient d'aider l'immigrant à s'adapter. Il n'y avait pas de représentants du gouvernement polonais pour aider les immigrants en période de difficultés [2]. Le gouvernement canadien se contentait en fait d'accueillir et de placer les nouveaux venus. Cette attitude de laisser-faire signifiait, pour le nouvel immigrant, qu'il devait échouer ou réussir par ses propres moyens.

À leur arrivée, les immigrants étaient accueillis par des fonctionnaires qui les dirigeaient vers des endroits désignés du Canada [3]. Les attendaient aussi des congrégations de religieuses qui leur distribuaient des brochures les exhortant à ne pas perdre la foi. Plus tard, des missionnaires protestants s'inquiétèrent de leur moralité « douteuse » et de leur « hérésie » religieuse et tentèrent de les convertir. Certains « bons citoyens » s'inquiétaient du sort de leurs enfants tandis que la police se préoccupait beaucoup des immigrants arrêtés pour ivresse, bagarre, radicalisme politique ou vagabondage [4].

Mais le plus important c'est qu'ils sont vite devenus la cible de nombreux porte-parole claironnants et influents qui les jugeaient indésirables au Canada. Les premiers arrivés, les précurseurs de l'immigration polonaise massive de la période 1896–1914, suscitèrent toute la curiosité et l'intérêt que soulève toute population qui arrive dans un accoutrement bizarre, parlant une langue incompréhensible et exhibant des coutumes « étranges »[5]. Dans l'espace de quelques années, les immigrants se faisant plus nombreux[6], la curiosité fit place à l'inquiétude, puis finalement à un sentiment d'alarme. Les nouveaux venus étaient décidément *trop* étranges ! Leur analphabétisme et leur attitude peu évoluée allaient retarder l'essor de la société canadienne. Leurs coutumes et leurs traditions les rendaient peu éligibles à la citoyenneté canadienne. Leur souci d'amasser de l'argent menaçait non seulement la culture canadienne, mais aussi l'ouvrier canadien. Les immigrants acceptaient de bas salaires, ce qui sapait les moyens d'existence des Canadiens.

Des groupes et des particuliers commencèrent à protester lors d'assemblées, dans la presse et dans certaines publications afin de restreindre l'admission des Polonais et d'autres Slaves. À l'appui de leur thèse, certains soulignaient les traits négatifs des Slaves, leurs lacunes et leur incompétence. Quelques prophètes de malheur prédirent la dégradation rapide de la civilisation canadienne sous cette marée d'« hommes en peau de mouton ». On prit à partie et on accusa Sifton d'amener la « racaille d'Europe » au Canada et ses politiques furent vertement critiquées pendant des années, même après sa démission en 1905[7].

Il existe un certain nombre d'articles, de livres, de discours et d'autres écrits qui font état du climat qui régnait alors au Canada, notamment des suggestions ou des revendications préconisant la modification des politiques d'immigration du Canada. Nous en citons certains extraits seulement, à titre d'exemples. Woodsworth cita le passage suivant de Whelpley :

> Il n'est absolument pas souhaitable de permettre à des milliers d'étrangers dont les qualités mentales, morales et physiques sont douteuses d'envahir librement des collectivités prospères et bien administrées. Ils acceptent les plus bas salaires, causent des difficultés graves et vexatoires dans la municipalité, épuisent les ressources des bonnes œuvres, augmentent les dépenses publiques, exposent une population bien portante à des maladies contagieuses répandues chez le prolétariat européen et corrompent les citoyens[8].

Il cita également un extrait de P.F. Hall, à savoir : « Beaucoup trop de monde nous arrive ; et des indésirables par surcroît[9]. » « L'arrivée d'Européens de l'Est met à rude épreuve ou en danger nos idéaux britanniques et tout ce que nous chérissons[10]. » « Les Polonais et les enceintes judiciaires semblent être invariablement liés dans ce pays, et il nous est difficile de classer ces nationaux ailleurs que dans la grande catégorie des citoyens indésirables[11] », et « ce sont des paysans, la plupart sont superstitieux et quelques-uns sont de fanatiques bigots, d'aucuns sont de pauvres et stupides moutons de Panurge, d'autres profondément patriotes [12]. » Ce sont des « parents ignorants [13] » et « des indésirables, des intrus, des opprimés et des handicapés. Ils feraient mieux de retourner là d'où ils viennent [14]. » D'aucuns préconisaient l'instauration d'un régime de quotas semblable à celui des États-Unis et prétendaient que les Slaves et les Européens du Sud étaient des éléments indésirables aux fins de l'immigration canadienne [15].

Nombre de stéréotypes et d'idées erronées datant de cette période ont persisté avec ténacité pendant des années et des générations, laissant des impressions généralement négatives. Ces impressions et l'opinion publique créèrent de très grands problèmes d'adaptation et perturbèrent pendant longtemps l'accueil, les expériences et l'évolution des immigrants polonais qui vinrent par la suite et la vie des descendants canadiens des premiers immigrés polonais.

Les Polonais (et autres Slaves) passaient pour ignorants et cruels, un peuple sale et inculte se laissant souvent aller à des outrances délictueuses qui handicapaient les services existants. Les coutumes et traditions dont ils étaient fiers suscitaient le mépris et même la haine. On croyait qu'ils n'étaient capables d'effectuer que les travaux les plus serviles, soit dans l'agriculture, la construction de routes, l'extraction du charbon et autres tâches semblables, sous la surveillance ou la direction d'un Canadien. Avec le temps, leurs femmes feraient de bonnes domestiques, mais le Canada n'avait pas besoin d'un grand nombre d'immigrants de cette catégorie.

Des personnes plus pondérées [16] défendaient les nouveaux venus avec réserve. Ils disaient qu'on avait besoin d'eux pour remplir de nombreux emplois dédaignés par les Canadiens. Ils signalaient que certains d'entre eux réussissaient à s'établir rapidement et avec quelque succès sur des concessions. On soulignait que les enfants s'intégreraient sûrement tôt ou tard au « mode de vie canadien [17] ». Leurs voix n'étaient pas nombreuses et se trouvaient presque noyées dans un océan d'opposition.

La défense était faible. La population polonaise ne pouvait démentir elle-même les accusations et les allégations par ignorance de la langue anglaise ou des conditions et des critères, ou encore par impossibilité de faire valoir ses protestations. Sa cause avait peu de champions. On peut comprendre que les Canadiens aient eu et conservé une telle impression des immigrants polonais et slaves. L'Ontario et les provinces des Prairies s'industrialisaient et se modernisaient rapidement, au contact de l'essor dynamique des États-Unis. Beaucoup sentaient leurs valeurs menacées par la fréquentation et l'affrontement de nombreuses personnes appartenant à des sociétés fortement traditionnelles, sous-développées sur le plan économique, et peu instruites.

Les opinions négatives déjà bien ancrées à la fin de la première décennie du XXe siècle firent place à l'hostilité ouverte durant la Première Guerre mondiale, car les Polonais étaient devenus les ennemis du Canada. Comme nous l'avons déjà fait remarquer, la Pologne n'existait pas en tant qu'État politique à l'époque de cette vague d'immigration. Ceux qui venaient avec l'intention de retourner jugeaient inutile de demander la citoyenneté canadienne ; certains autres ignoraient les bénéfices et avantages d'un tel changement. Ainsi donc, la plupart des Polonais se partageaient juridiquement en Autrichiens, Allemands ou Russes lorsque la guerre éclata.

Durant la Première Guerre mondiale, les immigrants polonais se trouvant au Canada durent faire face à un cruel paradoxe. Ceux qui venaient du royaume du Congrès ou de la région russe de la Pologne partagée étaient les amis et alliés du Canada. Les ressortissants autrichiens et allemands en étaient les ennemis méprisés. Bien que nombre d'entre eux se soient portés volontaires dans les armées canadienne [18] ou polonaise [19] pour combattre les puissances centrales, leurs compatriotes furent internés avec les Autrichiens et les Allemands.

Bon nombre d'organisations et d'associations appuyèrent activement la mobilisation du Canada ; d'autres soupçonnées d'aider la cause ennemie, furent interdites. Ceux qui n'étaient pas internés recevaient des cartes d'identité qu'ils devaient produire pour acheter de la nourriture ou demander du travail et ils devaient se présenter régulièrement à la police ou au bureau de poste [20]. La police faisait souvent des vérifications de cartes auprès des étrangers dans les petites collectivités. L'animosité de l'ensemble de la population vis-à-vis des Polonais s'intensifia. Nombre d'entre eux furent remerciés de leurs services et invités à retourner en Autriche « voir si Franz Joseph avait du travail pour eux [21] ». À l'escalade des hostilités en Europe correspondait une recrudescence de haine vis-à-vis des « étrangers ennemis ». On préconisa même la déportation massive des étrangers indésirables [22]. Les sentiments hostiles s'apaisèrent quelque peu à la fin de la guerre, mais se manifestèrent à nouveau en 1919 lors de la grève générale de Winnipeg. Le spectre du bolchevisme se profilait au Canada, et les Slaves n'étaient-ils pas les auteurs de cette ignoble idéologie ?

En 1920, l'opinion et l'attitude du public vis-à-vis des immigrants polonais classaient nettement ces derniers dans la catégorie « non préférée». Le nouveau courant d'immigration en provenance de Pologne des années 1920 à 1939 modifia peu l'image du groupe dans son ensemble. Tous les immigrants avaient alors «qualité d'admis [23]», laquelle les limitait à l'échelon socio-économique le plus bas de la société canadienne. On s'inquiéta de nouveau de la possibilité qu'une trop grande marée d'indésirables inflige des effets nocifs et durables au Canada.

L'opposition à la vague d'après-guerre d'immigrants indésirables provenait de différents secteurs ; les syndicats soutenaient que les nouveaux arrivés faisaient baisser les salaires des Canadiens en sabotant les échelles de salaires courantes [24] ; George Exton Lloyd, l'évêque anglican de la Saskatchewan, craignait que le Canada ne devienne une «enclave balkanique» et préconisait de limiter l'immigration à 100 000 personnes par année, dont 75% de Britanniques, 10% de Scandinaves, 5% de francophones et 10% d'autres. Il exprima sa préoccupation dans une lettre pastorale qui exhortait tous les paroissiens à protester contre l'arrivée d'«Européens continentaux indésirables, sales, stupides, et puant l'ail [25]».

Des citoyens, des groupes et des journaux inquiets s'élevèrent aussi contre l'«étrangeté», la pauvreté, les habitudes alimentaires et d'autres coutumes. Le niveau de vie canadien, tenu pour sacré [26], était menacé. On exhorta le gouvernement canadien à instaurer des quotas d'immigrants, semblables à ceux qu'avaient imposés les États-Unis en 1921 et 1924. On affirmait [27] que cette orientation restrictive ferait baisser la criminalité et l'analphabétisme et permettrait d'accélérer l'assimilation des immigrants «préférés».

LA PÉRIODE DE CRISE

Tant que les conditions économiques exigeaient une réserve de main-d'œuvre non qualifiée et à bon marché, les immigrants polonais réussirent en général non seulement à survivre aux opinions négatives et au traitement discriminatoire, mais éventuellement à se tailler une place. Ils avaient toujours espoir que l'année suivante serait meilleure. Cette situation changea radicalement en 1929.

La Crise fut une période cruelle pour des millions de personnes dans de nombreuses sociétés. Des milliers de Canadiens attendaient de trouver du travail dans chaque usine ou mine partout au Canada, et peu d'immigrants échappèrent au chômage, à la pauvreté et à l'insécurité. On s'entend généralement pour dire que les agriculteurs établis pouvaient traverser la crise économique un peu plus facilement que les autres puisqu'ils avaient un toit et des vivres. Les travailleurs urbains, surtout les immigrants qui vinrent de Pologne dans les années 1927 et 1928 [28], furent durement frappés. L'absence de compétence ou de formation, en plus de l'impossibilité de parler l'anglais, les avait limités aux emplois les plus serviles et les plus pénibles. Ils n'avaient guère eu l'occasion d'épargner. Nombre d'entre eux n'avaient obtenu que du travail saisonnier ou temporaire.

Durant la Crise, même ce genre de travail se fit rare, et les citoyens ou résidents canadiens y avaient droit les premiers. Les célibataires [29] étaient les plus démunis ; il n'y avait pour eux ni assistance sociale ni aucune sorte d'aide. La plupart n'osaient pas demander l'assistance publique, car des menaces d'expulsion hantaient ceux qui étaient considérés comme un fardeau pour la société. Quelques-uns eurent la chance de faire partie des camps de travail de Bennett où ils recevaient au moins de la nourriture, un abri, des vêtements et 20 cents par jour. D'autres trouvèrent du travail en échange duquel ils étaient nourris et logés. Nombreux sont ceux qui devinrent des habitués des soupes populaires, d'aucuns ayant même recours à la mendicité. D'autres encore vivaient, l'été et l'automne, de pommes de terre arrachées dans les champs, de poisson (souvent braconné), de champignons et de petits fruits [30]. S'ils réussissaient à localiser amis, voisins ou connaissances, un toit et quelque nourriture au moins leur étaient assurés.

Les hommes mariés qui avaient quitté leur famille dans l'espoir de la faire venir au Canada plus tard n'étaient pas en mesure de les aider. Les familles restées en Pologne dépendaient de la bonne volonté des parents, des amis ou voisins. On peut facilement imaginer l'angoisse des pères et des maris. Même s'ils désiraient retourner et tenter leur chance avec leurs familles en Pologne, ils n'avaient pas de quoi payer le voyage de retour. Démoralisés, certains se suicidèrent [31].

Évidemment, tous les Canadiens attribuèrent le blâme du chaos économique et des rigueurs de la crise au gouvernement et à ses orientations. Cependant, le pouvoir et ses représentants se trouvaient à Ottawa ou inaccessibles, et un autre élément crevait les yeux : ceux qui avaient aggravé les conditions économiques étaient les « étranges » immigrants qui acceptaient les plus bas salaires et prenaient les emplois des Canadiens [32]. Il s'agissait des Européens de l'Est, en général des immigrants polonais. Des expressions comme « Pollok » (et *Bohunk* en anglais) devinrent alors répandues et restèrent en usage pendant des années pour désigner les gens « sales, stupides et non civilisés » qui ajoutaient aux difficultés des autres Canadiens.

Le début des années 1930 marqua la dernière étape de la réprobation générale et ouverte à l'égard des immigrants polonais et des autres Slaves. L'indigence généralisée a tout nivelé, et peu de Polonais ont immigré après 1931. Ceux qui se trouvaient déjà au Canada commencèrent à s'adapter, à se tirer d'affaires, et à se fondre petit à petit dans la masse diffuse des agriculteurs, des travailleurs et des chômeurs. Les protestations du public se firent moins fréquentes et firent place, petit à petit, à une réévaluation hésitante des nouveaux venus au Canada. Certains écrivains commencèrent à peindre une situation entièrement différente de celle qu'on avait d'abord prise pour acquis. Ils signalaient le riche héritage culturel que les immigrants polonais et autres Européens de l'Est apportaient avec eux, et qui ne pouvait qu'enrichir la société canadienne [33].

Le Canada déclara la guerre à l'Allemagne le 10 septembre 1939, devenant ainsi un allié de la Pologne en guerre. Les grands moyens d'information du Canada firent l'éloge des exploits et des luttes héroïques de l'armée et du peuple polonais engagé. Le public canadien commença à compatir avec les Canadiens polonais à cause de la perte de leur pays, de leurs souffrances et des atrocités commises par les occupants allemands et russes. La dérision et la discrimination envers les Polonais n'eurent plus cours. Les Polonais et les Canadiens avaient fait cause commune pour vaincre l'ennemi [34].

NOUVEAU CLIMAT ET CONDITIONS NOUVELLES

Il a fallu plus de quarante ans pour que le groupe polonais du Canada se débarrasse de son image négative ; sa position se consolida avec l'arrivée d'autres immigrants et avec l'accession de Polonais, Canadiens de naissance, à divers secteurs de la société. En 1946, l'attitude de la population canadienne ainsi que celle des divers gouvernements se fit de plus en plus bienveillante devant la perspective de nouveaux immigrants. On s'efforça de bien recevoir les nouveaux arrivés et de les aider à s'adapter à leur nouveau milieu. On leur offrit des cours d'anglais ou de français, des renseignements et de la documentation. Des organismes bénévoles, composés de Canadiens de souche et de Néo-Canadiens, aidaient les nouveaux venus dans les premières étapes de leur adaptation. Le chômage massif était révolu, et les secteurs industriel et agricole du Canada accueillaient tous les nouveaux arrivés.

Cela ne voulait pas dire que les problèmes, surtout ceux des immigrants polonais, avaient disparu. Au contraire, pour nombre d'entre eux, ils s'intensifièrent. Comme nous l'avons noté, l'immigration d'après-guerre comprenait les anciens combattants de l'armée polonaise et des réfugiés, ceux qui avaient été libérés des camps de concentration allemands ou des travaux forcés. Essentiellement des exilés politiques, ils se heurtèrent à des problèmes uniques. La plupart s'étaient fait une impression inexacte ou erronée du Canada, ou tout au moins, de son mode de vie, de sa culture et de son mode de gouvernement et ils arrivaient souvent imbus d'espérances exagérées ou fausses quant à leurs perspectives d'avenir.

Ils rejetaient souvent les conseils sur les conditions de vie au Canada. Ils ne croyaient pas les lettres, de parents ou d'amis du Canada, envoyées aux immigrants polonais éventuels parmi les anciens combattants de l'armée polonaise en Grande-Bretagne et les réfugiés disséminés en Europe. Les dépêches d'un correspondant[35] canadien, publiées dans le quotidien de langue polonaise de Londres, en Angleterre, de 1950 à 1952, prévenaient les intéressés des difficultés à trouver un travail convenable, du chômage saisonnier et d'autres problèmes, mais ceux qui étaient résolus à venir au Canada gardèrent de la société canadienne l'image qu'ils en avaient déjà.

Les vétérans et les héros de Narvik, Tobrouk, de la bataille d'Angleterre ou de l'Atlantique, les conquérants de Monte Cassino, les libérateurs de Breda et les participants à diverses autres batailles se heurtèrent à la dure réalité de la main-d'œuvre contractuelle dans les exploitations agricoles ou dans l'industrie. Les nombreux Polonais qui avaient passé des années en prison, dans des camps de travaux forcés ou dans des situations de travail imposé se virent à nouveau assujettis à la discipline de la vie en commun des baraques, à la merci des ordres et des exigences d'employeurs difficiles. N'ayant pas une connaissance d'usage de l'anglais, les mécaniciens qualifiés, les commis, les officiers de carrière, les enseignants et les universitaires commencèrent comme ouvriers agricoles ou comme bûcherons ou dans d'autres emplois serviles[36]. À cette époque comme aujourd'hui, les spécialistes ne pouvaient trouver d'emploi dans leur propre sphère ni utiliser leurs compétences parce qu'ils ne maîtrisaient pas la langue anglaise ou parce que leurs titres n'étaient pas reconnus par les associations professionnelles ou les syndicats.

Il y eut des exceptions. Les ingénieurs polonais furent généralement bien acceptés dans leur domaine au Canada. Les médecins et dentistes qui avaient pratiqué dans l'armée polonaise durant la guerre ou ceux qui avaient reçu leur formation en Angleterre étaient bien accueillis dans certaines provinces. Un certain nombre d'enseignants trouvèrent de l'emploi dans les réserves amérindiennes.

Les réfugiés politiques et les anciens prisonniers politiques se heurtaient à d'autres difficultés. Des années d'une existence anormale, des menaces de mort constantes, la fuite devant des oppresseurs réels et un sentiment d'insécurité devant leur avenir, tout concourait à un effondrement moral et physique. Cette situation se trouvait aggravée par l'inquiétude au sujet de leurs familles éparpillées ou laissées en Pologne et l'impossibilité d'obtenir pour ces dernières la protection du gouvernement canadien. La solution à ces problèmes se heurtait à des difficultés linguistiques, même avec le concours de fonctionnaires et de travailleurs sociaux sympathiques. L'adaptation était difficile et longue pour ces gens car, comme le disait un certain auteur, ils étaient « conditionnés par la peur, remplis de suspicion et souvent portés à croire que le bonheur règne là où ils ne sont pas [37] ». Mais, par la suite, les problèmes d'adaptation s'estompèrent et disparurent pour la plupart, grâce à une attitude plus tolérante ou encourageante de la part du public et des autorités [38].

Ceux qui sont arrivés au Canada avec la dernière vague d'immigrants polonais font aussi face à des problèmes d'adaptation. La connaissance et la conscience qu'ils ont du Canada et du groupe canadien-polonais sont rudimentaires. Ils arrivent aussi avec des attitudes, des impressions et des espérances fausses ou erronées, ce qui donne lieu à la déception ou à l'amertume devant la réalité. Ceux qui arrivent directement de Pologne sont la résultante de longues années de bouleversement culturel et idéologique et ils perçoivent différemment les régimes juridique, politique et économique. Bien que les problèmes soient réels, il y a maintenant à leur disposition une gamme complète de services publics et privés qui se dévouent ou consentent à les aider par leurs conseils, des cours de recyclage et de formation ou par d'autres moyens. Contrairement à leurs prédécesseurs, les nouveaux arrivants polonais sont accueillis et acceptés avec dignité.

LES PROBLÈMES DANS LE SECTEUR RURAL

L'ouverture de l'Ouest et la politique de recrutement et de colonisation des Prairies de Sifton attirèrent de nombreux agriculteurs d'Europe et des États-Unis avides de terres. Seuls les agriculteurs américains connaissaient les conditions et les méthodes agricoles frontalières. Mais d'abord et avant tout, ils possédaient également des fonds pour l'achat de l'équipement nécessaire et du bétail, ou encore ils arrivaient avec l'essentiel.

La très grande majorité des colons européens arrivaient sans le sou, souvent endettés, et ils affrontaient le « Nouveau Monde ». Pour eux, la vie de pionnier était une lutte constante pour survivre, partagée entre le dur labeur du défrichage des terres vierges et le pénible travail de la construction ferroviaire, des camps de bûcherons ou de la construction de routes. Ils n'avaient pas le temps de se reposer ; ils devaient trouver les fonds nécessaires pour leurs achats.

Les terres s'obtenaient facilement à raison de $10 pour 160 acres, mais les nouveaux arrivés européens n'avaient ni capitaux, ni les connaissances voulues du milieu canadien. La somme d'argent nécessaire variait. Le gouvernement canadien considérait que $1 500 suffisaient pour commencer une entreprise agricole, mais les agriculteurs d'expérience jugeaient plus exact de dire $5 000. La connaissance du milieu et l'acquisition des techniques ne s'obtenaient qu'en travaillant pour un autre ou par la méthode d'essais et d'erreurs.

Nombre d'ouvrages traitent des luttes et difficultés des pionniers [39]. Les problèmes vécus par les colons polonais étaient semblables à ceux de nombreux autres colons. Par contre, certains traits et des données sociales les distinguaient des autres. Les colons polonais étaient robustes, endurcis aux rudes épreuves physiques par des décennies, voire des siècles de lutte pour subvenir à leurs besoins. Ils réussissaient à survivre grâce au régime le plus frugal, fait de pommes de terre, de pain et de lait ; pour la plupart, la viande était un luxe réservé aux jours de fête. Cette préparation leur fut des plus salutaires durant les premières années passées sur leurs concessions au Canada, car peu nombreux sont ceux qui réussissaient à récolter des céréales, ou des légumes, ou à acquérir de la volaille ou du bétail à temps pour leur premier long hiver.

Ceux qui étaient complètement dépourvus dépendaient de la générosité de leurs voisins ou des marchands qui partageaient leurs excédents ou donnaient les articles nécessaires à crédit [40]. Le climat rigoureux, la pauvreté, les difficultés de langage et les coutumes différentes ne découragèrent pas les colons polonais. La propriété ou la possession de si grands espaces les nourrissait d'espoir et leur donnait la motivation nécessaire pour rester sur place et faire face à toutes les difficultés.

Provenant d'une société des plus traditionalistes et artisanales en agriculture, ils avaient beaucoup à apprendre sur les conditions du sol, les types de semences convenables, les singularités saisonnières et météorologiques, les particularités du marché et les autres caractéristiques de l'exploitation agricole dans les Prairies. Ils devaient aussi se familiariser avec les instruments aratoires modernes et leur utilisation. La plupart d'entre eux acquirent les connaissances nécessaires en travaillant pour un agriculteur établi ou en recevant les conseils d'immigrants qui les avaient précédés. D'autres apprirent à force d'erreurs. C'étaient néanmoins des fermiers, c'est pourquoi ils parvinrent sans trop de difficulté à intégrer les connaissances qu'ils avaient déjà aux méthodes, techniques et conditions nouvelles. Nombre des difficultés initiales d'adaptation tenaient à ce qu'ils ne pouvaient converser en anglais. Ne pouvant communiquer avec les colons anglophones établis, bon nombre ne purent profiter pleinement des occasions qui leur étaient offertes [41] et, donc, améliorer leur situation plus tôt. C'étaient là quelques-uns des inconvénients que subirent les pionniers, mais ils les surmontèrent avec le temps. Il leur fallait seulement de la persévérance, de la force physique, de l'endurance et une bonne dose d'espoir. Toutefois, sur les plans social, spirituel et psychologique, leurs besoins devenaient plus difficiles à satisfaire.

Pour les raisons les plus diverses, la Pologne n'avait pratiquement pas été touchée par les changements socio-économiques survenus dans d'autres parties de l'Europe. Elle demeurait isolée, avec une économie végétative et une agriculture désuète [42]. La population, inculte, était pétrie de traditions et de coutumes qui régissaient tous les aspects de sa vie. Ses rapports avec le seigneur, le prêtre et d'autres membres de la communauté, l'échange de biens et de services, le régime foncier et le partage entre parents, l'utilisation du sol, la distribution des produits, les procédés de culture, les types d'instruments, les méthodes de fertilisation et d'autres aspects de la vie agricole, — tout était régi par les traditions et les coutumes. Elles réglaient inéluctablement les principes et le comportement personnels dans les rapports quotidiens avec la famille, les proches, la collectivité et les « étrangers ». Elles constituaient un code connu et observé par tous, un système bien établi de préceptes et d'aspirations pour chaque personne. En sus de quelques lois écrites, promulguées de temps à autres par des autorités de l'extérieur, les coutumes et traditions constituaient la réalité de tous les instants des villageois polonais.

Il va sans dire que cet univers s'effondrait à l'arrivée au Canada. Les immigrants tentaient presque immédiatement de reconstituer, au moins en partie, ce qui manquait par la création de paroisses et d'organisations polonaises, mais ils n'y parvenaient que rarement et de façon limitée. La très grande majorité d'entre eux, aussi bien les colons sur les concessions que ceux qui étaient restés dans les villes et les grands centres, devaient faire face à de longues périodes d'isolement, séparés de leurs familles, de leurs amis et de leurs compatriotes, dans un milieu étranger où leur interprétation de la réalité était inapplicable, incompréhensible et inutile.

Ils voyaient un monde nouveau où les gens agissaient, parlaient, s'habillaient et même priaient d'une façon « étrange ». Les villes donnaient l'impression d'avoir été construites la veille et les vastes espaces vides alarmaient ces gens qui avaient vécu à proximité d'autres villages toute leur vie. Il n'y avait pas d'uniformes familiers (pourtant détestés) ; les autorités étaient habillées en civil. Personne ne leur disait que faire, ne leur interdisait quoi que ce soit. Les coutumes étaient étranges. Pour acheter des biens, il fallait payer un prix déterminé d'avance, sans marchander. On ne discernait pas de degrés hiérarchiques, situation qui plaisait à certains, mais que d'autres jugeaient troublante. Ils n'avaient aucune notion de leur position dans la société, de leurs droits, de leurs obligations.

L'adaptation, l'acquisition de nouvelles valeurs, la modification des anciennes, — tout se déroulait lentement, et il est fort possible que cette période de transition ait été pour les immigrants polonais de la vague de 1895 à 1914 leur plus pénible épreuve au Canada. Non pas les exigences d'un labeur ardu, les privations, la maladie ou les calamités naturelles, ni l'indifférence, l'exploitation et, à l'occasion, l'hostilité dont ils faisaient l'objet, mais l'absence de tout ce qui leur était familier, l'absence de parents et d'amis et la perte d'une identité personnelle établie ou de leur rang parmi leurs pairs, voilà ce qui leur pesait lourdement. L'immigrant polonais n'était plus membre de son village et il n'appartenait pas encore à la nouvelle société ; il se trouvait dans un vide social et psychologique.

PROBLÈMES DES OUVRIERS

Les immigrants polonais ne se sont pas tous établis sur une terre. Un grand nombre d'entre eux sont venus expressément pour travailler, économiser et rentrer chez eux avec de quoi payer leurs dettes ou acheter une ferme dans leur pays. D'autres, attirés par les terres gratuites, décidèrent que leurs problèmes et difficultés étaient insurmontables sans l'aide du reste de leur famille restée là-bas. Pour d'autres encore, n'importe quel genre de travail rétribué valait cent fois mieux que leur condition antérieure. Après 1920, les dernières concessions ne se trouvaient plus que dans les secteurs de la rivière de la Paix en Alberta et en Colombie-Britannique[43], et peu nombreux furent les immigrants polonais à s'aventurer dans ces régions éloignées.

Arrivant sans le sou, les nouveaux venus devaient sans tarder se trouver du travail, quel qu'il soit et dans n'importe quelles conditions. Nombre d'entre eux devinrent « des proies faciles pour les employeurs exploiteurs, les compatriotes escrocs, les usuriers rapaces[44] ». Les deux premières décennies, le travail abondait sur le continent nord-américain. On recherchait des hommes pour travailler au chemin de fer, dans les usines, les mines, les camps de bûcherons, à la construction des routes et dans le bâtiment... Durant les « mauvaises années », un immigrant pouvait quitter le Canada pour les États-Unis et tenter d'y améliorer son sort. De telles crises économiques étaient relativement éphémères et assez rapidement circonscrites. Exécutant les travaux les plus serviles et les plus durs, les immigrants polonais ne s'estimaient ni particulièrement exploités, ni l'objet de discrimination. Les salaires semblaient princiers à des gens qui n'auraient jamais pu espérer gagner autant en Pologne. Les problèmes de l'isolement pesaient moins aux travailleurs non agricoles. Il y avait d'autres Polonais ou Slaves dans presque toutes les équipes de travail. L'éloignement de leurs familles et de leurs communautés était provisoire. La perspective d'une réunion prochaine les incitait à travailler et à économiser davantage.

Les conditions économiques changèrent après la Première Guerre mondiale. La reprise d'une immigration massive et le retour des soldats canadiens créèrent une vaste réserve de main-d'œuvre que l'économie canadienne ne pouvait pas toujours absorber en temps de paix. L'immigration polonaise au Canada reprit en 1920, mais bientôt, même ceux qu'on dirigeait vers des endroits précis et vers des postes apparemment vacants, eurent vite fait de constater à leur arrivée que leurs services n'étaient plus requis. Laissés à eux-mêmes, sans métier et sans formation, ne connaissant pas l'anglais et n'ayant pas d'argent, ils n'avaient pour tout recours que les conseils souvent mal fondés d'amis ou de personnes rencontrées au hasard.

Des mémoires[45] laissent entendre que de nombreuses personnes qui détenaient un emploi, parfois permanent, eurent tôt fait de suivre les conseils d'amis de fortune et de faire « la course au trésor » ou de partir à la recherche d'un travail plus rémunérateur. Dans la plupart des cas, les renseignements se révélaient inexacts ou faux ; il n'existait pas d'emplois plus rémunérateurs et, parfois, il n'y avait rien du tout. De 1928 à 1935, les immigrants polonais traversèrent le pays d'un océan à l'autre poursuivant l'illusion d'emplois ou de conditions meilleurs.

Alors que la plupart travaillaient durant la période des récoltes, très peu d'emplois duraient plus de quelques mois, et ce, seulement l'été. Lors des mises à pied d'hiver, leurs économies s'épuisaient et, après 1928, les perspectives d'emplois stables s'assombrirent. Ceux qui arrivaient en misant sur un emploi régulier au Canada étaient profondément déçus et désiraient retourner chez eux, mais ils n'avaient pas l'argent nécessaire. Frustrés par l'impossibilité de subvenir aux besoins de leurs familles sur place ou en Pologne, de nombreux immigrants se découragèrent ou devinrent aigris.

Un texte signale que, le 13 décembre 1928, environ 60 personnes dont la plupart avaient immigré de Pologne durant les mois d'octobre et de novembre précédents, manifestèrent devant les bureaux du Canadien Pacifique à Winnipeg. Ils se présentèrent au moment où le chômage saisonnier atteignait son paroxysme et exigèrent du travail ou de l'assistance. N'obtenant rien, ils retournèrent le lendemain en plus grand nombre (environ 300), exigeant de nouveau, travail ou assistance. La police ferroviaire ne pouvant contrôler un si grand nombre de personnes, la police de la ville dut intervenir. L'affrontement qui suivit donna lieu à des actes de violence, des dommages furent causés à l'édifice du C.P. et l'on dut procéder à l'arrestation de quatre manifestants. Il n'y avait toujours pas d'emplois à pourvoir [46]. Pour les immigrants de la vague de 1918 à 1939, l'adaptation économique devint le problème le plus sérieux. Nombreux furent ceux qui ne purent s'établir solidement et la crise économique de 1929 anéantit tout espoir d'améliorer leur sort.

LE PAYS DE LA LIBERTÉ ET DE L'AVENIR

Les Polonais qui immigrèrent après la Seconde Guerre mondiale n'avaient plus à faire face aux problèmes qu'avaient connus leurs prédécesseurs. Des concentrations de Polonais et de leurs descendants étaient maintenant fermement établies dans diverses communautés canadiennes. Il existait un réseau viable et étendu d'organismes comprenant des paroisses, des organisations et des services de toutes sortes. Les moyens de communiquer étaient nombreux, facilitant des échanges fréquents avec les parents et amis au Canada et à l'étranger. Il y avait toujours des emplois à pourvoir et les services sociaux, se multipliant, secouraient les nécessiteux.

Néanmoins, certains nouveaux venus avaient des problèmes particuliers d'adaptation. Les anciens combattants polonais, dont beaucoup n'étaient pas, en fait, des agriculteurs, avaient pris l'engagement de travailler pendant deux ans dans des exploitations agricoles canadiennes. Recrutés comme célibataires et logés en conséquence, ils étaient forcés de vivre séparés de leurs familles jusqu'à l'expiration du contrat. Isolés dans des régions rurales, travaillant de longues journées, fréquemment exploités [47], séparés de leurs compagnons, de leurs amis et de leurs parents, cette période s'est révélée tissée d'épreuves et de tribulations pour nombre d'entre eux. Plus de 80% de ces personnes quittèrent le milieu rural une fois leur contrat terminé.

Les réfugiés polonais, qui arrivèrent en groupes, devaient s'engager à garder leur emploi contractuel pendant un an, après quoi ils recevaient un document ou un certificat attestant l'extinction de leurs obligations. Malgré des conditions de vie et de travail inacceptables et bien qu'ils aient été enrégimentés ou exploités par certains employeurs sans scrupules, les réfugiés restèrent dans les emplois pour lesquels on les avait désignés, car ce document était considéré comme indispensable pour obtenir un autre travail et utile pour demander la citoyenneté canadienne [48]. Ces problèmes d'adaptation très réels furent de courte durée et les personnes touchées s'adaptèrent rapidement à leur situation nouvelle plus heureuse.

C'est l'époque où se posèrent d'autres problèmes d'adaptation qui allaient entraîner des conséquences profondes et durables, même pour les immigrants polonais fraîchement arrivés. Ces problèmes résultaient d'un pénible déclassement [49]. Au moins 20% des immigrants polonais d'après-guerre étaient très instruits, exerçaient une profession ou avaient des titres de compétence particuliers. Ils ne pouvaient que rarement réintégrer leur profession ou leur occupation. Certains contournèrent la difficulté en apprenant l'une des langues officielles ou grâce à un stage dans les domaines de leur spécialité.

La nation polonaise n'a jamais souscrit au précepte selon lequel il n'existe pas de sots métiers et que tout travail est respectable. La Pologne d'avant-guerre était caractérisée par un système rigide de classes sociales, et une hiérarchie très prononcée des occupations. Les immigrants d'après-guerre étaient les produits de cette société. Ceux dont le déclassement était radical et irrémédiable se heurtaient à de graves problèmes d'adaptation et devaient modifier non seulement leur mode de vie et leurs attitudes vis-à-vis des autres mais aussi la perception qu'ils avaient d'eux-mêmes [50].

CONCLUSION

Après 1900, l'idée du Canada que se faisait la vaste majorité des immigrants polonais était celle d'un pays offrant des possibilités illimitées et du travail abondant et rémunérateur pour tous, d'un pays d'accueil et de démocratie, d'un pays égalitaire aux possibilités inégalées. Le choc de la réalité, infligé non seulement par des conditions économiques pour le moins décevantes, par l'exploitation et les préjugés, mais aussi par les nombreuses normes et valeurs socio-culturelles établies au Canada, avait de quoi dérouter. Les luttes et les épreuves en milieu rural et la froideur, l'indifférence et la discrimination qui se faisaient sentir dans les villes et les lieux de travail engendrèrent des sentiments de solitude et d'isolement. Ils se trouvaient séparés de tout ce qui leur était familier. Les grands espoirs avec lesquels les immigrants étaient arrivés au Canada rendaient insupportables les crises qu'ils avaient à affronter et les rêves brisés. Bien que la réussite exige des efforts très durs dans des conditions difficiles, l'échec était plus pénible encore car, de retour dans sa ville natale, la dérision, le mépris ou la raillerie était le lot du perdant. Pour ceux qui arrivèrent après la Seconde Guerre mondiale, le retour était impossible.

La volonté de réussir s'affermit. On pouvait encaisser les insultes des Canadiens dans la mesure où on avait du travail. On compensait le manque d'instruction par un surcroît d'effort physique et d'endurance. Puis, on pouvait toujours espérer mieux. Les maris travaillaient et économisaient, projetant de faire venir femmes et enfants. Tous les membres de la famille mettaient la main à la pâte, les femmes travaillant souvent aussi fort que les hommes, les enfants faisaient leur part. Sans ressources, sans économies, les conditions détestées d'une existence faite de frugalité, de privations, d'autonomie et de ténacité leur furent très utiles. Ils ont réussi. Ils ont résolu les problèmes et surmonté les difficultés. Relativement peu d'immigrants mécontents ou insatisfaits trouvèrent le Canada inhospitalier [51].

NOTES

1. Il ne sera plus question de la première vague d'immigration polonaise qui se termine en 1895, en raison d'un manque de données.

2. Józef OKOŁOWICZ, *Kanada: Garstka Wiadmości dla Wychodźców* (Krakow, 1913), fait remarquer que Winnipeg avait un consultat autrichien, dont le consul était un M. Jurystowski, un Polonais. Comme citoyens autrichiens, les immigrants de la Galicie pouvaient sans aucun doute avoir recours à ce bureau mais, à l'heure actuelle, nous ignorons tout de l'activité de ce consulat.

3. Il convient de souligner que les mémoires d'immigrants sont unanimes à louer les autorités de l'Immigration canadienne et les autres fonctionnaires. Le plus inattendu, pour beaucoup, était que, tout paysans ou ouvriers agricoles qu'ils fussent, on les traitait sur un pied d'égalité avec tous les autres, contrairement à ce que leur faisaient subir les petits bureaucrates et les fonctionnaires en uniforme de leur pays d'origine.

4. Henry SEYWERD, « Integration in Canada », *Migration News* 7 (1), 1958, 1–5, avance l'hypothèse que c'était là essentiellement la mesure dans laquelle les immigrants Slaves étaient conscients des institutions et de la structure sociale du pays durant la période initiale d'adaptation.

5. Seywerd fait valoir également que nombre de Canadiens croyaient qu'« un immigrant, c'est très intéressant, cinq, c'est ennuyeux et dix, ça devient menaçant ».

6. Les Ukrainiens qui arrivèrent en grand nombre à cette époque suscitèrent une réaction semblable dans la société d'accueil. Voir Michael H. MARUNCHAK, *The Ukrainian Canadians: A History* (Winnipeg, 1970) et Ol'ha WOYECENKO, *The Ukrainians in Canada* (Winnipeg, 1968).

7. L'une des opinions les moins virulentes qui fut exprimée à l'endroit de Sifton est celle de A.R.M. Lowry, à savoir que Sifton « semblait indifférent aux problèmes d'assimilation, sur le plan social, politique et religieux, qu'il imposait à la postérité ». Citation tirée de Michael BARKWAY, « Turning Point for Immigration », *Canadian Institute for International Affairs*, XVII (4), 1957, 14.

8. WOODSWORTH, *Strangers Within Our Gates.*

9. *Ibid.*

10. Robert ENGLAND, *The Central European Immigrant in Canada* (Toronto, 1929).

11. WOODSWORTH, p. 139.

12. *Ibid.*, p. 305.

13. ANDERSON, p. 37.

14. R.P. Wellington BRIDGEMAN, *Breaking Prairie Sod* (Toronto, 1920), p. 172.

15. BRIDGEMAN, *op. cit.*; W. Burton HURD, « The Case for a Quota », *Queen's Quarterly*, XXXVI (1929), p. 145–159. On retrouve des opinions et des positions semblables dans : Ralph CONNOR, *The Foreigner* (New York, 1909); H.A. KENNEDY, *The Book of the West* (Toronto, 1925); C.A. MAGRATH, *Canada's Growth* (Ottawa, 1910).

16. Voir Emerson, par exemple, qui fit remarquer que les Slaves n'étaient pas les seuls pauvres ni les seuls mauvais agriculteurs. Des masses d'indigents anglais, que l'Angleterre avait, « par bonté », envoyés au Canada, n'étaient guère plus désirables que les immigrants slaves. Ce point de vue également partagé par J. WOODSWORTH, *Strangers Within Our Gates.*

17. Anderson, *op. cit.*

18. Selon Smith, *A Study*, p. 214, « (de) deux bataillons recrutés dans le nord de l'Alberta pour aller combattre outre-mer, le premier comprenait 80% et le deuxième 60% de Ruthéniens dont la patrie ancestrale était la Galicie ». Il ne fait aucun doute qu'il y avait de nombreux Polonais parmi ces « Ruthéniens ». Dans *A Slice of Canada* (Toronto, 1967), W. Kirkconnell parle du régiment « écossais » de Winnipeg composé principalement de Polonais, d'Ukrainiens et autres.

19. Un centre de recrutement fut établi à Niagara-on-the-Lake, en Ontario, où plus de 200 (et 22 000 Américains polonais) volontaires s'enrôlèrent dans l'armée polonaise qui combattit plus tard aux côtés de l'armée française en Europe.

20. *Pamiętniki Emigrantów.*

21. *Ibid.*

22. Le partisan le plus extrémiste de cette solution fut W. Bridgeman, *op. cit.*, qui fit valoir, en des termes à peine déguisés, les bénéfices qu'apporterait à la société canadienne l'expulsion des « Autrichiens » et des « Huns », ce qui signifiait principalement « les Galiciens ».

23. Voir la définition de l'expression et les précisions qu'en donne John Porter, *The Vertical Mosaic* (Toronto, 1965).

24. En règle générale, les agriculteurs canadiens se montraient favorables aux Polonais et aux autres Slaves parce qu'ils étaient disposés à travailler fort et sans se plaindre.

25. Lubicz, p. 85–87.

26. Les hôtes canadiens faisaient également preuve, à l'occasion, d'un haut degré de suffisance. Ils n'avaient rien à apprendre des nouveaux venus puisque leur culture et leurs valeurs étaient inutiles et sans intérêt.

27. Hurd était le principal défenseur d'une telle politique.

28. Il faut se rappeler que ces deux années correspondent à l'afflux le plus fort d'immigrants polonais au Canada, après la guerre. Voir page 37.

29. Le rapport hommes/femmes parmi les groupes polonais à cette époque était de 1,5 à 1.

30. *Pamiętniki Emigrantów.*

31. *Ibid.*

32. Il est intéressant de noter que ces opinions gagnent de nouveau certains Canadiens. Les règlements sur l'immigration, libéralisés en 1967, permirent aux visiteurs de demander la qualité d'immigrant « reçu », une fois rendus au Canada et à des milliers d'ouvriers non qualifiés de venir de différentes régions du monde. Le taux élevé du chômage au Canada suscita un tollé général devant une telle orientation, entraînant ainsi la démission du ministre responsable et une modification des règlements en novembre 1972. Les statistiques indiquent que seule une infime proportion de ces ouvriers non qualifiés eut jamais recours à l'assistance publique ou à l'assurance-chômage. De plus, les employeurs dénoncent les modifications aux règlements, soutenant que, pour des emplois existants, ils n'arrivent pas à trouver de candidats parmi la population canadienne active. (Le *Toronto Sun*, le *Globe and Mail*, janvier-février 1973.)

33. Déjà en 1926, Foster exhortait les Canadiens à faire preuve de plus de compréhension à l'égard des « étrangers ». L'Angleterre adopta une attitude

semblable et, dans *The Central European Immigrant,* elle souligna le besoin d'aborder d'une façon civilisée et méthodique les problèmes d'adaptation des Européens de l'Est. L'ouvrage le plus populaire fut peut-être celui de Gibbon qui peignit favorablement diverses minorités canadiennes. W. KIRKCONNELL, dans *The European Heritage* (Toronto, 1930), prépara le terrain en rédigeant de brèves vignettes historiques de personnages illustres de la Pologne et d'ailleurs. Son ouvrage, *Canadians All* (Ottawa, 1941), souligna de nouveau les qualités des Slaves et d'autres groupes. Voir aussi L. HAMILTON, « Foreigners in the Canadian West », *The Dalhousie Reviews,* XVII (1938), 448–460, qui s'étend longuement sur la richesse des cultures minoritaires.

34. Les autorités canadiennes prirent des mesures légales pour interdire les partis communiste et fasciste en 1940, ce qui touchait l'Association des Polonais. Cette organisation fut déclarée illégale, et la publication de son journal suspendue. Il recommença à paraître en 1941, sous un nom différent, l'organisation adopta un nouveau nom et put ainsi continuer ses activités jusqu'à la fin de la guerre. Voir V. TUREK, *The Polish Language Press in Canada* (Toronto, 1962).

35. B. HEYDENKORN écrivit dans le *Dziennik Polski/Dziennik Żołnierza* pendant bon nombre d'années.

36. À titre d'exemple, un homme de science ayant un doctorat de la Sorbonne accepta le seul travail disponible, soit celui de plongeur dans un restaurant. Il parvint finalement à obtenir un emploi plus convenable, mais il jugea, tout en convenant de la facilité de l'adaptation professionnelle dans le monde scientifique, que la vie sociale posait de nombreux obstacles à la compréhension et au partage d'expériences communes. Voir George SOBOLEWSKI, « Reflections on my Experience as an Immigrant to Canada », *Migration News,* 9(5), 1960. Quant aux expériences d'un ancien combattant de l'armée polonaise réquisitionné contractuellement comme ouvrier agricole en 1946, voir Józef BRODA, *W Cieniu Kanadyjskiego Klonu* (Ottawa, 1966).

37. VERNANT, p. 358.

38. Voir, par exemple, la position d'Ellen FAIRCLOUGH, « What Immigration Means to Canada », *Migration News,* 8(2), 1959, 19-20. On peut ajouter que des opinions hostiles s'exprimaient parfois, même à cette époque, comme le font remarquer F.H. VALLEE, M. SCHWARTZ et F. DARKNELL, « Ethnic Assimilation and Differentiation in Canada », *The Canadian Journal of Economics and Political Science,* XXIII (1957), p. 540–549 ; « En 1956, la Loge des Orangistes demanda au gouvernement de limiter l'immigration venant de l'Europe centrale et d'empêcher l'enseignement des langues étrangères dans les universités, la publication de journaux étrangers et la possession d'hôtels par des étrangers. »

39. Voir le R.P. BONIFACE, o.f.m., *Pioneering in the West* (Vancouver, 1957); BRIDGEMAN, *op. cit.* ; EMERSON, *op. cit.* ; le R.P. A. GOCKI, *op. cit.* et spécialement Douglas HILL, *The Opening of the Canadian West* (London, 1967), qui traite longuement de ce sujet et de façon très perspicace. Voir aussi TUREK, *Poles in Manitoba* et M. WAŃKOWICZ, *Tworzywo,* pour une étude approfondie de quelques particuliers et de leurs familles. Le roman de Wańkowicz est basé sur des recherches historiques poussées et des interviews auprès des premiers colons ou de leurs descendants.

40. L'aide et la collaboration mutuelle étaient parmi les caractéristiques dominantes de cette période et, selon Hill, elles donnèrent lieu à ce que l'on appelle maintenant « l'hospitalité de l'Ouest ».

41. Par exemple, peu d'immigrants avaient connaissance de l'existence, ou ont profité, de prêts bancaires pour acheter de l'équipement ou construire des bâtiments de ferme nécessaires. Les immigrants polonais attendaient d'avoir économisé l'argent nécessaire avant d'acheter les choses dont ils avaient besoin.

42. La région prussienne de la Pologne faisait exception, mais relativement peu de Polonais de cette région se fixèrent au Canada.

43. Dawson et Murchie, *op. cit.*

44. M. Learner, « People and Place », in Peter I. Rose, ed., *Nation of Nations*, New York, 1972).

45. *Pamiętniki Emigrantów.*

46. *Czas*, 1928.

47. Le ministre du Travail, après avoir pris connaissance de l'exploitation et des mauvais traitements dont de nombreuses personnes étaient victimes, changea la durée de l'entente de deux à un an et souligna que les ouvriers pouvaient changer d'employeurs si les conditions n'étaient pas convenables. Peu d'anciens combattants étaient au courant de ces dispositions.

48. Voir Vernant, p. 543–569 pour plus de précisions sur chacun de ces groupes.

49. Pour un approfondissement de la question, voir A.H. Richmond, *Post-War Immigrants.*

50. Les écrivains qui ont abordé l'immigration polonaise au Canada et ailleurs ont négligé ce problème.

51. Voir Zbigniew Abdank, « Jednak Wracam z Kanady », *Kultura*, 57/58 (Paris, 1952), 85–92, qui dénonça la pauvreté culturelle et la recherche du profit chez tous les Canadiens, et retourna en Europe où on accordait de l'importance à d'autres valeurs.

CHAPITRE QUATRE

Les organisations

> L'homme, animal raisonnable, pèse, dans
> certaines circonstances, le pour et le contre de
> son adhésion à un certain groupe ou de sa
> participation à une entreprise collective et,
> après mûre réflexion, adhère au groupe.
>
> A. Rose

Le principe du creuset [1] qui eut cours par intervalles aux États-Unis n'a jamais été la politique officielle du gouvernement canadien ; le groupe dominant n'a jamais exigé l'assimilation complète des immigrants de la première génération ni leur anglicisation [2]. Ils devaient apprendre l'anglais ou le français et adopter certaines coutumes et valeurs canadiennes, surtout celles qui étaient liées à l'éducation de leurs enfants. Les groupes et les particuliers [3] qui se préoccupaient de l'afflux d'immigrants « étranges » de l'Europe centrale et de l'Est étaient convaincus que les enfants des immigrants deviendraient des Canadiens à part entière grâce à un enseignement public efficace. Malgré les pressions et la discrimination à l'endroit des étrangers dans certains secteurs, tous les groupes d'immigrants pouvaient, s'ils le désiraient, conserver une certaine identité et une vie collective. De plus, l'analphabétisme, les coutumes différentes, l'incompétence et l'ignorance de la culture et des conditions de vie canadiennes eurent pour effet de creuser un vaste fossé social entre les immigrants et les secteurs dominants de la société d'accueil. Par nécessité ou par choix, les immigrants de la vague de 1896 à 1914 ne s'intégrèrent pas à la masse du peuple canadien.

Même s'ils l'avaient désiré, leur langue, leurs coutumes et leurs attitudes différentes, auraient empêché les immigrants polonais de

72

recourir aux organisations existantes. Petit à petit, le besoin de créer des services et de rétablir la communication avec leurs compatriotes, mena à la formation d'organisations polonaises reflétant certains aspects de leurs anciennes traditions et de leur religion. Elles furent établies, dans une large mesure, dans les villes et les grands centres où l'on trouvait, au début des années 1900, des concentrations d'immigrants polonais.

Les immigrants polonais qui s'établirent sur des concessions devinrent le plus souvent une minorité au sein d'une minorité. Dispersés par petits groupes ou par familles parmi les colons, en majorité ukrainiens, ils trouvèrent difficile d'établir une base de collaboration avec d'autres Polonais et en même temps de créer leurs propres organisations. Bien que certains aient adhéré aux organisations qui s'établissaient rapidement dans les collectivités ukrainiennes, d'autres vécurent isolés pendant de nombreuses années [4]. Profondément religieux et animés d'une dévotion toute polonaise, leur première préoccupation était de fonder une paroisse et d'avoir leur église où ils pourraient à nouveau entretenir des relations intelligibles avec Dieu, le prêtre et d'autres Polonais. Ils avaient besoin d'autres organisations offrant solidarité et protection en période difficile. Des coopératives d'entraide, des clubs socio-politiques, sportifs et culturels se formèrent dans diverses localités, quelques-uns destinés à disparaître rapidement, d'autres à durer jusqu'à l'époque actuelle.

On discerne un certain nombre de traits communs dans le développement des associations polonaises au Canada. Jusqu'en 1920, de nombreuses organisations locales à fonctions multiples surgirent, habituellement liées à la paroisse, surtout dans les agglomérations urbaines. De 1920 à 1940, on assiste à de multiples fusions d'organisations locales et à l'élaboration de projets visant à en amalgamer d'autres. L'immigration simultanée venant de Pologne donna naissance à l'établissement de nombreuses organisations séculières indépendantes dont à peine quelques-unes réussirent à survivre pendant un certain temps. Il y eut également la fondation et l'essor de paroisses et d'associations paroissiales. De nombreuses conférences locales, provinciales et nationales furent données dans l'espoir et le but de créer des fédérations de différentes sortes. Ces objectifs furent largement réalisés de 1930 à 1940, et les entités naissantes entreprirent des campagnes de recrutement en faveur des associations établies et indépendantes mais non engagées ainsi que le parrainage et la fondation de nouvelles associations auxiliaires. Cette période se caractérise par des luttes factieuses pour le pouvoir, par des conflits, des démissions, des alliances et autres problèmes connexes. De 1940 à 1950 s'établit un nouvel organisme central qui parachève l'élaboration des statuts, des processus, des buts et des fonctions. La nouvelle vague d'immigration d'après-guerre entraîne un nouvel essor ou un rajeunissement rapide pour les associations existantes et l'établissement d'un grand nombre d'autres. La dernière vague, qui commence en 1951, correspond à une nouvelle période de recrutement et de consolidation pour l'organisme central qui redéfinit continuellement ses buts et adopte des fonctions et des objectifs nouveaux. Les événements les plus récents ont remis en cause le rôle de l'organisme central, et les dirigeants s'inquiètent de sa survivance.

CARACTÉRISTIQUES GÉNÉRALES

Les associations polonaises du Canada se partagent en trois grandes catégories, toutes nées pendant les premières vagues d'immigration et différentes, même aujourd'hui, par certains aspects. Il y a d'abord les organisations rattachées à l'Église catholique, sous la direction et l'influence du clergé, lesquelles s'assimilent généralement aux assemblées de fidèles, sous la direction du clergé ou de personnes désignées par lui, adhèrent à la même foi, et désirent s'associer à leurs coreligionnaires. Les structures de ces associations ont été et demeurent très souvent rudimentaires ; les cadres en sont essentiellement des prêtres et quelques laïcs ou personnes pieuses sans compétence particulière. Font exception certaines écoles paroissiales (à temps partiel) administrées par des religieuses enseignantes qualifiées. Il y a aussi l'exception plus récente des caisses d'épargne paroissiales.

Deuxièmement, il existe un grand nombre d'organisations laïques qui comptent davantage de participants, répondent à une gamme· étendue de besoins particuliers des immigrants polonais et qui alimentent la culture et l'identité des diverses vagues et générations d'immigrants. Cette catégorie comprend des associations, des organisations professionnelles et commerciales, des sociétés d'aide mutuelle, des clubs socio-culturels, sportifs et de loisirs et leurs nombreux organes auxiliaires.

La troisième catégorie réunit les organisations politiques. Avant 1940, elle se composait de divers clubs patriotiques et politiques polonais ainsi que de socialistes polonais et de radicaux gauchistes. Aujourd'hui, peu d'organisations ont une vocation strictement politique. L'Association démocratique polonaise fait partie de cette catégorie, sans compter certains volets d'une organisation dont la préoccupation principale sont les territoires perdus par la Pologne aux mains de l'Union soviétique par l'entente de Yalta en 1945 (Związek Ziem Wschodnich). Il existe quelques autres groupes qui s'intéressent aux territoires repris à l'Allemagne en 1945 (Związek Ziem Zachodnich), et quelques éléments de l'organisation polonaise de Londres dont les objectifs et l'activité se résument à aider et à financer le gouvernement polonais en exil en Angleterre (Skarb Narodowy).

Jusqu'en 1920, la caractéristique commune à toutes les associations polonaises était le petit nombre de membres et le manque de personnes disposées à fournir l'effort supplémentaire nécessaire pour animer une organisation. Les associations du Canada subirent un peu l'influence des associations américano-polonaises établies plus tôt et ayant connu un essor remarquable dès avant 1900 [5]. Un grand nombre des fondateurs et des premiers dirigeants des associations polonaises du Canada furent d'ailleurs des immigrants polonais des États-Unis.

Assez curieusement, l'activité des associations polonaises révèle que, bien qu'une forte proportion des immigrants se soient établis en milieu rural [6], il ne semble pas exister d'organisations agricoles ou d'activité coopérative au sein du groupe polonais. Un auteur en particulier [7] croit pouvoir expliquer ce phénomène par la dispersion extrême des colons polonais et par la force ou la présence des organisations ukrainiennes vers lesquelles les Polonais se sont tournés. On ne connaît pas très bien le nombre d'adhérents et la structure d'organisations qui avaient pour but précis de faire venir parents et amis au Canada ou de consentir des prêts dans ce but, ni de celles chargées de virer des fonds à des parents vivant en Pologne [8].

Les données fragmentaires concernant la composition de diverses associations polonaises incitent fortement à croire que le nombre de membres était toujours faible par rapport à l'ensemble de la collectivité. On peut attribuer cette situation à trois facteurs principaux, à savoir : l'absence d'un organe de planification et de liaison chargé des immigrants polonais du Canada ; le manque d'expérience en matière d'organisation et l'insuffisance des communications résultant de la dispersion des immigrants, en particulier dans les provinces de l'Ouest. Les considérations pécuniaires comptaient parmi d'autres facteurs moins importants de la participation aux associations bénévoles. Il y avait toujours des personnes trop pauvres pour payer les frais d'adhésion ou pour participer à la construction d'une église ou d'une salle communautaire. Un grand nombre d'autres, fortement isolationnistes, se méfiaient ou se désintéressaient de toute activité organisée en dehors de l'église.

Les premiers temps de la fondation étaient suivis par une perte de zèle chez certains membres ; d'autres quittaient les rangs sans causes précises ou par suite de conflits entre leurs objectifs et ceux de l'organisation. Le nombre croissant des descendants d'immigrants polonais nés au Canada, qui côtoyaient les Canadiens de souche dans les écoles, au travail et par le biais des moyens d'information, s'intéressaient et participaient moins aux organisations polonaises, en dehors des organismes paroissiaux et utilisaient plus volontiers les associations canadiennes.

L'organisation volontaire de la collectivité polonaise du Canada put fonctionner largement grâce au renfort qu'elle obtenait lors de l'arrivée de nouveaux immigrants polonais. Le recrutement des Polonais nés au Canada fut et demeure un des plus grands problèmes auxquels doivent s'attaquer les dirigeants et les organisateurs de ce mouvement. La solution de ce problème déterminera l'avenir du groupe polonais au Canada en tant qu'entité culturelle distincte.

ASSOCIATIONS RELIGIEUSES ET PAROISSIALES

Les premiers immigrants qui arrivèrent de Galicie et d'autres régions de Pologne dans les provinces de l'Ouest trouvèrent de nombreuses églises catholiques dans les villes et villages, mais le clergé ne parlait pas la langue des immigrants et ne comprenait pas la relation spéciale qu'avait le paysan polonais avec l'église, sans compter que les offices n'observaient pas les mêmes rites chers à leur cœur.

Parmi les premières organisations qui surgirent presque spontanément dans les grandes congrégations d'immigrants polonais, il y avait spécialement les « Comités polonais de construction d'églises ». Les organisateurs espéraient pouvoir persuader des prêtres polonais de venir de Pologne ou des États-Unis desservir ces congrégations. En 1900, quelques prêtres en effet étaient arrivés de Pologne. D'autres arrivèrent des États-Unis, et un certain nombre de paroisses polonaises furent fondées. De nombreux groupes plus petits de colons polonais, ne pouvant se construire une église, érigèrent des chapelles où un prêtre polonais se rendait périodiquement. En 1920, il y avait déjà environ vingt paroisses polonaises au Manitoba, quatorze en Alberta, sept en Saskatchewan, cinq en Ontario et six dans les autres provinces.

Les immigrants polonais qui exigeaient des églises et des paroisses bien à eux cherchaient ainsi à recréer la vie communautaire qu'ils avaient quittée. La nouvelle paroisse devait devenir un centre à la fois religieux et communautaire. Les prêtres, considérés comme professeurs, confesseurs, directeurs sociaux et pasteurs devaient non seulement continuer de jouer ces rôles, mais aussi fournir des conseils sur diverses questions et se charger de la survie de la langue et de la culture traditionnelles. Seules quelques paroisses polonaises furent en mesure d'assumer cette tâche longtemps, et encore, seulement dans les grandes agglomérations.

Avant 1920, il y avait une grande pénurie de prêtres compétents capables de s'adapter aux conditions de vie des pionniers, et les paroissiens étaient éparpillés sur de grandes distances, incapables de communiquer et, souvent, de s'entendre entre eux. Les concentrations plus fortes d'immigrants polonais dans certaines villes permirent l'établissement d'associations préoccupées de buts et de fonctions culturels et socio-économiques. La première organisation de ce genre vit le jour à Berlin (maintenant Kitchener), en Ontario [9]. Dans les provinces des Prairies, la première organisation polonaise fut la « Holy Ghost Fraternal Aid Society », fondée en 1902 par le curé de la paroisse polonaise de Winnipeg. Ses membres provenaient exclusivement de la paroisse du Saint-Esprit, établie en 1898.

Dans certains centres urbains plus importants, comme Montréal, Toronto et Hamilton, où vivaient d'importants regroupements d'immigrants polonais, les églises furent construites quelques années après l'arrivée des premiers immigrants, et les associations paroissiales suivirent bientôt. En dehors des sociétés d'aide mutuelle, ces organisations cherchaient surtout à représenter, à enrichir et à promouvoir le catholicisme romain en milieu canadien, car le clergé estimait que les immigrants éparpillés et désorientés étaient vulnérables aux efforts de conversion des missionnaires et aux autres influences des confessions protestantes du Canada. Les membres ne comprenaient habituellement que ceux qui habitaient à proximité de l'église et pouvaient participer aux affaires de l'église et de la paroisse, en plus d'assister à la messe régulière du dimanche.

Les activités éducatives de la paroisse se résumaient généralement à peu de choses. Les enfants des paroissiens apprenaient habituellement le catéchisme en polonais une fois par semaine, avant ou après la messe dominicale, en vue de leur première communion. Ces leçons constituaient habituellement la totalité de leur instruction en ce qui concerne la langue, l'histoire et la culture polonaises. Par la suite, un certain nombre d'écoles paroissiales à temps partiel surgirent et offrirent, le soir ou le samedi matin, des cours donnés par le clergé, des religieuses ou des enseignants laïcs ; ces écoles donnaient un aperçu de l'histoire de la Pologne, des rudiments en matière de langue et de grammaire, ainsi que l'instruction religieuse. Dans l'ensemble, ces écoles avaient un faible taux d'inscriptions, elles offraient un programme restreint et avaient la vie courte.

À ces règles générales, il y a cependant une exception assez remarquable, à savoir l'école paroissiale de l'église du Saint-Esprit à Winnipeg. Cette école primaire à temps plein, qui dispensa plus tard l'enseignement secondaire, offrait en polonais un programme complet d'histoire, de géographie, de religion et de langue, grâce au concours de religieuses diplômées appelées tout spécialement à cette fin des États-Unis par le clergé de la paroisse. Cependant, vers les années vingt, les matières n'étaient plus enseignées en polonais qu'à la demande des parents, et l'école perdit bientôt tout caractère polonais. Fit également exception une école à huit niveaux, fondée en 1949, comptant plus de 500 élèves et dirigée par l'église Saint-Casimir de Toronto [10].

À leur début, les activités paroissiales se révélèrent inefficaces et mal coordonnées. Dès 1912 on tenta, lors d'un congrès à Regina, de fédérer les diverses associations paroissiales existantes, mais sans succès. Les principaux obstacles étaient la difficulté de communication entre les paroisses et les colons dispersés et le problème de susciter en eux un sentiment d'appartenance à un groupe culturel plutôt qu'à une localité.

Certains prêtres polonais organisèrent divers groupes religieux parmi leurs paroissiens. À l'instar de la paroisse du Saint-Esprit, de nombreuses paroisses instaurèrent des régimes d'assurance et d'aide mutuelle ; c'était la principale initiative des associations paroissiales. Parmi les autres activités, il faut mentionner les œuvres de charité, l'aide aux nécessiteux et la sauvegarde ou le maintien de la morale catholique parmi les paroissiens. La plupart des paroisses polonaises avaient des chorales, comme elles en ont encore aujourd'hui.

Vers 1925, un certain nombre d'associations paroissiales, lassées par le peu d'envergure de leurs objectifs et fonctions, passèrent au secteur laïque du mouvement polonais. Alarmé par la tournure des événements, le clergé commença à élargir le champ d'activités des associations afin de s'assurer l'allégeance de ceux qui restaient. Toujours à cette fin, l'Association des Polonais du Manitoba, organe central des organisations paroissiales, fut fondée par le clergé polonais en 1933. La fédération servait essentiellement de contrepoids aux tentatives de l'organisation laïque de Toronto de fédérer diverses associations indépendantes (et consentantes) de l'Ontario et d'ailleurs. En s'engageant dans une concurrence ardue pour étendre son influence et accroître le nombre de ses membres, la fédération catholique entra en conflit intense et durable avec diverses organisations laïques importantes qui projetaient elles aussi de se fédérer. Dans une certaine mesure, cette rivalité et l'hostilité latente se font encore sentir aujourd'hui.

De nos jours, la fédération catholique représente les intérêts des associations paroissiales polonaises ; dirigée par le clergé polonais, elle survit surtout grâce à ses succursales situées dans les provinces des Prairies où l'influence du clergé est encore considérable. Pendant un bon nombre d'années (1908-1952), elle publia son propre journal, la *Gazeta Katolicka*, mais cet organe a depuis lors cessé de paraître. On s'entend généralement pour dire que la portée et l'étendue de l'activité de la fédération catholique furent et demeurent limitées, comparativement aux activités des fédérations laïques.

Il faut souligner l'existence d'un autre type d'association liée, du moins de nom, à la paroisse. Il s'agit de la caisse d'épargne paroissiale qui joue un rôle économique, à savoir, accepter les dépôts, consentir des prêts à des fins diverses et offrir un régime particulier d'assurance-vie à ses membres. Bien que l'effectif de certaines de ces organisations soit considérable [11], elles ne jouent qu'un rôle marginal et ne participent habituellement pas aux activités culturelles de la collectivité polonaise.

LES ASSOCIATIONS LAÏQUES

Les immigrants ne pouvaient compter, durant les premières décennies du XXe siècle, sur le soutien de leurs parents ou de leur collectivité, et il n'existait pas de législation sociale prévoyant une aide financière ni d'assurance contre les accidents, la maladie ou l'invalidité. Ils fondèrent donc des associations, en général des sociétés d'aide mutuelle et d'assurance qui versaient aux membres, en échange d'une faible cotisation, des prestations modestes en cas de malheur. La plupart des prestations servaient pour l'enterrement des morts et pour aider les veuves et les orphelins de membres décédés. D'autres prestations étaient accordées aux malades et aux blessés. En plus de cette protection, ces associations offraient aussi des occasions aux membres de se rencontrer et de se renseigner sur leurs compatriotes, ainsi que d'établir des contacts d'ordre social ou économique. Elles eurent tôt fait de devenir aussi des clubs sociaux et des centres communautaires après les heures de travail.

Même au début de leur existence, la plupart des sociétés d'aide mutuelle et d'assurance ne se sont pas limitées à leurs seules fonctions économiques. Les membres ou les responsables des associations désiraient souvent que les activités soient élargies et souhaitaient grossir leurs effectifs ou encore faire contrepoids à d'autres organisations qui entreprirent d'ajouter un programme d'assurance ou d'autres avantages à leurs principales activités et fonctions [12].

Même lorsque leurs activités et intérêts se trouvaient pleinement diversifiés, les sociétés d'aide mutuelle se préoccupaient plus des besoins économiques de leurs membres que de questions politico-culturelles. Bon nombre d'autres associations socio-culturelles et politiques se constituèrent, qui offraient généralement un certain nombre de services à leurs membres, et attirèrent une clientèle plus nombreuse que les sociétés d'aide mutuelle plus spécialisées.

Les immigrants polonais qui arrivèrent après la Seconde Guerre mondiale étaient davantage en mesure de faire face aux divers problèmes par leurs propres moyens, car leurs perspectives économiques étaient meilleures. Les mesures de bien-être social enlevèrent aux organismes privés leur raison d'être. Après 1940, les associations d'assurance et d'aide mutuelle commencèrent à péricliter. La diversification des fonctions et des activités permit toutefois à certaines de survivre et, à l'heure actuelle, il existe deux organisations de ce type à Winnipeg, quelques-unes en Ontario [13] et neuf dans la province de Québec. Ce type d'association ne met plus l'accent sur les objectifs économiques de ses débuts, mais assume un rôle communautaire dont les multiples activités s'étendent au domaine socio-culturel.

Presque parallèlement à la création spontanée de comités de construction d'églises polonaises, se constituèrent, dans quelques grands centres, des groupes ayant pour tâche de déterminer les moyens de financer et de construire des centres d'accueil polonais conçus pour répondre aux besoins culturels et traditionnels des immigrants. Bien que ces projets semblent avoir échoué, les groupes permirent cependant aux associations laïques polonaises du Canada de voir le jour. La première association de ce genre, les Fils de la Pologne [14], fut établie à Montréal en 1902. Elle avait pour objectif principal de conserver et de promouvoir la culture, l'identité polonaises, la morale et les valeurs chrétiennes ; son objectif secondaire était d'aider les membres malades ou accidentés, les veuves et les orphelins. Un certain nombre d'organisations possédant des buts semblables ne tardèrent pas à l'imiter. Quelques-unes avaient très peu d'adhérents (surtout les clubs politiques) et eurent tôt fait de disparaître. D'autres tenaient compte de presque tous les besoins et intérêts de l'immigrant polonais urbain. Il y avait des sociétés amicales d'aide mutuelle, des clubs politico-nationalistes, des associations culturelles et sportives, des troupes de théâtre amateur, et d'autres activités pouvant intéresser les immigrants. Il n'existe pas de données quant au nombre d'organisations polonaises au Canada pour une période déterminée, mais d'après un ouvrage sur la question [15], quatre-vingts organisations polonaises se constituèrent, entre 1904 et 1953, dans la seule province du Manitoba, sans compter des associations paroissiales, auxiliaires ou des clubs sportifs et culturels. De ce nombre, environ trente avaient cessé d'exister en 1953.

ÉVOLUTION ET ACTIVITÉS

Par suite de la structure et du rôle de l'Église catholique de Pologne, transplantée au Canada à peine modifiée, les membres du clergé avaient tendance à s'identifier à ce point avec leur sacerdoce qu'il leur était presque impossible d'aborder les problèmes non religieux de façon objective [16]. Ils ne se rendaient pas complètement compte des conditions qu'avaient à affronter les immigrants polonais dans un milieu qui leur était étranger et ils fermaient les yeux, ou encore se montraient incapables de subvenir à leurs nombreux besoins ; néanmoins, ils réagissaient souvent avec méfiance et suspicion aux initiatives des laïcs altruistes et, parfois même, ils s'y opposaient carrément. Le clergé ne désirait pas perdre l'influence qu'il exerçait sur le peuple polonais dans son nouveau milieu [17].

La plupart des associations laïques furent formées par suite de l'insatisfaction vis-à-vis des fonctions limitées des organisations paroissiales, qui se bornaient le plus souvent aux questions religieuses, et vis-à-vis des tentatives du clergé de contrôler et de diriger toutes les activités des associations. Les associations paroissiales polonaises organisaient leurs activités à l'église, mais à cause des problèmes que l'on vient de citer, les diverses associations laïques durent compter pendant de nombreuses années sur l'hospitalité d'organisations canadiennes, de salles privées ou de foyers particuliers.

Ces organisations se consacraient à diverses activités. La presse polonaise du Canada relatait la vie sociale, les expositions d'artisanat, les activités des bibliothèques et des écoles à temps partiel pour enfants, les représentations théâtrales d'amateurs, les récitals de poésie, les spectacles de danses nationales ou régionales et les célébrations de fêtes historiques et patriotiques. Chaque organisation, une fois établie, avait l'ambition de se doter d'une chorale et d'un orchestre. Dans le premier cas, elles avaient généralement du succès, mais la mise sur pied d'un orchestre était souvent impossible à cause du prix des instruments et du manque de professeurs de musique compétents.

Certaines associations locales indépendantes commencèrent à collaborer à des projets vers 1910, et la coopération s'étendit durant la Première Guerre mondiale. De 1915 à 1918 environ, les rivalités et animosités antérieures firent place à un regroupement surtout axé sur la lutte de la Pologne pour l'indépendance. Les associations polonaises dans les provinces de l'Ouest recrutèrent également des volontaires pour servir dans l'armée canadienne et elles réussirent puisqu'il se constitua un bataillon distinct de Canadiens polonais (250) à Winnipeg. D'autres associations polonaises s'occupèrent de défendre la réputation de la Pologne et des Polonais, envoyant des colis aux troupes polonaises combattant en France et, après 1918, recueillant et faisant parvenir de l'argent, de la nourriture et des médicaments à la Pologne déchirée par la guerre. Avant 1920, les associations polonaises n'avaient pas de sections auxiliaires de femmes ou de jeunes, mais deux clubs indépendants de femmes furent formés à Winnipeg en 1917.

Les immigrants polonais qui commencèrent à arriver au Canada après 1918 trouvèrent de nombreuses églises polonaises et salles paroissiales et une variété d'associations laïques et paroissiales déjà structurées et dotées de fonctions précises. La contribution de ce groupe visait à améliorer et à étendre la vie communautaire existante de la collectivité polonaise au Canada. Pendant les dix années suivantes (1920–1930), on assista à l'établissement d'associations professionnelles et commerciales, de sections auxiliaires de femmes s'occupant d'œuvres de charité et de travaux d'artisanat, de nombreux clubs culturels s'intéressant avant tout à l'éducation des enfants polonais et à la fondation de bibliothèques, de sociétés canadiennes-polonaises qui devaient constituer un lieu d'échanges pour les Canadiens intéressés et de sociétés Canada-Pologne établies dans le but d'entretenir les liens avec la mère patrie. À cette même époque naquirent diverses organisations patriotiques, quasi politiques, et radicales, y compris les Polonais socialistes radicaux, que d'aucuns désignèrent comme le Parti communiste polonais [18]. Les associations établies se consolidèrent, recrutèrent de nouveaux membres et, à l'occasion, fusionnèrent pour atteindre des objectifs particuliers. Les dirigeants avaient maintenant plus d'expérience et les moyens d'entreprendre de nouveaux projets et des activités de plus grande envergure.

Le gouvernement polonais commença, au début des années 1920, à s'intéresser activement aux Polonais vivant à l'étranger et à participer à certains aspects de leur vie communautaire, en fournissant des conseils, de la littérature et de l'argent à certaines associations [19]. Le consulat polonais à Winnipeg mit sur pied un certain nombre d'associations politiques qui avaient leurs contre-parties en Pologne à la fin des années 1920 et 1930. Il se heurta à l'opposition de certaines associations plus anciennes et plus importantes, tant paroissiales que laïques, notamment en Ontario, et leur retira son appui. Un grand nombre de ces organisations nouvellement créées furent dissoutes ou absorbées par d'autres.

Contrairement aux gouvernements de certains autres pays [20], le gouvernement polonais n'était pas disposé à consentir une aide financière substantielle aux organisations, car la Pologne était économiquement pauvre et avait des priorités plus pressantes. Bien que le gouvernement polonais ait tenté d'influencer, sinon de contrôler, tous les immigrants par le biais d'une organisation connue sous le nom d'Association mondiale des Polonais à l'Étranger (Swiatowy Związek Polaków z Zagranicy), son influence fut négligeable au Canada, où il se préoccupait surtout d'obtenir de l'appui pour sa politique intérieure et son leadership et de conserver l'allégeance des Polonais.

Parmi les stratagèmes employés par les représentants au Canada du gouvernement polonais figure la tentative de contrôler la désignation des rédacteurs en chef des journaux de langue polonaise, surtout *Czas (Le Temps)* et *Polonia* [21]. On espérait que certaines personnes exprimeraient une attitude plus favorable au gouvernement polonais et à ses politiques, qu'elles feraient contrepoids à la presse américano-polonaise (populaire auprès de nombreux immigrants au Canada), qu'elles feraient échec à l'activité « destructrice » du *Workers Voice (Głos Pracy)*, hebdomadaire radical qui attaquait vertement le gouvernement polonais, et à l'attitude « hostile » de la nouvelle publication *Związkowiec*.

Les renseignements et conseils destinés aux nouveaux immigrants provenaient maintenant des nombreuses associations paroissiales et laïques déjà établies, mais entre 1922 et 1930, un nouveau type d'organisation surgit en Ontario et dans les provinces de l'Ouest pour aider les nouveaux immigrants polonais. Rares sont celles qui survécurent pendant plus de deux ou trois ans et les membres furent toujours peu nombreux, allant de cinq à vingt intéressés. Elles passaient pour inefficaces auprès des autres associations polonaises qui assumaient aussi ces fonctions.

LES POLONAIS
DE LA GAUCHE RADICALE

Un autre type d'organisation qui vit le jour au début des années 1900 fut celui des clubs et associations politiques. Jamais nombreux, ils appuyaient généralement les idéologies socialistes de la Pologne jusqu'à l'année de l'indépendance, en 1918. Au nombre de ces organisations, mentionnons la Stefan Okrzeja Society de Montréal, la Potęga de Toronto et Sokołs de Winnipeg et Brandon. Après la révolution bolchevique de 1917, certains membres de ces organisations, adhérant à l'idéologie plus radicale préconisée par les communistes soviétiques, rompirent avec les autres groupes socialistes pour former des associations distinctes.

Jusqu'en 1929, les radicaux ne comptaient qu'une poignée de partisans ou de sympathisants, mais après cette date, leur nombre augmenta de façon impressionnante. Les radicaux obtinrent l'appui de diverses organisations, mais en 1931, une association surgit, à savoir l'Association des ouvriers et des agriculteurs polonais (Polskie Towarzystwo Robotniczo — Farmerskie). Ses objectifs et activités attirèrent de nombreux adeptes parmi les immigrants polonais, et l'Association comptait quinze sections en Ontario, quatre à Montréal, une en Nouvelle-Écosse et vingt dans les provinces de l'Ouest [22]. Cette organisation ou son successeur n'ont jamais fait état de leur effectif [23]. On estime qu'au point culminant de sa popularité, entre 1930 et 1937, ses différentes sections comptaient entre 3 000 et 4 000 immigrants polonais. Si ces chiffres sont exacts, il s'agissait probablement de l'organisation polonaise la plus considérable au Canada à cette époque.

La croissance de cette organisation n'est pas étonnante. Le Canada souffrait d'un fort taux de chômage, ce qui laissait de nombreux immigrants polonais non seulement sans travail, mais aussi sans sécurité sociale d'aucune sorte. Ils étaient aussi la cible des préjugés et de la discrimination de leurs concurrents : les ouvriers et employeurs canadiens. Le chômage était également très répandu en Pologne, et son gouvernement passait pour totalitaire. Certaines personnes se sentaient attirées par les slogans que préconisait l'Association, à savoir : justice sociale, égalité raciale, progrès, démocratie, paix et fraternité entre tous les hommes.

Un autre facteur qui a beaucoup à voir avec le recrutement et l'appui accordé par des particuliers et des organisations à cette association, est la façon dont elle se définissait auprès du public. Les dirigeants et les porte-parole des églises polonaises, des organisations laïques, et les rédacteurs de la presse polonaise au Canada ont toujours jugé cette association comme communiste et ses dirigeants comme les outils des régimes communistes de l'Union soviétique et, depuis 1944, des gouvernements polonais[24]. Cependant, pour ne pas décourager les membres éventuels par une propagande mettant en lumière des noms connus du parti communiste, les chefs évitaient de révéler l'affiliation politique de l'Association et « utilisaient comme paravent diverses petites organisations soi-disant formées à des fins éducatives et culturelles[25]. »

D'après une autre source[26], la croissance et le rôle joué par cette association tenaient d'une part au Parti communiste du Canada et d'autre part aux communistes canadiens-ukrainiens qui non seulement y adhérèrent, mais lui offrirent des conseils et une aide financière. Le chef actuel[27] de l'Association démocratique des Polonais, qui succède à l'Association populaire des Polonais, affirme toutefois que ces organisations n'ont jamais été communistes. Le porte-parole souligne[28] qu'elles furent établies pour répondre à un certain nombre de besoins des immigrants polonais du Canada et qu'elles se préoccupaient avant tout d'améliorer leur situation économique. Les organisations n'étaient pas proprement politiques, mais « progressistes et indépendantes ». Les membres étaient des paysans et des ouvriers aux nombreuses orientations politiques et, bien qu'une partie des membres et des dirigeants fussent probablement communistes, d'autres étaient tout à fait apolitiques. Le porte-parole lui-même ne se définit pas comme communiste[29] et il soutient que l'Association démocratique des Polonais du Canada a une position politique semblable à celle du Nouveau parti démocratique.

L'organisation possédait son propre organe d'information qui commença à paraître en 1932 comme hebdomadaire[30] et fut suspendu par le gouvernement canadien en 1940. L'organisation et ses sections furent dissoutes en juin 1940 pour refaire surface en 1941 sous un nom différent[31] et participer à la mobilisation générale contre l'Allemagne. Elle se joignit à d'autres organisations polonaises en 1945 dans un effort commun pour aider la Pologne, mais les derniers vestiges de collaboration disparurent en 1948. Par la suite, elle devint totalement isolée de la collectivité polonaise du Canada et périclita rapidement.

Cette tournure des événements s'explique par de nombreux facteurs. L'amélioration des conditions socio-économiques au Canada durant les années d'après-guerre, alliée à l'impopularité grandissante des idéologies communistes ou radicales en Amérique du Nord poussèrent beaucoup de membres à quitter cette organisation. Sur les instances du *Weekly Chronicle* et de certaines personnes influentes, bon nombre de personnes engagées retournèrent en Pologne pour aider à reconstruire le pays dans le cadre d'une nouvelle idéologie. Les immigrants d'après-guerre furent peu nombreux à joindre les rangs. L'Association démocratique des Polonais se trouve donc aux prises avec un effectif réduit et vieillissant, sans pouvoir compter le renouveler à même les Polonais nés au Canada [32].

La principale pierre d'achoppement de cette organisation réside surtout dans l'étroitesse de ses objectifs et fonctions qui portent principalement sur le mieux-être global des classes défavorisées et soulignent très peu la culture, les traditions et les activités sociales polonaises. De plus, les chefs et les organes d'information d'autres organisations et institutions polonaises condamnèrent fortement ses orientations, ses attitudes et ses activités vis-à-vis de l'Union soviétique et du gouvernement polonais d'après-guerre [33]. La masse des Polonais traditionnels et fidèles à l'Église rejette l'organisation ainsi que son idéologie.

Jusqu'à récemment, les deux parties ont souvent eu recours aux récriminations, accusations et attaques dans la presse de langue polonaise du Canada, lors de réunions, de célébrations spéciales et à d'autres occasions. On connaît maintenant une période d'accalmie, et les deux parties coexistent dans un mutisme indifférent, sinon hostile. Bien que les chefs et les membres de l'Association démocratique des Polonais s'identifient au groupe polonais du Canada et désirent établir des relations plus étroites et harmonieuses avec les autres organisations polonaises, il est improbable que cette éventualité se réalise dans un proche avenir, car la majorité des Canadiens d'ascendance polonaise demeurent profondément opposés au radicalisme social et au communisme en général.

ÉTAPES SUBSÉQUENTES

Une association polonaise de Toronto, l'Alliance Friendly Society, d'abord établie sous un nom différent en 1907, fit cavalier seul parmi les associations polonaises. Elle avait une orientation démocratique ou socialiste, tout en soutenant qu'elle pouvait avoir des buts progressistes sans devenir le jouet d'une puissance étrangère [34] et en condamnant aussi les associations paroissiales pour leur orientation étroite et leur incapacité à fournir des services sociaux et culturels aux immigrants polonais [35]. Elle critiquait aussi fortement le gouvernement polonais et les activités de son représentant au Canada, soulignant fréquemment leurs travers dans son organe de presse *The Alliancer (Związkowiec)*.

Vers 1927, l'Alliance Friendly Society amorça une campagne visant à fédérer les nombreuses organisations polonaises existantes, particulièrement en Ontario. De nombreux organismes paroissiaux et laïques étaient favorables au projet. Cependant, l'Église catholique et le gouvernement polonais réagirent tous deux en établissant leurs propres fédérations d'associations. Durant les quelques années qui suivirent, on assista à une série de luttes, de conflits et de rivalités entre les diverses factions, chacune tentant d'attirer le plus grand nombre d'associations et de membres possibles. En 1933, il y avait quatre grandes organisations, chacune ayant un certain nombre d'associations et de clubs affiliés ou auxiliaires :

1. Stowarzyszenie Polaków w Kanadzie (Association des Polonais du Canada) fut établie en 1933 à Winnipeg (Manitoba). Cette fédération était exclusivement paroissiale, dirigée par le clergé et quelques personnes choisies par lui, florissant exclusivement dans les provinces de l'Ouest et ayant son siège à Winnipeg.

2. Związek Polaków w Kanadzie [36] (La Polish Friendly Alliance in Canada, ou Alliance amicale polonaise du Canada), dont les membres provenaient uniquement de l'Ontario. Cette organisation laïque, établie en 1907, comprenait en 1933 des organisations paroissiales de l'Église catholique nationale polonaise [37] et quelques associations paroissiales catholiques romaines. L'organisation avait son siège à Toronto.

3. Zjednoczenie Zrzeszeń Polskich w Kanadzie (Fédération des sociétés polonaises du Canada). Cette fédération numériquement importante, orientée et influencée par le gouvernement polonais, fut établie en 1931. Elle ne tarda pas à regrouper diverses associations laïques et religieuses de toutes les régions du Canada. Le siège de cette organisation était situé à Winnipeg (Manitoba) [38].

4. Polskie Towarzystwo Robotniczo-Farmerskie (La Polish Workers' and Farmers' Association, ou Association des ouvriers et agriculteurs polonais) vit le jour en 1931, après l'unification de divers types d'organisations radicales dans tout le Canada et elle établit son siège à Toronto [39].

Les trois premiers organismes étaient hostiles à l'Association des ouvriers et agriculteurs polonais, mais elles continuèrent à rivaliser entre elles en matière de recrutement, et ce jusqu'à l'éclatement de la Seconde Guerre mondiale, tout en élargissant et en intensifiant leurs objectifs et activités. Mentionnons, par exemple, l'importance accordée à l'éducation des descendants d'immigrants, nés au Canada, dans la langue et la culture de leurs ancêtres, à une plus grande participation à la vie du Canada par tous les immigrants et au souci d'améliorer leurs propres structures et services.

Durant les années de guerre, chaque organisation entreprit divers projets visant à contribuer à l'effort de guerre de la Pologne et du Canada. Dans les dernières années de la guerre, les fédérations ont même collaboré avec les radicaux à un projet visant à aider la Pologne [40]. Les rivalités, suspicions et conflits furent subordonnés à cette œuvre globale. Ce n'est qu'en temps de crise, notamment lors des guerres, que les organisations polonaises du Canada ont collaboré étroitement et dans l'harmonie.

LE CONGRÈS CANADO-POLONAIS

En 1944 se produisit une autre unification des associations polonaises. Les organisations de l'Alliance amicale polonaise, la Fédération des sociétés polonaises, toutes les organisations laïques indépendantes telles que les Scouts polonais et l'Association des ingénieurs polonais du Canada, toutes les paroisses de l'Église catholique nationale polonaise et un certain nombre d'associations paroissiales catholiques romaines de l'Ontario et du Québec se joignirent en une seule fédération dotée d'un comité central coordonnateur et d'un nouveau nom : le Congrès canado-polonais (Kongres Polonii-Kanadyjskiej).

Les associations catholiques romaines urbaines de l'Est du Canada et toutes les associations paroissiales des provinces de l'Ouest demeurent au sein de l'organisation de l'Association des Polonais du Canada, dirigée par le clergé et subventionnée par l'Église catholique romaine. Les premières devises du Congrès étaient : « Pour le bien-être du Canada, pour le bien-être des Polonais du Canada, pour le bien-être de la Pologne. » La nouvelle orientation résulta finalement de la cristallisation des buts ambigus de diverses associations polonaises, quant à savoir comment les immigrants polonais devaient se percevoir. La position adoptée par le Congrès, avec l'assentiment des organismes participants, était que les Polonais du Canada devaient se considérer comme CANADIENS d'extraction polonaise et non pas comme des POLONAIS au Canada. Cette position fut cependant bientôt mise à l'épreuve avec l'arrivée d'une autre vague d'immigrants polonais au Canada.

Nous avons déjà décrit les caractéristiques de la vague d'après-guerre [41]. En raison de leurs antécédents et de leurs expériences en temps de guerre, les anciens combattants, les personnes déplacées et les réfugiés politiques avaient une conscience aiguë de leur identité polonaise et s'intéressaient vivement à différents aspects de la culture et de la vie politique polonaise. Ils possédaient aussi, en plus des compétences requises, la volonté de préserver les valeurs et les principes qu'ils considéraient comme importants. Les premiers immigrants n'avaient jamais partagé les mêmes valeurs et points de vue avec autant de conviction et ceux qu'ils possédaient se désagrégeaient lentement, proportionnellement à la durée de leur séjour au Canada.

Les immigrants d'après-guerre commencèrent à adhérer aux organisations existantes et à participer à leurs activités, leur infusant des idées nouvelles, les animant d'un renouveau d'enthousiasme, et exprimant le désir de participer à tous les niveaux de l'organisation, notamment aux échelons supérieurs du Congrès et de ses sections régionales. Il était inévitable qu'une proportion considérable des nouvaux venus se passionne pour la Pologne, se préoccupe de questions idéologiques, de la vie politique européenne et du mouvement polonais en exil à Londres. Nombre d'entre eux s'estimaient de passage au Canada, espérant que la guerre froide amènerait des changements politiques qui leur permettraient de rentrer au pays. Leur attitude se reflétait dans l'opinion qu'ils avaient des associations polonaises du Canada et du rôle qu'elles devaient jouer.

Pour les anciens immigrants et leurs chefs, cette position était inacceptable, et les exigences des nouveaux venus, quant à la modification des orientations et objectifs de l'organisation, se heurtèrent généralement au refus des dirigeants et des membres des organismes affiliés au Congrès. L'Association des Polonais du Canada, tout en sympathisant avec les opinions des nouveaux venus, n'était pas disposée à adopter les buts et fonctions proposés par les immigrants d'après-guerre. Les nouveaux venus fondèrent donc leurs propres associations. Il s'agissait surtout de clubs d'anciens combattants, d'associations d'anciens prisonniers politiques, d'organisations de combattants et de clubs s'intéressant au sort des villes ou territoires perdus par la Pologne lors de l'accord de Yalta en 1945. En l'espace de quelques années, la majorité des immigrants d'après-guerre s'habituèrent à l'idée de demeurer au Canada en permanence et, tout en continuant d'adhérer à leurs propres associations, collaborèrent de plus en plus activement avec le Congrès et d'autres organisations polonaises [42].

Les cadres du groupe polonais du Canada sont extrêmement bien organisés, notamment dans les provinces de l'Ontario et du Québec. Les collectivités polonaises des provinces de l'Ouest, par contre, assistent, depuis la Seconde Guerre mondiale, à un affaiblissement de leurs activités communautaires et, sauf dans quelques grandes agglomérations urbaines, les paroisses constituent les seuls lieux de rencontre où les échanges culturels entre les immigrants polonais sont possibles. Après 1940, la plupart de leurs dirigeants, les meilleurs et les plus énergiques, allèrent s'installer dans d'autres provinces ou aux États-Unis. Même à Winnipeg, grand centre d'activité des organisations polonaises jusqu'en 1940, déjà en 1949, celles-ci ne touchaient plus que 2 000 des 8 000 résidents d'ascendance polonaise [43].

Les organisations polonaises d'aujourd'hui sont les suivantes :

1. Le Congrès canado-polonais, organisme coordonnateur dont le siège est situé à Toronto (Ontario), possède douze bureaux régionaux représentant des districts dans diverses provinces. Le Congrès représente environ cent quarante organisations membres, ayant toutes leurs structures et leurs objectifs propres. À l'heure actuelle, le Congrès se compose des quatre régionales de l'Association des ingénieurs polonais du Canada, des huit régionales de la Fédération des femmes polonaises du Canada, des quatre régionales de l'Association des anciens prisonniers politiques polonais, de l'Union nationale des Polonais du Canada, avec ses seize régionales, du Comité central d'Éducation, avec environ vingt écoles à temps partiel, de vingt-sept associations d'anciens combattants, de six régionales de la Société d'aide mutuelle des Polonais du Québec, des clubs d'étudiants universitaires polonais et d'un certain nombre d'organisations plus petites dans diverses régions du Canada. Les sections féminines, les groupes de jeunes et autres sections des organisations membres sont également automatiquement membres du Congrès.

2. L'Alliance polonaise du Canada, avec trente régionales en Ontario, la Commission éducative avec neuf écoles, des groupes de femmes et des organisations de jeunes. Le siège se trouve à Toronto (Ontario) [44].

3. L'Association polonaise des scouts et guides du Canada, composée de quatre sections distinctes : les scouts, les guides, les routiers et les amis des scouts. Le siège est à Toronto, mais l'association entretient des liens étroits avec le mouvement scout polonais de Londres. L'Association compte six districts, dont un en Colombie-Britannique, en Alberta, au Manitoba et au Québec et deux en Ontario. Elle administre cinq centres d'été et de loisirs, et compte environ 2 250 membres, dont 1 500 guides, 1 300 scouts, et 700 routiers, en plus des Amis des scouts.

4. L'Association des Polonais du Canada regroupe toutes les associations paroissiales non affiliées au Congrès ; elle a son siège à Winnipeg (Manitoba). Les auteurs ne savent rien des organisations membres ou de leur force numérique.

5. Les Associations fédérées des combattants polonais, avec dix-neuf régionales au Canada, dont le siège est à Londres. Cette Fédération compte cinq sections féminines et subventionne deux écoles de langue polonaise.

6. L'Association démocratique des Polonais, composée de la régionale d'un syndicat, des Amicales canado-polonaises et de l'Association démocratique. Son siège est situé à Toronto (Ontario).

Il est extrêmement difficile d'obtenir des précisions sur la structure, la composition et d'autres aspects de ces organisations et, ce qui est actuellement disponible est vague, fragmentaire et douteux [45]. En règle générale, les organisations font partie d'associations internationales, nationales, régionales ou de district et les comités centraux de chaque organisme assurent la liaison avec les associations membres. Au sein des principales associations, la communication se fait grâce à des congrès, à des publications, aux visites des représentants du siège social et à un échange de ressources matérielles, idéologiques et humaines. Les associations polonaises du Canada continuent à consacrer des efforts et de l'argent à la Pologne, mais ce sont maintenant les associations elles-mêmes qui déterminent les domaines d'aide ou les champs d'intérêt, strictement non politiques, à savoir : des fonds pour la construction d'écoles ou la restauration de monuments historiques ou à la mémoire de quelque grand personnage historique [46].

Ce tour d'horizon des organisations polonaises du Canada ne saurait tenir compte de toute la gamme d'associations ou d'institutions particulières ni de leurs activités variées et nombreuses. La fondation d'un institut de recherches polonais, la création de fondations culturelles, de bourses d'étude, d'un institut des arts et des sciences, et de nombreux groupes de danse, de chorales et de troupes de théâtre amateur, constituent tous une partie importante de la structure et des activités globales de ce groupe ethnique au Canada. On trouvera une description plus détaillée de certaines des activités et de l'essor de l'organisation dans de nombreuses publications commémoratives [47].

FONCTIONS

Les associations et organisations ont rempli auprès des immigrants polonais du Canada une grande variété de fonctions [48]. Elles ont aussi suscité un certain nombre de problèmes.

Distribution du pouvoir: Les organisations, surtout leurs principales fédérations, ont généralement aussi à se faire reconnaître par les institutions politiques canadiennes. Jouissant de l'appui d'une grande proportion des membres du groupe polonais, leurs porte-parole et représentants pouvaient influer sur les décisions ou politiques touchant ce groupe au Canada. L'organisme le plus efficace à cet égard était le Congrès canado-polonais qui, à maintes reprises, a utilisé sa position de porte-parole de la majorité des Canadiens polonais dans ses relations avec les différents niveaux du gouvernement canadien. Les dirigeants du Congrès et d'autres grandes associations indépendantes exercent manifestement une influence à la fois au sein de leur propre collectivité ethnique et auprès du gouvernement canadien, ce qui leur permet de s'engager dans des luttes et des campagnes contre des politiques d'immigration restrictives afin de préserver l'importance du groupe, et contre d'autres positions similaires.

Il n'en a pas toujours été ainsi. La participation et la représentation des immigrants polonais dans la vie politique de la société canadienne furent d'abord retardées par leur identification à la Pologne et aux événements politiques qui s'y déroulaient. Elles furent freinées plus encore par le fait que la grande majorité des premiers immigrants polonais comprenaient mal le processus politique démocratique, dont ils n'avaient aucune expérience.

Les organisations constituèrent une véritable école pour des gens qui avaient très peu participé à la vie politique dans leur ancien pays et qui ignoraient presque tout de la structure, des fonctions et des processus d'un régime politique démocratique. L'adhésion aux associations permit à ces personnes de se sensibiliser et de s'initier au pouvoir politique qu'ils pouvaient exercer dans la nouvelle société démocratique. Cette participation servit à former des chefs, non seulement pour le groupe polonais, mais pour la société canadienne en général. Un certain nombre de personnes occupant diverses fonctions dans les organisations polonaises sollicitent un mandat politique à différents niveaux du gouvernement canadien. L'une d'elles, l'honorable Stanley Haidasz, est parvenu au rang de ministre d'État au multiculturalisme dans le gouvernement Trudeau.

Orientation: Pour un immigrant provenant d'une société très différente de la société d'accueil sur le plan de la langue, des traditions et des coutumes, les associations de son groupe sont habituellement, au début, les seules ressources de renseignements sur le processus socio-économique et politique dans son nouveau milieu. Grâce à sa participation, une personne acquiert plus de connaissances sur son entourage immédiat et la société en général. L'association l'aide à la fois à s'adapter au nouveau milieu et à s'intégrer à un réseau nouveau d'interactions. Le rôle le plus important à cet égard appartient à la presse qui a fourni non seulement des conseils pour une adaptation plus saine, mais aussi des renseignements, dans une langue compréhensible, sur les divers aspects de la société d'accueil.

Dans les premiers temps, les associations polonaises du Canada ont assumé une autre fonction. Avant 1935, les organisations polonaises préconisaient l'identification avec la Pologne. Le rôle du gouvernement polonais et de ses représentants dans les années 1930 à 1940 accentua cette orientation. Les membres des organisations étaient généralement invités ou incités à se considérer comme des Polonais au Canada. Peu d'organisations faisaient valoir à leurs membres la permanence de leur séjour au Canada ou leur conseillaient une plus grande intégration et l'allégeance au nouveau pays. En règle générale, les associations polonaises se faisaient les champions de l'attachement à la Pologne.

Les églises catholiques romaines polonaises tendaient à encourager, involontairement ou à dessein, la non-intégration puisqu'elles représentaient aux yeux de leurs paroissiens la culture et les traditions polonaises auxquelles elles s'identifiaient. Le rôle des églises polonaises dans la conservation de la culture a été et demeure considérable, à tel point que les paroisses continuent d'utiliser le polonais dans les offices religieux et permettent par d'autres moyens de sauvegarder la culture, grâce aux écoles à temps partiel, aux chorales et aux clubs de jeunes.

Plus récemment, les objectifs et orientations de la majorité des organisations polonaises ont mis l'accent sur l'adaptation des immigrants polonais et de leurs descendants à la société canadienne sans renoncer entièrement à leur identité ethnique. Les organismes tentent de rapprocher les particuliers de la société canadienne, les incitant à considérer le Canada comme leur patrie définitive. Ils découragent en même temps l'assimilation totale en soulignant l'importance de préserver et de sauvegarder ce qu'ils considèrent comme étant le meilleur de la culture et des traditions polonaises, et le maintien de certains liens avec la mère patrie. Leur nouvelle devise est : « Un immigrant adopte une attitude de loyauté vis-à-vis de son nouveau pays tout en conservant des liens et une identité avec sa patrie d'origine [49]. »

Les transformations sociales : Une des fonctions les plus importantes des organisations polonaises (ou d'autres groupes ethniques dans notre société) est la présentation d'une collectivité et d'une culture ethniques distinctes comme facteur d'enrichissement important de la « mosaïque » canadienne. Divers moyens sont employés pour y parvenir. Le plus courant est la publication de comptes rendus des apports culturels, économiques et autres de la collectivité ethnique, ou de certains de ses membres, au développement de la nation canadienne. Diverses organisations polonaises ont encouragé et appuyé la publication de l'histoire et des réalisations de quelques-uns des premiers immigrants [50], de l'apport des colons pionniers dans les provinces des Prairies, du nombre d'intellectuels et de professionnels, de leur rôle dans l'essor général du Canada, et d'autres renseignements analogues.

Les organisations polonaises ont présenté des mémoires et des requêtes aux gouvernements fédéral et provinciaux sur des questions touchant les politiques d'immigration et le rôle et la place des minorités ethno-culturelles au Canada. Le meilleur exemple des résultats de ces démarches est peut-être les recommandations de la Commission royale d'enquête sur le bilinguisme et le biculturalisme, contenues dans le Livre IV de son rapport [51]. L'engagement et l'action des organisations polonaises et d'autres organisations ethniques ont donné lieu, à la longue, à une modification substantielle des politiques d'immigration et d'autres reflétant la conception même de l'identité canadienne. Comme l'a officiellement déclaré le premier ministre P.E. Trudeau, le 8 octobre 1971, le Canada allait désormais être bilingue, mais multi-culturel plutôt que biculturel.

Diverses organisations du groupe polonais et d'autres groupes ethniques ont activement participé à des colloques, à des conférences et à des réunions ayant pour objet de mettre en œuvre des moyens de favoriser la participation à la société canadienne et d'informer ou de rééduquer le public canadien quant à leur présence et à leur rôle au Canada. De nombreuses entreprises soutenues ou organisées par des organismes culturels, comme le festival annuel de Toronto « Caravan » et diverses expositions culturelles, illustrent et expliquent mieux encore à l'intention des autres Canadiens le ou les groupes qui en sont l'objet. On peut maintenant affirmer que les Canadiens sont moins xénophobes, moins portés aux préjugés ou à stéréotyper les nombreux groupes ethniques du Canada. S'ils ne sont pas complètement acceptés, les immigrants jouissent maintenant d'une tolérance et d'une compréhension accrues de leurs différences culturelles ou physiques.

S'il revient aux organismes des minorités culturelles de préconiser des changements au sein de la société d'accueil, ils se chargent aussi de modifier le comportement social des immigrants eux-mêmes. Par nécessité, les membres ont dû abandonner de nombreuses croyances et valeurs traditionnelles pour en adopter de nouvelles, ne fût-ce que pour survivre dans la nouvelle société. La participation aux activités des organisations influe inévitablement sur le comportement, les attitudes et le mode de vie des membres et, dans le cas des immigrants polonais, a permis de vaincre les nombreux obstacles créés par l'isolationnisme traditionnel qui les a longtemps caractérisés.

Cohésion sociale : Les organisations minimisent le choc que subissent les membres dans un milieu nouveau qui leur paraît étrange et adoucissent la période de transition tout en permettant de prévenir toute désorientation. Pour les immigrants polonais du Canada, les associations offraient quelques aspects familiers de l'ancienne communauté où la camaraderie et la solidarité étaient hautement prisées. Il est probable que beaucoup de membres trouvèrent un réconfort quasi familial à participer aux activités des petites associations. C'était sans doute pour eux une raison importante d'adhérer aux associations polonaises et cela demeure probablement l'un des principaux facteurs de l'adhésion et de la participation aux activités des organisations.

Identité personnelle : Les organisations polonaises ont également joué le rôle important de clarifier et d'entretenir la conscience qu'avaient les immigrants de leur identité en tant que Polonais ou Canadiens d'ascendance polonaise. Les immigrants de Pologne de la seconde vague (1896-1914) ne formaient pas un groupe unifié ou conscient de son appartenance. Cette conscience et ce sentiment d'appartenance se sont développés plus tard, et seulement grâce aux efforts de quelques chefs d'organisations dévoués et à leurs activités. Dans nombre de cas, les immigrants n'apprirent qu'ils étaient Polonais qu'après avoir immigré dans une nouvelle société, et cette prise de conscience s'est réalisée par la pratique d'une langue et d'une religion communes au sein de la paroisse polonaise et des autres organisations laïques [52].

La Première Guerre mondiale a fourni aux organisations polonaises une occasion unique d'atteindre les groupes isolés ainsi que les particuliers et, à l'aide de slogans ou d'exhortations patriotiques, face à la lutte pour l'indépendance en Pologne, de revendiquer leur allégeance, sinon à leurs organisations, du moins à leur pays d'origine. La campagne de publicité menée par diverses associations polonaises durant les années de guerre amena de nombreux groupes et particuliers, jusque-là non engagés ou indifférents, à réaffirmer leur nationalité.

Tandis qu'avant la Seconde Guerre mondiale, diverses organisations polonaises avaient, dans une large mesure, incité de vastes segments de la population polonaise du Canada à se considérer comme Polonais d'abord, résidents du Canada ensuite, mais pas forcément citoyens, maintenant, les organisations polonaises doivent s'attacher à prévenir l'assimilation totale du groupe polonais à la société canadienne. À cet égard, les immigrants adultes ne soulèvent pas d'inquiétudes ; c'est plutôt aux descendants canadiens d'immigrants polonais que l'on s'efforce de faire connaître certains aspects de l'identité polonaise.

Avancement socio-économique : Pour la masse des paysans et des ouvriers non qualifiés, devenir membre d'une organisation ou y occuper un poste était souvent, dans la nouvelle société, la seule distinction sociale à laquelle ils pouvaient aspirer, qui leur permettait d'élargir des horizons limités dans un milieu caractérisé par un manque de débouchés socio-économiques. Cette participation, et surtout l'exercice d'une fonction de direction, conféraient un rang social inaccessible dans tout autre contexte.

L'adhésion à une organisation, en qualité de membre ou de cadre, revêtait une importance particulière pour ceux qui avaient subi un déclassement réel dans les sphères socio-économiques de la société canadienne [53]. Ces personnes pouvaient sauvegarder une partie de l'influence et du prestige dont elles jouissaient auparavant en jouant un rôle important au sein des organisations polonaises où les autres membres pouvaient discerner les anciens symboles du rang social.

Il y avait également des avantages économiques à tirer de l'adhésion à certaines associations. Par exemple, la Société St. John Cantius de Winnipeg versa, au cours des années 1918 à 1952, la somme de $119 000 en prestations d'assurance maladie, $43 000 en prestations de décès et $17 000 en secours aux nécessiteux. D'autre part, les organisations elles-mêmes bénéficiaient d'avantages économiques considérables, lesquels leur permettaient d'acheter ou de construire leurs propres immeubles et, en règle générale, de gérer de grosses sommes d'argent. Enfin, ceux qui possédaient des intérêts commerciaux ou professionnels communs pouvaient, en se groupant ou en s'associant, renforcer leur position à la fois au sein de leur groupe ethnique et de la société d'accueil.

Problèmes : Les organisations polonaises du Canada, comprenant de nombreuses institutions, organismes, associations et autres entités, évoluaient souvent en fonction de la religion, du métier, des orientations politiques et des antécédents militaires de leurs membres, de la date de l'arrivée de ceux-ci au Canada et de leur lieu de naissance. Il était donc inévitable que peu d'organismes aient eu des critères, des valeurs ou des buts semblables. Certaines organisations épousaient des orientations, des attitudes et des positions étroites ou limitées sur des questions comme leurs relations avec la Pologne ou leurs attitudes vis-à-vis de la jeunesse ; d'autres revendiquaient une position neutre ou opposée sur les mêmes questions. Les membres eux-mêmes n'appuyaient pas forcément toutes les positions de leurs chefs.

Le désaccord donna lieu, a maintes occasions, à des affrontements entre diverses organisations ou à la fragmentation d'un organisme particulier. La discorde, la méfiance et l'hostilité empêchaient la collaboration et l'action concertée et mettaient en danger la cohésion du groupe. Les luttes et l'aigreur, ajoutées à l'égoïsme ou à l'obstination de certains chefs d'organisations, eurent souvent pour résultat la non-participation de nombreux membres éventuels et la démission d'autres membres ; cela créa une atmosphère d'indifférence, d'apathie et même de désenchantement envers les organisations polonaises parmi les générations plus jeunes et les Polonais nés au Canada.

Ces dissensions constantes donnèrent lieu à des dédoublements inutiles de services et de ressources et à un gaspillage d'efforts et d'argent. Ce sont là les aspects les plus négatifs des organisations polonaises du Canada. Il faut les juger en se rappelant qu'elles ont été pour les immigrants polonais, pendant des décennies, les seules sources de renseignements sur la vie socio-politique et économique au Canada, leur permettant de mieux saisir les réalités du milieu immédiat et de la société en général.

Les organisations servaient à entretenir le souvenir de la mère patrie, des amitiés nouées en temps de guerre et des amitiés nouvelles. Outre les services socio-culturels qu'elles offraient à leurs membres, les organisations accordaient une assistance financière et même juridique à ceux qui en avaient besoin. Les organisations ont toujours constitué une réserve de chefs éventuels qui comprenaient non seulement leurs compatriotes, mais aussi divers aspects de la vie canadienne, ce qui leur permettait de se faire les interprètes des deux cultures et de combler l'écart entre les deux groupes. Enfin, c'est probablement surtout grâce aux organisations polonaises que la culture distincte du groupe a pu survivre, bien qu'elles aient œuvré dans le sens de l'adaptation de l'immigrant à son nouveau milieu, préparant les nouveaux venus à s'intégrer et à participer à la vie en dehors de leur communauté ethnique.

Les Canadiens d'ascendance polonaise et les immigrants polonais des provinces de l'Est [54] possèdent un réseau d'organisations communautaires étendu et selon toute apparence viable, qui répond aux besoins d'un nombre suffisant de personnes pour leur permettre de durer pendant assez longtemps encore. Cependant, la grande majorité des membres actuels sont des immigrants qui ont atteint l'âge adulte, à quelques années près, en Pologne et qui sont donc plus susceptibles de vouloir conserver certaines de leurs valeurs en milieu canadien.

Au cours des dernières années, le nombre des nouveaux immigrants polonais est tombé à environ 1 000 par année, et les organisations existantes ne peuvent compter sur un si petit nombre d'immigrants pour remplacer les membres retraités ou décédés. Les enfants d'immigrants représentent une source quasi intarissable d'appui et de continuité, mais les porte-parole et chefs de la collectivité polonaise estiment insuffisant le nombre de ceux qui voudront conserver des liens avec leur milieu culturel par l'adhésion aux organisations pour permettre à ces dernières de survivre. Les questions du renouvellement et de la continuité préoccupent la collectivité polonaise et ses dirigeants depuis déjà un bon moment. Les organisations qui garderont leur raison d'être doivent s'adapter aux nouvelles conditions, résoudre les problèmes et tirer la leçon du passé, pour franchir le cap de la maturité [55]. Dans une certaine mesure, elles en sont conscientes et agissent en conséquence.

En qualité d'organisation la plus importante et la plus influente du Canada depuis quelques décennies, le Congrès canado-polonais a entrepris petit à petit de redéfinir les objectifs et principes qui justifieraient la perpétuation d'une collectivité et d'une culture distinctes représentées par des organisations viables et influentes. Dans une large mesure, cette initiative fut facilitée par les politiques de pluralisme culturel des gouvernements fédéral et provinciaux. Fait à souligner, le Congrès canado-polonais modifia ses buts et son champ d'action afin de se gagner non seulement les immigrants de la première génération, mais aussi leurs enfants et ainsi prévenir la défection générale du groupe polonais par l'assimilation. Pour faciliter ce processus, les fondements idéologiques ne sont plus fonction des orientations de la « mère patrie »; la politique du Congrès canado-polonais invoque la nécessité de sauvegarder et d'animer les organisations polonaises, non pas dans l'intérêt de la Pologne, mais des Canadiens d'ascendance polonaise, pour préserver la quintessence de leur culture, de leurs valeurs et de leurs traditions, et ainsi enrichir la vie de chacun et de la société canadienne en général.

Étant donné la modification des objectifs des organisations, les activités se multiplièrent sur deux fronts, l'un intéressant le groupe polonais, l'autre ses rapports avec la société canadienne, y compris d'autres groupes ethniques. Dans le premier cas, on redoubla d'efforts pour sensibiliser surtout les anciens immigrants et leurs enfants à leurs antécédents culturels et leur inculquer un sentiment de fierté et d'amour-propre. La campagne fut menée par le truchement des moyens d'information existants ; mentionnons les grandioses célébrations d'anniversaires historiques et religieux, les activités symboliques et culturelles, la mise en lumière d'éminents Canadiens polonais et de leurs contributions au passé, l'apport contemporain du groupe polonais en général à la société canadienne et la présentation de la culture polonaise comme étant importante sur la scène mondiale. On rappelait contamment à la deuxième génération et aux suivantes qu'il fallait « être fiers d'être des Canadiens d'ascendance polonaise, leur histoire très riche en était la preuve, les écrivains, musiciens, artistes et défenseurs de la liberté célèbres de par le monde. » Parallèlement, les organisations polonaises voulaient sauvegarder ou redorer le blason du groupe polonais au Canada en mettant les gens en garde contre les préjugés et la discrimination, par des démarches (en collaboration avec d'autres organisations ethniques) auprès du gouvernement pour améliorer leur position et, lors d'occasions spéciales, en invitant des représentants du gouvernement pour ajouter du prestige à leurs activités.

On ne saurait prévoir avec certitude l'issue de telles initiatives. Depuis 1971, la jeunesse canadienne-polonaise s'intéresse de nouveau à ses antécédents culturels, comme en font foi la formation de nombreux groupes de jeunes, de troupes de théâtre, de chorales, d'ensembles de danses folkloriques, de clubs d'étudiants universitaires, et une publication destinée à cette génération [56]. Toutes ces activités se déroulent avec l'aide ou sous les auspices des organisations établies.

Il est prématuré de conclure que ces activités prendront éventuellement plus d'envergure et que les jeunes participeront à d'autres aspects de la vie de la collectivité polonaise. Les dirigeants sont divisés sur cette question, mais ils conviennent tous qu'un grand nombre des organisations actuelles cesseront d'exister lorsque leurs membres mourront ou prendront leur retraite. Cela vaut surtout pour les associations d'anciens combattants. On escompte toutefois que certaines associations paroissiales et autres organisations continueront de fonctionner, grâce à l'adhésion des quelques nouveaux arrivants et des personnes nées au Canada qui désirent conserver ou rétablir leur identité distincte dans la « mosaïque » canadienne.

NOTES

1. Nos remarques sur le volontariat polonais au Canada s'inspirent surtout de H. RADECKI, « Ethnic Organizational Dynamics : A Study of the Polish Group in Canada », thèse de doctorat inédite (Toronto 1975).

2. Pour plus de précisions sur ces expressions, voir M.M. GORDON, *Assimilation in American Life* (New York, 1964).

3. Voir, par exemple, ANDERSON, *op. cit.* ; R. ENGLAND, *The Central European Immigrant* ; et WOODSWORTH, *Strangers Within Our Gates.*

4. TUREK, « Jeszcze o Polonii Kanadyjskiej ; Polacy w Manitobie : Liczba i Rozmieszczenie », *Promlemy Polonii Zagranicznej,* Tome III (Varsovie, 1964) ; *Poles in Manitoba* traite particulièrement de l'établissement des Polonais dans les communautés numériquement supérieures des Ukrainiens dans les provinces des Prairies.

5. WYTRWAL, *op. cit.*

6. Jusqu'en 1941, selon les données du recensement, plus de 50% des nouveaux venus polonais se consacraient à l'agriculture.

7. TUREK, *Poles in Manitoba.*

8. J.W. JENKS et W.J. LAUCK, *The Immigration Problem* (New York, 1912); *Pierwszy Polski Kalendarz Dla Kanady Na Rok 1915* (Montréal, 1915).

9. Se reporter à la page 26 de la présente étude.

10. Le chapitre consacré au maintien de la langue et de la culture approfondit davantage la question des écoles à temps partiel.

11. Par exemple, la Caisse d'épargne Saint-Stanislas et Saint-Casimir de Toronto déclare 11 583 membres et un actif de $22 000 000, elle publie son propre bulletin mensuel à l'intention de ses membres, le *Nasza Credit Union.*

12. Les sociétés coopératives et d'aide mutuelle ont perdu leur raison d'être lorsque le gouvernement canadien a établi divers services sociaux.

13. L'Alliance polonaise du Canada, possédant trente régionales en Ontario, offre à ses membres plus âgés une assurance protection et des prestations de funérailles.

14. Le nom complet de cette organisation était « Towarzystwo Synów Polski pod Opieką Matki Boskiej Częstochowskiej, Krolowej Korony Polskiej. »

15. TUREK, *Poles in Manitoba.*

16. Selon T.O'DEA, *American Catholic Dilemma* (New York, 1959), p. 87, « dans l'odre hiérarchique de l'Église catholique, le prêtre doit jouer un rôle de surveillance au sein de toutes les activités paroissiales. »

17. Ce point de vue est partagé par TUREK, *Poles in Manitoba* et par Arthur Evans WOOD, *Hamtramck : A Sociological Study of a Polish American Community* (New Haven, 1955).

18. On élabore davantage sur cette organisation aux pages 84–86.

19. Il est probable que les fonds étaient versés à un petit nombre d'organisations s'occupant exclusivement d'aider les nouveaux arrivants de Pologne. Elles furent établies à cette fin et, en règle générale, cessèrent d'exister après un an ou deux. Rien n'indique que d'autres organisations aient reçu de l'aide financière du gouvernement polonais à quelque époque que ce soit.

20. L'Allemagne et l'Italie en sont des exemples.

21. D'après une copie d'un document gouvernemental d'avant-guerre, à savoir une lettre adressée au ministère polonais des Affaires étrangères et ayant pour objet la sélection des rédacteurs les « plus convenables » pour les journaux polonais fort prestigieux et populaires au Canada dans les années 1920 et 1930. Les documents se trouvent entre les mains du rédacteur de *Zwiazkowiec*, M. Heydenkorn.

22. Selon M.W. Dutkiewicz, secrétaire général de l'Association démocratique des Polonais et aussi rédacteur du *Weekly Chronicle*, son organe d'information.

23. Nous avons sollicité ces renseignements, sans succès.

24. Selon Vincent C. Chrypinski, « Unity and Conflict Among Canadian Slavs : Two Examples of Alien Infiltration », *Slavs in Canada*, Vol. I (Edmonton, 1966), p. 130, l'Association démocratique des Polonais a pendant longtemps été considérée comme étant composée de « cadres auxiliaires du Parti communiste. »

25. Turek, *The Polish Language Press*, p. 117.

26. B. Heydenkorn, « *Zwiazkowiec* » — *Monografia Pisma Polonijnego* (Toronto, 1963), et « Problemy Polonii Kanadyjskiej », B. Heydenkorn, ed., *Sympozjum 50* (Toronto, 1972).

27. M.W. Dutkiewicz.

28. Lors d'une interview avec H. Radecki, le 20 décembre 1972.

29. Turek, *The Polish Language Press*, p. 119, le considère comme « un des communistes polonais les mieux connus au Canada ».

30. Et semi-hebdomadaire en 1939.

31. Société de secours pour la Pologne et ses alliés.

32. Nous avons cherché à obtenir le nombre de régionales et de membres de cette organisation, sans grand succès. M. Dutkiewicz soutient qu'à l'heure actuelle, l'Association comprend environ mille membres répartis dans dix ou douze localités et appartenant aux organisations suivantes : l'Association démocratique des Polonais, des régionales de syndicats, les amicales canado-polonaises. Nous ne pouvons vérifier l'exactitude de ces renseignements.

33. L'organisation désapprouvait généralement le gouvernement polonais avant 1939 et elle appuie constamment les dirigeants polonais depuis 1944.

34. Allusion faite aux radicaux polonais considérés comme le jouet de l'Union soviétique.

35. Cette association partage l'honneur d'avoir forcé le clergé à élargir les orientations limitées et religieuses des associations paroissiales, s'attirant ainsi l'hostilité durable de l'Église.

36. Pour une discussion approfondie sur l'Association, voir B. Heydenkorn, *Pionierska Droga Zwiazku Polaków w Kanadzie* (Toronto, 1973).

37. Pour une discussion plus poussée sur cette organisation religieuse, voir les pages 189-192.

38. En 1938, cette fédération comptait soixante-quatorze organisations membres, du Québec jusqu'en Colombie-Bitannique.

39. Cette organisation prit le nom de Polskie Towarzystwo Ludowe (Association populaire des Polonais) en 1935. D'après Turek, *The Polish Language Press*, p. 119.

40. Les organisations concernées soutiennent qu'elles ont été incitées par les autorités canadiennes à collaborer avec ceux qu'elles considéraient être des communistes, dans l'intérêt de la mobilisation.

41. Voir pages 38–41.

42. Il n'y a aucun lien entre cette organisation ou d'autres et l'Association démocratique des Polonais.

43. *Czas*, 14 mars 1949.

44. L'Alliance polonaise du Canada fut un des membres fondateurs du Congrès jusqu'en décembre 1972, alors qu'elle se retira en soutenant que les buts originaux du Congrès avaient été pervertis dans les dernières années.

45. Pour diverses raisons, les dirigeants de certaines organisations exagèrent le nombre de leurs membres, d'autres fournissent des renseignements inexacts et d'autres encore refusent de livrer quelque renseignement que ce soit.

46. Par exemple, les organisations polonaises se sont occupées de recueillir des fonds pour reconstruire le Château royal de Varsovie en 1972 et 1973. En 1973, anniversaire de la naissance de Copernic, il y eut un regain d'activités parmi les organisations polonaises du Canada.

47. Pour un aperçu plus détaillé des organisations polonaises, voir Radecki, *op. cit.*

48. La discussion emprunte la typologie d'Arnold M. Rose, *Sociology* (New York, 1965).

49. Garcynski, « Od Atlantyku ».

50. Pour la communauté polonaise du Canada, Sir Casimir Gzowski est l'exemple le plus souvent cité à cet égard. Voir p. 21-22 de cette étude.

51. *Rapport de la Commission royale d'enquête, op. cit.*

52. Handlin, *op. cit.* ; Turek, *Poles in Manitoba*; Wytrwal, *op. cit.*

53. Se reporter aux pages 58-59 de la présente étude pour des exemples sur cette question.

54. Là où environ 65% d'entre eux résident.

55. Cette question fut traitée avec quelques précisions par M. Radecki, « The Polish Voluntary Organizational Structure: Issues and Questions », in B. Heydenkorn, ed., *Past and Present* (Toronto).

56. Le bi-mensuel *Echo*, publié en anglais et en polonais, est largement orienté vers les intérêts de la jeune génération.

CHAPITRE CINQ

Maintien de la langue

> L'acquisition d'une langue, c'est l'apprentissage de conventions sociales qui permettent à l'individu de se représenter ce à quoi les autres s'attendent et de choisir ses propres réactions en vertu de celles qu'elles susciteront chez les autres.
>
> H. LANDAU

HISTORIQUE [1]

Avant la Confédération, les collectivités francophones et anglophones fondèrent et subventionnèrent des écoles où l'enseignement était assuré dans leur langue. Nombre de ces écoles étaient sous les auspices des Églises, et les écoles confessionnelles recevaient une certaine aide de l'État. L'article 93 de l'Acte de l'Amérique du Nord britannique de 1867 confirma la compétence des provinces en matière d'éducation, « protégeant les droits confessionnels tels qu'ils existaient, conformément à la loi, à l'époque de la Confédération [2] ».

La section de l'Acte de l'Amérique du Nord britannique relative à l'éducation protégeait le droit des groupes minoritaires (les protestants de la province de Québec et les catholiques des autres provinces) à un enseignement distinct. La loi ne prescrit pas l'uniformité des normes d'enseignement ou des programmes d'étude ; la langue d'enseignement est laissée à la discrétion des autorités locales ou des commissaires d'écoles. La langue d'enseignement est un sujet de controverse, car l'Acte de l'Amérique du Nord britannique protège les droits des minorités (britannique ou française), en fonction des divergences religieuses plutôt que linguistiques. Les droits linguistiques des minorités n'y sont pas clairement définis. Comme le faisait remarquer un chercheur, les assemblées législatives de toutes les provinces sauf les trois des Prairies « ne se sont pas prononcées ou sont demeurées muettes

103

quant aux droits linguistiques de la minorité officielle [3] ». L'interprétation de l'article portant sur l'éducation de l'Acte de l'Amérique du Nord britannique engendra des conflits et des controverses qu'on commence à peine à résoudre à la suite des recommandations de la Commission royale d'enquête sur le bilinguisme et le biculturalisme [4].

Étant donné que la grande majorité des immigrants polonais arrivés entre 1895 à 1914 se dirigèrent vers les provinces des Prairies, accessibles depuis peu, la question de la langue d'enseignement dans ces régions revêt une importance particulière. Jusqu'en 1870, la population du Manitoba était surtout francophone, mais, avec son entrée dans la Confédération en 1870, un régime d'enseignement confessionnel fut instauré, assurant aux colons britanniques, des écoles qui répondaient à leurs besoins. La colonisation de l'Ouest attira nombre de pionniers ontariens qui avaient en mémoire les conflits et les controverses suscités par les écoles bilingues. À la fin des années 1880, les colons anglophones étaient majoritaires à l'Assemblée législative du Manitoba et le régime des écoles confessionnelles fut aboli. « Les écoles paroissiales pouvaient continuer d'exister, mais sans l'aide des fonds publics [5]. »

La population francophone du Manitoba protesta énergiquement ; elle porta l'affaire devant les tribunaux et devant le gouvernement du Dominion, mais en vain. Le problème des écoles au Manitoba devint une question de fond en politique fédérale et elle entraîna la défaite du parti au pouvoir. Le nouveau gouvernement négocia avec le gouvernement manitobain qui accepta de modifier la loi sur les écoles publiques en 1897. La nouvelle loi, à l'article 258, disposition 10, accordait des privilèges spéciaux aux écoles où au moins dix enfants parlaient une langue autre que l'anglais. Tout en conservant l'anglais comme langue d'enseignement pour le programme établi, « une partie de la journée d'enseignement était réservée aux cours religieux, et l'usage de la langue française et de toute autre langue était autorisé dans les écoles publiques [6]. »

En 1911, il y avait au Manitoba 126 écoles bilingues françaises qui employaient 234 enseignants, 61 écoles allemandes avec 73 enseignants et 111 écoles bilingues ruthéniennes [7] et polonaises avec 114 enseignants et 6 513 étudiants. En 1914, le nombre d'écoles ruthéniennes et polonaises était monté à 132 [8]. Un rapport spécial de 1916 sur les écoles bilingues du Manitoba établit que le ruthénien était la langue seconde prédominante dans 87 écoles, que le ruthénien et le polonais étaient utilisés dans cinq écoles, et que le polonais était la langue seconde dans deux écoles seulement [9].

Les débuts de l'enseignement dans les provinces actuelles de la Saskatchewan et de l'Alberta furent semblables à ceux du Manitoba, mais des concessions spéciales furent faites aux colons francophones, lesquelles prévoyaient un régime scolaire distinct. En Saskatchewan et en Alberta, on permit aux commissions scolaires d'enseigner des langues autres que l'anglais sur le modèle des écoles bilingues, mais ces cours ne devaient ni remplacer ni gêner d'aucune façon l'enseignement en langue anglaise dispensé par l'enseignant responsable des écoles et ils ne pouvaient avoir lieu qu'après les heures de cours régulières. De plus, l'enseignement dans une langue autre que l'anglais devait être assuré par une ou plusieurs personnes «compétentes», dont les salaires provenaient de taxes spéciales imposées aux parents qui désiraient cette instruction.

Les ministères de l'Éducation exigèrent que les enseignants de l'«autre langue», soient des personnes qualifiées, et rares étaient alors ceux qui pouvaient y prétendre. La taxe spéciale fut rarement imposée, peut-être parce que les nouveaux colons ne pouvaient pas se le permettre pendant les premières années passées sur leurs concessions, de sorte que:

> «Sur cent écoles dans les districts de colons étrangers qui auraient pu profiter des concessions linguistiques, pendant les dernières années, cinq ou six districts seulement ont enseigné dans une langue autre que l'anglais dans leurs écoles [10].»

En principe, la fréquentation scolaire au Manitoba était obligatoire mais, dans de nombreuses régions, cette loi n'était pas appliquée à la lettre. On disait que «les enfants venant de foyers où le besoin d'éducation est le plus grand sont ceux qui sont les plus susceptibles de s'absenter [11]», et que les parents gardaient leurs enfants à la maison, sous prétexte qu'il y avait beaucoup à faire sur leurs nouvelles concessions. Il se peut également que la réticence des parents à envoyer leurs enfants à l'école ait tenu au fait que la plupart des écoles étaient «scandaleusement surencombrées», non seulement dans les villes mais aussi dans les campagnes [12]. Il y avait, bien sûr, des exceptions, et certains parents polonais firent de grands sacrifices pour profiter de toutes les possibilités de faire instruire leurs enfants [13].

En Alberta et en Saskatchewan, la surveillance de l'assiduité scolaire dans les districts ruraux fut, jusqu'en 1916, laissée à la discrétion des commissions scolaires qui se préoccupaient peu des enfants des nouveaux arrivés. La majorité des nouveaux immigrants ne s'inquiétaient pas particulièrement de conserver leur langue par l'entremise de l'enseignement public; ils tenaient plutôt à ce que leurs enfants apprennent l'anglais. Dans quelques districts à forte concentration polonaise, quelques personnes insistèrent pour que la langue polonaise soit enseignée, mais de telles requêtes se heurtaient à la rareté des enseignants compétents. Les immigrants polonais de la vague 1896–1914 avaient, dans les régimes d'enseignement des trois provinces des Prairies, des recours qui pouvaient faciliter le maintien de la langue polonaise parmi ceux qui étaient nés ou élevés au Canada, mais peu d'entre eux profitèrent de la situation, de sorte que leurs enfants reçurent la plus grande partie de leur enseignement polonais à la maison.

Le Manitoba, en 1916 et la Saskatchewan, en 1919 [14], abolirent le régime bilingue. Aucune autre langue que l'anglais ne devait servir dans l'enseignement à l'exception du français dans certains districts. L'Ontario conserva son régime bilingue jusqu'en 1927, date à laquelle il cessa d'être mis en pratique, bien que, dans certains districts scolaires, on ait théoriquement pu continuer à l'appliquer après cette date [15].

Dans la province de Québec, surtout à Montréal, l'enseignement du polonais fut rendu possible grâce à la création de classes de langue spéciales par la Commission des écoles catholiques « dans les écoles de langue française où le nombre d'élèves de souche polonaise le justifiait [16] ». À Montréal, des cours de langue, d'histoire et de géographie polonaises débutèrent en 1915, à la suite de requêtes présentées à la Commission des écoles catholiques par un prêtre polonais et les membres d'une organisation polonaise [17]. La Commission des écoles catholiques accueillit favorablement ces demandes, en fournissant les locaux ainsi qu'une somme nominale pour la rémunération des enseignants [18]. Cette entente avec la Commission scolaire catholique dura jusqu'au début des années cinquante alors que les organisations polonaises de Montréal fondèrent et subventionnèrent un certain nombre d'écoles indépendantes [19]. Le gouvernement du Québec continue à verser des subventions pour amortir les frais d'enseignement de ces écoles.

En règle générale, les autres provinces comptant d'importantes minorités ont jusqu'à une époque récente désigné l'anglais comme la seule langue d'enseignement dans les écoles publiques. Ainsi, ce ne sont pas seulement les minorités ethniques polonaises et autres du Canada qui se sont vu refuser une aide financière pour l'enseignement dans leurs langues ancestrales, mais « les minorités francophones ont également été privées de leur droit à l'enseignement dans leur langue maternelle [20] ». Cela ne veut pas dire que l'enseignement dans une langue autre que l'anglais était interdit. Tout groupe désireux de fonder des écoles privées conformément aux critères des écoles publiques pouvait le faire, mais le coût de l'instruction, des édifices ou locaux scolaires, des meubles, des ressources, du matériel didactique et des traitements des professeurs devait être assumé exclusivement par ceux qui désiraient de telles écoles [21].

Dans toute leur histoire au Canada, les Polonais n'ont jamais insisté pour obtenir des établissements scolaires totalement séparés ou privés, phénomène si courant et fermement ancré dans les collectivités polonaises aux États-Unis [22]. En général, les immigrants polonais ont fréquenté les institutions scolaires offertes par la société canadienne et ont envoyé leurs enfants dans les écoles séparées catholiques romaines là où il y en avait. Peut-être croyaient-ils que la famille et l'Église continueraient de jouer le rôle de gardiens de la langue et de la culture.

Alors que les organisations d'une collectivité ethnique jouent un rôle vital dans la préservation et l'entretien d'une identité distincte non seulement auprès des membres actifs, mais dans tout le groupe [23], la position qu'occupent les écoles à temps partiel dans cette réalité complexe est d'une importance cruciale. Ce n'est qu'en établissant et en subventionnant de telles institutions qu'une collectivité ethnique peut affirmer sa personnalité culturelle parmi ses membres nés au Canada obviant ainsi à l'assimilation totale par la culture dominante, et assurant une continuité culturelle distincte parmi les descendants des immigrants. Les écoles à temps partiel sont limitées dans le temps et par les ressources,

> mais elles essayent quand même de transmettre aux élèves l'héritage culturel commun de leurs parents et de le faire aussi soigneusement que possible dans une société où la vie quotidienne se déroule dans une autre langue [24].

Pour l'avenir de l'éducation, la langue est un facteur déterminant comme l'ont déclaré les commissaires enquêteurs : « la langue est l'expression la plus typique de la culture... le véhicule naturel d'une foule d'autres éléments de la culture [25] », et « il est dit que les personnes qui se soucient de leur héritage culturel se préoccupent également de leur langue maternelle [26] ». « ... C'est par la langue qu'on parvient à s'exprimer. C'est par la langue que l'homme non seulement communique, mais communie avec les autres. C'est la langue qui, de par sa structure, détermine l'agencement logique selon lequel les hommes ordonnent leurs pensées. C'est la langue qui rend possible l'organisation sociale. Ainsi, une langue commune exprime la communauté d'intérêt qui unit un groupe de personnes [27]. »

LES PROBLÈMES ET LES EFFORTS
DU DÉBUT

Les Polonais possèdent une longue expérience de survie linguistique et culturelle dans des conditions pénibles et, pendant plus de cent ans, les puissances responsables du démembrement de leur pays ne réussirent ni à germaniser, ni à russifier la population polonaise sous leur juridiction. Dans les régions prussiennes et russes de la Pologne morcelée, l'enseignement en polonais fut, à la longue, interdit. Des écoles clandestines continuèrent d'exister, mais sans manuels scolaires et seuls les enseignants les plus patriotes et les plus dévoués consentirent à risquer l'emprisonnement pour propager la langue et l'histoire de la Pologne. Les conditions étaient moins pénibles dans la région autrichienne de la Pologne, où la liberté d'enseignement fut accordée après 1867 et le polonais consacré langue officielle. Dans cette région, d'autres facteurs ont empêché la fondation d'institutions d'enseignement viables jusqu'aux premières années du XXᵉ siècle. Pourtant l'identité et la culture polonaises ont survécu à 125 ans de domination étrangère, et la langue polonaise, parlée dans la famille et renforcée par l'Église catholique romaine, fut le facteur essentiel de la préservation du « fait polonais » parmi les générations subséquentes.

Au Canada, le dualisme anglais-français et l'absence de contraintes pour une assimilation rapide ont permis l'épanouissement de groupes ethniques qui désiraient et pouvaient préserver et perpétuer leur culture, y compris leur langue. Les immigrants polonais venus dans les provinces de l'Ouest avant 1915 trouvèrent les dispositions officielles en matière d'enseignement tellement tolérantes que la création d'écoles, l'enseignement d'un programme régulier, mais aussi les leçons en polonais et sur la Pologne se déroulaient dans une liberté quasi totale et, comme nous l'avons déjà fait remarquer, il existait déjà alors quelques écoles bilingues, anglaises et polonaises. Après 1919, toutes les provinces de l'Ouest adoptèrent un régime d'enseignement unilingue mais là, comme ailleurs au Canada, les immigrants pouvaient continuer à enseigner à leurs enfants et petits-enfants certains aspects de la culture de la mère patrie dans des écoles privées ou par d'autres moyens.

Des personnes ou des groupes de toutes les vagues d'immigration polonaise au Canada se sont préoccupés des problèmes que pose le maintien de la culture parmi la jeune génération née au Canada. Selon eux, pour que les enfants s'imprègnent de la culture polonaise et en goûtent les modes d'expression, ils doivent d'abord apprendre le polonais. Ce souci était partagé par certains membres du clergé polonais et par des dirigeants d'organisations laïques. Pendant un certain temps, les efforts déployés pour conserver la culture portaient sur des valeurs et des traditions propres à la Pologne et ils se situaient généralement dans le cadre de la pratique religieuse. La responsabilité du maintien de la langue polonaise incombait de droit à chaque famille.

La première leçon de langue polonaise fut probablement donnée au moyen du catéchisme par le curé de la paroisse de Wilno, en Ontario, vers 1875. Les archives de cette paroisse, comme les autres, contiennent peu de renseignements sur cette question, mais il est probable qu'à un moment ou à un autre chaque prêtre polonais enseignait au moins la langue aux enfants d'immigrants polonais. Les paroisses établies qui avaient un curé en résidence pouvaient assurer un minimum de formation linguistique aux enfants qui se préparaient à la première communion. Les colonies et concessions périphériques et isolées de l'Ouest recevaient la visite des prêtres polonais une fois par mois ou moins ; ils tentaient d'enseigner le catéchisme en polonais, mais leurs visites étant brèves, il est peu probable qu'ils aient enseigné d'autres matières que la religion. La situation se compliquait souvent du fait que nombre d'enfants apprenaient l'anglais à l'école ou avec leurs voisins et que nombre d'adultes s'intégraient aux groupes ukrainiens et transmettaient la langue ukrainienne à leurs enfants [28]. Dans les villes et les centres urbains plus importants, surtout à Winnipeg, Toronto et Montréal, la concentration de la population et la présence de paroisses polonaises et d'autres organisations favorisèrent, pendant un certain temps, le maintien de la culture et les familles polonaises purent continuer d'assumer la fonction d'enseignant et de transmetteur des traditions et de la langue.

La sévère pénurie de professeurs qualifiés retarda ou empêcha l'établissement d'écoles privées ou à temps partiel, et les inquiétudes du clergé catholique aboutirent à la création d'une école normale pour enseignants bilingues en 1905 à Winnipeg. L'école normale fut établie grâce aux efforts des Oblats, ce qui explique le caractère catholique de son programme et les modes d'enseignement offerts ultérieurement par les diplômés de l'école. Polonais et Ruthéniens y reçurent leur formation jusqu'en 1907, année où elle s'installa à Brandon pour ne plus recevoir que des Ruthéniens. La section polonaise fut rouverte à Winnipeg en 1909 et ferma définitivement en 1916. On sait peu de choses sur cette école, que ce soit le nombre d'étudiants, leur degré d'instruction ou l'influence qu'ils ont exercée sur le maintien de la langue parmi les immigrants polonais et leurs descendants [29].

La plupart des paroisses polonaises dispensèrent, à un moment ou l'autre, des cours de polonais. Le curé de la paroisse faisait habituellement fonction d'enseignant; quelques paroisses firent venir à cette fin des religieuses enseignantes des États-Unis. Les cours portaient surtout sur la doctrine catholique et comportaient quelques notions de grammaire, de géographie et d'histoire. Les classes se déroulaient habituellement le samedi ou le soir dans les salles paroissiales ou les sous-sols d'églises. Les enseignants disposaient de peu de moyens didactiques, surtout de manuels convenables. Ils étaient souvent insuffisamment préparés ou qualifiés pour enseigner, l'assiduité n'était jamais obligatoire ou régulière et peu de paroisses fournissaient un enseignement à temps partiel régulier.

L'école de la paroisse du Saint-Esprit, à Winnipeg, fut la seule exception à cette règle. Établie en 1901, l'école offrit des cours dans le sous-sol de l'église jusqu'en 1903. Jusque-là, deux maîtresses enseignaient deux heures par jour en polonais et offraient le programme régulier du Manitoba le matin. Les sœurs dominicaines prirent la relève en 1903 lorsque la première école fut construite. Rappelons [30] que ces religieuses enseignantes n'étaient pas suffisamment qualifiées pour enseigner et que certaines ne parlaient le polonais qu'avec difficulté. La compétence du personnel enseignant s'améliora progressivement, mais l'école du Saint-Esprit commença à rivaliser avec d'autres écoles privées pour s'attirer des élèves, et les cours de polonais devinrent facultatifs, « enseignés seulement sur demande spéciale des parents [31] ». La collectivité polonaise de Winnipeg cessa de considérer cette école comme étant exclusivement une institution polonaise dans les années 1920. À titre d'école catholique romaine séparée, le programme fut élargi, et on y ajouta les 9e et 10e années en 1934. En 1935, la 11e année et en 1936, la 12e année furent offertes également. L'expansion s'inspirait du programme réglementaire de la province du Manitoba. Un certain nombre de problèmes surgirent et, après quelques années, l'école redevint une école élémentaire à huit niveaux.

Quelques organisations laïques établies durant la première décennie du XXe siècle se préoccupèrent également d'éducation. Elles s'évertuèrent à promouvoir des programmes culturels et éducatifs à l'intention des collectivités polonaises; à cette fin, elles recueillirent des fonds pour l'achat de manuels scolaires, recrutèrent des enseignants compétents, fournirent des locaux et un encouragement moral, fondèrent des bibliothèques, mirent sur pied diverses activités culturelles et incitèrent les immigrants polonais à appuyer ces efforts. La première école polonaise à temps partiel des provinces des Prairies fut établie à Winnipeg par l'organisation Sokoł en 1904 ; une autre école fut parrainée par le club canado-polonais Oświata, mais elle ne dura que deux ans. D'autres écoles ouvrirent leurs portes à Winnipeg, Montréal, Toronto et dans des centres urbains où les Polonais s'étaient établis plus ou moins en permanence. Malgré l'initiative et l'intérêt de certaines organisations et personnes, le nombre des écoles à temps partiel, avant la fin de la Première Guerre mondiale, ne dépassa jamais la douzaine pour tout le Canada.

À quelques exceptions près, ces écoles à temps partiel furent de courte durée, offrant principalement aux enfants des rudiments pendant un an ou deux. La plupart se caractérisaient par une absence de buts clairement définis et un manque d'organisation ; il y avait peu de collaboration entre écoles et entre enseignants au sein d'une même collectivité. Les limites du programme et la fréquentation intermittente compliquaient davantage les choses. Souvent, le jour prévu pour les classes, les enfants se présentaient, mais l'enseignant ou le prêtre devait s'absenter en raison d'autres obligations ; la semaine suivante, de nombreux étudiants ne pouvaient ou ne voulaient pas aller en classe [32].

Bon nombre de personnes de la deuxième vague d'immigration polonaise au Canada, préoccupées par la préservation de la culture et de la langue parmi les enfants des immigrants, préconisèrent l'établissement et la subvention d'écoles permanentes où les enfants pourraient apprendre non seulement la lecture, l'écriture et le catéchisme, mais aussi l'histoire, la géographie et la littérature de la Pologne. Comme nous l'avons indiqué plus haut, les projets et les espoirs des militants concernés n'avaient aucune base dans la réalité, et il faut avouer qu'à l'origine les Polonais se montrèrent peu enclins à organiser et à subventionner des écoles au Canada.

REGAIN D'ACTIVITÉ

Les immigrants polonais recommencèrent à affluer au Canada en 1920. Bien que la plupart de ces derniers aient été des personnes et familles motivées par des considérations économiques, il se trouvait parmi eux quelques intellectuels, éducateurs, organisateurs et professionnels qui allaient jouer un rôle dans la création des écoles à temps partiel dans les années à venir.

La Pologne retrouva son indépendance en 1918 et, en 1920, après la guerre russo-polonaise, une période de reconstruction débuta. Comme dans d'autres sociétés, certains intellectuels, comme des enseignants et des professionnels, ne voulaient ou ne pouvaient accepter le nouveau régime polonais et suivirent au Nouveau Monde les immigrants motivés par des considérations économiques. Dans les années 1920, les Polonais du Canada disposèrent, pour la première fois, d'enseignants et d'éducateurs compétents, capables de diriger les efforts de préservation de la langue et de la culture du groupe polonais.

La collectivité polonaise américaine avait déjà, à cette époque, mis sur pied un réseau étendu et complet d'organisations laïques et religieuses, y compris un ensemble intégré d'écoles paroissiales dotées de tous les manuels et autres moyens didactiques adaptés aux besoins d'enfants d'immigrants. Ces ressources devaient alors alimenter les immigrants polonais du Canada. Les écoles paroissiales à temps partiel, surtout, firent venir des enseignants et des manuels scolaires des États-Unis [33]. Le gouvernement polonais, par l'intermédiaire de ses représentants consulaires à Winnipeg, Montréal et Ottawa, participa également dans une certaine mesure à l'établissement de certaines structures reliées aux organisations polonaises, y compris les écoles à temps partiel. Les bureaux consulaires firent don d'un certain nombre de manuels aux écoles polonaises et fournirent des conseils et des connaissances techniques en matière d'éducation.

Ce qui importe surtout c'est que les organisations polonaises du Canada commencèrent à s'intéresser de plus près à l'éducation des enfants et que la période de 1930 à 1940 signala une activité accrue dans ce secteur. Un événement important fut la fondation de la Fédération des Sociétés polonaises du Canada (Zrzeszenie Stowarzyszeń Polskich) en 1931. L'une de ses principales préoccupations était l'éducation ; elle importa en grand nombre des abécédaires et manuels en langue polonaise, organisa des bibliothèques itinérantes, mit sur pied et subventionna quelques écoles dans certains grands centres urbains et, en règle générale, encouragea la collectivité polonaise à redoubler ses efforts dans ce domaine. « Même à cette époque, son travail fut gêné par les divergences idéologiques de ses membres et par la Crise [34]. »

Une autre organisation, l'Alliance Friendly Society, créa en 1932 un conseil scolaire qui avait le pouvoir d'établir et d'administrer des écoles de langue polonaise en Ontario et qui disposait de fonds spéciaux à cette fin. En 1937, le Conseil fut remplacé par une Commission scolaire composée de cinq membres élus. Ces derniers embauchèrent des professeurs et publièrent un certain nombre de manuels scolaires. En 1933, le Club des académiciens polonais fut formé à l'université de Winnipeg et constitua, pendant les cinq années suivantes, un forum pour discuter des lacunes et des problèmes des écoles de langue polonaise.

À l'heure actuelle, les renseignements sur les écoles polonaises à temps partiel du Canada sont loin d'être complets. À notre connaissance, seules les congrégations de religieuses enseignantes consignèrent régulièrement leurs activités éducatrices et autres avant 1960 [35]. Les archives des Sœurs féliciennes, remontant aux débuts de leur enseignement, en 1937, renferment des informations sur le nombre d'enfants fréquentant les écoles polonaises où elles enseignaient. Il y en avait six en Ontario, et toutes existent encore aujourd'hui. Elles sont rattachées aux paroisses suivantes : St. Stanislaus, St. Casimir et St. Mary's, toutes de Toronto, St. Stanislaus de Hamilton, St. Hedwig's d'Oshawa et St. Mary's de St. Catharines.

Les archives fournissent aussi des données sur le sexe des élèves (mais non sur leur âge), les horaires des cours et le nombre d'enseignantes dans chaque école. Les Sœurs féliciennes enseignaient également le catéchisme et la religion en polonais et en anglais comme matière distincte, les fins de semaine et pendant l'été ; en dehors de cela, il n'y a aucune mention des matières enseignées dans les diverses écoles. On n'y trouve pratiquement aucune précision sur les locaux, les moyens didactiques ou la méthodologie utilisés, le nombre de finissants, les matières enseignées et le taux de défections scolaires.

Il est probable que le nombre d'écoles polonaise à temps partiel du samedi ou du soir, y compris celles administrées par les paroisses, se soit situé entre vingt et trente [36]. En 1946, il y avait onze écoles du soir qui comptaient environ 700 élèves sous la direction de la Commission scolaire de l'Alliance Friendly Society. Il est difficile de juger de l'efficacité de ces institutions en ce qui concerne la préservation de la langue et de la culture, mais il est évident que malgré les efforts et le temps consacrés par certaines organisations et certains groupes, une proportion élevée d'immigrants de la deuxième génération ne parlait plus du tout le polonais et que le nombre de ceux ayant une connaissance suffisante de la langue littéraire et capables de lire la littérature polonaise était extrêmement faible. Le recensement canadien indique que la différence en nombre entre ceux qui se disent de langue maternelle polonaise et ceux qui se déclarent d'origine ethnique polonaise n'a cessé d'augmenter depuis 1931.

Fait plus important encore, une étude récente révèle que seulement 23,3% des personnes d'origine polonaise de moins de 15 ans et 31,2% des 15–24 ans déclarent le polonais comme étant leur langue maternelle. Ceux qui le font se distinguent généralement par la pauvreté de leur vocabulaire, la mollesse de leur prononciation et l'usage fréquent d'expressions argotiques ou de mots anglais polonisés [37].

Pour ce que l'on a pu déterminer, jusqu'en 1946, l'enseignement à temps partiel visant la préservation de la langue et de la culture auprès des enfants des immigrants polonais venus au Canada ne fut jamais très développé et ne sembla pas produire les résultats escomptés. Le nombre d'enfants utilisant le polonais comme langue courante, même au foyer, diminua chaque année. Le peu qu'ils apprenaient à l'école était vite oublié et la proportion de jeunes n'utilisant que l'anglais, même en s'adressant à leurs parents, devint de plus en plus forte.

Cette assimilation fut dénoncée et condamnée entre autres par les dirigeants d'organisations dans la presse polonaise, lors d'assemblées publiques et en privé. La plus grande part de responsabilité en fut imputée aux parents qui avaient négligé de transmettre la langue polonaise à leurs enfants. On signala que les parents n'insistaient pas assez sur l'utilisation du polonais à la maison et qu'ils faisaient preuve d'indifférence à l'égard des écoles à temps partiel, refusant de les appuyer financièrement ou par leur participation [38].

On critiqua aussi les organisations polonaises en raison de leur bilan « contestable », de leur manque de coordination et de collaboration à ce chapitre et de leur appui financier et moral insuffisant à l'égard des écoles à temps partiel. Le mode très particulier de l'enseignement paroissial polonais, qui mettait l'accent sur la religion, passait aux yeux de certains comme sans valeur, voire dommageable au maintien de la langue et de la culture.

TABLEAU 6

GROUPE ETHNIQUE POLONAIS — LANGUE MATERNELLE POLONAISE

Année	Origine ethnique polonaise	Langue maternelle polonaise
1931	145 503	118 559 (81,4%)
1941	167 485	128 711 (76,8%)
1951	219 845	129 238 (55,8%)
1961	325 517	161 720 (50,0%)
1971	316 430	134 680 (42,6%)

Source: DBS, Statistics Canada.

ANALYSE

Une foule de raisons expliquent pourquoi le groupe polonais du Canada n'a pas pu ou voulu établir et maintenir un réseau d'écoles à temps partiel plus complet avant 1946. Parmi les facteurs les plus importants, on retrouve les antécédents et la composition des immigrants qui vinrent au Canada de 1896 à 1939. Bien au-delà du début du siècle, la société polonaise était constituée principalement par deux classes : d'une part celle des propriétaires terriens, qui représentaient la petite noblesse ou la « szlachta » et la grande noblesse, composée des vieilles familles, des membres de la famille royale et des grands propriétaires de latifundia, dont quelques-uns étaient les nouveaux riches. L'autre comprenait les paysans, formant plus de 70% de la population. Il n'existait pas à proprement parler de classe moyenne polonaise ; le commerce et les finances, ainsi que la plupart des professions, étaient entre les mains des minorités allemandes et juives ou de membres de l'une des puissances d'occupation, l'Autriche, la Russie ou la Prusse. La masse des paysans vivaient dans l'ignorance et l'extrême pauvreté, sans espoir d'améliorer leur situation sociale ou économique, et privés de pouvoir ou d'influence même quant aux décisions importantes qui les touchaient directement. Les collectivités rurales de la Galicie[39] étaient particulièrement isolées des courants modernisateurs, des mouvements de réforme sociale et des événements en général.

Le taux d'analphabétisme était très élevé au début du siècle. Certaines sources[40] le situent à plus de 50% pour les hommes de plus de dix ans et à un degré beaucoup plus élevé pour les femmes, qu'on considérait ne pas avoir besoin d'instruction puisque, de toute façon, elles allaient devenir épouses et mères. L'instruction ne comptait pas parmi les besoins des agriculteurs ; elle n'était ni grandement prisée, ni appréciée[41]. Petit à petit, on accepta que pouvoir lire un journal et écrire des lettres donnait à une personne un rang spécial dans la communauté. L'établissement d'écoles dans les villages de Galicie ne commença qu'à la fin des années 1880, et l'assiduité, bien qu'officiellement obligatoire, était rarement exigée. Les enfants qui les fréquentaient dépassaient rarement le stade élémentaire de la lecture, de l'écriture et de la religion. Les militants et les éducateurs polonais qui tentèrent d'expliquer les bienfaits de l'instruction aux paysans se butaient le plus souvent à l'incrédulité. Les enfants apprenaient toujours de leurs parents, imitant leurs actes et jouant les mêmes rôles.

La famille exerça la principale fonction éducatrice parmi les paysans polonais bien après 1900, mais cela ne comprenait l'enseignement ni de la lecture ni de l'écriture. Le curé de la paroisse jouait un important rôle auxiliaire en cette matière, en enseignant le catéchisme et les prières aux enfants et en rappelant aux adultes les valeurs religieuses dans ses sermons hebdomadaires. Les conteurs d'histoires ou mendiants itinérants apportaient les nouvelles du monde extérieur, relataient les événements importants d'autres régions du pays et faisaient fonction d'enseignants improvisés auprès de quelques enfants intéressés et doués en leur apprenant à lire et à écrire [42].

La notion que l'éducation était nécessaire pour préserver sa langue, sa culture et ses traditions ou que l'instruction pouvait remplir d'importantes fonctions en lui permettant, par exemple, de grimper l'échelle sociale, dépassait l'entendement du paysan moyen. La seule possibilité qui s'offrait à un garçon doué était d'avoir la chance d'être choisi par le curé pour être envoyé à l'école dans une grande ville, pour se préparer à la prêtrise. C'était là un honneur pour les paysans, et ils y encourageaient leurs fils s'ils étaient choisis. Les autres types d'instruction étaient jugés inutiles pour l'avenir des enfants [43].

Le Canada attira les immigrants polonais les plus pauvres, les journaliers sans terre et les petits propriétaires terriens. Les adultes qui composaient la plus grande partie de l'immigration de 1896 à 1914 avaient peu bénéficié de l'école. « C'étaient des paysans sans grande fierté nationale et ne comptant pas d'hommes instruits capables de les diriger et de les guider dans leur nouveau milieu [44] », et « il était déraisonnable de s'attendre à les voir tout d'un coup s'enthousiasmer pour l'instruction [45]. » De plus, la pauvreté générale et les luttes financières des premières années n'offraient ni le temps ni les fonds nécessaires pour permettre aux enfants d'apprendre la langue et la culture polonaises dans les écoles bilingues, même lorsqu'elles existaient toujours. L'instruction des enfants se trouvait rarement sur la liste des priorités des paysans polonais et loin derrière l'acquisition de bestiaux, d'instruments aratoires ou d'une maison à la ville.

Livrés à l'enseignement public dans les écoles canadiennes et vu leurs contacts fréquents avec leurs pairs non polonais, les enfants apprirent la nouvelle langue et acquirent la nouvelle culture rapidement. La plupart des parents ne s'y opposaient pas, mais ils s'alarmaient de ce qu'en acquérant une langue et une identité culturelle nouvelles leurs enfants oubliaient rapidement langue, valeurs et coutumes polonaises. Cela n'est guère étonnant. À l'école publique, ils n'apprenaient rien au sujet de leur culture et de leurs antécédents. Dans le cadre de la famille, ils se trouvaient en présence d'une version de leur héritage simplifiée à l'extrême : danses folkloriques, chansons et mets nationaux. Ils priaient à l'église et apprenaient le catéchisme en polonais. La motivation pour préserver la langue polonaise se faisait rare et les occasions de la perdre, nombreuses.

Ainsi, ce n'est qu'après avoir immigré au Canada que la préservation linguistique et culturelle devint une question primordiale dans l'esprit de nombreuses personnes [46]. Cependant, en raison de leur manque d'instruction, il se peut très bien qu'ils aient été incapables d'expliquer à leurs enfants qui ils étaient et l'importance de leur héritage. Comme le disait un écrivain, dans la plupart des cas « les parents eux-mêmes étaient trop illettrés pour instruire leurs enfants à la maison [47] ». Privés du rôle de soutien de l'Église et de la collectivité polonaises, ils étaient incapables de transmettre les valeurs qui leur étaient chères à leurs enfants qui, au mieux, ne sentaient qu'à moitié leur appartenance ethnique.

Les nouveaux arrivés se retrouvèrent au sein d'une culture étrangère où l'exploitation et la discrimination étaient monnaie courante vis-à-vis des immigrants étrangers, incapables de communiquer en anglais. Conscients et soucieux de leurs lacunes, ils s'efforcèrent d'apprendre l'anglais et la plupart réussirent jusqu'à un certain point [48]. Face à la nécessité de posséder un moyen de communication pour trouver du travail ou améliorer leur situation socio-économique, ils consacrèrent plus d'efforts à l'acquisition de la nouvelle langue qu'à la préservation de l'ancienne. Les parents étaient heureux de voir qu'au moins leurs enfants, fréquentant l'école canadienne, avaient des chances de s'intégrer et de participer pleinement à la nouvelle société. Les écoles à temps partiel étaient un luxe que nombre de Polonais reléguèrent à l'arrière plan de leur lutte pour leur établissement au Canada.

Toutefois, on estimait également que la famille continuerait à pouvoir maintenir les nouvelles générations dans les traditions, les attitudes, les croyances et la langue ancestrales comme elle l'avait toujours fait. Les familles qui s'étaient fixées dans les campagnes, en contact avec d'autres Polonais et isolées des influences perturbatrices des milieux urbains, purent maintenir ce type de socialisation dans une large mesure, en l'absence de groupes de compatriotes influents et grâce à la perpétuation du sentiment familial. Le rôle des grands-parents était considérable dans le passé et il le demeure probablement aujourd'hui. Imprégnés de la culture et des traditions de la mère patrie, trop vieux pour adopter de nouvelles valeurs, les grands-parents « forçaient » souvent leurs petits-enfants à leur parler dans la langue ancestrale, les exposant ou les initiant ainsi à des coutumes et traditions différentes. Le processus de socialisation était d'autant plus facilité que la télévision n'existait pas et qu'ils n'avaient pas accès aux autres média d'information [49]. C'est ainsi que les descendants, nés au Canada, des premiers immigrants polonais qui demeurèrent dans les régions rurales, apprirent à parler le polonais et préservèrent d'autres aspects de la culture et des traditions jusque dans les années cinquante.

Les familles polonaises urbaines eurent moins de succès dans la transmission de leur langue et de leur culture. Exposés à l'impact des écoles publiques, des grands moyens d'information et de leurs camarades, les enfants d'immigrants furent rapidement absorbés dans le courant de la vie canadienne. Pour faire échec à l'assimilation, les familles ne pouvaient compter que sur quelques organisations et institutions polonaises. Généralement contraints de fréquenter les écoles polonaises à temps partiel là où elles existaient, les enfants devaient le faire après les heures de classe régulières ou pendant les fins de semaine, lorsque les autres enfants pouvaient jouer et être libres. Peu nombreux étaient ceux qui comprenaient la nécessité de ces sacrifices. La grammaire polonaise est extrêmement difficile à maîtriser et elle constituait un fardeau supplémentaire pour les jeunes élèves. Il est également probable que beaucoup d'enfants résistèrent au désir de leurs parents de leur transmettre une identité ethnique qui, avant 1940, était mal vue au Canada.

De plus, de nombreuses familles polonaises urbaines se déplaçaient, à la recherche de travail ou de meilleures conditions, et ne pouvaient donc pas toujours rester près des institutions polonaises et de leurs compatriotes. Dans ce cas, la famille était rarement assez forte pour sensibiliser les enfants à la culture polonaise. De nombreuses mères travaillaient à l'extérieur et, les deux parents travaillant hors du foyer, ils n'avaient ni le temps, ni la force de promouvoir la langue et la culture au sein de leur famille.

Avant la Seconde Guerre mondiale, les immigrants polonais ne comptaient que peu d'intellectuels ou de dirigeants professionnels et ils n'étaient guère familiers de la vie d'association ou des affaires publiques dans leur pays. Ils n'étaient, pour la plupart, pas au courant de l'importance ou des fonctions des institutions éducatives. Ne parlant ni ne comprenant l'anglais, ils ignoraient les lois et les services qui les touchaient. Avant 1916, certains d'entre eux exigèrent que les gouvernements des provinces des Prairies assurent à leurs enfants un enseignement complet pour le maintien de leur langue et de leur culture ; le plus souvent, ils n'étaient pas conscients ou ne pouvaient pas profiter des services qui existaient déjà.

La plupart se fixèrent dans les régions rurales isolées, ou se dispersèrent dans tous les centres urbains qui offraient du travail. Les paroisses polonaises, les organisations et ultérieurement les écoles à temps partiel ne furent établies qu'une fois franchies les premières périodes d'adaptation au nouveau milieu, et les besoins religieux et économiques avaient la priorité sur l'instruction et la préservation de la culture. Quelques militants intéressés proposèrent la collaboration et l'aide mutuelle au sein des associations afin de résoudre les problèmes liés aux écoles à temps partiel, mais ces propositions n'eurent pas de suite [50]. Certains immigrants ne pouvaient participer à ce genre de démarches ni les appuyer, d'autres étaient apathiques et il y avait peu d'unité et d'accord entre les organisations.

L'aspect le plus destructeur de l'instauration des institutions scolaires fut le manque de collaboration et de compréhension qui, à de nombreuses reprises, se transforma en hostilité ouverte entre le clergé et les dirigeants laïcs. On accusa les écoles paroissiales de promouvoir l'enseignement religieux au détriment de l'enseignement de l'histoire, de la géographie et de matières connexes [51]. D'autre part, le clergé considérait les écoles non paroissiales comme étant des institutions impies, dégradant le plus important aspect de la culture polonaise que représentait le catholicisme romain. D'autres organismes purent, dans une certaine mesure, pallier le manque d'écoles polonaises.

Depuis la fondation de la première paroisse polonaise au Canada, l'institution religieuse fut un agent important de la préservation de la culture. Les sermons ou les cours donnés en langue polonaise, les hymnes traditionnels et les chants nationaux, la participation à la chorale et la célébration de nombreuses fêtes et jours saints spécifiquement polonais servaient tous, dans une certaine mesure, à renforcer les efforts pour le maintien de la langue et de la culture des parents et des écoles à temps partiel.

La presse polonaise joua également un rôle important. Les immigrants pouvaient se procurer un certain nombre de journaux polono-américains vers les années 1890 et, en 1904, ils pouvaient lire des journaux polonais publiés au Canada [52]. La presse polonaise pouvait affirmer qu'elle maintenait et préservait une certaine pureté de style en polonais, tout en combattant l'empiètement des dialectes et l'usage d'un charabia anglo-polonais. Certains prétendaient même que les journaux de langue polonaise faisaient plus que quiconque pour l'amélioration générale du niveau éducatif et culturel des immigrants polonais [53]. On pourrait attribuer un rôle analogue aux diverses bibliothèques et salles de lecture établies dans les grandes villes durant les première et seconde décennies du XXe siècle. L'art et la musique folkloriques peuvent aussi avoir concouru, dans une moindre mesure, au maintien de la langue, bien qu'il soit plus probable qu'ils aient influé davantage sur les traditions que sur la langue.

ÉVÉNEMENTS PLUS RÉCENTS

Malgré tous ces efforts, la collectivité polonaise du Canada était en train de perdre la bataille contre l'assimilation de ses descendants nés au Canada. Ni la famille polonaise, ni les organisations ne pouvaient neutraliser l'attrait ou les pressions exercés par la société canadienne. Le tableau se modifia après l'arrivée des immigrants venus après la Seconde Guerre mondiale. Le nombre d'écoles à temps partiel, surtout en Ontario et au Québec, s'éleva considérablement et les parents manifestèrent un intérêt prononcé à leur endroit. On assista aussi à l'essor d'organismes spécialisés qui s'occupaient du maintien de la langue et de la culture tandis que nombre des organisations établies manifestèrent un regain d'intérêt pour les écoles à temps partiel, offrant encouragement et soutien pour les activités scolaires envisagées. Cette préoccupation persiste jusqu'à nos jours, et on est toujours à l'affût d'idées et de stratégies nouvelles pour maintenir et multiplier les occasions qu'ont les jeunes Canadiens polonais de naissance d'acquérir certains aspects de la culture de leurs ancêtres.

Les immigrants de la quatrième vague, arrivant au Canada entre 1945 et 1956, différaient fortement de tous leurs prédécesseurs. Ce groupe considérable comprenait pour la première fois un nombre important d'intellectuels et de professionnels, notamment des savants et des médecins, des avocats et des ingénieurs, des officiers de l'armée, des éducateurs et des employés de bureau [54]. En tant que réfugiés politiques ou exilés, ces immigrants sont très conscients de leur nationalité, de leur histoire et de leurs traditions. Il y avait peu d'illettrés dans leurs rangs ; la plupart avaient reçu en Pologne une éducation scolaire et considérablement élargi leurs horizons dans la conjoncture de la guerre, de l'immigration et de la transplantation. L'imbroglio politique en Europe et la guerre froide entre l'Union soviétique et les pays occidentaux jusqu'au début des années 1960 persuadèrent beaucoup de gens de l'imminence d'un conflit mondial dont les puissances occidentales sortiraient vainqueurs, et libéreraient la Pologne du joug de l'Union soviétique, leur permettant de regagner leur véritable patrie. Cet état d'esprit constitua une motivation et un encouragement importants eu égard au maintien de la langue et de la culture parmi la jeune génération.

L'arrivée au Canada d'un grand nombre de professionnels et d'intellectuels après la Seconde Guerre mondiale, dont beaucoup avaient des opinions politiques et nationalistes bien arrêtées, ne pouvait qu'avoir un effet considérable sur l'évolution des organisations, y compris les institutions scolaires. Un grand nombre de personnes, de dirigeants et de personnages influents parmi eux se sont vite aperçu que le nombre existant d'institutions scolaires à temps partiel ne pouvait suffire à répondre aux besoins des nouveaux arrivés et qu'en outre le programme d'études laissait à désirer. Forts de l'expérience des immigrants qui les avaient précédé au Canada et des méthodes d'enseignement élaborées par les Polonais des États-Unis et de Grande-Bretagne, sans oublier leurs expériences et connaissances personnelles, les nouveaux arrivés ont fait cause commune pour procurer à leurs enfants des cours de langue, d'histoire, de géographie et de civilisation polonaises. C'est ainsi que depuis 1945, plus de quarante nouvelles écoles à temps partiel ont été établies dans diverses régions du Canada [55] [56].

L'ENQUÊTE NATIONALE

En 1965, une enquête a été menée par le Congrès canado-polonais afin de fournir des données à la Commission royale d'enquête sur le bilinguisme et le biculturalisme [57]. La première et unique enquête effectuée par la collectivité polonaise à l'échelle nationale devait faire le point sur l'effort concerté en vue du maintien de la langue polonaise ; elle se déroula de 1965 à 1968. Bien qu'un certain nombre d'écoles polonaises dont on connaissait l'existence dans diverses régions du Canada n'aient pas répondu à l'enquête, la majorité des institutions retournèrent les questionnaires et les résultats ainsi obtenus fournirent, pour la première fois, un tableau général et assez exact des écoles polonaises à temps partiel au Canada [58].

En 1965, environ 5 000 élèves [59] fréquentaient au Canada 57 écoles polonaises à temps partiel parrainées par le Congrès canado-polonais, les paroisses et diverses organisations laïques. L'Ontario comptait 38 écoles avec 2 285 élèves, dont 12 à Toronto, 5 à Hamilton, 2 à Brantford, 2 à Thunder Bay et d'autres disséminées dans diverses petites villes ; le Québec, 10 écoles avec 760 élèves, toutes à Montréal ; le Manitoba, 5 écoles avec 265 élèves ; l'Alberta, 2 écoles avec 100 élèves ; et la Colombie-Britannique, 2 écoles avec 152 élèves. De cette enquête se dégagent les données suivantes :

La majorité des écoles polonaises à temps partiel enseignaient la langue polonaise (la grammaire, la lecture et l'écriture), l'histoire et la géographie. Les écoles paroissiales accordaient également beaucoup d'importance à l'enseignement moral ou religieux. Certaines écoles offraient aussi des cours de danse, de chant et d'artisanat traditionnels.

Il y avait trois sortes d'écoles : les écoles paroissiales, les écoles affiliées au Congrès et celles parrainées par d'autres organisations. Les écoles polonaises révélaient un manque d'uniformité et de collaboration, même lorsqu'elles étaient situées dans la même ville, comme en font foi les programmes et les normes différentes. L'absence d'organisation et de direction centralisées haussait les dépenses de toutes les écoles concernées et l'absence de planification centrale donnait lieu à un mélange confus de manuels scolaires, de méthodes d'enseignement, de buts et d'objectifs. La somme consentie par le groupe polonais pour les dépenses encourues par les écoles à temps partiel en 1965 était de $73 300.

Seulement 41 des 57 écoles polonaises répondirent à l'enquête, et les données qui suivent proviennent de cet échantillonnage. Les statistiques démontrent que 73,2% des écoles étaient parrainées par des organisations, tandis que 26,8% étaient des écoles paroissiales. En tout, 80,5% d'entre elles ne dispensaient pas plus de deux ou trois heures d'enseignement par semaine ; 65,9% offraient des cours le samedi, alors que les autres 34,1% donnaient des cours du soir hebdomadaires.

Le nombre de niveaux d'enseignement variait grandement ; 2 niveaux–7,3%, 3 niveaux–17%, 4 niveaux–17%, 5 niveaux–22%, 6 niveaux–9,8%, 7 niveaux–22%, 8 niveaux et plus–4,9%.

Le nombre moyen d'enfants par école était de 57. L'enseignement se donnait exclusivement en polonais dans 80,5% des écoles ; d'autres utilisaient aussi l'anglais ou le français. 14 écoles seulement (34,1%) possédaient une bibliothèque scolaire. Parmi tous les élèves, 48,5% s'exprimaient bien en polonais, 41,5% le parlaient mal et 10% ne le parlait pas du tout. La majorité des écoles polonaises (53,7%) utilisaient les locaux des écoles catholiques séparées alors que seulement 14,0% d'entre elles, les écoles paroissiales surtout, disposaient de leurs propres salles ou locaux.

Le budget scolaire était réparti de la façon suivante :

Traitements des enseignants	73%
Frais de location	12%
Manuels et livres	7%
Autres	8%

TABLEAU 7
FRÉQUENTATION SCOLAIRE DES ENFANTS
D'ASCENDANCE POLONAISE — 1966

	Enfants 5–14	Fréquentation scolaire	% du total
Centres métropolitains	36 574 (53,4%)	3 067 (86,1%)	8,4
Villes	5 042 (7,4%)	382 (10.7%)	7 6
Villages	26 807 (39,2%)	113 (3,3%)	0,4

TABLEAU 8
NOMBRE DE JEUNES D'ORIGINE POLONAISE PAR PROVINCE
ET FRÉQUENTATION DE L'ÉCOLE POLONAISE

Provinces	Âge 5–14 ans*	Fréquentation de l'école polonaise	%
Terre-Neuve	30	–	–
Île-du-Prince-Édouard	26	–	–
Nouvelle-Écosse	705	–	–
Nouveau-Brunswick	161	–	–
Québec	6 269	760	12,1
Ontario	32 802	2 285	7,0
Manitoba	8 506	265	3,9
Saskatchewan	6 157	–	–
Alberta	8 685	100	0,3
Colombie-Britannique	5 018	152	3,0
Yukon et T.N.O.	55	–	–
TOTAUX	68 414	3 562	5,2

* Basé sur le recensement canadien de 1961.

Le budget scolaire provenait des sources suivantes :

Contributions des organisations
ou des paroisses et particuliers 35,4%
Frais de scolarité payés par les parents 48,8%
Collectes spéciales, etc 8,6%
Subventions provinciales (au Québec) 7,6%

Il y avait 142 enseignants, dont 25 hommes et 117 femmes. Le corps enseignant était hétérogène. La proportion la plus élevée, soit environ 75%, se composait d'enseignants qualifiés qui avaient reçu

123

leur formation dans les écoles normales des États-Unis (comme la plupart des Sœurs féliciennes et autres congrégations de religieuses enseignantes), ou encore soit en Pologne, soit au Canada, et certains enseignaient régulièrement dans les écoles séparées canadiennes. Leur traitement ne dépassait habituellement pas $200 par an.

L'enquête révéla à la fois une grande variété et une pénurie générale de manuels scolaires. Certains manuels étaient périmés, beaucoup péchaient par excès de complexité et d'autres se révélaient inadaptés aux conditions spéciales du milieu immigrant. Les enseignants se plaignaient qu'il n'y avait jamais assez de livres pour offrir aux enfants un programme de lecture convenable. Ils préconisaient une grammaire uniforme pour toutes les écoles polonaises, ce qui faciliterait l'enseignement de la matière et éliminerait pour l'enfant les effets négatifs liés au changement de professeur ou d'école.

On constata également qu'il n'y avait pas de programme de formation ou de recyclage pour les enseignants. Comme nous l'avons déjà signalé, un grand nombre d'entre eux étaient qualifiés, mais la situation particulière des écoles à temps partiel ne permettait pas d'avoir recours aux techniques et méthodes employées dans les écoles publiques [60]. Souvent, on attendait trop d'un enfant ou on lui en demandait trop [61]. La fréquentation n'étant pas obligatoire, le surcroît d'exigences tendait à décourager les enfants.

Il y avait un manque d'intérêt de la part des parents et de diverses organisations eu égard aux besoins financiers des écoles, comme en témoignait la pénurie de livres et d'autres moyens didactiques. Les enseignants et la presse polonaise s'élevaient et s'exprimaient souvent contre le fait que l'enseignement dans la plupart des écoles à temps partiel était dispensé dans une salle de classe à peine meublée, souvent sans cartes géographiques ni tableaux noirs, avec un nombre insuffisant de livres, de stylos et d'autre matériel.

Le manque de coordination des programmes et des manuels scolaires dans les différentes écoles engendrait les résultats les plus divers. Parce qu'elle est difficile à maîtriser, la grammaire polonaise n'avait pas la faveur des élèves, alors que l'histoire, la danse et le chant avaient une plus haute cote d'amour. Afin de s'assurer l'assiduité des enfants, nombre d'enseignants ne faisaient qu'effleurer les matières les plus difficiles et mettaient l'accent sur le chant, la récitation et l'histoire, stratagème de valeur douteuse en ce qui concerne les connaissances des enfants en matière de langue, surtout si l'élève devait changer d'école pour une raison ou pour une autre.

Les données de l'enquête révélèrent qu'un des principaux obstacles empêchant ou retardant la création et l'essor des écoles à temps partiel dans les régions capables de les accueillir et où le nombre d'enfants justifiait une nouvelle école, tenait au rôle secondaire attribué aux écoles polonaises pour les générations futures, non seulement par les parents, mais aussi par de nombreux dirigeants locaux qui ne les considéraient pas comme importantes.

Il n'y avait pas de mesures concrètes que pouvait prendre le Congrès canado-polonais, organisateur de l'enquête, pour résoudre les différents problèmes, même s'il représentait alors plus de 180 organisations au Canada. Il n'avait pas de fonds à distribuer aux écoles et il n'était pas en mesure d'imposer une taxe scolaire à ses membres et aux autres immigrants polonais, sans compter qu'il n'avait pas l'autorité nécessaire pour dicter et mettre en œuvre un programme uniforme d'éducation et pour normaliser les manuels scolaires. Son seul recours était de faire appel à la collectivité canadienne-polonaise et de l'encourager à s'intéresser davantage à l'épanouissement de ces écoles. Un facteur encourageant était cependant que si, autrefois, la majorité des écoles étaient organisées indépendamment par des groupes de parents soucieux du maintien de la langue chez leurs enfants, il était possible de ranimer ce désir spontané à l'égard des écoles, avec l'aide de quelques personnes dévouées et d'une mise de fonds légèrement plus élevée.

LES ÉVÉNEMENTS RÉCENTS

Depuis l'enquête, les données sont devenues plus accessibles, les plus récentes étant fournies par l'Association des enseignants polonais du Canada (Związek Nauczycielstwa Polskiego w Kanadzie)[62]. L'Association signale que le nombre des enfants inscrits dans les écoles à temps partiel durant l'année scolaire 1972-1973 s'élevait à plus de 3 600. Ceci représente une diminution considérable depuis 1965, alors que l'enquête nationale évaluait à plus de 5 000 le nombre des enfants qui fréquentaient les écoles polonaises. En même temps, le nombre d'écoles augmenta de 57 à 72 dans tout le Canada et le nombre d'enseignants passa de 142 à 167. L'Association des enseignants polonais fait remarquer en outre que des leçons particulières se donnent en polonais à des groupes plus restreints d'enfants.

La diminution du nombre d'enfants qui fréquentent les écoles à temps partiel est explicable. La période dynamique de l'activité éducative d'après-guerre découlait largement de la conformation particulière de cette vague d'immigration. En tant que réfugiés ou exilés politiques, les parents prenaient un intérêt profond à la Pologne et à sa culture, et ces sentiments se traduisaient, en partie, par le souci du maintien de la langue et de la culture chez leurs enfants. Avec le temps, les immigrants d'après-guerre se sont habitués à l'idée de vivre en permanence au Canada et, de ce fait, beaucoup perdirent le souci de garder vivaces la langue et la culture parmi les jeunes. En 1970, leurs enfants ont grandi et beaucoup se sont mariés et ont quitté les régions où existent les organisations polonaises. Pour que les écoles à temps partiel survivent, il faudra qu'ils y envoient à leur tour leurs enfants car, le Rapport de la commission royale d'enquête l'indique bien : « Les langues d'origine ne pourront subsister que si elles sont employées par des Canadiens de naissance. Si, dans l'immédiat, les immigrants en assurent la continuité, à la longue, c'est de leurs descendants que le maintien en dépend [63]. » Le nombre de Polonais immigrant au Canada décline depuis quelques années. Il se produira probablement une réduction progressive du nombre d'écoles et d'enseignants et une baisse des inscriptions. Leur survivance est aléatoire à moins que les enfants d'ascendance polonaise nés au Canada ne s'y inscrivent en plus grand nombre qu'à l'heure actuelle.

Les attitudes et les convictions des Polonais ont considérablement changé durant la dernière décennie, y compris leurs opinions sur le maintien de la langue parmi les enfants. Un certain nombre d'individus réalistes parmi les dirigeants de la collectivité polonaise préconisent l'abandon du slogan « Tout bon Polonais se *doit* de veiller à ce que ses enfants parlent le polonais » pour démontrer plutôt les bénéfices réels à tirer de la connaissance de cette autre langue et de la conscience et de la fierté de leurs origines. À cette fin, ils disent qu'on doit rendre les écoles plus attrayantes pour les enfants, « recourir à la publicité et donner plus d'effort pour éveiller la bonne volonté et l'intérêt des parents [64] ».

Ces dernières années, des événements importants ont eu lieu qui pourraient grandement influencer l'avenir des institutions scolaires polonaises du Canada. En 1958, la Fondation Mickiewicz fut établie pour accorder des bourses d'études aux élèves polonais les plus brillants, des subventions en vue de publications, de l'aide aux artistes canadiens-polonais et des prix pour les concours d'expression polonaise entre les élèves qui fréquentent les écoles à temps partiel. La Fondation W. Reymont, organisme semblable, fut établie en 1969 pour subventionner les études polonaises au niveau universitaire dans les domaines de l'histoire, de la langue et de la sociologie [65]. La Fondation accorde également une certaine aide financière aux écoles et aux enseignants polonais, organise des concours accompagnés de prix pour les élèves et parraine divers événements culturels. Récemment, la Fondation organisait, en collaboration avec un certain nombre d'universités polonaises, des cours d'été de langue, de littérature et d'histoire de la Pologne. Des cours de méthodologie sont également offerts, pour les enseignants de langue polonaise du Canada et d'ailleurs et, en 1972, 170 étudiants ont profité de cette offre[66].

L'Association des enseignants polonais, fondée vers 1950, tient depuis quelques années des réunions et des congrès réguliers. Depuis 1963, l'Association publie une revue[67] invitant à la coordination, l'échange d'idées et la discussion des problèmes. La revue conseille les enseignants sur les méthodes et autres problèmes propres aux écoles à temps partiel. L'Association se propose de rédiger et de publier un manuel canadien-polonais à l'usage de toutes les écoles polonaises à temps partiel du Canada.

Depuis 1971, les commissions scolaires locales de l'Ontario ont la possibilité de mettre au programme des cours de langues, reconnus en fin d'études, qui ne sont pas normalement offerts dans les écoles secondaires, si elles jugent que la demande le justifie ; des cours de langue et de littérature polonaises, reconnus en fin d'études, sont maintenant offerts aux niveaux 12 et 13 de deux écoles secondaires de Thunder Bay et d'une école de Toronto. Une école séparée de Vancouver donne une leçon quotidienne en polonais. Le George Brown College de Toronto offre un cours reconnu en fin d'études de langue et d'histoire de la Pologne, et la Commission scolaire de Brantford, en Ontario, offre des cours du soir de langue polonaise[68].

Un certain nombre d'universités canadiennes offrent des cours de langue et de littérature polonaises. L'inscription à ces cours était faible par le passé. Par exemple, deux étudiants suivaient les cours de polonais offerts par le département des Études slaves de l'Université du Manitoba en 1949-1950, trois en 1950-1951, trois en 1951-1952 et un seul en 1952-1953. En 1950, il y avait six étudiants inscrits aux cours du soir dispensés par ce département, et sept en 1952-1953. On note depuis peu un regain d'intérêt pour les cours de langue et de littérature polonaises offerts par les universités canadiennes. À titre d'exemple, l'Université de Toronto, qui offre des cours de langue élémentaires et avancés et un cours de littérature polonaise, avait environ 50 étudiants inscrits aux cours de langue pour l'année scolaire 1972-1973. D'autres universités offrant de tels cours signalent un intérêt croissant et un regain d'inscriptions[69]. Les jeunes eux-mêmes manifestent un intérêt et un désir de participation accrus, comme le démontrent les questions soulevées lors d'un

127

congrès tenu à l'Université York en octobre 1969. La teneur d'une des principales résolutions était la suivante :

la connaissance du polonais est importante pour mieux apprécier la culture et les traditions polonaises et l'école polonaise constitue l'un des principaux propagateurs de la langue et de la culture. Tous les membres de notre collectivité devraient donc apprendre et parler le polonais aussi bien que possible [70].

Il se peut que la tendance des futures générations à s'identifier à leur groupe ethnique ne repose en dernière analyse pas tant sur la connaissance et l'utilisation de la langue que sur la connaissance de la culture et de l'histoire de la nation polonaise. Un écrivain estime que « les membres des troisième et quatrième générations constatent que plus la lignée dont ils se réclament remonte loin, plus la société les respecte [71] », mais que la connaissance de la langue n'est pas nécessaire pour cela.

NOTES

1. Les discussions de ce chapitre s'inspirent largement de la monographie inédite de H. RADECKI « Culture and Language Maintenance Efforts of the Polish Ethnic Groups in Canada », Université York, 1971.

2. DAWSON et YOUNGE, p. 67.

3. *Ibid.*, p. 68.

4. *Rapport de la Commission royale d'enquête sur le bilinguisme et le biculturalisme*, Livre II, « Éducation » (Ottawa, 1968). Cette section trace l'évolution historique des écoles et de l'enseignement au Canada, en mettant l'accent sur les groupes britannique et français.

5. DAWSON et YOUNGE, p. 166.

6. ANDERSON, p. 120.

7. L'expression « Ruthénien » désignait habituellement les Ukrainiens du Canada avant la Première Guerre mondiale.

8. Cornelius J. JAENEN, « Ruthenian Schools in Western Canada, 1897-1919 », *Paedagogica Historica*, 10(3), 1970, 517-541.

9. C'est là un domaine jusqu'à présent quasi inexploré où nos affirmations sont susceptibles d'être reconsidérées et corrigées.

10. ANDERSON, p. 105. Pour plus de précisions sur l'évolution de l'enseignement dans l'Ouest canadien, voir DAWSON et YOUNGE, chapitre IX.

11. H. KENNEDY, *op. cit.*, p. 287, considérait les Slaves comme les principaux coupables d'infraction à cette loi. Voir aussi ANDERSON, *op. cit.*

12. Voir surtout S.D. CLARK, *The Social Development of Canada* (Toronto, 1942), p. 441 et *passim*.

13. Anderson donne cet exemple en parlant d'un homme appelé Niemczyk, qui fréquente l'université et parvient à un degré d'instruction très acceptable.

14. L'Alberta ne sanctionna jamais l'enseignement bilingue dans les écoles publiques, et en 1914, décréta officiellement que l'instruction bilingue ne devait pas être instaurée. Voir JAENEN, p. 539. La Colombie-Britannique n'a jamais institué de régime d'enseignement bilingue.

15. Pour plus de précisions sur ces questions, voir le Livre II du *Rapport de la Commission royale d'enquête*. La question du bilinguisme n'a jamais inclu les groupes slaves.

16. V.J. KAYE, « People of Polish Origin », *Encyclopedia Canadiana*, Vol. 8 1965, p. 226–230. L'enseignement du français était, bien sûr, une condition préalable à l'obtention d'une subvention pour l'enseignement du polonais.

17. Le R.P. F. PYZNAR. L'organisation était la Towarzystwo Synów Polski, établie en 1902.

18. D'après B. MAKOWSKI, « Historia Towarzystwa Białego Orła », *Złoty Jubileusz Towarzystwa Białego, Orła w Montrealu* (Toronto, 1952), les enseignants étaient des bénévoles parmi les immigrants polonais de Montréal et ils n'avaient ni qualifications, ni expérience dans l'enseignement.

19. Cinq écoles polonaises furent établies dans les années 1950 et cinq autres depuis (Związek Nauczycielstwa Polskiego, 1972-1973).

20. *Rapport de la Commission royale d'enquête sur le bilinguisme et le biculturalisme*, Livre I, « Les langues officielles », p. 121.

21. Il est probable que le plus grand problème des immigrants polonais était de trouver des enseignants qualifiés ou convenables.

22. Voir K. WACHTL, *Historia Polonii w Ameryce* (Philadelphia, 1944), pour plus de précisions.

23. Pour un approfondissement de la question, voir R. BRETON « Institutional Completeness of Ethnic Communities and the Personal Relations of Immigrants », *The American Journal of Sociology* LXX (1964), 193–205.

24. *Rapport de la Commission royale d'enquête*, Livre IV, p. 149.

25. *Ibid.*, Livre I, p. xxxiv.

26. *Ibid.*, Livre IV, p. 13.

27. *Ibid.*, Livre I, p. xxix.

28. Pour mieux comprendre cette évolution, voir TUREK, « Jeszcze o Polonii » p. 89 et HUNCHAK, p. 26–30.

29. JAENEN, *op. cit.*, examine certains aspects de son expansion, mais il se penche surtout sur la section ruthénienne, tandis que DAWSON et YOUNGE, p. 171, citent une étude faite sur ces écoles en 1915, qui démontre que les « enseignants qui y avaient reçu leur formation se révélaient incompétents tant en anglais que sur le plan des connaissances générales ».

30. TUREK, *Poles in Manitoba*.

31. *Ibid.*, p. 225. Turek n'indique pas la date exacte de cette transformation.

32. D'après un compte rendu personnel du père Puchniak, O.M.I., en mars 1971. Diplômé de l'école paroissiale polonaise du Saint-Esprit de Winnipeg, le père Puchniak a exercé son ministère dans bon nombre de paroisses polonaises du Canada et il s'est préoccupé des problèmes de l'éducation durant tout son ministère.

33. En 1902, le père Kulawy invita une congrégation de religieuses américano-polonaises, les Sœurs bénédictines, à venir à Winnipeg pour y enseigner à l'école paroissiale du Saint-Esprit. Le père Puchniak susnommé demanda

l'aide des sœurs enseignantes de la congrégation américano-polonaise des Sœurs féliciennes en 1937.

34. G. GRODECKI, « Polish Language Schools in Canada », in Cornelius J. JAENEN, ed., *Slaves in Canada*, Vol. III (Toronto, 1971).

35. Archives de la Maison Mère, la Congrégation des Sœurs féliciennes, Mississauga (Ontario).

36. Certaines des sources commémoratives consultées mentionnent des « projets » de création d'écoles, d'autres font vaguement allusion aux enfants à qui on « enseigne » la langue polonaise, mais il y a pénurie de faits révélateurs.

37. KOGLER, p. 35.

38. H. RADECKI, « How Revelant are the Polish Part-Time Schools », in B. HEYDENKORN, ed., *Past and Present* (Toronto, 1974), approfondit ces questions.

39. Région d'où provenait la majorité des immigrants du Canada de 1896–1914.

40. Voir par exemple BALCH, *op. cit.* ; ESTREICHER, *op. cit.* ; TUREK, *Poles in Manitoba*.

41. Surtout dans le cas des filles.

42. Voir l'illustration d'une telle personne dans Władysław S. REYMONT, *Chłopi* (Varsovie, 1970).

43. Pour plus de précisions sur les attitudes polonaises vis-à-vis de l'éducation, voir ROSE, « Russian Poland ».

44. ESTREICHER, *op. cit.*

45. GIBBON, p. 301.

46. Il se peut très bien qu'un très grand nombre d'entre eux n'aient pas souhaité préserver leur personnalité culturelle à leur arrivée au Canada et que d'autres, isolés ou séparés d'autres immigrants polonais, se soient résignés à ce que leurs enfants n'acquièrent ni ne conservent qu'un minimum de la culture de leurs pères.

47. ANDERSON, p. 57.

48. Même les immigrants polonais de Montréal s'assimilaient généralement au groupe anglophone et envoyaient leurs enfants dans les écoles séparées anglaises. Pami les personnes d'origine polonaise dénombrées dans le recensement canadien de 1961, 24,5% étaient de langue maternelle anglaise et seulement 6,3% se disaient francophones.

49. Les transistors omniprésents sont une innovation récente.

50. Par exemple, une organisation de Winnipeg, les Sokols, tenta en 1909 d'offrir un cours d'été plus complet qui aurait permis aux enfants qui ne pouvaient assister aux cours du soir ou de fin de semaine de se plonger dans la langue, l'histoire et la civilisation polonaise, mais ces projets, comme beaucoup d'autres, ne suscitèrent pas grand intérêt parmi la collectivité polonaise du Manitoba.

51. Cette question se compliqua davantage du fait que les défenseurs des écoles laïques eux-mêmes ne partageaient pas les objectifs et les attitudes de ces institutions vis-à-vis de leurs fonctions et de leurs buts.

52. TUREK, *The Polish Language Press*.

53. *Ibid.*, p. 28.

54. B. HEYDENKORN, « Emigracja Polska w Kanadzie », « Polonia Kanadyjska » *Kultura*, 144 (Paris, 1959), 85–107; « The Social Structure of Canadian

Polonia », in T.W. KRYCHOWSKI, ed., *Polish Canadians; Profile and Image* (Toronto, 1960) estimait qu'au moins 20% des immigrants de cette vague appartenaient aux catégories professionnelles très spécialisées.

55. *Związek Nauczycielstwa Polskiego w Kanadzie.*

56. L'historique des institutions scolaires du groupe polonais du Canada est nécessairement sommaire et il n'est généralement pas étayé par des statistiques ou autres données. Notre exposé s'inspire des diverses sources accessibles, d'ouvrages de recherche, des brochures commémoratives publiées par différentes organisations et d'autres références; nous l'estimons largement exact, mais nous convenons qu'il puisse s'y être glissés des erreurs ou des préjugés. Il se peut que l'absence de dossiers scolaires soit attribuable au fait que les enseignants de langue polonaise ne possédaient pas nécessairement les aptitudes administratives ou statistiques requises pour tenir des dossiers complets. Par ailleurs, certains renseignements se trouvent peut-être dans les archives des diverses organisations, dans les registres paroissiaux et même dans les archives provinciales, mais la réunion et le classement de ces données dépassent pour l'instant les moyens dont disposent les auteurs.

57. Certains résultats de cette enquête ont été publiés. Voir le *Rapport de la Commission royale d'enquête*, Livre IV, p. 149-165.

58. Les données furent compilées par R. KOGLER, « Ankieta Szkolna » (Toronto, 1965). Une analyse supplémentaire fut fournie par B. BIENIASZ, J. GŁADUŃ, B. et F. GŁOGOWSKI et H. PIERZCHALSKA.

59. On a situé le nombre d'étudiants à environ 5 000 en se fondant sur les inscriptions de toutes les écoles polonaises à temps partiel connues. Seize écoles n'ont pas répondu au sondage, mais le nombre d'élèves inscrits dans ces écoles s'élevait à environ 1 400 en 1965. Sur la foi de l'ensemble des données estimatives, 7,4% de tous les enfants admissibles fréquentaient les écoles polonaises du Canada en 1965.

60. L'Association des enseignants polonais, fondée en 1950, a pris des mesures pour rectifier la situation et organise chaque année des colloques de méthodologie.

61. Par exemple, qu'il ou elle connaisse la langue beaucoup mieux qu'en réalité.

62. *Związek Nauczycielstwa.*

63. *Le Rapport de la Commission royale d'enquête*, Livre IV, p. 119.

64. GRODECKI, *op. cit.*

65. Cette fondation fut établie par l'Alliance polonaise du Canada.

66. Les participants versent une certaine somme ($300-$400), qui couvre tous les frais. La Fondation assume les frais et dépenses supplémentaires. Aucune aide financière n'est demandée ou acceptée du gouvernement polonais.

67. *Biuletyn Związku Nauczycielstwa Polskiego w Kanadzie.*

68. *Związek Nauczycielstwa.*

69. Correspondance privée de H. Radecki avec le professeur D. Bieńkowska, mai 1974.

70. Résolution du Congrès signalée dans *Jak Tam Idzie?*, Toronto, octobre 1969.

71. Jerzy A. WOJCIECHOWSKI, « The Future of Canada's Polish Speaking Community — Polonia's Problems and Possibilities », in T.W. KRYCHOWSKI, ed., *Polish Canadians: Profile and Image* (Toronto, 1969).

CHAPITRE SIX

La presse

Il est très important pour les immigrés d'avoir accès en leur langue à... l'information, surtout lorsqu'ils ne possèdent pas une bonne connaissance de l'anglais ou du français.

Rapport de la Commission royale d'enquête sur le bilinguisme et le biculturalisme Livre IV (1970)

Les immigrants polonais ont toujours manifesté un vif intérêt pour les publications dans leur langue. Entre 1904, date de la fondation du premier journal de langue polonaise à Winnipeg, et 1963, les immigrants polonais ont eu accès, à un moment ou un autre, à plus de 125 publications différentes [1]. Ces dernières représentaient toute une gamme d'intérêts, depuis les plus fervents dévots ou ceux qui se souciaient principalement des églises et paroisses polonaises à ceux qui mettaient l'accent sur les traditions, la culture, l'humour ou les questions socio-politiques. Les publications polonaises jouissaient d'une liberté de presse totale au Canada [2], et les principaux problèmes rencontrés furent le manque de soutien de la part de leurs lecteurs éventuels ou une administration inefficace.

UN COUP D'ŒIL SUR LE PASSÉ

La presse polonaise du Canada naquit non pas pour des raisons commerciales, mais en raison des besoins de la collectivité. À quelques exceptions près, c'est encore le cas aujourd'hui. Les propriétaires étaient pleinement conscients du fait que leurs efforts ne seraient pas couronnés d'un succès d'ordre commercial et qu'il appartenait au lecteur intéressé et au groupe polonais lui-même de leur permettre de continuer. Dans le passé, chaque propriétaire — et il s'agissait d'organismes, et non pas de particuliers — devait compter sur des dons au cours des premières étapes de l'entreprise. Le manque de capitaux et d'abonnements dans un bref délai rendait impossible la publication d'un journal hebdomadaire indépendant.

La nécessité d'un organisme commanditaire est illustrée par le cas du *Polish-Canadian Courier*. Ce journal complètement indépendant fait face à un avenir incertain après seulement deux années d'existence. En juin 1974, le *Courier* a lancé un appel d'aide, il a demandé à ses abonnés de faire de la publicité de bouche à oreille, de recruter de nouveaux lecteurs et d'obtenir le patronage de marchands et d'autres. Il a aussi établi un fonds de presse et demandé un appui financier.

À l'exception de la *Gazeta Katolicka*, hebdomadaire polonais publié par les pères oblats de Winnipeg, tous les autres hebdomadaires étaient subventionnés par des organismes laïques. Cela ne comprend évidemment pas les publications strictement religieuses comme les bulletins paroissiaux, les bulletins d'information et autres.

Le premier journal de langue polonaise, le *Głos Kanadyjski* [3], fut publié à Winnipeg en 1904 par les pères oblats qui eurent vite fait de constater que le mot écrit les aiderait grandement dans leurs œuvres. Il faciliterait la communication avec les fidèles autrement que du haut de la chaire et permettrait de communiquer avec ceux qui ne pouvaient assister à la messe dans une église polonaise pour des raisons d'éloignement ou d'isolement. Le journal catholique devait aussi servir à promouvoir la compréhension et le regroupement de la collectivité en dépassant les thèmes strictement religieux. Chaque numéro contenait, en plus des saintes écritures relatives au dimanche en question, des articles traitant de la foi et de la morale qui suppléaient en quelque sorte le prêtre. Les autres articles abordaient diverses questions comme l'attitude à adopter vis-à-vis du pays natal et du Canada. Les publications religieuses sauvegardaient l'essentiel de la culture et des traditions polonaises et favorisaient l'union des immigrants polonais en leur donnant un sentiment de rapprochement indépendamment des différences géographiques, financières et autres; d'abord et avant tout, elles unissaient la population polonaise sur le plan spirituel. De plus, le clergé catholique romain polonais tenait à s'occuper par tous les moyens des immigrants catholiques pour les protéger contre le prosélytisme des missionnaires protestants et la forte influence des églises ukrainiennes grecques orthodoxes.

L'hebdomadaire religieux, la *Gazeta Katolicka*, fut d'abord publié en 1908 et, bien qu'il ait changé de nom à deux reprises, il garda son caractère religieux jusqu'en 1951, année où il fusionna avec le *Głos Polski*, hebdomadaire publié à Toronto depuis 1950. Depuis 1951, la publication porte le nom de *Głos Polski-Gazeta Polska*. Jusqu'à la fin de son existence autonome, la *Gazeta Katolicka* demeura sous les auspices des Oblats, mais ni les évêques, ni les autorités religieuses de la congrégation des Oblats ne gênèrent en aucune manière le travail de ses rédacteurs religieux ou laïques en ce qui touchait leurs opinions sur la Pologne ou le groupe canado-polonais.

La *Gazeta Katolicka*, hebdomadaire à caractère religieux, exerça un quasi-monopole dans la presse de langue polonaise du Canada pendant un certain nombre d'années. En même temps, l'idéologie préconisée par cet hebdomadaire était inacceptable pour certains immigrants polonais qui préféraient les journaux polonais séculiers publiés aux États-Unis. Voyant là l'occasion de fonder un autre journal de langue polonaise au Canada, une personne entreprenante mit sur pied une publication hebdomadaire appelée *Czas*, en 1914 [4]. Cet hebdomadaire était nettement anticlérical puisque le propriétaire espérait s'attirer tous les lecteurs insatisfaits de la *Gazeta Katolicka*.

Bien que l'hebdomadaire laïque *Czas* ait vu le jour grâce à l'initiative d'un particulier, il reçut un certain appui des organisations polonaises de Winnipeg et d'ailleurs au Manitoba. Le journal demeura indépendant jusqu'en 1931; il doit sa longévité au propriétaire, M.F. Dojacek, qui fut aussi propriétaire et imprimeur d'un certain nombre d'autres publications de langues différentes.

En 1931, à la suite de divergences politiques fondamentales et surtout des critiques acerbes parues dans ce journal visant la politique de la Pologne vis-à-vis des minorités, les organisations polonaises achetèrent l'hebdomadaire de ses propriétaires tchécoslovaques-ukrainiens. La situation financière de la publication était précaire, de sorte qu'en 1934, on tenta d'obtenir des fonds du gouvernement polonais. La démarche réussit, et les éditeurs reçurent la somme de $580, officiellement de la Fédération mondiale des Polonais à l'étranger, mais en réalité du ministère des Affaires étrangères à Varsovie, sous forme d'un achat de 50 actions de l'entreprise. Non seulement le consulat de la Pologne s'intéressait-il vivement à la presse polonaise du Canada, mais il tenta nettement de l'influencer, sinon de la contrôler ouvertement. Les efforts en vue d'influencer ou de contrôler la presse polonaise du Canada sont corroborés par un rapport secret rédigé par le service consulaire des Polonais à l'étranger du ministère des Affaires étrangères et intitulé « Enquête sur la presse polonaise à l'étranger » no E.II 303/1-140 1er janvier 1935 [5].

1. *Czas*/425½ av. Selkirk, Winnipeg (Manitoba). Publ. hebdomadaire La Presse polonaise Ltée/la Société de la presse polonaise Ltée/l'organe de la Fédération des organisations polonaises du Canada. Fidèle à toutes les politiques officielles de la République de Pologne. Sympathie au mouvement ouvrier, surtout au parti progressiste du Manitoba. Distr. au Canada. Tirage 4 000 exemplaires. Rédacteur en chef: J. Sikora/secrétaire de la Féd. des Organisations polonaises du Canada.

2. *Gazeta Katolicka*/619, av. McDermont, Winnipeg (Manitoba). /Publ. hebdomadaire publiée par Canadian Publishers Ltd./ Entreprise catholique limitée subventionnée par l'archevêque Sinnot de Winnipeg/Publie également des journaux en français et en anglais. /Administration exclusivement catholique et religieuse. Sympathique au Parti démocratique national polonais. S'oppose à la politique officielle de la République de Pologne. /Distr. — Canada, surtout l'Ouest canadien. Tirage 2 500. Rédacteur en chef: J. Pazdor/ancien enseignant.

3. *Głos Pracy*/Winnipeg (Manitoba)/Bimensuel. Publié par le syndicat polonais des travailleurs agricoles/organisation communiste/son administration communiste attaque le gouvernement et les organisations polonaises du Canada. /Distr. — Canada. Tirage 4 000 exemplaires. Rédacteur en chef: M. Dutkiewicz/ agitateur et orateur doué.

4. *Słowo Polskie*/1723, rue Saint-Denis, Montréal (Québec)/Hebdomadaire. Publié par J.M. Kreutz. Opposé aux politiques officielles de la République de Pologne. Sympathique au Parti démocratique national polonais/un radical qui exploite les faiblesses des chômeurs et des malheureux parmi les immigrants polonais/Distr. Canada. Tirage 1 000 exemplaires. Rédacteur en chef: J. Kreutz/ lâche et amoral/accusé au criminel de vol qualifié dans une gare ferroviaire à Ostaszewo (Pologne).

5. *Związkowiec*/62, rue Claremont, Toronto (Ontario). /Mensuel. Publié à titre d'organe officiel de l'Alliance polonaise du Canada. Fidèle aux politiques officielles de la République de Pologne [6]. /Distr. Sud de l'Ontario. Tirage 600 exemplaires. Adminis. par un comité de rédaction/A. Piekarz, tailleur de son métier, et radical/S.F. Konopka, président du Conseil d'administration de l'Alliance polonaise/K.J. Mazurkiewicz, président du bureau chef de l'«Alliance polonaise» — le comité de rédaction est aidé par le bureau du Consul général de la République polonaise à Montréal.

Ce document ne comporte pas seulement une description et un bref examen des journaux de langue polonaise, mais aussi une évaluation des rédacteurs, surtout de leurs opinions politiques et de leurs antécédents.[7] Parmi les documents actuellement classés dans les Archives du ministère des Affaires étrangères à Varsovie se trouve une évaluation analytique ultérieure de la presse polonaise du Canada et la correspondance consulaire échangée entre Winnipeg, Montréal et Varsovie sur diverses questions touchant la presse polonaise. Ces documents font état des activités du consulat polonais au Canada dans le cadre de la presse polonaise et illustrent clairement les tentatives d'influence ou de contrôle par l'aide accordée à certains et l'identification et l'évaluation explicites des propriétaires, rédacteurs et journaux « hostiles ».

Les activités consulaires polonaises au Canada visant la presse de langue polonaise sont décrites davantage dans le document suivant. Il s'agit d'une directive administrative non datée, mais la teneur permet d'établir qu'elle fut rédigée en 1934, à l'époque des difficultés financières de l'hebdomadaire *Czas*.

À l'heure actuelle, le Canada a une population de 145 000 immigrants polonais. Ce territoire doit être traité comme un domaine prometteur pour l'avenir puisqu'il présente de grandes possibilités et un milieu idéal. Le ministère des Affaires étrangères se trouve plus ou moins instruit de la situation. Jusqu'à ce jour, ce territoire n'a pas été cultivé comme il devrait l'être, en ce qui concerne les organisations, l'éducation et le reste. À présent, les démarches de nos agents commencent à donner des résultats prometteurs, surtout lorsqu'il s'agit de favoriser la solidarité et des attitudes propices parmi les immigrants.

Cette politique doit être poursuivie énergiquement, particulièrement au stade actuel où l'immigration est jeune et influençable. L'orientation éventuelle de cette collectivité dépendra de l'influence que l'on choisira d'y exercer. Notre champ d'action est limité par un manque de fonds. Le ministère des Affaires étrangères n'a pas prévu la moindre allocation pour le Canada. Il est particulièrement souhaitable de renforcer et d'appuyer la presse collaboratrice, dont le journal *Czas* (dont, incidemment, le rédacteur, M. Sikora, participe de près aux activités des organisations et maintient des relations étroites avec les directeurs de nos organismes, qui parlent toujours de lui avec le plus grand respect). Un tel levier est nécessaire :

1. Pour mettre en œuvre un programme d'action concret par le biais de nos organismes.

2. Pour contrer les activités destructives de *Głos Pracy*, rédacteur/ Kreutz et de la faction ultracléricale.

3. Pour offrir aux immigrants un réseau d'information sain et saper l'influence parfois néfaste de la presse polonaise des États-Unis qui a un grand auditoire au Canada.

Jusqu'à maintenant, *Czas* était financièrement stable. Avec l'avènement de la Crise actuelle, il se trouve cependant sérieusement menacé. Le consul Pawlica suggère d'avancer un prêt de 800 dollars, soit environ 5 000 złotych pour son maintien. Cette requête a également l'appui du consul général Adamkiewicz. Essentiellement, il serait souhaitable d'accorder un prêt sans intérêt, remboursable par versements, et de demander au consul Pawlica d'en déterminer les modalités.

Quelques lignes plus bas, en caractères différents, on lit les phrases suivantes :

La cellule E I convient tout à fait de l'initiative ci-dessus de la cellule E II. Compte tenu de la nature de la publication, solidement établie dans la tradition nationale polonaise avec son penchant pour la solidarité communautaire, il est essentiel de l'aider en avançant un prêt.

Ci-joint un exemplaire de cette publication. (Veuillez noter la qualité du contenu [8].)

Pour le chef du service : Dr. Jan Rozwadowski.

Sous la signature du Dr Rozwadowski se trouvent les annotations manuscrites suivantes :

Słowo Polskie–$30 par mois, Czas–$50–$960–5 000 złotych par an. Après un an, il faut prévoir une réduction de l'avance de fonds en raison de la publicité qui augmentera après la conclusion d'un accord commercial/l'opinion du consul commercial/.

Ensuite Słowo–rien, Czas–$35–$40 par mois. Soussigné de façon illisible. Dans le coin inférieur droit : « convenu » suivi d'une autre signature illisible apposée sur un cachet portant la mention « Dr Witold La... »

Il est permis de supposer que les représentants actuels du gouvernement polonais au Canada s'intéressent au moins aussi vivement à la presse ethnique polonaise d'aujourd'hui. Cela fait suite à l'évolution politique et socio-économique en Pologne, à l'augmentation considérable des immigrants polonais au Canada et à la croissance naturelle de la collectivité. Le régime polonais actuel se préoccupe de plus en plus de vaincre l'hostilité à l'égard du système communiste et du régime lui-même et il cherche, sinon l'acceptation, du moins une neutralité amicale. Cependant, l'un des principes de l'idéologie communiste préconise expressément une guerre de propagande sans relâche. Cet aspect à lui seul rend suspectes les intentions du régime de la République populaire de Pologne vis-à-vis de la presse ethnique de notre pays.

À une certaine époque, le consulat polonais à Ottawa publiait un bulletin d'information qui paraissait sporadiquement aussi bien en anglais qu'en polonais. Soulignons surtout la documentation fournie par les agences de presse, destinée expressément aux

Polonais à l'étranger et distribuée gratuitement. Par exemple, la presse canado-polonaise reçoit deux bulletins spécialement destinés à l'usage de la presse polonaise à l'étranger, et contenant une grande variété d'information, d'articles sur divers sujets, de la correspondance et ainsi de suite. Parmi les autres publications distribuées aux Polonais à l'étranger figurent divers magazines, dont certains comportent des sections écrites dans une langue étrangère comme l'anglais. Le contenu est soigneusement choisi de façon à éviter la propagande flagrante, de sorte qu'une portion au moins se glisse dans tous les journaux canado-polonais.

Dans le rapport précédemment cité du ministère des Affaires étrangères (daté du 1er janvier 1935) relativement au *Związkowiec*, qui parut d'abord comme mensuel polycopié, se trouve cette phrase : « Le Consulat général de la République de Pologne à Montréal participe à la rédaction. » Cela ne valait pas seulement pour le *Związkowiec*. Les rédacteurs des journaux canado-polonais étaient choisis par les organisations essentiellement comme étant des personnes plus averties que la moyenne ou animées par un certain idéal. Dans la plupart des cas, ils n'avaient ni formation journalistique, ni d'expérience antérieure dans ce métier. C'était des amateurs motivés par un idéal et un sens de responsabilité sociale. Naturellement, ils acquièrent de l'expérience avec les années et, dans certains cas, une grande compétence, en accumulant les connaissances, en élargissant leurs horizons, en apprenant les trucs du métier et ainsi de suite. Il s'agissait de personnes dévouées, comme Jan Pazdor, Jan Sikora, Julian Nowacki, A.F. Chudzicki et Alfons J. Staniewski. Journaliste d'extrême gauche, W. Dutkiewicz fit une carrière remarquable ; il était un rédacteur en chef tout à fait doué et compétent.

Le poste de rédacteur d'un journal de langue polonaise n'a jamais été bien rémunéré. Comme l'a fait remarquer Stanisław Zybała, rédacteur de carrière après la guerre, les premiers rédacteurs et leurs aides consacraient beaucoup de temps et d'efforts au service de leurs journaux et de la collectivité polonaise, mais leurs traitements étaient fréquemment inférieurs au salaire des ouvriers de l'imprimerie, négocié par les syndicats [9]. Les propriétaires des journaux polonais du Canada comptaient toujours pouvoir trouver quelque intellectuel sans le sou, désireux d'assumer le poste de rédacteur sans qu'on ait à lui offrir un salaire élevé.

La période de l'après-guerre amena des changements fondamentaux dans les publications polonaises existantes et la création d'un certain nombre de publications nouvelles. L'arrivée des nouveaux immigrants polonais posa des exigences nouvelles considérables à la presse polonaise tout en mettant à la disposition des journaux polonais de nombreuses personnes capables de participer à leur publication. Les changements commencèrent durant la guerre lorsque le *Związkowiec* se retrouva entre les mains de rédacteurs caractérisés par leur maturité politique et professionnellement compétents. Durant les années de l'après-guerre, seule la *Kronika Tygodniowa* n'a pas changé de rédacteur ; tous les autres journaux de langue polonaise ont été dirigés par une succession de personnes qui se sont distinguées par leur compétence à la rédaction, leurs connaissances journalistiques et leur dévouement à la tâche.

Durant la période de l'après-guerre, deux questions importantes furent soulevées, à savoir : quelle position la collectivité polonaise devait-elle prendre vis-à-vis du nouveau régime socio-politique en Pologne et quels seraient ses rapports avec le Canada. La première question posait un problème corollaire : quelle attitude prendre à l'égard du gouvernement polonais en exil à Londres. Ces questions brûlantes gagnèrent en intensité lors de la parution d'une nouvelle publication. L'hebdomadaire *Głos Polski*, qui vit le jour en juillet 1950, à titre d'organe officiel de l'Union nationale polonaise du Canada, prit position en faveur des exilés de Londres, défendant la légitimité du gouvernement polonais à l'étranger et proposant de l'appuyer en envoyant des fonds en Grande-Bretagne. Sans démentir la nécessité de s'adapter au Canada, il incitait en même temps les immigrants polonais à se considérer comme des exilés politiques et non comme des résidents permanents.

Związkowiec prit le parti contraire en déclarant qu'il était temps de « défaire ses valises » et de cesser de considérer le Canada comme un port de transit pour en faire plutôt sa nouvelle patrie, avec le devoir d'accéder à la citoyenneté canadienne et de participer pleinement à la vie de la société. Tout en demeurant fermement anticommuniste et fortement opposé au nouveau régime en Pologne, *Związkowiec* soulignait qu'à titre de Canadien, on devait allégeance à un seul gouvernement, celui d'Ottawa. Les exilés politiques étaient libres d'agir selon leur conscience, mais ni le journal ni l'Alliance polonaise du Canada n'entendaient acquiescer à l'engagement politique envers des influences étrangères, qu'elles viennent de Londres ou de Varsovie.

Czas abonda dans le même sens, mais moins énergiquement. Il convenait que le soleil brillait pour tout le monde, à l'exception des communistes, mais ses éditoriaux ne prirent jamais une position nettement formulée. Cependant, puisque la plupart des organisations de l'Ouest du Canada étaient solidement pro-canadiennes, et que relativement peu d'immigrants de l'après-guerre allèrent s'établir dans les provinces de l'Ouest, la question ne revêtait pas une importance primordiale pour cette publication.

La *Kronika Tygodniowa* prit une position diamétralement opposée à celles de tous les autres journaux polonais. Si, au cours de la période d'avant-guerre le *Czas* approuvait toutes les politiques officielles de la République de Pologne[10], dans la période très différente de l'après-guerre, c'est la *Kronika Tygodniowa* qui fit officiellement sien ce point de vue. Elle était et demeure jusqu'à ce jour, le porte-parole et le propagandiste du régime de Varsovie. Il n'aurait pu en être autrement puisque le journal fut, dès sa fondation, l'organe d'un groupe qui glorifiait l'idéologie communiste, de sorte que lorsque cette dernière fut mise à exécution en Pologne, la *Kronika Tygodniowa* accueillit le nouveau gouvernement à bras ouverts.

Les positions divergentes adoptées par les différents organes d'information donnèrent lieu à d'acerbes polémiques dans les éditoriaux, les articles et les lettres des lecteurs. Tous les autres journaux de langue polonaise condamnèrent la *Kronika Tygodniowa* pour son parti pris pro-communiste, mais les luttes et récriminations ne se limitèrent pas à ce seul journal ; les rédacteurs du *Głos Polski* et du *Związkowiec* échangèrent aussi des accusations et des injures, se traitant respectivement de « gauchistes » et de « réactionnaires », ou de « marionnettes » de l'une ou l'autre faction politique[11]. L'hostilité fut à son comble entre ces deux journaux durant la période après 1956, par suite du changement de gouvernement en Pologne, mais elles s'est maintenant apaisée, et les différents journaux de langue polonaise affichent une tolérance et un respect réciproques.

Avec le temps, nombre des divergences fondamentales qui divisaient la collectivité polonaise quant à sa position vis-à-vis du Canada disparurent, tous convenant finalement que leur premier devoir était envers le Canada. Une faction continue à défendre le point de vue que la loyauté envers le Canada ne devrait pas entraver les efforts en vue de libérer la Pologne du joug et de l'influence de l'Union soviétique ; l'attitude vis-à-vis de la Pologne a cependant subi de nombreux changements, comme en témoigne la presse de langue polonaise du Canada. Les trois journaux à plus fort tirage, le *Związkowiec*, le *Głos Polski* et le *Czas*, demeurent anticommunistes, mais chacun évalue certains évènements à sa manière, non pas nécessairement ou systématiquement en se prononçant pour ou contre. L'attitude vis-a-vis du gouvernement polonais en exil a aussi changé au cours des ans. Bien que le *Głos Polski* continue de publier certaines déclarations de ce gouvernement et de son « président en

La famille polonaise idéale de Clifford Sifton au bureau de
l'immigration à Québec, 1911.

Winnipeg: le point principal d'arrivée des nouveaux immigrants, vers 1908.

En bons voisins, on aide un nouveau colon à nettoyer son terrain. Prince Albert (Saskatchewan), 1928.

*La première récolte de pommes de terre, d'autant plus importante
qu'il y aura une nouvelle bouche à nourrir. Manitoba, 1928.*

La situation s'améliorant, les huttes de terre sont remplacées par des bâtiments plus solides. Alberta.

Les relations avec d'autres colons polonais s'établissent lentement et les visites donnent lieu à des réjouissances.

Des techniques traditionnelles ont été importées des vieux pays.
Un appareil maison pour moudre le grain et faire de la farine. Alberta.

Mariage d'un mineur polonais avec une nouvelle immigrante. Coleman (Alberta) 1923. Avec les parents et les familles demeurées en Pologne, des amis participent à la fête.

Célébration du Jour de la Constitution Polonaise, le 3 mai, avec des uniformes polonais authentiques et des costumes traditionnels. Société d'aide fraternelle, Coleman (Alberta) 1933.

Des volontaires polonais dans l'armée canadienne. Une réunion
d'adieu, Calgary, 1940.

Une des écoles à temps partiel, sous les auspices de l'Alliance
polonaise du Canada. Toronto, 1946.

De nombreux pilotes polonais ont été formés au Canada durant la Deuxième Guerre mondiale. Ces deux pilotes ont été les hôtes d'un groupe de danseurs polonais de McLeod (Alberta), 1943.

Les activités sportives n'étaient pas négligées. Une association d'athlètes, Alliance polonaise du Canada, Toronto, 1946.

*Des colons après la Deuxième Guerre mondiale.
Barrie (Ontario), 1957.*

Des Polonais, une fois de plus, ont signé des contrats de deux ans pour travailler dans les fermes; ici ce sont des vétérans, 1946.

Ces Polonais se préoccupent de leur langue et de leur culture. On en voit la preuve dans le succès des bibliothèques et des librairies, Toronto, vers 1950.

Guides et Boy-scouts sont les plus populaires organisations pour les jeunes. Kashuby-Barry's Bay (Ontario), 1959.

*Les Polonais participent aux fêtes et aux manifestations canadiennes.
Un char polonais au Stampede de Calgary, 1950.*

*L'installation et la bénédiction de la « Vierge noire » de Częstochowa
dans la nouvelle église polonaise d'Oshawa, 1955.*

Une des nombreuses fêtes religieuses. Le clergé polonais, suivi par des organisations laïques, au Sanctuaire des Martyrs canadiens, Midland (Ontario) 1956.

L'Aigle blanc, emblème national polonais. Art et artisanat à
l'Exposition nationale canadienne, Toronto, 1955.

Expo 1967. L'inauguration du monument de Mikotaj Kopernik
(Nicolas Copernic), financé par la communauté polonaise
de Montréal.

Une des danses traditionnelles polonaises.

Groupe de jeunes chanteurs et danseurs polonais, Toronto, vers 1950.

exil » et que le *Czas* le fasse moins souvent et plus subtilement, aucun des rédacteurs ne croit totalement à l'efficacité ou à la raison d'être de cet organisme.

LES JOURNAUX DE LANGUE POLONAISE AUJOURD'HUI

La presse de langue polonaise est une institution viable qui n'éprouve actuellement guère de problèmes capables d'en entraîner la disparition [12]. Aucun des organes d'information n'est riche, et les rédacteurs comptent parmi les professionnels les moins bien payés de la collectivité polonaise, mais ce sont des personnes dévouées et engagées, et les modestes déficits sont à l'occasion comblés par les organisations polonaises qui les subventionnent, par les contributions des lecteurs ou grâce aux annonces payées par divers départements gouvernementaux ou par des entreprises privées.

Le nombre des publications canadiennes de langue polonaise à la disposition des lecteurs au Canada s'élève peut-être aujourd'hui à 50. Ce nombre comprend des journaux, des bulletins paroissiaux, des revues et des magazines publiés plus ou moins régulièrement. Diverses organisations polonaises font paraître un certain nombre de publications en polonais, marquant des anniversaires spéciaux ou d'autres occasions, et quelques-unes offrent au lecteur toute une richesse d'information. Il existe, à l'heure actuelle, cinq publications principales d'intérêt général, dont quatre paraissent chaque semaine et une toutes les deux semaines [13].

Le *Głos Polski-Gazeta Polska (Voix de la Pologne)* est l'organe de l'Union nationale polonaise du Canada et de l'Association des Polonais du Canada. Il est publié toutes les semaines à Toronto et tire à environ 5 500 exemplaires. La *Voix de la Pologne* s'intéresse aux activités des deux fédérations qui le subventionnent et à certaines autres associations polonaises ; elle signale les événements d'intérêt général survenus en Pologne, au Canada et dans le monde et publie des chroniques littéraires et d'autres articles susceptibles d'intéresser particulièrement les personnes d'ascendance polonaise. Ce journal vit le jour sous le nom de *Gazeta Katolicka* (*Hebdomadaire catholique*) en 1908 à Winnipeg. Après divers changements de noms et de propriétaires, les bureaux de rédaction et l'imprimerie sont situés à Toronto depuis 1951.

Le *Czas* (*Times* polonais), fondé en 1914, est le seul journal actuellement publié à Winnipeg et dessert principalement les provinces de l'Ouest. Dans le passé, ce journal dépendait de diverses fédérations ou organisations polonaises du Canada ou en était le porte-parole ; aujourd'hui, il se définit comme un hebdomadaire indépendant et non partisan. Le *Polish Times* publie des informations d'intérêt général en provenance du Canada, de la Pologne et d'autres régions du monde, et chaque numéro comprend des faire-part ou des nouvelles sur les activités des organisations polonaises à Winnipeg et plus à l'Ouest. Le tirage hebdomadaire actuel du journal est évalué à environ 4 000 exemplaires.

Le *Związkowiec (The Alliancer)* est l'organe de l'Alliance polonaise du Canada et publie des nouvelles canadiennes et mondiales ; les éditoriaux portent sur des questions canadiennes. Certaines actualités de Pologne, tirées soit des communiqués polonais, soit de témoignages et de renseignements de première main, apparaissent régulièrement dans ses pages. Ses analyses et ses commentaires politiques, littéraires et sociaux sont reconnus pour leur grande qualité. Depuis ses débuts en 1933, ce journal est devenu la plus importante publication de langue polonaise au Canada avec un tirage d'environ 8 500 exemplaires. Les trois journaux susmentionnés publient régulièrement des romans-feuilletons polonais.

La *Kronika Tygodniowa (The Weekly Chronicle)* est le successeur du *Głos Pracy (Voice of Labour)*, fondé en 1932, et est publiée à Toronto avec un tirage d'environ 2 000 exemplaires. *The Weekly Chronicle* est la voix de l'Association démocratique des Polonais. Son contenu, d'intérêt général, traite principalement des événements et développements survenus en Pologne et présentés sans esprit critique. On y accorde actuellement très peu d'importance aux intérêts et aux activités du groupe polonais du Canada ou au maintien de son caractère culturel distinctif.

Le *Kurier Polsko-Kanadyjski (Polish-Canadian Courier)* ne fut fondé qu'en 1972 et il tire actuellement à environ 1 000 exemplaires par semaine. Entreprise commerciale à l'origine, ce journal complètement indépendant est publié à Toronto. Son contenu comprend des actualités d'intérêt général en provenance du Canada et d'autres régions du monde, basées sur des communiqués d'agences de presse et d'autres publications. C'est le seul journal qui publie un certain nombre d'articles en anglais, ainsi qu'une grande quantité d'illustrations, et s'efforce d'offrir une grande variété de sujets d'intérêt général provenant de différentes sources.

La *Kronika Tygodniowa* offre principalement des nouvelles concernant la Pologne et consacre moins d'espace aux affaires canadiennes et à celles du groupe polonais. Le *Związkowiec* au contraire publie surtout des nouvelles canadiennes et fait état des activités des collectivités polonaises. Le *Głos Polski* et le *Czas* se situent quelque part entre ces deux extrêmes et contiennent beaucoup d'informations sur les Polonais en dehors de la Pologne et du Canada. Le *Kurier Polsko-Kanadyjski* ressemble davantage à un mensuel qu'à un hebdomadaire. Il n'offre pas d'éditoriaux et ne s'identifie à aucune tendance. Richement illustré, il traite de nombreuses questions d'actualité, et offre des reproductions de la presse de Pologne et d'autres publications polonaises d'ailleurs, dans une présentation polono-anglaise.

Il existe un certain nombre de publications mensuelles ou bimensuelles subventionnées par diverses organisations. Il y a le bulletin des enseignants polonais, les publications des scouts polonais, des ingénieurs, des anciens combattants, de l'Église catholique nationale polonaise, de la Fédération des femmes polonaises, des caisses d'épargne polonaises et le bulletin de la Fédération des Jeunes. Parmi les publications les plus remarquables figure l'*Echo* [14], revue consacrée aux préoccupations et aux intérêts de la jeunesse polonaise. Ce magazine indépendant fit ses débuts en 1969 à Toronto, et environ 20 numéros avaient été publiés à la fin de 1973. L'*Echo* offre une tribune aux talents variés des jeunes gens d'ascendance polonaise du Canada. Dans ses numéros antérieurs, ce magazine a présenté des articles sur l'histoire, la géographie, les coutumes, les traditions et la culture de la Pologne, des esquisses historiques de quelques regroupements polonais au Canada, des poèmes, des textes littéraires et de l'art graphique. Le tirage de ce magazine est à l'heure actuelle d'environ 600 exemplaires, et les articles sont publiés en polonais ou en anglais.

RÔLE ET FONCTIONS

Contrairement à la presse courante de toute société qui, en règle générale, adopte et suit les directives des directeurs ou des conseils d'administration, la presse des immigrants a dû s'adapter aux nombreuses conditions et circonstances spéciales auxquelles ses lecteurs avaient à faire face au sein d'une société nouvelle. S'adressant à un public nécessairement limité, la presse devait tenir compte des besoins, des intérêts et du degré d'évolution de son public. Elle devait fournir des informations et un contenu qui serviraient et intéresseraient les lecteurs venus au Canada pour diverses raisons, originaires de différentes régions de Pologne et qui n'avaient pas forcément les mêmes tendances religieuses ou politiques.

Face à ces problèmes, les journaux de langue polonaise furent

143

créés pour jouer le rôle important d'aider les immigrants à s'adapter aux nouvelles conditions du Canada. Bien que le groupe polonais soit aujourd'hui plus ou moins acculturé, la presse polonaise continue à jouer ce rôle auprès de nombreux immigrants de la première génération. En facilitant l'adaptation de l'immigrant au Canada, la presse a joué plusieurs rôles. Les journaux de langue polonaise ont toujours réservé de l'espace aux événements survenant en Pologne, l'importance accordée à ces renseignements augmentant nettement durant les périodes de crise, de guerre, de calamités naturelles ou de soulèvements politiques. La presse organisa fréquemment des campagnes et des stratégies d'aide matérielle ou financière à l'intention du peuple polonais, et donna parfois l'exemple aux autres en les incitant à participer à un événement important qui s'y déroulait [15]. Cet engagement, et les renseignements sur les événements de la mère patrie, offraient aux immigrants un certain lien de continuité avec la Pologne en allégeant leur sentiment d'aliénation ou le mal du pays.

La presse joua d'autres rôles, également importants. Mieux que tout autre organisme, elle était en mesure de présenter la nouvelle société d'accueil aux nouveaux venus. Tous les journaux publièrent, à un moment ou un autre, des articles expliquant les complexités des appareils politique, juridique, économique et éducatif du Canada aussi bien que son histoire et sa géographie. La presse informait ses lecteurs du comportement et des attitudes qui avaient cours au Canada. Elle fournissait des renseignements sur la citoyenneté canadienne, incitant souvent ses lecteurs à y accéder, et elle en précisait les devoirs, obligations et privilèges. Un organe de presse, l'*Alliancer*, exhorta ses lecteurs à adopter le Canada comme patrie permanente, à se considérer non pas comme des Polonais au Canada, mais comme des Canadiens d'ascendance polonaise ; les incitant à devenir membres à part entière de leur pays adoptif [16]. On peut dire que la presse de langue polonaise, plus que tout autre organisme polonais ou canadien, a favorisé une acculturation facile et rapide des premières générations d'immigrants aux normes et valeurs sociales du Canada.

Un autre rôle joué par la presse de langue polonaise avait trait au renforcement de l'identité, de la culture et des traditions polonaises. Par l'intérêt qu'elle porta aux événements politiques européens durant les années 1914–1918 et 1939–1945, la presse raviva l'identité nationale en veilleuse chez nombre de personnes non engagées et indifférentes, retardant ainsi leur assimilation et leur identification complète à la réalité canadienne. Le renouveau de l'identité polonaise se traduisit par une sensibilisation et un intérêt accrus face à l'évolution des événements survenant en Europe et par la prise de conscience et l'appréciation de leur richesse culturelle ; dans certains cas, cette identité retrouvée en amena quelques-uns à retourner en Pologne. La presse joua un important rôle dans le maintien de la pureté de la langue polonaise parmi les immigrants qui s'inventèrent rapidement une sorte de patois, mélange d'expressions et de mots anglais polonisés qu'ils utilisaient dans leur conversation courante [17].

La presse soulignait tous les anniversaires traditionnels et patriotiques et indiquait fréquemment comment et par qui ils étaient célébrés au Canada. Tout en soulignant l'importance d'adopter le Canada comme patrie permanente, la presse insistait généralement sur la perpétuation des coutumes, des traditions et de la langue polonaises non seulement parmi les immigrants eux-mêmes, mais aussi parmi les générations suivantes [18]. Il se peut très bien que la presse de langue polonaise ait été le facteur le plus important du maintien de l'identité culturelle de personnes dispersées, désorientées ou indifférentes qui n'estimaient ni utile, ni avantageux de préserver leur langue, leurs valeurs et leurs traditions propres.

La presse s'est aussi faite le porte-parole, le représentant, non seulement des fédérations ou organisations qui la subventionnaient, mais aussi de tout le groupe polonais au sein des institutions politiques, juridiques et autres du Canada. Elle remplit les mêmes fonctions dans ses rapports avec d'autres groupes ethniques du Canada et avec le gouvernement de Pologne. C'est généralement dans ses pages que s'élevèrent les protestations contre la discrimination socio-économique subie par de nombreux immigrants polonais. C'est la presse de langue polonaise qui défendit la réputation des Polonais, plaidant en faveur de l'intégrité et de la valeur du peuple polonais en général et des décisions du gouvernement polonais qui touchaient indirectement d'autres groupes ethniques du Canada [19].

Pour nombre de lecteurs, la presse faisait aussi fonction d'agence sociale. Par des lettres ou des visites aux directeurs, on demandait de l'aide pour s'adresser au ministère de l'Immigration ou aux organismes judiciaires, pour retrouver des personnes disparues, pour trouver du travail ou même un futur conjoint. Les pages des journaux permettaient d'annoncer des activités sociales telles que danses, pique-niques, anniversaires et autres occasions. Les bureaux de la rédaction servaient de lieux de rencontre lors de discussions n'ayant à peu près rien à voir avec le journal même. La presse de langue polonaise informait, mais elle servait aussi de bureau de placement, d'agence matrimoniale, de bureau pour retrouver les personnes disparues, de bureau d'aide juridique et de coordonnateur d'activités sociales. Les directeurs devaient remplir des fonctions dépassant largement le cadre immédiat d'un journal.

La presse avait également un rôle à jouer dans le domaine de l'éducation. Elle exhortait régulièrement les parents à envoyer leurs enfants aux écoles polonaises à temps partiel et elle encourageait les lecteurs adultes à se perfectionner en suivant des cours d'anglais et à améliorer leur polonais en lisant les classiques qui paraissaient en feuilletons dans les journaux. La presse fournissait à de nombreuses personnes la seule lecture qu'elles pouvaient comprendre et elle essayait d'améliorer le niveau intellectuel des lecteurs par la grande qualité de ses textes. Pendant nombre d'années, elle a constitué pour les gens doués la seule tribune où exprimer leur pensée créatrice et grâce à une critique constructive, elle a permis aux poètes, aux écrivains et aux éducateurs de se perfectionner. La presse soulignait également comme désirable l'amélioration du comportement social et de la morale, favorisant ainsi l'éducation des lecteurs en tant que citoyens, parents et êtres humains.

Enfin, la presse a joué un autre rôle de plus en plus reconnu par de nombreux historiens, sociologues et autres écrivains. Les dossiers, les archives et les bibliothèques de la presse de langue polonaise renferment une véritable mine d'or de renseignements. Un chercheur peut y découvrir des comptes rendus détaillés sur les expériences des groupes et des particuliers, leurs épreuves, leurs difficultés et leurs succès au Canada. Il est possible d'y suivre la formation et l'évolution de diverses organisations ; tout ce qui était important aux yeux des immigrants polonais du Canada, tout ce qui les préoccupait profondément était rapporté par un journal ou par un autre. La presse de langue polonaise constitue le dossier le plus exact et le plus complet qui soit des expériences, de l'évolution et du devenir du peuple polonais du Canada, et les historiens, parmi d'autres, mettront sans aucun doute à profit ce fonds de renseignements.

NOTES

1. TUREK, *The Polish Language Press*, brosse un tableau complet de la fondation et de l'évolution de toutes les publications de langue polonaise de 1904 à 1960. HEYDENKORN «*Związkowiec*» étudie surtout *Związkowiec*, qui commença à publier en 1933 et compte, à l'heure actuelle, le plus fort tirage de tous les semi-hebdomadaires. Voici d'autres ouvrages qui traitent de la presse de langue polonaise du Canada : Jacek ADOLPH, «The Polish Press in Canada» Université York, Toronto, autocopie (1970);

S.J. Jaworsky « Newspapers and Periodicals of Slavic Groups in Canada During the Period of 1965–1969 », thèse de maîtrise (autocopie), Université d'Ottawa, 1971 ; Stanisław Zybała, « Foreign in Language, Canadian in Spirit, Human in Every Other Respect » in J.M. Kirschbaum *et al.*, eds., *Twenty Years of Ethnic Press Association in Ontario* (Toronto 1971). Pour une vue d'ensemble des questions liées à la presse ethnique, voir Robert E. Park, *The Immigrant Press and Its Control* (New York, 1922).

2. À une exception près, lorsqu'il fut enjoint au *Głos Pracy* de fermer ses portes en août 1940 à cause de sa politique pro-soviétique et pro-allemande. La publication reparut sous un nouveau nom, en février 1941.

3. Les Oblats publièrent le *Głos Kanadyjski* de 1904 à 1905 et la *Gazeta Katolicka* à partir de 1908. Voir V. Turek, *The Polish Language Press, op. cit.*

4. D'après Turek, la publication du *Czas* commença en avril 1915.

5. Les faits ayant trait au Canada se trouvent aux pages 19 et 20 du rapport et constituent le chapitre X. Des photocopies de ces documents et d'autres relatifs à la presse polonaise du Canada sont en la possession de B. Heydenkorn.

6. Ce journal n'est pas resté « fidèle » très longtemps aux politiques officielles du gouvernement polonais, car il en critiqua sévèrement les attitudes vis-à-vis des ouvriers et des paysans. Le gouvernement polonais manifesta son mécontentement en 1937 en lui enlevant ses droits de distribution en Pologne.

7. Pas toujours avec exactitude. Par exemple, l'initiale du directeur du *Głos Pracy* est « W » et non « M ».

8. Cette phrase a été ajoutée à la main et paraphée T N 28/V avec le cachet de Tadeusz Narzyński dans la marge.

9. Zybała, *op. cit.*

10. C'est-à-dire depuis 1931, lorsqu'il a été acheté par des intérêts polonais.

11. S. Zybała « Jak Tam Na Wojence Ładnie » *Związkowiec*, n° 100, avoue candidement que quelques-unes des accusations étaient sans fondement, mais que la publicité qui en a découlé a « fait vendre les journaux ».

12. La survivance de la presse est étroitement liée à l'arrivée des nouveaux immigrants de Pologne. Le nombre des nouveaux arrivés durant la dernière décennie ne présage rien de bon pour l'avenir de ces publications.

13. Les autres hebdomadaires sont les bulletins paroissiaux qui portent sur les avis ayant trait aux activités paroissiales, aux fêtes religieuses et aux anniversaires.

14. À ne pas confondre avec *Echo*, publication bi-mensuelle de l'Église catholique nationale polonaise.

15. Plus récemment, la reconstruction du château royal de Varsovie et l'anniversaire de Copernic ont fait l'objet de beaucoup de publicité dans la presse de langue polonaise du Canada.

16. On encouragea surtout les immigrants de l'après-guerre à défaire leurs « sacoches » et à se réconcilier à l'idée d'accepter le Canada comme leur nouvelle patrie. Voir Heydenkorn, « *Związkowiec* », pour plus de précisions à cet égard.

17. « Padja » signifiant jour de paye ou salaire, « Kara » pour automobile et d'autres expressions semblables.

18. À ce point de vue, elle a généralement moins bien réussi.

19. À la suite des événements politiques en Pologne dans les années 20, les groupes ukrainiens et juifs du Canada insistèrent auprès du gouvernement canadien pour obtenir la condamnation des politiques du gouvernement polonais vis-à-vis des minorités de la Pologne. La presse de langue polonaise défendit ces politiques.

CHAPITRE SEPT

La famille

> Parmi les divers modes d'association qui
> constituent la microstructure d'une société, les
> familles sont les plus influentes.
>
> Jan SZCZEPAŃSKI

LA FAMILLE EN POLOGNE

Quelques-uns des témoignages les plus anciens qu'on puisse trouver sur la famille dans l'histoire de la Pologne, et qui remontent au début du XVe siècle, indiquent que la société polonaise était caractérisée par des relations familiales stables de type patriarcal. Les familles de trois générations vivant sous un même toit étaient la règle générale, règle qui survécut bien au-delà du début du siècle actuel malgré les bouleversements d'ordre politique, économique et idéologique qui ont eu lieu au cours des siècles derniers [1].

Jusqu'en 1945, la société polonaise demeura essentiellement une société traditionnelle [2]. La vie familiale reflétait les différences sociales. Celle des paysans dépendait du cycle du travail agricole ; la vie familiale d'un petit entrepreneur était étroitement liée au fonctionnement de son entreprise ; parmi la bourgeoisie et la noblesse, la famille était une institution pour la préservation du rang social et du pouvoir. Cependant, toutes les classes avaient en commun une forte tradition patriarcale, une vie familiale fortement soumise à l'influence de la religion (et de l'Église), et caractérisée par des liens de solidarité extrêmement solides.

D'après un sociologue polonais, « presque toutes les familles rassemblaient trois générations, et l'influence des grands-parents sur la conduite des affaires familiales était forte même s'ils n'habitaient pas avec leurs enfants mariés [3] », tandis qu'un autre auteur estime que « des relations sociales traditionnelles et axées sur le passé

149

régnaient incontestablement dans tous les groupes socio-économiques[4] ».

Tous les Polonais partageaient le même idéal familial. Les valeurs sociales mettaient l'accent sur le sentiment d'appartenance à un groupe familial qui pouvait comprendre tous les parents par le sang ou par alliance. Cet idéal préconisait l'intégration des activités des membres de la famille en vue d'objectifs communs, l'utilisation des ressources familiales pour secourir les membres dans le besoin et le maintien de liens solides entre la famille parentale et les branches nouvelles de la famille. Advenant la mort des parents, même la parenté éloignée devait aider à élever les orphelins. Autre valeur essentielle, les enfants adultes devaient prendre en charge leurs vieux parents ou grands-parents.

Dans cette société principalement rurale, l'homme se considérait le supérieur ou le maître de sa femme. Selon un proverbe largement répandu et appliqué : « On doit constamment rappeler à la femme qu'elle est incapable de jamais avoir la moindre idée ou opinion sensée ou importante[5]. » Il était généralement accepté que le devoir de la femme, à la maison comme à l'extérieur, était de bien faire sentir que son mari était le chef de la famille, même si elle partageait ou exerçait une certaine influence sur les décisions familiales. On valorisait énormément l'obéissance des enfants à la volonté et aux désirs des parents.

Dans la population rurale et les classes ouvrières urbaines, la femme était considérée davantage comme « la mère des enfants que comme compagne ou partenaire sexuelle de l'homme[6] ». Le choix des conjoints était fortement influencé, sinon dicté, par le choix ou l'approbation des parents. L'approbation dépendait de la grosseur de la dot ou des biens, du rang social et des antécédents familiaux. La femme qui pouvait faire la lessive deux heures avant d'accoucher et nourrir les bestiaux deux jours après[7] valait son pesant d'or chez les paysans ; l'âge ou l'apparence personnelle avaient moins d'importance. L'amour en soi ne pesait pas lourd dans la sélection des conjoints. Les mariages paysans étaient le plus souvent arrangés selon des coutumes immuables, et les cérémonies nuptiales polonaises sont célèbres par leurs traditions[8] (habituellement appréciées de ceux qui ont assisté à de telles célébrations au Canada).

Dans les rapports quotidiens avec les enfants, le père manifestait rarement de l'affection ou de la tendresse de peur de gâter les enfants ou de leur ramollir le caractère. Seules les classes bourgeoises, surtout l'intelligentsia, déviaient quelque peu de cette norme. Parmi les paysans et les ouvriers urbains, les enfants étaient principalement considérés comme des travailleurs, des membres de la structure économique chargés de tâches ou de fonctions précises sur la terre, à la maison ou à l'atelier. Ils constituaient un « personnel d'appoint [9] » dans l'exploitation de la terre ou de l'entreprise familiale.

La structure des rôles familiaux épousait la division traditionnelle du travail entre le « travail d'homme » et le « travail de femme » pour le paysan et les familles de la classe ouvrière des villes. Bien que chacun fût tenu d'accomplir certaines tâches au sein de la famille, il était inacceptable qu'une femme mariée ait un emploi rémunéré en dehors de son foyer, car cela aurait certainement abaissé son mari aux yeux de la parenté, des amis et de la collectivité. Quand la femme travaillait, la valeur du mari en tant que soutien de famille, donc en tant qu'homme, était mise en doute. La place de la femme ou de la mère était à la maison, avec ses enfants.

Les familles polonaises étaient en général nombreuses. La taille de la famille dépendait de la fécondité de la femme, de la survie infantile et de la maladie ou des épidémies subséquentes. La taille de la famille influait fortement sur le prestige du père ; on le considérait viril s'il engendrait de nombreux enfants. Ces derniers constituaient le signe le plus évident de sa santé, de sa force et de ses qualités de soutien de famille. De nombreux enfants, surtout des garçons, représentaient la sécurité pour l'avenir, une éventuelle influence sur les décisions prises par la collectivité et une importante réserve de main-d'œuvre et d'énergie dans les moments difficiles.

Traditionnellement, et dans toutes les classes sociales, le mari, le père, était le chef de la famille polonaise. Ce modèle d'autorité touchait toute la famille : les sœurs devaient obéir ou déférer à leurs frères, et on respectait et soulignait l'ordre de naissance des frères. La mère possédait sa sphère d'influence et d'autorité, mais elle reconnaissait et respectait le rang supérieur d'autorité et de pouvoir du père et du mari [10]. L'autorité du père, surtout parmi les nobles et les paysans, frisait souvent le despotisme [11]. Celui-ci avait le dernier mot en tout, y compris, généralement pour l'achat ou la vente d'une propriété ou lors des mariages contractés au nom des enfants.

Même si les maris et les pères décidaient de l'utilisation des économies, c'était à la femme, chez les paysans, qu'en était confiée la garde. Comme les banques étaient inaccessibles ou suspectes, chaque épouse plaçait l'argent dans sa petite cachette à l'insu du mari même.

L'autorité et le rang traditionnels du père n'étaient jamais remis en question, mais le rapport des forces faisait souvent l'objet de négociations et dépendait de la personnalité ou de l'ingéniosité de chacun. Un auteur cite de nombreux exemples de femmes de paysans qui se sont à la longue arrogé un haut degré de pouvoir ou d'influence au sein de la famille en refusant des faveurs, par le harcèlement ou la manipulation, et qui étaient les chefs de famille de facto [12]. Un autre écrivain avance l'hypothèse que la mère ou l'épouse peut, en usant de subtilité, devenir la maîtresse absolue de son ménage, et assumer ainsi le rôle d'éminence grise [13].

En Pologne, comme ailleurs, il y avait des familles dominées par l'épouse, mais celles-ci n'étaient jamais considérées comme satisfaisantes, même par les épouses elles-mêmes. Les normes, les critères et les valeurs de la société sanctionnaient le mariage où le père était le chef de famille et se conduisait comme tel. Quand le père n'était pas à la hauteur de la situation, permettant ou imposant à la mère d'assumer le rôle et les fonctions habituellement exercés par le mari, il en résultait fréquemment de la confusion et du chagrin, accompagnés du mépris, de la dérision ou de la pitié de la parenté, des amis et de la collectivité.

Une discipline sévère faisait partie de l'éducation des enfants de toutes les classes sociales, car on estimait que c'était une façon de les aguerrir aux luttes que leur réservait la vie. « Les mesures disciplinaires imposées par le père étaient sévères et dures, surtout parmi les familles paysannes et ouvrières [14]. » Le scénario, commun à toutes les classes sociales, était celui du « père austère et de la mère qui tente de défendre son enfant et d'intervenir entre le père et lui lorsque la punition devient trop sévère [15] ».

On prenait pour acquis que le fils d'un fermier suivrait les traces de son père et demeurerait sur la terre. Les ouvriers ou artisans des villes décidaient habituellement de l'occupation ou du métier de leurs fils et du moment où ils devaient y entrer. Les parents des classes moyenne et aisée décidaient de la profession future de leurs enfants, et seuls les jeunes gens les plus rebelles ou indépendants pouvaient aller à l'encontre des désirs du père, d'habitude sous peine d'être déshérités ou bannis de la famille [16].

LES EFFETS DE LA MIGRATION

La plupart des immigrants polonais adultes qui vinrent au Canada jusque vers la fin des années cinquante arrivèrent avec ces valeurs et croyances, ignorant qu'il pouvait même exister des relations familiales différentes. Cependant, la famille, le bastion ou la base de la société, polonaise et autre, se trouve presque totalement négligée ou passée sous silence dans les écrits traitant du groupe polonais du Canada. Un seul roman, basé sur des recherches, traite longuement des familles polonaises du Canada[17]. Les statistiques existantes fournissent certaines données sur la taille des familles, la mort d'un des conjoints et la fréquence des mariages mixtes entre les Polonais et d'autres groupes ethniques et religieux[18], et des ouvrages d'auteurs canadiens mentionnent vaguement la délinquence juvénile et d'autres problèmes familiaux. Il semble que ce soit là l'étendue des renseignements disponibles pour une étude de la famille polonaise au Canada, et on ne peut guère se prononcer avec certitude sur les changements qu'a subis cette vénérable institution[19].

Peu d'immigrants éventuels avaient les moyens suffisants pour payer le passage de toute la famille en une seule fois, même en vendant tous leurs biens et en obtenant des sommes supplémentaires de parents ou de prêteurs. Il est probable que l'importante décision d'émigrer n'était pas prise de façon définitive et que l'émigrant laissait derrière lui femme, enfants et biens, à titre de sécurité ou d'assurance au cas où la « Terre promise » ne serait pas telle qu'elle avait été présentée. Les quelques organisations offrant des conseils aux émigrants éventuels de Galicie avant 1914 décourageaient fortement les familles entières de partir d'un seul coup et de façon permanente. L'une en particulier[20] exhortait les pères à se rendre seuls au Canada, à y travailler et économiser pour ensuite rentrer en Pologne. Nombre de familles appauvries envoyèrent leurs fils en Amérique du Nord expressément pour les aider financièrement, et les fils, se rendant compte des perspectives meilleures au Canada, persuadaient le reste de la famille de les rejoindre. Le plus souvent, le père partait le premier pour trouver du travail et un logement et, quand toutes les dettes étaient payées, envoyait de l'argent ou des billets de paquebot pour que sa famille le rejoigne.

Avant 1914, les immigrants polonais étaient dirigés vers les provinces des Prairies, et on encourageait les familles à s'établir sur des terres et à réclamer leurs concessions[21]. Les colons ruraux, soustraits au dynamisme et aux influences souvent perturbatrices de la vie urbaine, ont pu perpétuer leur mode de vie traditionnel pendant de nombreuses années. La transition d'une société à une autre ne modifia guère l'autorité du père. L'exploitation d'une ferme ou d'une concession exigeait que la femme et les enfants participent aux nombreuses tâches sous la direction du père. L'épouse faisait figure d'associé adjoint dans ces luttes initiales, et tous les enfants étaient des ouvriers non rémunérés à qui l'on confiait des fonctions ou des tâches adaptées à leur âge et à leur sexe. Séparée de la collectivité à laquelle elle avait appartenu, la famille devint « l'unité fondamentale de production et de consommation, de socialisation et de récréation. Faute de groupes de soutien, elle devait assumer nombre de fonctions accomplies par la collectivité et les institutions de la mère patrie. La dépendance de l'individu envers sa famille augmenta [22] ».

Dans un milieu étranger et souvent hostile, séparés de leurs amis, de leur parenté et de leurs contemporains, les enfants dépendaient du soutien moral et physique offert par la famille immédiate et adoptaient les modes traditionnels de relations avec leurs parents.

Les familles rurales ne changèrent que très lentement [23]. Le renforcement qui pouvait venir d'autres familles et institutions polonaises telles que l'Église, était le plus souvent absent, mais à peu près rien non plus n'incitait au changement. D'autres immigrants européens, surtout les Ukrainiens parmi lesquels s'établirent nombre de familles polonaises, partageaient le même type de relations familiales et avaient des valeurs et des attitudes semblables. Les jeunes n'étaient pas exposés aux idées « modernes » des grands moyens de diffusion [24]. La vie familiale, à l'exception des exigences de l'instruction publique obligatoire et des nécessités économiques, résista aux changements et aux innovations.

Les familles urbaines étaient soumises à toutes les influences de la société d'accueil mais, tant que la mère demeurait à la maison, elle jouait le rôle de gardienne des coutumes, des traditions et des valeurs, en faisant échec aux pressions venant de la société extérieure. À cet égard, elle pouvait compter avec les églises polonaises, qui continuèrent à préconiser les relations familiales patriarcales traditionnelles. La coutume voulant que les grands-parents habitent avec la famille se poursuivit, et non seulement partageaient-ils les tâches les plus diverses, mais encore ils renforçaient davantage le rôle de gardienne de la mère.

Pourtant, il aurait été miraculeux que le système familial traditionnel n'ait pas été touché par le processus migratoire et les situations du nouveau milieu; c'est ainsi que certains facteurs commencèrent à modifier la famille polonaise. L'absence de soutien provenant de la famille étendue [25], des amis et de la communauté immédiate, et le manque d'organismes pour renforcer les valeurs et les traditions, surtout les églises, le clergé et les écoles polonaises, eurent une importance considérable.

Pour ce qui est du premier facteur, on a fait remarquer qu'il y avait un certain nombre de « colonies » rurales polonaises dans les trois provinces des Prairies, surtout au cours des trois ou quatre premières décennies du XXᵉ siècle [26]. Ces concentrations rurales étaient l'exception plutôt que la règle. La vaste majorité des agriculteurs polonais du Canada étaient dispersés parmi d'autres groupes ethniques, en particulier les Ukrainiens. Même lorsqu'il se trouvait des concentrations d'immigrants polonais, elles se composaient de gens qui ne venaient pas des mêmes villes ou des mêmes régions de Pologne.

Face à des coutumes étrangères, luttant pour s'établir dans la nouvelle société, sans direction et sans conseil, les immigrants polonais devaient analyser et résoudre leurs problèmes seuls. Leurs valeurs, coutumes et traditions leur ont été fort utiles ; rares sont les cas de désintégration de la famille, de turpitude morale, de délinquence juvénile et de prostitution [27]. À titre d'exemple, une étude révèle que la proportion des condamnations de Canadiens de naissance durant la période 1951–1954 était de 86,56 pour 10 000 personnes de sexe masculin dans la catégorie de 15 à 49 ans. Les chiffres correspondants pour les Polonais de naissance étaient de 42,73 [28]. L'absence d'organismes aptes à appuyer et à confirmer les modes traditionnels des rapports familiaux confinait les membres du groupe dans l'isolement au mieux, mais le plus souvent, elle les livrait aux influences et aux pressions du milieu environnant. Alors que les adultes étaient moins susceptibles de subir de telles influences, les jeunes y étaient sans doute beaucoup plus sensibles.

D'autres conditions ont hâté l'évolution du régime familial polonais existant. L'énorme besoin de fonds pour l'achat de bétail et d'instruments aratoires, ou pour rembourser des dettes, forçait les maris à chercher tout travail disponible, ce qui entraînait souvent leur absence prolongée, loin de leur femme et de leurs enfants. Durant ces périodes, la mère devait assumer nombre des rôles de son mari : la prise des décisions, les mesures disciplinaires et la direction de la famille. Quand le père revenait à la maison, le retour aux relations traditionnelles n'était pas toujours facile.

On encourageait les enfants plus âgés, garçons et filles, à chercher des emplois rémunérateurs. Les jeunes gens s'initiaient à la vie des équipes de travail, des camps de bûcherons, des usines, à des situations et à des expériences nouvelles pour des personnes qui avaient rarement quitté leurs villages. Ils apprenaient des idées et valeurs nouvelles ou en entendaient parler, d'étranges notions d'autonomie économique, d'influence sur les prises de décisions et d'autodétermination concernant leur propre avenir. Les filles plus âgées s'engageaient comme domestiques, ce qui leur permettait d'observer des modes de vie et des rapports familiaux différents.

L'autorité et le pouvoir du père polonais se trouvaient dès lors moins sûrs, voire menacés. Tout en demeurant légalement propriétaire de ses biens, il n'était pas toujours certain des droits que lui conféraient les lois canadiennes. Le milieu environnant ne favorisait pas sa suprématie. Il n'y avait pas de parenté ou de voisins pour surveiller et critiquer toute infraction aux coutumes et aux traditions. Dans son nouveau milieu, il ne pouvait plus exercer les nombreuses prérogatives qui lui étaient attribuées en Pologne. Dans les premiers temps de l'immigration en masse (1896-1914) et de la colonisation des concessions, les mariages étaient la plupart du temps dictés par la nécessité. Puisque les familles étaient dispersées et ne se connaissaient pas entre elles, les jeunes gens avaient peu d'occasions de se rencontrer, et les unions étaient arrangées par les parents sans grand égard pour les deux personnes intéressées. En outre, on n'accordait guère d'importance aux détails essentiels de la dot de la fille ou de la situation ou de la richesse du garçon, et les mariages ne satisfaisaient généralement pas tous les intéressés [29].

En raison de la supériorité numérique des mâles, les jeunes femmes polonaises nubiles était difficiles à trouver. Les jeunes gens obviaient à la difficulté en allant chercher une épouse en Pologne ou en faisant venir leur bien-aimée ou amie au Canada. D'autres épousaient des jeunes femmes d'autres groupes ethniques, surtout des Ukrainiennes [30]. Les jeunes gens suivaient de plus en plus leur inclination dans la sélection d'un conjoint, et la notion de l'amour romantique comme condition nécessaire au mariage devenait plus importante. Les parents pouvaient toujours influencer, approuver ou désapprouver un choix, mais ils n'étaient plus les instigateurs principaux des nouvelles unions conjugales.

Le père ne pouvait plus dicter à ses enfants l'instruction qu'ils devaient acquérir ou quelle profession ils devaient exercer. Les filles, ayant moins d'occasions d'emploi à l'extérieur, demeuraient généralement sous l'influence des parents à cet égard [31], mais les fils, au contact ou conscients des possibilités pécuniaires offertes par d'autres types d'emplois et dans d'autres localités, ne dépendaient plus des biens de leurs pères. Un fils, peut-être, manifestait le désir ou la volonté de prendre la relève de son père en agriculture ou en affaires, mais beaucoup de perspectives s'offraient aux autres. Les terres abondaient et coûtaient relativement peu. Un jeune homme résolu qui entreprenait de posséder une exploitation agricole pouvait accumuler les fonds nécessaires en quelques années de travail pour un autre agriculteur ou à la ville. Il pouvait obtenir son indépendance facilement. Les jeunes, forts et en bonne santé, pouvaient généralement trouver un emploi dans les villes, les mines ou les forêts, dans la construction domiciliaire ou ferroviaire.

L'éducation au Canada était obligatoire et, si certains pères empêchaient leurs enfants de fréquenter l'école, surtout au plus fort de la saison des récoltes, tous durent se plier aux nouvelles lois. L'école publique a été et demeure l'un des plus importants facteurs d'évolution dans les familles polonaises patriarcales traditionnelles. Les enfants y apprenaient de nouvelles valeurs et coutumes qui étaient tenues pour les plus civilisées[32]. Leur culture et leur histoire étaient habituellement ignorées ou tournées en dérision. Dans leurs rapports avec leurs camarades, ils en venaient à se rendre compte que d'autres types de relations familiales existaient, comportant une structure d'autorité moins sévère et un ensemble de relations plus libérales ou démocratiques.

D'abord et avant tout, les enfants acquirent dans les écoles publiques les moyens de communiquer avec la société extérieure qui faisaient défaut aux parents ou qu'ils ne possédaient qu'à un degré limité. À maintes reprises, les pères devaient faire appel aux connaissances nouvellement acquises par leurs enfants lorsque s'imposait la nécessité de traduire et cette dépendance devait fatalement saper l'autorité et le pouvoir du père.

L'enseignement public gêna les rapports et la compréhension entre parents et enfants. L'acquisition fragmentaire ou partielle des valeurs et traditions polonaises au sein de la famille, renforcée seulement en partie par les églises et les écoles à temps partiel là où elles existaient, ne produisit pas les résultats escomptés par les parents. Pour les jeunes, les coutumes et traditions anciennes avaient de moins en moins de sens et de raison d'être. L'incompréhension faisait souvent place à l'aversion face aux coutumes et traditions « étrangères » et « mauvaises » des parents. Les enfants voulaient éviter les clichés et les quolibets par lesquels la société canadienne désignait leurs parents, et le moyen le plus rapide d'y parvenir était de devenir « Canadiens » sans distinction, en abandonnant les coutumes et la langue, voire en changeant leurs noms une fois adultes.

Les parents ne pouvaient offrir de solution de rechange valable face à la mentalité que leurs enfants adoptaient dans le monde « extérieur ». Nombre d'entre eux étaient incapables de faire face à la nouvelle situation à cause de leur insouciance, de leur ignorance ou par manque de temps. D'autres encourageaient leurs enfants à devenir « Canadiens » aussi rapidement que possible. Ceux qui désiraient préserver et maintenir le mode de vie traditionnel étaient trop faibles pour contrer l'influence des institutions et des valeurs canadiennes.

Nombre de types traditionnels de rapports familiaux durent changer ; le despotisme n'était plus possible puisque les enfants pouvaient quitter la maison et tenter leur chance ailleurs. La discipline dut s'adapter aux critères canadiens. Par suite, bien que les parents immigrants aient essayé de maintenir les types traditionnels de rapports pratiqués en Pologne, chaque génération née et élevée au Canada adopta de plus en plus le mode de vie familial de la société d'accueil.

PROBLÈMES DE SOCIALISATION

Les enfants d'immigrants, surtout ceux qui venaient de sociétés traditionnelles comme la Pologne d'avant la guerre, se butèrent à une foule de problèmes négligés, jusqu'à tout récemment, par l'opinion canadienne [33]. L'enfant d'un immigrant, durant les premières années de séjour dans la nouvelle société, vivait sous la pression continue de deux ensembles différents et souvent contradictoires de valeurs, d'attitudes et de perceptions. Il n'était pas encore complètement imprégné des valeurs, des modes culturels, de la littérature, des coutumes et de l'histoire de son groupe ethnique. Cela favorisait l'adoption des normes, des valeurs et des rôles de la société d'accueil qu'il devait faire siens pour pouvoir évoluer dans certaines situations, surtout à l'école. Les parents, de leur côté, essayaient de socialiser leur enfant dans la culture de leurs ancêtres par l'encouragement, la persuasion, les ordres et par tout autre moyen disponible. Toutefois, cette allégeance ne pouvait être obtenue que si la famille et l'ensemble du groupe ethnique offraient une échelle de valeurs ou un point de comparaison favorables à la valorisation personnelle.

Du fait même que les enfants immigrants appartenaient à deux groupes à la fois, nombre d'entre eux ont acquis une conscience discordante d'eux-mêmes ; ils n'étaient pas certains d'être canadiens d'abord et « ethniques » aussi, ou « ethniques » et aussi canadiens ; certains se sentaient canadiens à part entière et quelques-uns se percevaient comme exclusivement « ethniques ». L'enfant immigrant vivait une expérience rarement imposée à ses camarades canadiens ; deux entités sociales imposant à la fois leurs échelles de valeurs respectives à l'enfant pouvaient, à forces égales, susciter une double allégeance. L'inadaptation devenait le lot de l'enfant immigrant qui était incapable de s'identifier d'emblée à l'un ou l'autre des deux groupes en présence [34]. On ne peut affirmer avec certitude dans quelle mesure les enfants des immigrants polonais ont été déchirés par le problème de leur identité ni en jauger les résultats, mais nos recherches indiquent que la vaste majorité a choisi d'accepter les normes et valeurs canadiennes et de s'identifier au groupe canadien, et d'abandonner la langue, les coutumes et les traditions polonaises.

ÉTUDE DE LA RÉGION DE TORONTO

Des recherches [35] ont été effectuées auprès de familles polonaises ayant immigré après la guerre, dans la région de Toronto, dans le but d'étudier et d'examiner les attitudes et les valeurs de ces personnes vis-à-vis de l'ordre domestique, soit la hiérarchie au sein de la famille, et de la pratique religieuse de ses membres. On a remis les questionnaires aux pères et on a interviewé d'autres membres de la famille lorsque c'était possible.

L'étude démontra que les familles polonaises de Toronto étaient nettement moins nombreuses que les familles de Pologne d'il y a à peine deux ou trois décennies. Parmi les interviewés, plus de 60% venaient de familles de cinq enfants ou plus, alors que seulement 10% des familles recensées à Toronto avaient cinq enfants ou plus. Surtout, la majorité des parents avaient fixé librement le nombre d'enfants qu'ils désiraient avoir, et leurs attitudes vis-à-vis des méthodes de régulation artificielle des naissances correspondaient exactement à celles d'autres catholiques romains canadiens. Environ 25% de ceux qui se considéraient comme de bons catholiques déclarèrent approuver la régulation artificielle des naissances et plus de la moitié d'entre eux sont en faveur du divorce « dans certaines circonstances » ou bien ne croient plus que les gens, même mariés à l'église, doivent « demeurer unis quoi qu'il advienne ». Un certain nombre de commentaires indiquent la nécessité de familles moins nombreuses ; on donne comme raisons que les parents sont davantage en mesure d'offrir une instruction plus poussée si les enfants sont moins nombreux, que la situation du logement ne permet pas d'élever de grosses familles et qu'il en coûte trop d'élever une famille nombreuse.

On s'intéressait surtout aux membres de la famille immédiate. Les adultes demeuraient en contact avec des parents de Pologne par la poste et même par des visites occasionnelles, mais une faible proportion seulement de leurs enfants avaient des contacts, même sporadiques, avec leur parenté en Pologne. Si des cousins ou d'autres parents se trouvaient au Canada, les enfants les rencontraient lors de réunions familiales spéciales, mais ils n'entretenaient pas forcément de relations amicales ou autres avec eux. Moins de 10% des enfants comptaient des amis appartenant à d'autres familles polonaises et, dans certains cas, les pères ne connaissaient pas les amis de leurs enfants.

L'ascendant traditionnel de la famille n'était pas très évident parmi les immigrants de l'après-guerre. La plupart d'entre eux ne prenaient leurs repas ensemble que les fins de semaine ou lors de congés spéciaux. La famille se réunissait pour partager des loisirs lors d'occasions spéciales seulement. Les adolescents polonais avaient tendance à découvrir et à cultiver des intérêts qui n'incluaient pas nécessairement d'autres membres de la famille. La majorité des pères ont fait remarquer que leurs enfants ne venaient pas leur demander de l'aide ou des conseils. Près de la moitié des pères jugeaient leurs enfants irrespectueux à maintes occasions et souvent rebelles, et environ 35% avaient des problèmes de communication et d'entente mutuelle.

Interrogés au sujet de la jeunesse polonaise en général, la plupart des pères ont avancé des opinions négatives. Les jeunes Polonais les accusaient très volontiers d'être « vieux jeu », trop traditionnels ou rigides et réfractaires au nouveau milieu. Ils reprochaient aux enfants de ne pas comprendre les différences énormes qui séparent la culture polonaise de celle d'une société moderne industrialisée comme le Canada. Les pères ne pouvaient pas comprendre le peu d'intérêt que suscitaient leurs tentatives de conserver des valeurs traditionnelles qui leur apparaissaient être aussi bonnes sinon meilleures que les valeurs canadiennes. Nombreux sont ceux qui accusèrent le « fossé » des générations de cet état de choses et qui exprimèrent l'espoir que le temps modifierait les opinions de leurs enfants.

Les femmes qui travaillent

Parmi le groupe étudié, seulement 31,6% des femmes ne travaillaient pas du tout alors que 32,2% d'entre elles avaient des emplois réguliers à plein temps. Les maris des femmes qui travaillaient justifièrent et expliquèrent cet état de choses de maintes façons. Nombre d'entre eux ont avancé que c'était la règle dans la société canadienne. D'autres ont souligné qu'à titre d'immigrants, ils étaient venus au Canada presque démunis et que, pour assurer à leurs enfants les meilleures chances possibles, les deux parents devaient faire un effort pour accumuler des économies. D'autres ont donné l'assurance qu'il ne s'agissait que d'une situation temporaire et que leurs femmes réintégreraient aussitôt que possible leur place légitime, à la maison avec les enfants. La plupart des pères ont réaffirmé que la place de la mère est à la maison et ont blâmé la société ou l'industrie canadiennes d'encourager les femmes mariées ayant des enfants à travailler.

Les femmes elles-mêmes n'étaient pas nécessairement d'accord avec ces opinions. Certaines étaient satisfaites de leur travail, qu'elles trouvaient stimulant et qui leur offrait un dérivatif au travail ménager. D'autres aimaient l'indépendance partielle qu'un travail rémunéré leur apportait. Certaines estimaient qu'elles continueraient à travailler pour acquérir divers objets superflus ou « de luxe » que le seul salaire de leurs maris ne leur permettait pas d'acheter. Les femmes travaillant à l'occasion, ou à temps partiel surtout, avaient des buts précis : vacances-voyages, vêtements pour elles et leurs enfants ou autres superflus. Seules quelques mères estimaient que c'était le devoir du seul père de subvenir aux besoins de la famille ; même celles qui ne travaillaient pas étaient prêtes à prendre un emploi advenant que la famille ait besoin d'argent.

L'étude démontre également l'existence de nouvelles relations familiales et une hiérarchie nouvelle en matière de prises de décisions et d'autorité. L'autorité du père dans la Pologne d'avant la guerre était rarement constestée et elle s'étendait à toutes les questions et décisions importantes. L'étude révèle que même parmi les pères dont les femmes ne travaillaient pas, 72,2% partageaient en dernier ressort les prises de décisions avec leurs femmes quant aux achats importants, alors que 27,8% des pères partageaient de telles décisions avec toute la famille. Aucun d'eux ne décidait tout seul. Lors d'un changement d'emploi, les pères consultaient maintenant leurs femmes. Le budget familial était contrôlé par le père seul dans 18,3% des cas, tandis que les autres partageaient cette responsabilité avec leurs femmes.

Autres constatations

L'étude semble indiquer que les pères polonais n'influencent guère directement le choix des conjoints de leurs enfants. Le seul facteur apparemment important concernait la religion. Plus de la moitié des pères polonais déclarèrent qu'ils voudraient que leurs enfants se marient avec quelqu'un de la même religion, mais bon nombre des mêmes personnes ont ultérieurement modifié leurs réponses en soutenant que tout mariage est plus heureux s'il n'y a pas de divergence ou de conflits quant à la religion, ce qui facilite l'éducation des enfants, les relations familiales et, en règle générale, réduit les malentendus que les couples de foi différente ne peuvent éviter. Ainsi, en dernière analyse, le bonheur du couple se trouvait mis de l'avant même par de nombreuses personnes ayant apparemment des convictions religieuses. Les jeunes gens eux-mêmes soulignèrent des valeurs comme la compatibilité, la personnalité, la bonté et l'amour comme critères dans le choix d'un conjoint. Les antécédents ethniques ou religieux n'étaient que rarement considérés comme de toute première importance.

L'autorité et la prise de décisions, liées au châtiment des enfants et au type de punition infligées, différaient grandement du modèle qui existait dans la Pologne d'avant-guerre où le père de famille avait le dernier mot et où on favorisait, surtout dans les régions rurales, le châtiment corporel. À Toronto, autant d'anciens villageois que d'anciens citadins réprimandaient leurs enfants si ces derniers le méritaient. Dans 80% des cas, la décision de punir les enfants était prise conjointement par les parents. Le père ne prenait plus de décisions seul au sujet de l'instruction et de la profession des enfants ; dans plus de la moitié des cas, les décisions étaient prises par les deux parents, alors que dans 35,0% des cas, les enfants eux-mêmes décidaient en dernier ressort. Quant à leur attitude vis-à-vis de l'autorité parentale, la plupart des jeunes étaient passablement satisfaits de la relation qu'ils avaient avec leurs parents, bien que certains d'entre eux les trouvaient trop conservateurs en matière de sexe, de régulation artificielle des naissances et de divorce.

Les personnes âgées

Bien que l'étude n'ait pas abordé la situation des grands-parents, il convient de signaler certains faits nouveaux. Le plus important est le recours de la collectivité polonaise du Canada aux foyers du troisième âge, aux résidences pour les personnes âgées et aux maisons de convalescence. Une enquête rapide semblerait indiquer que la collectivité polonaise ne tient plus pour répréhensible que des personnes étrangères à la famille s'occupent des personnes âgées. De plus, il existe à l'heure actuelle quatre foyers polonais pour citoyens du troisième âge, et on prévoit en fonder d'autres [36].

On tient rarement compte des désirs des grands-parents, car on considère que les logements canadiens ne peuvent habituellement pas loger à la fois la famille et les grands-parents ou que, puisque la femme travaille, il n'y a personne pour leur assurer les soins et l'attention nécessaires ou que les enfants ne peuvent s'entendre avec leurs grands-parents. On soutient également que ces derniers recevront les meilleurs soins et la meilleure attention dans les institutions et qu'ils ont de la chance de pouvoir y habiter. Les grands-parents sont rarement d'accord. Nombre de vieillards polonais n'ont pas une maîtrise parfaite de l'anglais, adhèrent à des coutumes et des traditions différentes et ont été élevés dans la conviction que la place des grands-parents est auprès de leurs enfants et petits-enfants. Les activités des institutions, comme chanter en chœur, ont peu de sens pour les Polonais âgés. La prochaine génération de Polonais sera peut-être mieux à même de faire face à la retraite imposée et aux institutions pour personnes âgées, mais les résidents actuels (dont bon nombre se désignent en termes de détenus) vivent une expérience très pénible.

Conclusions

Le modèle traditionnel d'autorité et de prestige des parents a disparu ou est grandement atténué parmi les immigrants polonais de Toronto, et l'on peut supposer sans danger qu'il en va de même dans les autres centres urbains du Canada également. Il semble exister relativement peu de « récalcitrants » qui maintiennent la division traditionnelle du travail.

Le père immigrant polonais d'après-guerre ne ressemble guère à l'idéal traditionnel de la Pologne d'avant-guerre, ce personnage sévère et tout-puissant. Il permet à sa femme de travailler contre rémunération. Il ne prend plus de décision importante tout seul, mais il demande le plus souvent avis et conseils à sa femme. Surtout, les enfants ont maintenent voix au chapitre quant aux achats importants pour la maison et la famille et quant aux décisions concernant leurs études et leur profession.

Comme dans d'autres sociétés européennes traditionnelles, le travail ménager, le nettoyage, la cuisine, le lavage de la vaisselle et le soin des enfants incombaient exclusivement à la mère, et le père (ou n'importe quel homme) aurait jugé ces travaux dégradants, même le fait d'y participer. Mais des failles commencent à apparaître dans le château fort du mâle, et on a observé des pères en train de changer des couches, de nourrir le bébé, de passer l'aspirateur et même d'aider la femme à laver la vaisselle. On peut observer ces change-ments non seulement parmi des classes d'un certain degré d'instruc-tion, ou parmi certaines classes socio-économiques, mais de façon générale chez les ex-agriculteurs et ex-villageois, longtemps consi-dérés comme les bastions des attitudes et orientations traditionnelles vis-à-vis de ces questions, ainsi que parmi les citadins qui s'adaptent peut-être plus facilement aux situations nouvelles.

Il n'est pas possible d'expliquer les changements survenus dans la structure et les relations des familles polonaises sans une étude plus approfondie, mais il est permis de suggérer que les processus, à la fois psychologique et sociologique, liés à la migration, à la décision de se « déraciner », à l'abandon de l'ancienne collectivité, au choc initial du nouveau milieu, aux efforts subséquents pour apprendre une nouvelle langue et de nouveaux métiers et à l'établissement dans une nouvelle société n'ont guère permis de perpétuer les attitudes et valeurs familiales traditionnelles. Il était plus facile de s'adapter et de changer que de lutter contre le courant impitoyable du nouveau milieu. Il est probable aussi que les enfants favorisent incons-ciemment la socialisation en forçant les parents à adopter des valeurs et normes nouvelles et même la langue simplement pour pouvoir communiquer avec eux. Peut-être en mettant leurs parents en présence des idées et des modes de la société canadienne et en les incitant à abandonner les valeurs et attitudes « démodées » de l'ancienne patrie, les ont-ils fait évoluer. Les attitudes des Canadiens vis-à-vis des réalisations économiques, le désir de se faire accepter par la société d'accueil, un plus haut niveau d'instruction, les voyages et d'autres expériences constituent sans doute autant d'autres facteurs importants de cette évolution. L'absence d'objectifs clairs visant la perpétuation des traditions familiales ou de moyens de les réaliser, et le facteur du séjour permanent au Canada peuvent également jouer un rôle important dans ce processus.

On peut clairement discerner de nouveaux types de relations familiales et d'attitudes et croyances, non seulement parmi les immigrants d'après-guerre, mais aussi dans l'ensemble du groupe polonais du Canada. La famille nucléaire [37] remplace petit à petit les valeurs de la grande famille traditionnelle. Le père se montre généralement plus libéral et moins autoritaire ; on constate également l'abandon des attitudes et valeurs jusque-là immuables. Il se peut que la famille polonaise du Canada s'assimile rapidement à la famille urbaine anglo-canadienne, car elle en partage nombre des valeurs et attitudes dans le domaine des relations entre parents et enfants et époux et épouse. Ces changements se sont produits ici tandis que la Pologne semble demeurer fortement traditionnelle [38].

Rien de tout cela n'indique que la famille polonaise soit aux prises avec des problèmes ou des difficultés insurmontables ou qu'elle soit sur le point de se dissoudre ou de se fragmenter. On ne peut guère prévoir d'échecs conjugaux ou de complications plus redoutables encore. La famille polonaise s'est bien adaptée aux situations, conditions et exigences nouvelles après sa migration et elle sera dorénavant en mesure de faire face à d'autres situations ou problèmes sans trop de difficulté.

NOTES

1. Pour une étude historique de la famille polonaise, voir C.R. BARNETT, *Poland* (New Haven, 1958) et Jan SZCZEPAŃSKI, *Polish Society* (New York, 1970). Pour un aperçu plus récent, voir F. ADAMSKI, « Funkcjonowanie Katolickiego Modelu Małżeństwa i Rodziny w Środowisku Miejskim », *Znak* XXV (8), 1050–1069 et D. MARKOWSKA, « Family Patterns in a Polish Village », *Polish Sociological Bulletin* 2 (8) 1963, 97–110. REYMONT, *op. cit.* présente un compte rendu moins rigoureux, mais exact.

2. Définie comme étant plus isolée, favorisant ou exigeant un respect plus grand des préceptes moraux et sociaux existants et caractérisée par la division traditionnelle du travail.

3. SZCZEPAŃSKI, p. 182.

4. Zygmunt BAUMAN, « Economic Growth, Social Structure, Elite Formation : The Case of Poland », *International Social Science Journal* 16 (1964), 204.

5. Cité dans WAŃKOWICZ, p. 24, traduction de l'auteur.

6. BARNETT, p. 348.

7. Cité dans WAŃKOWICZ, p. 279.

8. Voir REYMONT, *op. cit.* ; W. WITOS, *Jedna Wieś* (Chicago, 1955).

9. J. TUROWSKI, « Changes in the Rural Areas under the Impact of Industrialization », *Polish Sociological Bulletin* 1 (13) 1966, 123–131.

10. Ce qui ne signifie pas que les relations quotidiennes se déroulaient toujours ainsi.

11. WITOS, *op. cit.* soutient que même un fils adulte s'abstenait d'allumer sa pipe ou une cigarette devant son père et devait demander la permission d'aller à des danses ou de rencontrer des amis. Il signale que les fils ne se rebellaient guère.

12. REYMONT, *op. cit.*

13. F. RADECKI, « Notatki » (Toronto, 1973).

14. BARNETT, p. 348.

15. *Ibid.*, p. 351.

16. Il s'agit d'une des valeurs persistantes même dans la Pologne contemporaine, comme l'indique une étude où 95% des répondants villageois refusaient à leurs enfants la liberté de choisir leur occupation si de tels choix entraient en conflit avec les intérêts de la ferme ou de l'affaire familiale. Environ la moitié de l'échantillon étudié maintenaient que les parents devaient avoir le droit de veto sur le choix de l'occupation ou des études de leurs enfants. Voir D. MARKOWSKA, « Family Patterns in a Polish Village », *Polish Sociological Bulletin* 2 (8), 1963, 97–110.

17. WAŃKOWICZ, *op. cit.* Au Canada, l'étude de la famille a de façon générale, été négligée, et ce n'est qu'en 1964 qu'un ouvrage canadien fut publié. Voir F. ELKIN, *The Family in Canada* (Ottawa, 1964).

18. Données du recensement. Voir aussi le *Rapport de la Commission royale d'enquête*, Livre IV, pp. 279–298.

19. Les familles polonaises d'après-guerre d'une ville particulière ont récemment fait l'objet d'une enquête. Voir H. RADECKI, « POLISH-Canadian, CANADIAN-Polish, or CANADIAN ? », autocopie, 1970, Université York, Toronto.

20. OKOŁOWICZ, *op. cit.*

21. Bien que la terre ait été le bien le plus précieux du paysan polonais, tous ne réclamèrent pas les concessions quasi gratuites au Canada, même avant 1914, alors que la qualité de la terre et sa situation étaient comparativement bonnes. Nombre de familles polonaises demeurèrent dans des centres urbains, et ce phénomène demeure inexpliqué.

22. Jean R. Burnet, *Ethnic Groups in Upper Canada*, Ontario Historical Society Research Publication No. 1, 1972.

23. L'étude classique de W.I. Thomas et F. Znaniecki, *The Polish Peasant in Europe and America*, 2 volumes (New York, 1958) révèle que parmi les familles polonaises de Chicago « l'obéissance est l'attitude la plus persistante de toutes ».

24. La radio apparut dans les années vingt et la télévision seulement dans les années cinquante.

25. La grande famille qui comprend trois générations ou plus, dont peut-être les grands-parents, les enfants mariés ou non mariés y compris leurs conjoints et leurs enfants.

26. Voir, par exemple, Foster, *op. cit.* ; Gibbon, *op. cit.*

27. Bien que certains ouvrages canadiens, en particulier Anderson, *op. cit.* ; Bridgeman, *op. cit.* ; Woodsworth, *op. cit.*, soulèvent le problème de la délinquance juvénile, ces allégations ne sont pas bien documentées. L'ivresse et les bagarres étaient courantes parmi certains émigrants polonais de sexe masculin, surtout durant la période de 1900 à 1914, mais une telle conduite était le propre du nouveau citadin et de ceux qui vinrent au Canada sans leur famille. Voir, par exemple, James H. Gray, *Red Lights on the Prairies* (Toronto, 1971). Les chefs de famille disposaient de peu d'argent pour l'alcool et d'autres s'en abstenaient par considération pour leur femme et leurs enfants. Thomas et Znaniecki, *op. cit.*, constatèrent des taux élevés de dissolutions de mariage, de délinquance juvénile et de prostitution parmi les immigrants polonais de Chicago, mais on ne saurait appliquer ces constatations aux villes canadiennes. La concentration polonaise de Chicago était extrêmement considérable ; elle comprenait certains des pires taudis de la ville, elle occupait à demeure son quartier et ses emplois et était vulnérable à l'influence de politiciens corrompus et de la pègre. Aucune ville canadienne ne peut être comparée à Chicago ; la société canadienne avait une conception de la loi, de l'ordre, des mœurs et de la politique entièrement différente de celle des États-Unis et cela se reflétait sur les immigrants polonais du Canada. Aucun des mémoires et autres ouvrages ne sous-entend que les familles polonaises ont éprouvé les problèmes signalés par Thomas et Znaniecki.

28. P.J. Giffen, « Rates of Crime and Delinquency », in W.T. McGrath, ed., *Crime ant Its Treatment in Canada* (Toronto, 1965).

29. Une étude précise que la pratique des mariages arrangés parmi les Européens de l'Est cessa après la Première Guerre mondiale. Voir Palmer, p. 246.

30. Mais non les Anglo-Saxonnes. Hurd, p. 151, constate que, d'après le recensement de 1921, « moins de quatre pour cent des Polonais mariés avaient une épouse d'origine britannique ».

31. Jusqu'à une époque récente, peu de professions étaient ouvertes aux femmes canadiennes, et la vaste majorité se préparait avec joie au rôle d'épouse et de mère (ou s'y résignait).

32. On peut trouver des exemples dans Anderson, *op. cit* ; R. England, *The Central European Immigrant* ; Woodsworth, *op. cit.*

33. Voir K. Danziger, *The Socialization of Immigrant Children*, Partie I (Toronto, 1971) pour les problèmes de socialisation auxquels faisaient face les familles traditionnelles italiennes.

34. E.V. Stonequist, *The marginal Man* (New York, 1937). Voir également E.L. Child, *Italians in America: The Second Generation Conflict* (New Haven, 1943); M.M. Goldberg « A Qualification of the Marginal Man Theory », *American Sociological Review* 6, 1941, p. 52–58; A.S. Green, « A Re-Examination of the Marginal Man Concept », *Social Forces* 26 (2), 1974, 167–171.

35. Radecki, *POLISH-Canadian*. L'étude visait 60 familles polonaises habitant à Toronto depuis au moins cinq ans et ayant au moins un enfant d'âge scolaire. La concentration polonaise du quartier fut établie par A. Richmond, *Immigrants and Ethnic Groups in Metropolitan Toronto*, York University, Ethnic Research Programme, 1967 et l'échantillon comprenait des résidents urbains et ruraux de la Pologne d'avant-guerre. L'échantillon a été choisi au hasard et représentait tous les niveaux de professions et d'instruction.

36. Il existe des Foyers pour citoyens polonais du troisième âge à Montréal, Winnipeg, Edmonton et Vancouver et il y en aura un à Toronto dont les plans sont déjà très avancés.

37. Une famille composée des parents et de leurs enfants célibataires.

38. Voir D. Markowska, *op. cit.*

CHAPITRE HUIT

La religion

> Car, du soleil levant au soleil couchant, mon
> nom est glorifié parmi les nations. En tout lieu,
> on offre à mon nom de l'encens, des sacrifices,
> des oblations pures; car mon nom est grand
> parmi les nations, a dit l'Éternel des armées.
>
> MALACHIE (1:11)

HISTORIQUE

La Pologne fut christianisée en 966, et elle est depuis demeurée majoritairement fidèle au catholicisme romain. La Réforme et les guerres de religion n'ont guère touché ce pays; la majorité des Polonais sont demeurés de loyaux catholiques romains. L'État a toujours toléré les religions de ses minorités; ainsi, le judaïsme, l'Église orthodoxe grecque (ou catholicisme grec) et le protestantisme ont prospéré au sein de la population polonaise d'origine ukrainienne, biélorusse, juive ou allemande. Les monastères et les ordres religieux ont grandement contribué à l'essor de la civilisation polonaise, et l'Église a joué, depuis le Moyen-Age, un rôle important dans la vie politique et intellectuelle de la Pologne.

De 1795 à 1918, soit durant les périodes de partage, l'Église catholique est demeurée la seule institution indemne et, bien qu'assiégée et persécutée, elle devint le soutien spirituel du peuple polonais assujetti. L'Église fut le principal agent de la préservation et du maintien de la langue et des traditions polonaises, devenant par là la seule véritable inspiration de l'identité nationale. Les épreuves subies par les Polonais et par l'Église catholique romaine sous la domination des Russes orthodoxes et des Prussiens protestants ont renforcé et accentué la fusion de la nation polonaise et de la foi catholique, à tel point que Polonais devint presque synonyme de catholique romain. Lors de la Deuxième Guerre mondiale, la souffrance, la persécution et la résistance partagées par l'Église et le peuple polonais pendant l'occupation allemande, en ont renforcé les liens davantage. Ces liens ne se relâchèrent pas malgré les efforts conjugués des partis communistes polonais et soviétique d'après-guerre, bien déterminés à éliminer ou du moins à miner l'influence de l'Église en Pologne.

Les Polonais de toutes les classes de la société embrassaient la religion catholique, mais ceux des classes moyennes et supérieures avaient moins tendance à obtempérer à tous les préceptes et enseignements de l'Église ou du clergé et ils étaient plus susceptibles de remettre en question l'autorité et l'influence de l'Église. L'Église et la religion influençaient fortement la vie de tous les jours des paysans et des citadins moins instruits; les croyances religieuses faisaient partie intégrante de l'existence quotidienne. Un auteur [1] a relevé de nombreux exemples démontrant à quel point la religion imprégnait la langue, les coutumes, les relations ordinaires avec les voisins et amis, et même la conscience de soi.

Pour le paysan polonais, toutes les célébrations, les festivals, les fêtes locales, la vie sociale collective, sans parler des baptêmes, des mariages, des funérailles et de toutes les activités avivant ou égayant une vie autrement morne et monotone, tout participait de l'Église, des croyances et des traditions religieuses. Dans les maisons des paysans, les principaux ornements étaient des tableaux religieux; on récitait la prière matin, midi et soir, on bénissait le pain avant de le couper, on mesurait souvent le temps en nombre de prières [2], le prêtre bénissait annuellement la maison, le troupeau et les champs, et les fêtes religieuses étaient rigoureusement observées. Un pèlerinage au sanctuaire de la Madone de Częstochowa avait autant d'importance pour les paysans polonais qu'un pèlerinage à la Mecque pour les musulmans.

Le catholicisme polonais se caractérisait par des particularités nationales et locales; il était plus ritualisé que dans de nombreux autres pays et fortement influencé par des coutumes et croyances païennes depuis longtemps oubliées. Les rites de passage tels que le baptême, le mariage ou les funérailles étaient célébrés à l'église, mais tous avaient leur contrepartie à la maison. Ainsi, on célébrait des services spéciaux pour les défunts; l'enfant qui venait d'être baptisé était soumis à certains rites par les parents, ou la sage-femme du village. De nombreuses gens croyaient à la sorcellerie, au diable et aux revenants; certaines croyances purement religieuses étaient souvent infusées de superstition. À de nombreuses reprises, les prêtres locaux faisaient du haut de la chaire de violentes sorties contre ces pratiques et croyances, mais généralement sans grand succès[3].

Comme dans d'autres sociétés agricoles, chaque collectivité polonaise avait ses saints patrons auxquels elle confiait le soin de régler certains problèmes humains, mais c'était au culte de la Vierge Marie et à ses pouvoirs qu'on accordait le plus d'importance. Dans la cathédrale, le monastère ou l'église qui portait le nom de la ville ou de la localité, un tableau représentant la Madone était censé protéger spécialement la région ; on lui reconnaissait une influence et des pouvoirs spéciaux sur les fidèles et elle était vénérée par-dessus tout. On reconnaissait à certaines Madones plus d'influence ou de pouvoirs qu'à d'autres ; ainsi, la Vierge noire de Częstochowa était considérée comme la Reine de la Pologne et elle était par conséquent la plus influente des Madones : les autres Madones devaient lui accorder préséance[4].

En plus de répondre aux besoins spirituels et émotifs de la collectivité, l'Église de Pologne jouait un rôle social important. En effet, à la messe du dimanche, les particuliers et leurs familles avaient l'occasion de faire étalage de leur situation sociale et du rang qu'ils occupaient dans la collectivité. Le seigneur de l'endroit avait ses bancs réservés et les dignitaires locaux prenaient place aux tout premiers rangs. Les agriculteurs les plus prospères s'asseyaient près de l'autel et secondaient le prêtre durant les processions, portant le dais ou marchant immédiatement derrière lui. Les agriculteurs moins fortunés prenaient place à l'arrière et participaient moins aux cérémonies de l'église. Les rentiers ou les paysans non propriétaires et les ouvriers se tenaient debout dans l'église : leur rôle était de constater et de reconnaître la condition des fermiers plus prospères.

Après la messe, tous se rassemblaient à l'extérieur de l'église pour débattre une question, discuter et échanger des nouvelles et des potins. Cette coutume donnait aux gens qui vivaient dans de petites localités isolées et dépourvues d'église l'occasion de communiquer avec les autres ; de plus, elle permettait aux fermiers d'échanger des opinions sur les problèmes du jour affectant la collectivité et servait en général à promouvoir le sentiment d'appartenance à la collectivité et la cohésion au sein du groupe. Un éminent spécialiste de la société polonaise a constaté que la plus grande partie des Polonais étaient « plus intéressés par les aspects sociaux de la religion que par ses aspects mystiques[5] », ce qui souligne le rôle social de l'Église et de la religion.

En Pologne, les églises catholiques étaient en général construites et largement dotées par les propriétaires prospères, les nobles ou les évêques. Protégées par l'épiscopat, aidées par les seigneurs, par les grands propriétaires et par l'État, les églises locales étaient financièrement indépendantes de leurs paroissiens ; les membres du clergé les plus conscients de leurs responsabilités utilisaient les ressources de leurs églises pour aider les nécessiteux.

Pour les paysans, les prêtres étaient les représentants de Dieu, de Jésus-Christ et de la Vierge Marie ; ils étaient les intermédiaires entre le pécheur et le salut. Compte tenu de leurs profonds sentiments religieux, il était simplement naturel que les paysans éprouvent un profond respect, voire de l'affection, pour le prêtre de la paroisse, la seule personne instruite disposée à leur parler, à les conseiller sur des questions pratiques et à les réconforter dans les moments difficiles. Leur sécurité assurée, les prêtres résidents pouvaient consacrer tous leurs efforts aux besoins de leurs paroisses et de leurs paroissiens.

La religion, l'église et les prêtres locaux jouaient un rôle important dans la vie de tous les membres des collectivités rurales, de la naissance à la mort. La religion assurait le faste et l'émerveillement, mais surtout, elle apportait un sens et une explication à l'existence même de l'homme, à ses succès et à ses déboires, à ses tribulations et à ses épreuves. Elle offrait également l'espoir du repos et du salut dans l'au-delà. L'église permettait chaque semaine d'établir et de réaffirmer son rang social et servait de lieu de réunion et de rencontre.

Il existait sans contredit, une forte dépendance et un rapport étroit entre les membres des collectivités et l'Église de Pologne. Les Polonais qui immigrèrent au Canada emportaient avec eux leur foi et leur loyauté, comptant retrouver dans leur nouveau pays la tolérance et la liberté de pratiquer leur religion ; ils ne devaient cependant jamais rétablir dans leur pays d'adoption le même rapport spécial avec l'Église qu'ils avaient connu en Pologne.

LE NOUVEAU MILIEU

Les immigrants polonais arrivés au Canada avant 1895 étaient fortement préoccupés par le maintien de leurs valeurs et de leurs pratiques religieuses. La chapelle de Berlin (aujourd'hui Kitchener) et la première église de Wilno, en Ontario, démontrent clairement l'importance qu'ils attachaient à la pratique religieuse dans leur langue, suivant des rites familiers, et avec des prêtres polonais. Ceux qui sont venus plus tard, de la Galicie et des autres parties de la Pologne, éprouvaient le même besoin.

Une fois qu'ils avaient trouvé un emploi ou qu'ils s'étaient établis sur une terre, leur attention se tournait vers les besoins spirituels. Les grandes localités de toutes les provinces comptaient des églises catholiques romaines fondées par des Canadiens français, des Irlandais ou des Allemands. La messe en latin était la même que celle qu'on célébrait en Pologne, et les prêtres, fussent-ils d'origine française, irlandaise ou allemande, respectaient les rites établis de la liturgie. C'était là cependant tout ce que les immigrants polonais trouvaient de familier ; les églises leur semblaient nues, privées des riches ornements et de la couleur qu'ils avaient connus autrefois. Durant les cérémonies, ils se levaient ou s'agenouillaient à contretemps. Les cantiques leur paraissaient bizarres, étrangers et incompréhensibles. Ils ne comprenaient ni les sermons, ni les avis, ni les annonces ni même les exhortations. Ils avaient immigré en emportant en eux leur foi, mais ils trouvaient dans leur pays d'adoption des rites étrangers ; ils étaient privés de relations étroites avec les prêtres et il existait un fossé entre eux et les autres fidèles. Qui plus est, ils ne pouvaient ni se confesser ni recevoir la Sainte communion et ce, même en des occasions spéciales comme Pâques et Noël. Ils devaient porter le poids de leurs péchés des mois et des années durant, ce qui ajoutait aux autres problèmes qu'ils rencontraient dans leur nouveau milieu.

Dans les paroisses qui comptaient un certain nombre d'immigrants polonais, certains des prêtres les plus compréhensifs ou les plus sensibilisés faisaient part des difficultés de ces derniers aux évêques, qui à leur tour faisaient appel à des prêtres polonais des États-Unis. Le curé de la paroisse mettait alors à la disposition du prêtre visiteur la chapelle ou une pièce au sous-sol, où ce dernier pouvait célébrer la messe pour les Polonais. Les immigrants polonais prisaient fort cette initiative, mais ces visites étaient rares et irrégulières. Cette solution n'a jamais donné satisfaction à des gens qui voyaient dans l'église beaucoup plus qu'un lieu de dévotions. Ayant laissé derrière eux tout l'ancien système complexe qui réglait leur vie et donnait un sens à leurs croyances et à leurs valeurs, ils voulaient, maintenant plus que jamais, rétablir des relations spéciales avec l'Église et avec les autres Polonais. Ils ont donc conclu que c'est seulement en fondant leurs propres paroisses, dirigées par des prêtres polonais, qu'ils retrouveraient l'essence de leur identité collective et personnelle.

Partout où l'on rencontrait un nombre important de familles polonaises, on retrouvait également une préoccupation particulière à propos de l'absence de prêtres d'expression polonaise et d'endroit particulier où exercer ses dévotions. Des comités furent mis sur pied et chargés de construire des églises polonaises, et dans les régions rurales, les colons érigèrent des chapelles ou de petites églises en rondins avec l'espoir de trouver un prêtre pour en prendre charge. Au début, les chapelles ou églises étaient construites sur le même modèle que les maisons des colons, c'est-à-dire, pauvrement et rapidement, sans style ni beauté. Par la suite, avec les conseils et les encouragements des prêtres missionnaires, on construisit des bâtiments plus grands, mieux élaborés et plus solides.

Le nombre d'immigrants en provenance de la Pologne s'accroissant, les paroisses polonaises dotées de leur église et d'un prêtre résident, et les missions [6] que les prêtres ne visitaient que périodiquement, se multiplièrent. En 1921, le Manitoba comptait à lui seul 44 chapelles ou églises pour les immigrants polonais. En 1926, il y avait 29 paroisses polonaises au Canada. En 1929, on trouvait 33 paroisses et 157 missions, et en 1938, 52 paroisses et 120 missions polonaises. Certains documents [7] parlent de la générosité des immigrants polonais laborieux et rarement prospères qui donnèrent de leur temps, de leurs efforts et de leur argent pour construire des églises. Les très belles églises de Winnipeg (Manitoba) et de Wilno (Ontario) furent construites en quelques mois grâce aux efforts et aux sacrifices consentis par les immigrants et les prêtres polonais.

Ayant érigé une chapelle ou une église en rondins, les premiers colons adressaient des requêtes aux évêchés de Pologne et des États-Unis pour demander qu'on leur envoie des prêtres polonais tout en effectuant en même temps des démarches semblables auprès des évêchés locaux. Les autorités ecclésiastiques catholiques, et en particulier Mgr Langevin, évêque du Manitoba, accueillirent en général favorablement ces demandes ; toutefois, il se peut que leur sympathie soit née en partie de l'inquiétude que suscitaient les activités missionnaires des églises protestantes parmi les nouveaux arrivés. Vers la fin du XIXe siècle, on tenta d'obtenir, pour les fortes concentrations d'immigrants, des prêtres polonais en provenance des paroisses polonaises des États-Unis qui comptaient un personnel suffisant et recrutaient de nouveaux prêtres dans les séminaires polonais des États-Unis grâce à l'immigration. Les résultats furent décevants ; il n'existe aucun document attestant que des prêtres polonais des États-Unis soient venus dans les provinces de l'Ouest avant 1900 [8].

Par la suite, les évêques se sont tournés vers Ottawa où un séminaire oblat préparait des prêtres au travail missionnaire au Canada et ailleurs. Les pères oblats comptaient trois frères d'origine polonaise. L'un d'entre eux, Adalbert Kulawy, se rendit à Winnipeg en mai 1898 chargé à la fois de mettre sur pied une paroisse polonaise dans cette ville et d'exercer son ministère auprès des colons établis dans des régions éloignées de la province. Son frère John Wilhelm le rejoignit un an plus tard ; une église fut construite en 1899, non seulement à l'intention des Polonais, mais également des autres immigrants catholiques, notamment les Ukrainiens, les Slovaques, les Lituaniens, les Hongrois et les Allemands. John Wilhelm Kulawy fut nommé curé de la paroisse, tandis que son frère Adalbert faisait œuvre de missionnaire auprès des colons et ouvriers polonais (et autres) établis en des lieux isolés de l'Ouest canadien. Par la suite, d'autres prêtres polonais originaires des États-Unis ou de la Pologne commencèrent à arriver [9].

Le nombre d'églises et de paroisses croissait régulièrement, mais le problème du recrutement de prêtres polonais en nombre suffisant pour y exercer le ministère se perpétuait. En 1926, les 29 paroisses n'étaient pas toutes dotées du personnel nécessaire ; en 1929, dans les 33 paroisses et les 157 missions qui existaient alors, on comptait seulement 42 prêtres, dont 20 établis dans les villes et le reste exerçant un travail missionnaire dans les localités éloignées des trois provinces de l'Ouest et en Ontario [10]. En 1938, les 75 prêtres qui desservaient les 62 paroisses et 120 missions étaient encore en nombre insuffisant pour officier régulièrement dans toutes les missions existantes.

LE CLERGÉ

Les activités du clergé polonais commencèrent tôt dans l'histoire de l'implantation polonaise au Canada. Un auteur [11] signale qu'en 1855, un jésuite polonais exerçait son ministère dans des localités isolées de l'Ontario dépourvues de prêtres ou d'églises. La congrégation polonaise de la Résurrection commença à exercer ses activités au Canada le 14 août 1857, avec l'arrivée de deux prêtres à St. Agatha (Ontario). Depuis ce jour, les Résurrectionnistes polonais du Canada exercent leur ministère dans les paroisses et dans les écoles, « surtout auprès des colons allemands établis dans la province d'Ontario [12] », et également dans les paroisses polonaises de Kitchener, de Hamilton de Brantford, de Montréal et de Québec. Suivant d'autres auteurs [13], des prêtres polonais seraient arrivés à Wilno (Ontario) vers 1860. À partir de 1896, le frère oblat Kowalczyk, un Polonais, consacra sa vie au service des Indiens et des Métis en Alberta ; d'ailleurs sa vie et ses œuvres ont déjà fait l'objet de deux biographies [14], et le procès de sa canonisation est en cours.

D'autres sources [15] parlent des activités des deux pères oblats, les frères Kulawy, et une autre biographie [16] raconte la vie du père L.J. Kręciszewski, le « père Joe », un prêtre américain d'origine polonaise qui s'est dévoué au Manitoba à partir de 1921.

Ces âmes exceptionnelles et d'autres encore comptent parmi les quelques prêtres polonais qui se sont mis au service des immigrants et de leurs descendants au Canada. La tâche qui leur incombait était extrêmement lourde ; les prêtres pionniers devaient être courageux, ils ne devaient se soucier ni de leur confort ni de leur bien-être et étaient appelés à se déplacer constamment. De plus, ils devaient gagner leur vie, organiser des paroisses, construire et entretenir des églises ou des chapelles et retenir la loyauté de leurs fidèles en dépit du travail d'évangélisation effectué par d'autres Églises. Il fallait qu'ils soient jeunes, en bonne santé et prêts à affronter les épreuves, le découragement et la pauvreté qui étaient leur lot. Pour beaucoup, l'isolement de leurs collègues constituait la plus grande difficulté. En effet, pendant des mois, ils voyageaient privés de la compagnie des autres prêtres, sans le répit des retraites ni les paroles d'encouragement de leurs supérieurs. Même dans les paroisses, les prêtres devaient souvent s'occuper en plus de quatre ou cinq missions ; c'est donc dire qu'ils devaient voyager et partager leurs efforts et leur attention entre leurs paroissiens et les fidèles privés de pasteurs.

Cette poignée de prêtres polonais parcourait de grandes distances pour entendre des confessions, célébrer des baptêmes, des mariages et des messes. Là où n'existait ni chapelle, ni église, les services étaient célébrés en plein air ou dans des maisons privées. Le fait que très peu d'immigrants polonais aient cessé de pratiquer la religion catholique romaine ou embrassé d'autres religions est en grande partie dû aux efforts des prêtres missionnaires polonais ; même rares et irrégulières, leurs visites et leurs services réussirent à entretenir pendant des années la foi des immigrants polonais dépaysés et isolés. Ce travail missionnaire s'est prolongé jusque dans les années vingt. Au moment où les routes et les communications se sont améliorées et où les gens ont commencé à jouir d'une plus grande sécurité financière, les visites se sont faites plus régulières, et des fonds ont permis de subvenir aux besoins du clergé et de construire ou de rénover des églises et des chapelles.

Pendant de nombreuses décennies, les prêtres polonais occupèrent une situation particulière au sein de la communauté polonaise du Canada ; leur rôle dépassait les simples questions spirituelles. Représentant jusqu'en 1939 le seul groupe instruit, les prêtres connaissaient les nombreux problèmes d'adaptation auxquels faisaient face les immigrants polonais au Canada. C'est au sein des paroisses, et habituellement avec les conseils et l'aide du curé, que les premières sociétés d'aide mutuelle, seule source de protection et de sécurité pour leurs membres, furent établies [17]. Quand le temps le leur permettait, les prêtres polonais enseignaient non seulement la religion, mais également la langue et l'histoire polonaises. Conscients du besoin croissant d'instruction dans ce domaine, certains prêtres invitèrent des religieuses enseignantes américaines à venir s'établir au Canada et à prendre en charge les écoles paroissiales. Conscients aussi du besoin de communication qu'éprouvaient les immigrants établis dans des endroits éloignés, ils entreprirent de publier en 1904 le premier journal polonais du Canada.

Dans les villes, la vie sociale des immigrants polonais dépassait parfois le cadre de la paroisse et de ses services, mais dans les régions rurales, les organisations et les salles paroissiales ou les sous-sols des églises étaient les centres de la vie sociale. Les cérémonies, les danses, les représentations théâtrales et les fêtes religieuses étaient soit dirigées, soit encouragées par le curé. Leurs intérêts et leur activité ne s'arrêtaient cependant pas là. En effet, en 1927, ils fondèrent, avec l'aide de militants laïques, une organisation centrale dont le siège était situé à Winnipeg; cette organisation avait pour tâche d'informer les nouveaux arrivés polonais des meilleurs endroits de colonisation, soit les endroits où ils pouvaient compter trouver des conditions favorables, des terres cultivables ou des occasions de travailler, où d'autres colons ou ouvriers polonais étaient déjà établis et où des paroisses ou organisations polonaises étaient déjà sur pied. Dans les périodes difficiles ou lors de crises économiques, ils « nourrissaient les affamés, trouvaient des emplois aux chômeurs, ravivaient l'espoir chez les gens découragés [18] ». Le clergé polonais a réussi à ranimer et à maintenir certaines traditions et coutumes sociales du pays natal grâce à des pratiques religieuses et à des célébrations familières en langue polonaise. Ce rôle demeure important pour la perpétuation au Canada du caractère culturel distinct des gens d'origine polonaise.

PROBLÈMES

Certains faits moins heureux, tenant aux attitudes et aux relations de certains prêtres avec les immigrants polonais, viennent cependant faire contrepoids au rôle positif joué par le clergé qui a su faciliter l'adaptation des immigrants en milieu canadien. Les problèmes rencontrés sont difficiles à classer ou à isoler et ils sont dus à un certain nombre de causes dont l'une des plus importantes est la pénurie continuelle de prêtres polonais capables de s'adapter aux conditions particulières de la vie de pionnier. Il n'était pas facile de faire droit aux exigences des immigrants polonais en faveur de prêtres compatriotes, et le clergé recruté ne répondait pas toujours aux aspirations des catholiques romains polonais.

Le premier problème sérieux se posa au début du vingtième siècle à Winnipeg. Selon un auteur [19], les principales difficultés se dressant entre les deux pères Kulawy et les immigrants polonais tenaient à l'incapacité des deux parties à communiquer pleinement. Ces deux prêtres oblats, tout comme certains autres oblats venus au Canada par la suite, avaient fait leurs études dans des séminaires allemands ou d'autres institutions non polonaises. Les frères Kulawy étaient originaires de la Silésie polonaise, endroit où les gens parlaient un dialecte distinct [20] que les immigrants des autres régions de la Pologne démembrée avaient de la difficulté à comprendre. La difficulté des échanges pesait aux paroissiens polonais qui avaient espéré obtenir les services d'un « authentique » prêtre polonais.

Un autre problème tient à la situation nouvelle au Canada. Les immigrants polonais, qui luttaient pour s'établir dans leur nouvelle société, avaient peu d'argent à dépenser, mais ils lésinaient rarement quand il s'agissait de construire une église ou de subvenir aux autres besoins de la paroisse. Ils consentaient de généreuses contributions [21] en temps, en efforts et en argent, pour la construction, la rénovation ou l'agrandissement des églises et des presbytères. Cependant, une fois qu'ils avaient versé leurs contributions, ils n'étaient plus disposés à demeurer passifs quand il se prenait des décisions qui concernaient leur paroisse ; ils avaient le sentiment que leurs sacrifices leur accordaient le droit de prendre part à l'affectation et à l'administration des fonds. En règle générale, les prêtres des paroisses polonaises étaient peu enclins à abandonner leur indépendance totale traditionnelle au profit d'un contrôle exercé par les paroissiens ; par conséquent, ils ne voyaient pas d'un très bon œil les tentatives « d'ingérence » de ces derniers. Quand les gens revendiquaient certains droits, ils leur répondaient : « Vous nous confiez vos péchés en toute quiétude, pourquoi n'en feriez-vous pas autant en ce qui concerne vos maigres ressources [22] ? »

L'attitude du clergé à l'endroit des paroissiens constituait une autre source de problèmes. En Pologne, le paysan se faisait obséquieux dans ses relations avec le prêtre. Bienveillant ou sévère, le curé de la paroisse locale avait une attitude condescendante envers ses fidèles non instruits dont il attendait le respect. En Pologne, cela allait de soi ; au Canada, la société plus ouverte et les principes d'égalité largement répandus ont tôt fait de saper les relations traditionnelles établies entre le prêtre et les fidèles. Au Canada, les paysans polonais avaient fait l'expérience de la démocratie dans leurs contacts avec les fonctionnaires, les autorités policières et les autres « représentants de l'ordre ». On s'adressait à eux en les appelant « Monsieur », on les traitait avec respect et, en apparence, en égaux, et l'on ne s'attendait pas à ce qu'ils témoignent un respect excessif. Beaucoup commencèrent bientôt à prendre ombrage et à s'offenser de la traditionnelle position de supériorité perpétuée par certains prêtres polonais. Pour le clergé polonais, ces questions n'étaient que des malentendus sans importance et des problèmes secondaires, mais dans certains cas, il en résulta des soupçons, de l'antagonisme et de graves conflits. Ces problèmes ont finalement abouti à l'établissement d'un certain nombre de « paroisses catholiques romaines de la Pologne nationale », paroisses composées principalement de fidèles catholiques romains dissidents ; cela facilitait en outre la tâche des missionnaires des Églises protestantes qui traitaient les convertis éventuels avec dignité et respect.

À Winnipeg, les catholiques romains d'origine polonaise étaient déçus de ne pas pouvoir mieux communiquer avec leur pasteur tandis que les pères Kulawy s'entendaient très bien avec l'élément germanique de la paroisse. Il en est résulté du ressentiment et de l'amertume. On a qualifié les deux prêtres oblats de chevaliers teutoniques (Krzyżacy), et les plus audacieux les traitaient de moines allemands, ces deux qualificatifs étant considérés comme très péjoratifs aux yeux des Polonais, car ils rappelaient l'orgueil, la cruauté et les abus de pouvoir dont avaient fait montre les chevaliers teutoniques dans leurs tentatives de convertir les païens prussiens et lituaniens [23]. Les immigrants polonais adressèrent de nombreuses requêtes à leur évêque pour que ces prêtres soient remplacés, mais sans succès. Finalement, en 1904, le père Kulawy fut remplacé à Winnipeg par un autre prêtre polonais, mais seulement après qu'une importante partie des paroissiens polonais eût quitté la paroisse, de façon plus ou moins permanente, pour aller en fonder une nouvelle, indépendante du Vatican.

Au début du siècle, une autre évolution encore plus importante est survenue qui allait avoir des conséquences profondes pour la communauté polonaise du Canada pendant plusieurs décennies. Pour la majorité des immigrants polonais, la question du rétablissement de leur mode de vie religieux était de la plus haute importance, mais certains autres désiraient également mettre sur pied des associations dont les buts et les objectifs porteraient sur la culture polonaise, les événements politiques qui survenaient en Pologne, et sur d'autres intérêts profanes [24]. Les organisateurs et les partisans de ce genre d'organisation se heurtèrent dès le départ à une vive résistance de la part du clergé polonais.

Il semble que cette opposition ait tenu à deux points particuliers. Premièrement, toute organisation faisant sienne la doctrine socialiste alors en faveur affaiblirait du même coup les sentiments religieux de ses partisans, ce qui pouvait entraîner une hostilité à l'endroit de l'Église et du clergé. Le clergé polonais s'est vigoureusement élevé contre la Polish People's Association (que certains qualifiaient de parti communiste polonais) [25], qui s'attira de nombreux partisans dans les années trente ; cependant, même avant la Première Guerre mondiale, les socialistes polonais passaient pour athées ou anticléricaux, même si la plupart étaient des catholiques profondément religieux et pratiquants. C'est pourquoi le clergé combattait les organisations à vocation politique ou idéologique qui nuisaient ou pouvaient nuire à l'Église catholique romaine.

Deuxièmement, au Canada, le clergé polonais s'attribua le même rôle traditionnel qu'il avait en Pologne, et le curé s'arrogeait la direction exclusive des activités sociales collectives. En fait, les prêtres étaient les seules personnes instruites au sein de masses d'immigrants polonais non qualifiés, non instruits (ou à peine) ; il était donc naturel pour eux de se considérer comme des chefs, des organisateurs, des parrains et des arbitres du bien ou du mal. Peu nombreux, le clergé polonais se préoccupait avant tout du maintien du catholicisme romain au Canada et ne pouvait guère accorder d'attention aux besoins d'un autre ordre. Ainsi, il établit certaines priorités en faisant abstraction de ce qui se déroulait en Pologne et de la perpétuation d'autres aspects de la culture polonaise.

L'autorité ou les conseils du clergé polonais auraient sans aucun doute été acceptés si les prêtres avaient fait montre de plus de souplesse en ce qui concerne les besoins autres que religieux de leurs paroissiens polonais, s'ils avaient été capables de compromis sur des questions non fondamentales et s'ils avaient été sensibles au fait que, souvent, un catholique romain polonais était un Polonais d'abord et un catholique ensuite. En réalité, les membres du clergé polonais ne possédaient pas tous les aptitudes nécessaires pour pouvoir faire face aux situations avec lesquelles leurs compatriotes étaient aux prises dans leur nouveau milieu. Suivant certains auteurs, « le sens moral et le degré d'instruction des prêtres polonais... laissaient à désirer [26] », et le niveau intellectuel du clergé était de beaucoup inférieur à celui qu'on rencontrait généralement en Pologne [27]. La conduite des prêtres n'était pas toujours exemplaire, et leur intransigeance au sujet du partage du pouvoir et de l'autorité niait aux personnes même les plus intéressées et les plus qualifiées la liberté de mettre sur pied des organismes ou des activités dont la collectivité avait grand besoin sans l'approbation ou la surveillance expresses du curé de la paroisse.

Se rendant compte que la poursuite de certaines activités devenait impossible sous la direction du clergé polonais, les militants laïques commencèrent à fonder des associations et des organisations. D'autres encore, qui ne voulaient accepter ni les conseils ni l'autorité du clergé, mirent sur pied des organismes indépendants et, au cours des années vingt, la communauté polonaise s'est trouvée partagée en deux (puis en trois) camps, à savoir : les organisations affiliées au clergé et aux paroisses, diverses organisations, associations et cercles indépendants et, au cours des années trente, les organisations gauchistes. Ces dernières étaient rejetées et condamnées par les deux premières, mais le fait d'avoir « un ennemi commun » n'a pu justifier l'établissement de relations harmonieuses. Le clergé polonais, aux prises avec la défection de certains organismes et de particuliers qui passaient du côté des laïques, monta une campagne de dénigrement contre les organisations indépendantes et leurs partisans. Certains d'entre eux y étaient qualifiés de « gauchistes », de « radicaux » ou d'« anticléricaux » ; d'autres, d'éléments « de discorde » et d'« anti-sociaux », et de sujets déloyaux envers l'Église et ses représentants.

L'ordre des Oblats constituait le groupe de prêtres polonais le plus important, le mieux organisé, le plus uni et le plus véhément dans ses attaques et sa condamnation du camp indépendant, faisant fi, entre 1920 et 1939, des exhortations des représentants du gouvernement polonais en faveur de l'unité et de l'harmonie de toutes les organisations polonaises. L'action menée pour inciter les paroisses polonaises et les organisations affiliées aux paroisses à se joindre à la World Association of Poles Abroad (Association mondiale des Polonais à l'étranger) s'est heurtée à la contre-proposition de fédérer toutes les organisations polonaises du Canada sous les auspices de l'Église catholique romaine. Cette proposition a été à son tour rejetée par le camp indépendant, et les luttes et les conflits relatifs à l'influence et à l'affiliation se sont poursuivis. Pour faire échec aux campagnes de recrutement menées par l'Alliance Friendly Society et par la Polish Workers' and Farmers' Association, le camp clérical fonda une organisation en 1933, soit la Associated Poles in Manitoba (depuis 1946, of Canada). Cette organisation était dirigée par des prêtres et des laïques catholiques d'origine polonaise et elle avait pour but de neutraliser « l'influence laïcisante » des autres organisations, et surtout celle des deux organismes déjà mentionnés. Le but avoué de la nouvelle organisation était de mener une action catholique destinée à renforcer la vie et les valeurs religieuses des Polonais du Canada et d'échanger des idées à cet égard[28]. Cependant, l'organisation des « Polonais associés » n'a jamais réussi à se tailler une place importante au sein des immigrants polonais ailleurs que dans l'Ouest du Canada.

Pendant certaines périodes, et particulièrement au cours des années trente, le débat entre les trois camps fit rage. Le clan clérical, du haut de la chaire et par l'entremise de ses publications, attaquait autant les « libres penseurs anticléricaux » que les socialistes et les communistes. Rien n'indique que des documents anticléricaux étaient publiés au Canada, mais on pouvait facilement s'en procurer des États-Unis[29]. La polémique la plus virulente entre le clergé et les organisations indépendantes a été menée dans la presse d'expression polonaise, étant donné que chaque camp avait son organe de presse depuis 1933[30].

La Deuxième Guerre mondiale donna lieu à une trêve, toutes les activités ayant pour centre d'intérêt les événements qui se déroulaient en Europe et l'effort de guerre. Après la guerre, le conflit ne reprit pas, mais la méfiance réciproque persista pendant quelques années. Les Oblats et les autres prêtres catholiques romains continuèrent de douter qu'une collaboration plus étroite entre toutes les organisations polonaises du Canada pouvait être bénéfique pour les membres de la communauté polonaise. L'Association des Polonais du Canada refuse toujours de s'affilier au Congrès canado-polonais, une organisation-cadre qui représentait, jusqu'à 1972, toutes les autres associations et la majorité des petites organisations indépendantes.

On ne saurait préciser les effets exercés par les luttes et l'acrimonie entre le camp clérical et les autres sur l'orientation des immigrants polonais et de leurs descendants. Il se peut que le choix ait été clair pour beaucoup et que le fait de demeurer loyal envers les uns ou de joindre les rangs des autres n'ait posé aucun problème, mais pour beaucoup d'autres, cette décision créait des difficultés. Ceux qui accordaient de l'importance aux objectifs et aux activités des organisations indépendantes hésitaient à y adhérer de crainte d'être traités de socialistes, de communistes ou d'anticléricaux. D'autres n'ont pas tenu compte des conseils et des exhortations du clergé et y ont adhéré tout en continuant d'être des catholiques pratiquants, mais il coûtait aux gens profondément religieux de prendre de telles décisions.

Pour les jeunes Polonais, et plus particulièrement pour ceux qui étaient nés au Canada, les répercussions allaient sans contredit peser lourd. Inconscients ou insouciants des différends à l'origine de cette agitation et témoins de l'amertume et des divisions que ces luttes avaient engendrées, ils en déduisaient fatalement que les associations de la communauté polonaise du Canada servaient de champ de bataille plutôt que de terrain d'entente. Les aspects plus positifs des activités des groupes dans les paroisses polonaises, soit leurs objectifs culturels, sociaux ou éducatifs, étaient à leurs yeux éclipsés par l'intolérance d'autres points de vue ou d'autres religions, par l'hostilité exprimée à l'endroit de particuliers et de groupes et par les factions, les intrigues et les accusations. Toute proportion gardée, un très petit nombre d'entre eux se sont engagés dans l'une ou l'autre des organisations. La majorité a préféré demeurer à l'écart des paroisses polonaises. Les haines intestines des années 1920 à 1939 ont sans aucun doute déçu de nombreuses personnes au sujet des associations.

Les conflits, les accusations, l'amertume et les luttes ont en grande partie cessé au cours des dernières décennies. Officiellement, le clergé polonais, et surtout les Oblats, ne sont pas affiliés au Congrès canado-polonais, mais tous les intéressés font de plus en plus montre d'un esprit de coopération et de tolérance [31]. Diverses organisations invitent le clergé à participer à des activités et à des fêtes. L'influence des prêtres n'est plus aussi grande qu'elle l'était avant 1939, mais ces derniers continuent de susciter le respect et la déférence en raison du rôle qu'ils jouent, non seulement en tant que pasteurs, mais également en tant qu'organisateurs, initiateurs, enseignants et gardiens de la culture et des traditions polonaises.

LES OBLATS

Au Canada, parmi les prêtres catholiques romains d'origine polonaise, les Oblats occupent une place spéciale tant dans la vie religieuse que dans la vie socio-culturelle des Polonais [32]. C'est le seul groupe de prêtres polonais qui a réussi à coordonner les efforts et les buts de leur travail et à coopérer entre eux. Déjà en 1896, un oblat, le frère Kowalczyk, se dévouait auprès des Indiens et des Métis de l'Alberta, mais les activités des Oblats ont officiellement débuté en 1898, à Winnipeg, avec l'arrivée du père Adalbert Kulawy. D'autres oblats l'ont suivi et ils ont exercé leur activité et leur influence dans des organisations paroissiales, dans le monde de l'enseignement et dans divers aspects de la vie culturelle des Polonais du Canada. Conscients du besoin d'établir des moyens de communication et des liens avec l'Église parmi les colons polonais disséminés et isolés, les

Oblats fondèrent un hebdomadaire de langue polonaise en 1904 ; cette publication continua de paraître pendant 44 ans sous différents noms [33]. Le journal servait non seulement de tribune aux préceptes religieux, mais également d'organe d'information précieux pour les immigrants ; de plus, pendant de nombreuses années, il a été le seul moyen qu'avaient les auteurs talentueux de se manifester [34]. Nous avons déjà abordé, dans la présente étude, d'autres activités et intérêts des Oblats.

À partir de 1926, les Oblats polonais appartiennent à la province canadienne St. Mary qui comprend aussi des prêtres allemands. En 1956, une vice-province distincte est fondée, soit la province de l'Assomption ; on y désigne un père provincial qui représente surtout les pères Oblats polonais. Cette province comprend 26 paroisses et 22 missions de Vancouver à Ottawa. La plupart des paroisses et des missions constituent des unités territoriales plutôt que des organisations nationales polonaises distinctes, et elles desservent des populations mixtes dont seulement une partie est d'origine polonaise. Selon un auteur [35], les paroisses peuvent compter sur les services de 60 prêtres, 1 frère et 6 scolastiques. Le clergé est principalement d'origine polonaise (on y compte 5 prêtres italiens et 1 Canadien français). Des prêtres du séminaire oblat de Poznań, en Pologne, sont invités à venir s'établir au Canada ; entre 1968 et 1973, il en est venu 7 et 2 autres sont attendus incessamment.

LES RELIGIEUSES POLONAISES

La vie religieuse de la communauté polonaise du Canada comporte également la présence et les activités de certaines communautés religieuses féminines polonaises. Ainsi les Bénédictines, venues en 1904 des États-Unis pour enseigner dans la paroisse polonaise du Saint-Esprit à Winnipeg, s'occupent toujours d'enseignement, d'orphelinats, d'œuvres de charité et d'hôpitaux au Manitoba. Pour leur part, les « Féliciennes » des États-Unis sont arrivées à Toronto en 1937 et elles ont immédiatement pris en charge l'enseignement, les orphelinats, les soins aux pauvres et les visites aux malades dans les paroisses polonaises de Toronto, de Hamilton et d'Oshawa [36]. Les Rédemptionnistes exercent leur apostolat à Montréal et à Vancouver, et les sœurs « Nazarene », à Windsor en Ontario. À l'heure actuelle, ces 4 communautés comptent environ 100 religieuses. Les religieuses polonaises ont été et demeurent très actives dans de nombreuses paroisses, entretenant d'étroites relations avec la population polonaise [37]. Leur principal rôle se déplace progressivement vers l'enseignement dans les écoles catholiques romaines (séparées), et leurs œuvres charitables dépassent les cadres de la communauté polonaise. Il est probable que les communautés perdent lentement leur caractère typiquement polonais en raison de la pénurie de nouveaux sujets d'origine polonaise.

AUTRES RELIGIONS

Les historiens qui se sont intéressés au groupe polonais du Canada ont tendance à confondre les origines polonaises (l'appartenance polonaise) et le catholicisme romain ; ces auteurs prétendent que les immigrants polonais au Canada étaient presque tous des catholiques romains [38]. Ceci est inexact, car il y a toujours eu un nombre important de représentants d'autres Églises et religions, dont des luthériens, des baptistes, des orthodoxes grecs et des Juifs. Il est probable qu'environ 80% des immigrants polonais arrivés au Canada avant 1939 aient été catholiques romains ; il existait au Canada un certain nombre de facteurs qui ont aussi modifié la composition religieuse de ce groupe.

Seuls quelques immigrants polonais se fixèrent dans les grands centres où existait une église catholique romaine. En effet, la plupart se trouvaient dispersés dans les grands espaces des provinces de l'Ouest et totalement isolés de toutes les institutions. Certains se sont installés dans les localités où existaient seulement des églises protestantes. D'autres encore vivaient parmi les Ukrainiens qui avaient construit leurs églises orthodoxes grecques rapidement et n'avaient aucun problème à recruter des prêtres ukrainiens. Sans église ni prêtre, certains groupes d'immigrants se consolaient en lisant la Bible. Cependant, pour un certain nombre de raisons, la Bible n'a jamais constitué une œuvre de lecture courante parmi les catholiques romains d'origine polonaise, et il n'existait guère d'autres ouvrages religieux [39]. De plus, les premiers immigrants polonais ne savaient pas tous lire ; pour les illettrés, seules les images de leur Madone protectrice et les prières quotidiennes leur rappelaient leur foi. Ces conditions favorisaient le zèle des divers missionnaires protestants qui œuvraient alors dans les provinces des Prairies, et les données des recensements canadiens donnent à penser que les religions protestantes ont réussi à faire des percées dans le groupe catholique romain d'origine polonaise. Il existe actuellement au Canada des fidèles d'origine polonaise appartenant à diverses religions et sectes intégristes protestantes lesquelles ne comptaient en Pologne que peu ou pas d'adhérents [40].

TABLEAU 9

AFFILIATION RELIGIEUSE DU GROUPE ETHNIQUE POLONAIS AU CANADA
RECENSEMENTS DE 1941, 1951, 1961, 1971

	1941		1951		1961		1971	
	#	%	#	%	#	%	#	%
Anglicans	3 374	2,0	6 457	2,9	11 626	3,6	12 285	3,9
Baptistes	2 994	1,4	3 151	1,4	4 172	1,3	3 670	1,2
Orthodoxes grecs	5 039	3,0	7 741	3,5	9 752	3,0	5 565	1,8
Israélites	29	–	7 608	3,5	27 204	8,4	–	–
Luthériens	7 674	4,6	8 248	3,7	10 586	3,3	9 425	3,0
Mennonites et Huttérites	265	0,1	391	0,1	466	0,1	515	0,2
Pentecôte	895	0,5	non obtenu		2 006	0,6	1 860	0,6
Presbytériens	1 812	1,0	2 257	1,0	3 120	1,0	3 345	1,1
Catholiques romains	135 405	80,0	153 059	69,6	210 271	65,0	224 430	70,9
Catholiques ukrainiens (grecs)*			11 361	5,2	10 681	3,3	7 205	2,3
United Church	6 304	1,1	13 077	6,0	25 229	7,8	26 445	8,4
Armée du Salut	62	–	non obtenu		non obtenu		440	0,1
Autres	3 632	2,2	6 459	3,0	8 404	2,6	7 659	2,4
Sans religion ou non déclarée	242	0,1	non obtenu		non obtenu		13 545	4,3
Totaux	167 485		219,845		323 517		316 430	

* Les catholiques (grecs) ukrainiens ont été comptés avec les catholiques romains dans le recensement de 1941.

Le fait qu'il existe un certain nombre de fidèles de l'Église anglicane et de l'Église unie dans la communauté polonaise peut être dû en partie aux mariages mixtes, mais cela tient principalement au travail missionnaire effectué par les protestants auprès des premiers immigrants polonais arrivés au Canada [41]. Suivant un auteur, « dans l'Est, les presbytériens et les méthodistes ont fait des efforts délibérés en vue de détourner ces gens (les immigrants polonais et ukrainiens) de la religion catholique [42] » ; un autre parle de nombreuses personnes qui, se prétendant prêtres ou même évêques, déroutaient les gens et rendaient difficile le travail du clergé catholique romain, ajoutant que certains paroissiens polonais « succombèrent aux influences pernicieuses, leur foi n'ayant pas pu résister à l'épreuve [43] ». Le clergé polonais et les évêques catholiques considéraient cette activité comme un assaut déloyal contre la foi des nouveaux immigrants dépaysés ; mais le prosélytisme des missionnaires protestants et leur apparent succès réjouissaient un auteur canadien qui a souligné que le seul « bon côté » de ces gens par ailleurs indésirables était qu'ils étaient disposés à rompre avec Rome pour les Églises où le « levain de l'Occident éclairé était à l'œuvre [44] ». Pour diverses raisons, l'activité missionnaire protestante auprès des nouveaux arrivés polonais a ralenti après la Première Guerre mondiale, et seuls les Témoins de Jéhovah font encore campagne, publiant des brochures religieuses en polonais pour inviter les gens à « se convertir ».

Les brèches pratiquées dans le groupe catholique romain d'origine polonaise prenaient aussi une autre forme. On reconnaît en général que le moyen le plus efficace de préserver l'appartenance religieuse d'une communauté ethnique est l'endogamie, c'est-à-dire le mariage entre membres d'un même groupe appartenant à la même religion. Par contre, l'exogamie devient acceptable si l'étranger appartient à la même religion. Pour le peuple polonais, cela était rarement possible. En effet, jusqu'à une époque fort récente, ce groupe comptait plus d'hommes que de femmes et il fallait donc que les Polonais épousent des membres d'autres groupes ethniques. De plus, le peuple polonais n'était pas fortement opposé à l'exogamie, étant donné qu'en Pologne, les mariages avec des Ukrainiens et des gens d'autres origines existaient depuis des siècles. Les immigrants polonais et leurs descendants ont donc fait de même au Canada.

En 1941, 51% des Polonais étaient mariés avec d'autres Polonais, et un total de 19% étaient mariés à des non-catholiques [45]. En 1951, la proportion d'exogamie, ou de mariages avec des non-Polonais, s'établissait à 44,3% pour les hommes et à 43,3% pour les femmes ; en 1961, elle passait à 51% pour les hommes et à 46,9% pour les femmes. Il n'existe aucune donnée sur le taux de fidélité à sa foi pour 1951 et 1961, mais si on prend les données de 1941 comme exemple, un grand nombre de catholiques romains d'origine polonaise abandonnent leur religion quand ils se marient [46].

La majorité des protestants, des orthodoxes grecs, et des Juifs [47] d'origine polonaise n'ont pas établi d'églises ou de synagogues distinctes ou séparées, mais il existe certaines exceptions.

L'ÉGLISE ÉVANGÉLIQUE POLONAISE

On connaît très peu de choses des luthériens polonais du Canada dont le nombre atteignait 9 425 au recensement de 1971. Ces gens sont établis un peu partout au Canada ; ils recourent aux institutions des autres groupes ethniques ou sont membres de paroisses luthériennes du Canada. Il existe deux petites paroisses luthériennes polonaises au Canada, bien décidées à conserver leur caractère religieux et culturel distinctif. En 1905, à Inglis au Manitoba, les luthériens polonais ont fondé une église séparée ; ils ont un pasteur résident depuis 1911. Cette paroisse existe toujours, mais c'est tout ce que nous en savons actuellement [48].

La seconde église luthérienne polonaise a été fondée à Toronto en 1954 par environ vingt-cinq familles. La paroisse a connu des problèmes de financement et des difficultés à trouver un local, mais depuis quelque temps, elle partage un immeuble avec une paroisse luthérienne slovaque ; un pasteur polonais de London (Ontario) s'y rend une fois par mois. La paroisse luthérienne polonaise de Toronto fait partie du synode luthérien du Missouri.

LES BAPTISTES POLONAIS

La première église baptiste polonaise en Amérique du Nord fut fondée à Buffalo (New York) en 1894 ; en 1897, on publia, à l'intention d'autres paroisses polonaises, un livre de prières en polonais [49]. Au Canada, une église baptiste missionnaire ouvrit ses portes à Toronto en 1910, fréquentée par des Polonais et d'autres Slaves. La première église baptiste exclusivement polonaise fut établie en 1921. En 1930, il existait deux paroisses baptistes polonaises à Toronto, une à Hamilton, une à Brantford et il existait également des missions à Kitchener et à St. Catharines (Ontario) ; il y avait aussi une autre paroisse baptiste polonaise à Winnipeg (Manitoba) [50].

Toutes ces paroisses s'occupaient de l'éducation des jeunes Polonais et offraient des cours de religion, de langue et de musique. Les églises baptistes aidaient et conseillaient les nouveaux immigrants polonais, et les paroisses de Toronto ont publié un mensuel, *Głos Prawdy (La voix de la vérité)* entre 1923 et 1943. L'expansion des baptistes fut retardée par les déplacements de leurs membres et par une grave pénurie de ministres. Les paroisses comptaient peu de fidèles et elles représentaient seulement une partie des baptistes polonais du Canada ; en effet, la plupart d'entre eux appartenaient à des paroisses baptistes non polonaises. Au début des années quarante, les diverses paroisses ont progressivement disparu, et les deux paroisses de Toronto ont fusionné en 1944. Le petit nombre de fidèles et certains facteurs socioéconomiques rendaient impossible le maintien d'une secte religieuse distincte.

Le recensement du Canada de 1971 révèle que 3 670 personnes d'origine polonaise appartiennent à la religion baptiste, mais aujourd'hui l'église baptiste polonaise de Toronto est la seule paroisse qui subsiste ; selon son porte-parole[51], cette paroisse représente environ cinquante familles polonaises et est dirigée par un pasteur résident polonais. La première église baptiste polonaise compte une organisation féminine ; de plus, elle s'occupe de problèmes relatifs à la culture et à l'identité polonaises et des autres besoins de la communauté polonaise de Toronto. Le pasteur participe activement au projet Villa Wawel, un foyer pour les Polonais âgés qui en est aux dernières étapes de la planification. Les services religieux et le sermon du dimanche se font en polonais, ce qui pose des problèmes, car les membres qui épousent des non-Polonais cessent habituellement de fréquenter cette église. La paroisse fait partie de la Polish Baptist Association of North America et les fidèles sont abonnés au journal *Przyjaciel (Ami)* que publie en polonais cette association.

LA SECTE PENTECOSTALE

Le recensement du Canada de 1971 révèle que 1 860 personnes d'origine polonaise appartiennent à la secte pentecostale. Le Full Gospel Tabernacle de Toronto est la seule organisation dirigée par un pasteur polonais et elle compte, entre autres fidèles, des Polonais dont le nombre varie entre quinze et vingt-cinq à chaque office[52]. La secte sollicite de nouveaux membres en distribuant des feuillets, en publiant des annonces dans les journaux et par « le bouche à oreille », mais sans grand succès, et les fidèles d'origine polonaise y sont peu nombreux.

Les activités de la secte sont l'initiative du pasteur. Immigrant polonais, arrivé au Canada dans les années vingt, catholique romain dévot et membre d'organisations paroissiales, il s'est d'abord intéressé à la secte pentecostale à des services de réanimation de la foi à Peterborough (Ontario) en 1930. Son intérêt l'a poussé à poursuivre ses études théologiques, et il a commencé ses activités religieuses d'abord dans des maisons privées puis, depuis les dix dernières années, dans un temple à Toronto. Il dirige quatre services par semaine, et les fidèles viennent de toutes les parties du grand Toronto. Les offices et les chants religieux se font en polonais et en anglais. Le pasteur se livre à des « guérisons par la foi » pendant les offices. Il est interdit aux fidèles de cette secte de consommer de l'alcool ou de fumer. La participation n'est pas réservée aux Polonais, et l'organisation ne met pas l'accent sur les valeurs culturelles ou traditionnelles polonaises.

L'ÉGLISE CATHOLIQUE
NATIONALE POLONAISE

La paroisse catholique romaine polonaise établie à Winnipeg en 1899 s'est bientôt trouvée accablée par des problèmes internes. N'étant pas satisfaits de leur curé, les paroissiens polonais ont demandé son remplacement ou l'établissement d'une autre paroisse polonaise. L'évêque ne désirait pas diviser la paroisse qui comprenait alors un grand nombre de catholiques romains non polonais, et il n'était pas facile de remplacer le curé. Les paroissiens de Winnipeg, qui savaient que les églises catholiques romaines polonaises des États-Unis étaient solidement établies et avaient un personnel suffisant, leur ont demandé les services d'un prêtre polonais. En 1904, il en est venu un qui a commencé à organiser une paroisse polonaise distincte. À la surprise des paroissiens de Winnipeg, le prêtre n'était pas un catholique romain, mais un membre d'une église catholique indépendante qui ne reconnaissait plus l'autorité du Vatican. En raison de la forte personnalité du prêtre [53], les paroissiens catholiques romains dissidents ont adhéré à la paroisse nouvellement fondée, tout en demeurant des catholiques romains. Ils ont néanmoins été automatiquement excommuniés. Des problèmes accablaient la nouvelle paroisse ; les paroissiens ont donc demandé à l'évêque de les réintégrer dans l'Église catholique romaine et de nommer un prêtre catholique romain à la tête de la nouvelle paroisse. L'évêque est resté sur ses positions, et l'église séparée a continué d'exister. La paroisse indépendante survécut et prospéra dans une certaine mesure et, en 1909, adhéra à la Polish National Catholic Church (P.N.C.C.) des États-Unis, dirigée par l'évêque Hodur, qui nomma le premier prêtre de la P.N.C.C. dans la paroisse de Winnipeg. Au Canada, le mouvement P.N.C.C. commença à Winnipeg, mais ses véritables racines sont aux États-Unis.

Les nombreux immigrants polonais installés aux États-Unis et établis principalement dans les villes du Nord-Ouest n'ont pas tardé à créer un important réseau d'organisations dont des sociétés d'entraide, des paroisses et des écoles paroissiales. Un certain nombre de prêtres polonais perspicaces et patriotes se sont bientôt inquiétés des relations avec l'épiscopat et de l'avenir des paroisses et des écoles polonaises qui semblait menacé. Les problèmes tenaient à de nombreux facteurs. Premièrement, les titres de propriété des biens ecclésiaux acquis par les immigrants polonais étaient contrôlés par l'évêque, et les biens pouvaient passer à d'autres catholiques pour leur usage. Cela inquiétait les immigrants polonais qui avaient fourni beaucoup d'efforts et d'argent pour acquérir ou construire leurs établissements. Le deuxième problème avait trait à la position des autorités catholiques romaines d'origine irlandaise et allemande à l'endroit du maintien et de la perpétuation d'une identité culturelle distincte aux États-Unis. En vertu du principe de « l'américanisation » ou de celui du « creuset », les évêques n'encourageaient pas l'usage constant de la langue polonaise, créaient des obstacles à la fondation d'écoles polonaises et favorisaient en général les objectifs de l'assimilation rapide. Enfin, le clergé polonais s'est inquiété de plus en plus de sa faible représentation aux échelons supérieurs de la hiérarchie catholique romaine aux États-Unis, beaucoup s'estimant victimes de discrimination favorisant les groupes irlandais, allemands ou anglo-saxons au moment des nominations aux évêchés ou à d'autres postes comportant des responsabilités.

Après de nombreuses démarches, le Vatican a consenti à étudier leurs problèmes, mais il y a mis le temps. Les évêques américains se sont opposés énergiquement au projet du clergé polonais qui avait effectué des démarches auprès du Vatican pour que soit créé un épiscopat polonais indépendant relevant directement du Saint-Siège. Le mécontentement et le ressentiment gagnèrent le clergé et les paroissiens d'origine polonaise et, en 1895, environ 145 représentants religieux et laïques et plus de 20 000 fidèles se sont soustraits à l'autorité du Vatican [54]. Un certain nombre de paroisses indépendantes furent établies ; on remplaça le latin par le polonais dans toute la liturgie et on institua des règlements qui accordaient le plein contrôle de la propriété et des revenus ecclésiaux aux paroissiens. La liturgie a plus tard subi d'autres modifications, et il fut permis aux prêtres de se marier. L'un des prêtres polonais les plus actifs dans ce mouvement indépendant fut le père Hodur qui fonda, en 1897, la Polish National Catholic Church (Église catholique nationale polonaise) et en devint le premier évêque.

Pour en revenir au Canada et à la paroisse de la Polish National Catholic Church de Winnipeg, les possibilités de l'église indépendante d'accroître le nombre de ses fidèles et d'établir de nouvelles paroisses au Canada étaient bonnes, étant donné que la perspective de contrôler les biens et les finances ecclésiaux plaisait aux immigrants polonais et que l'utilisation de la langue vernaculaire allait dans le sens de leurs sentiments nationalistes. Toutefois, plus encore que l'Église catholique romaine, la P.N.C.C. souffrait d'une pénurie de prêtres qualifiés, et le nombre des fidèles de même que les activités de la paroisse demeuraient au point mort. De 1913 à 1922, la paroisse connut des difficultés internes avec l'arrivée d'un prêtre ambitieux [55] qui, déçu de ne pas avoir été nommé évêque, rompit avec la P.N.C.C. pour fonder une nouvelle organisation, l'Apostolic Catholic Polish Church (Église catholique apostolique polonaise) et fut nommé évêque par ses paroissiens [56]. En 1922, la paroisse a réintégré les rangs de la P.N.C.C. et, plus tard l'Église a rayonné au-delà de Winnipeg en fondant des paroisses à Brandon, Beauséjour, et Libau (Manitoba) et à Mikado (Saskatchewan).

L'établissement de la paroisse de la P.N.C.C. à Toronto en 1933 a fait suite aux conflits survenus entre les fidèles de la paroisse catholique romaine polonaise Saint-Stanislas et leur curé. D'après certains témoignages [57], la principale difficulté tenait à la personnalité du pasteur [58] qui, par l'attitude autoritaire qu'il adoptait dans ses fonctions et le traitement peu digne qu'il infligeait aux humbles ouvriers, suscita des affrontements, de la dissension et des conflits. Les témoignages signalent que le curé ne voulait pas entendre parler de partager son autorité en ce qui avait trait aux finances de la paroisse, que les paroissiens n'étaient pas informés de l'utilisation des fonds qu'ils avaient fournis et que beaucoup étaient publiquement qualifiés de « paysans ignorants » et réprimandés du haut de la chaire pour n'avoir donné que quelques sous à la quête du dimanche. Les contestataires étaient traités de « communistes ». Des délégations firent des remontrances auprès de l'évêque, mais le curé ne fut remplacé qu'après qu'une partie des paroissiens eut quitté la paroisse. Le groupe dissident invita un évêque de la P.N.C.C. de Buffalo (New York) à venir discuter de l'établissement d'une paroisse de la P.N.C.C., et environ cinquante familles adhérèrent à la nouvelle organisation. Par la suite, d'autres paroisses de la P.N.C.C. furent établies à Hamilton en 1949, à Oshawa en 1961 et à Oakville en 1971. Il existe également une paroisse de la P.N.C.C. à Montréal, fondée en 1951. Au total, le nombre de fidèles de cette Église au Canada s'établit à environ 6 000 membres. Le clergé se compose d'un évêque et de cinq prêtres.

La P.N.C.C. est une organisation viable et active qui s'occupe d'une caisse d'épargne paroissiale et de cinq écoles de langue polonaise à temps partiel. Chaque paroisse compte ses comités et ses organisations religieuses féminines. Seule la paroisse de Winnipeg a un club de jeunes proprement dit. Il existe également trois chorales qui se produisent occasionnellement en public. La P.N.C.C. publie en polonais un bulletin socio-religieux tous les deux mois. Selon son porte-parole [59], la P.N.C.C. pourrait établir plus de vingt autres paroisses, étant donné que les problèmes à l'origine de l'établissement des paroisses de Winnipeg et de Toronto existent toujours, mais un tel essor se bute à la pénurie de pasteurs et de fonds. L'évêque et le clergé de la P.N.C.C. remplissent diverses fonctions au sein de la communauté polonaise du Canada et ils sont invités à des célébrations par diverses organisations laïques. Le clergé catholique romain a entretenu, jusqu'au milieu des années cinquante, une polémique contre cette organisation et ses membres, mais à l'heure actuelle, il existe un climat de tolérance mutuelle.

PAROISSES CATHOLIQUES ROMAINES

En dépit de la présence des dix paroisses de la P.N.C.C., des luthériens, des baptistes et du Full Gospel Tabernacle, il n'en demeure pas moins que la plupart des personnes d'origine polonaise au Canada continuent d'appartenir à l'Église catholique romaine, comme en témoignent clairement les organisations religieuses. Selon les statistiques de 1971, 70,9% ou plus de 224 000 personnes d'origine polonaise appartenaient à l'Eglise catholique. Il existe environ 75 paroisses et à peu près 100 prêtres catholiques romains polonais pour les desservir [60]. Dans les grands centres urbains, certaines paroisses comptent un très grand nombre de fidèles. Ainsi, les paroisses Saint-Casimir et Saint-Stanislas de Toronto comptent respectivement 4 000 et 2 000 familles et les paroisses Saint-Stanislas de Hamilton et Holy Mother of the Rosary d'Edmonton, au-delà de 1 000. Les paroisses catholiques romaines polonaises de Montréal, Ottawa, Brantford, Kitchener, Thunder Bay, Winnipeg, Regina,

Vancouver et d'autres grands centres urbains attirent des centaines de familles. Chaque paroisse est desservie par au moins un prêtre d'expression polonaise. Dans les paroisses qui comptent un prêtre résident, on célèbre la messe quotidienne et de une à huit messes le dimanche, suivant l'importance de la paroisse et ses besoins particuliers. Même les plus grosses paroisses exclusivement polonaises célèbrent au moins une messe en anglais le dimanche à l'intention des plus jeunes qui ne parlent pas le polonais. L'administration des paroisses et des paroissiens est bien organisée. Tous les chefs de famille sont inscrits et tous les renseignements pertinents (comme l'adresse, etc.) sont consignés. Chaque paroissien dispose d'enveloppes pour la quête hebdomadaire et des reçus lui sont remis aux fins de l'impôt.

Presque toutes les paroisses polonaises comptent des chorales composées de groupes d'âges différents. Certaines de ces chorales parviennent à un haut niveau de qualité et se produisent au cours de diverses fêtes de la communauté polonaise. Le prêtre célèbre la messe en compagnie de servants. Les comités paroissiaux de chaque église aident le curé à titre consultatif, et s'occupent de la quête, du placement des fidèles dans l'église et de certaines autres fonctions. Certaines grandes paroisses ont des organisations auxiliaires pour les hommes, les femmes et les jeunes [61], et parrainent des caisses d'épargne paroissiales ; de plus treize paroisses dispensent des cours de polonais et de religion.

Le clergé catholique romain d'origine polonaise du Canada n'a jamais compté qu'un seul représentant dans les échelons supérieurs de la hiérarchie de l'Église et ce, entre 1909 et 1918, en la personne de l'archevêque Joseph Weber, C.R. [62]. De l'avis du clergé polonais, certains de ses membres avaient et ont la compétence requise pour devenir évêques auxiliaires, mais cela n'est probablement pas pour demain. La communauté polonaise du Canada a souvent exprimé le souhait de voir nommé un évêque canadien d'origine polonaise ; à cette fin elle a envoyé des requêtes au représentant du Vatican au Canada et au Synode des évêques canadiens, mais sans succès jusqu'ici.

Le clergé s'occupe de questions religieuses, et plus particulièrement de la catéchèse et de l'enseignement religieux auprès des jeunes, et de morale catholique auprès des adultes ; il s'occupe également d'autres questions d'ordre social en aidant les nouveaux immigrants polonais à trouver un emploi ou un logement et en les renseignant sur leurs devoirs, leurs droits et leurs privilèges. Dans les villes, le clergé des paroisses polonaises s'occupe également de perpétuer la culture et les traditions polonaises. Les prêtres polonais visitent les malades et les gens âgés ; de plus, à Toronto et à Edmonton, certains prêtres exercent exclusivement leur ministère auprès des prisonniers, des malades hospitalisés et des gens qui vivent dans des foyers pour personnes âgées.

CROYANCES, VALEURS ET TRADITIONS

Les renseignements concernant d'une part, l'évolution des institutions et organisations religieuses polonaises et, d'autre part, les efforts faits pour maintenir le catholicisme romain polonais sont pour le moins fragmentés. Les auteurs qui s'intéressent aux questions d'ordre religieux de la communauté polonaise du Canada traitent surtout de la fondation et du maintien d'églises et de paroisses, et des activités du clergé. Beaucoup de renseignements dorment dans les registres paroissiaux où sont consignés les baptêmes, les confirmations, les communions, les mariages et les décès. On connaît le nombre des paroissiens, mais il existe peu de détails sur la « profondeur des sentiments religieux » des fidèles ou sur le degré de conviction. Personne n'a encore précisé les coutumes traditionnelles qui se sont perpétuées jusqu'à nos jours, mais certains indices permettent de croire que les relations avec le clergé et les croyances et pratiques religieuses ont évolué.

Au fur et à mesure que croissait le nombre d'immigrants polonais au Canada, des paroisses polonaises ont été formées, des chapelles ou églises bâties, et un certain nombre de prêtres polonais ont commencé à y exercer leur ministère. Mais la vie religieuse, telle qu'on l'avait connue en Pologne, ne pouvait pas reprendre tout à fait dans la nouvelle colonie. Il a fallu abandonner de nombreuses fêtes, pratiques et coutumes religieuses, et tout l'ensemble des rituels et des croyances a donc, par la force des choses, été modifié ou oublié. Il est probable que les traditions et coutumes religieuses ont survécu plus longtemps dans les régions rurales qui comptaient de grandes concentrations de colons. Ainsi, les résidents de Wilno (Ontario) ont conservé la coutume de se saluer par la formule traditionnelle « Loué soit Jésus-Christ » suivie de la réponse « Dans les siècles des siècles [63] ». Dans d'autres régions, les gens utilisaient cette salutation à l'endroit du prêtre, mais ils l'ont vite abandonnée dans d'autres occasions. Les Kachoubes ont également perpétué la coutume de veiller le corps du défunt toute la nuit avec des prières et ils croient encore dans une certaine mesure au surnaturel [64].

Il existe deux traditions polonaises connues, aimées et observées par tous les membres de la communauté polonaise du Canada, soit la fête de Noël et celle de Pâques. Elles jouent un rôle extrêmement important dans la vie de tout Polonais et elles sont universellement et toujours observées, même quand toutes les autres traditions du pays natal sont abandonnées ou oubliées. La fête de Noël, ou plus exactement, la veille de Noël, est particulièrement importante ; c'est en général l'occasion de réunir les familles dispersées et de forcer les membres d'une famille à oublier les différends et l'animosité en raison de la tradition et de la coutume qui consistent à rompre le pain ensemble. Le joyeux repas du soir, composé de plats traditionnels, fait penser à la Pologne, et aux parents décédés depuis longtemps, à la cuisine polonaise et à d'autres coutumes. La femme doit avoir conservé certaines notions de la cuisine polonaise pour préparer ce souper. Après le repas, les chants redonnent aux enfants l'occasion de se familiariser avec la langue polonaise qu'ils n'utilisent pas en d'autres occasions. La coutume répandue de l'échange des cadeaux fait régner un certain sentiment de responsabilité et d'appartenance familiales. Cette fête rituelle et traditionnelle se termine par la messe de minuit à laquelle assistent même les non-pratiquants.

La fête de Pâques commence par une messe matinale à laquelle, une fois encore, chacun s'efforce d'assister ; l'Église catholique romaine incite fortement ses fidèles à aller se confesser et à communier à cette occasion. Après la messe, on se réunit autour d'un joyeux et copieux petit déjeuner composé de divers mets polonais dont des saucissons, du jambon, d'autres viandes froides, des pains spéciaux, des œufs décorés, des gâteaux et des pâtisseries. On prend soin, la veille, d'apporter une petite portion de chaque mets à l'église pour la faire bénir ; par la suite, tous les membres de la famille partagent et consomment cette nourriture bénite puis dégustent le reste, accompagné d'un verre de jus de fruit pour les jeunes et de vin ou d'autres alcools pour les adultes.

Pâques demeure une fête joyeuse, mais les diverses traditions qui sont encore observées en Pologne le dimanche et le lundi de Pâques sont pour la plupart tombées en désuétude au Canada. Ces deux occasions spéciales sont les plus susceptibles de perpétuer l'esprit de famille pendant encore quelques générations.

Un certain nombre d'autres fêtes religieuses ont conservé au moins quelque chose de leur caractère traditionnel. Ainsi, pour beaucoup, le culte de la Vierge Marie et des Madones a gardé toute son importance, ainsi que le prouve le pèlerinage annuel en août, à Midland (Ontario), à l'occasion des fêtes en l'honneur de la Madone de Częstochowa, en Pologne. Cet événement annuel attire non seulement des pèlerins d'Ontario, mais également d'autres régions du Canada et des États-Unis. Il existe des offices spéciaux pour la récitation du rosaire et, parmi les organisations paroissiales les plus populaires, on compte les confréries du rosaire. Les vêpres font toujours partie des coutumes religieuses polonaises traditionnelles, et les litanies et offices du mois de mai attirent encore beaucoup de fidèles. On continue de chanter en polonais des cantiques, des hymnes à l'occasion du carême et divers autres chants. Même si elles n'ont lieu qu'à l'intérieur de l'église, les processions font partie de l'office traditionnel, par exemple à la Fête-Dieu. Par ailleurs, la plupart des croyances et pratiques religieuses teintées de coutumes traditionnelles et folkloriques ont disparu ; ainsi, les baptêmes, les funérailles, les mariages et autres festivités diffèrent à peine des cérémonies courantes au Canada. Ceux qui sont nés au Canada trouvent de plus en plus difficile de comprendre et de respecter les coutumes traditionnelles de leurs parents. Certains autres changements sont également survenus.

À défaut de recherches plus exhaustives, nous nous en tiendrons une fois encore aux conclusions d'une brève étude [65] illustrant le sentiment religieux d'un groupe formé de soixante familles d'immigrants polonais. Suivant cette étude, la grande majorité des immigrants d'après-guerre vont à l'église régulièrement ; de plus, il est possible de déterminer l'importance accordée à l'église polonaise dans la mesure où 55% des répondants ont désigné le voisinage de cette institution comme le principal avantage de leur quartier. Cependant, même les plus fidèles pratiquants ne se conforment pas à tous les enseignements de l'Église catholique romaine. Ainsi, moins de la moitié de ceux qui ont répondu croient qu'un bon catholique doit obéir à tous les préceptes de l'Église ; beaucoup approuvent les contraceptifs, et plus de la moitié considèrent que le divorce est la meilleure solution dans certaines circonstances [66]. Il y a trente ans, une personne qui aurait adopté ou exprimé ce genre d'opinion, aurait été qualifiée au mieux d'hérétique et cela aurait suffi à envoyer un « bon catholique pratiquant » en enfer pour toujours.

On a constaté qu'environ le quart des fidèles pratiquants ne prient jamais avant ou après les repas, même en des occasions spéciales comme Noël et Pâques. Seulement 55% d'entre eux envoient leurs enfants dans des écoles catholiques romaines séparées parce qu'ils estiment que ces derniers pourraient y acquérir de plus solides valeurs morales que dans les écoles publiques. Seulement 58% souhaitent vivement voir leurs enfants épouser d'autres catholiques romains, et près du tiers se déclarent très déçus de l'attitude de leurs enfants à l'endroit de l'Église, institution que les jeunes considèrent comme n'ayant pas une très grande portée ou importance dans la vie quotidienne. Les répondants adultes avouent que l'Église et le clergé ne sont plus sacro-saints et formulent un certain nombre de critiques à leur endroit. Les gens plus âgés connaissent et observent les fêtes religieuses, mais les plus jeunes connaissent beaucoup mieux des fêtes comme la fête du Canada, la Saint-Valentin ou même la Saint-Patrice.

On ne peut toutefois généraliser les conclusions de cette étude ; cependant, la désertion des églises et la remise en question manifestées par les jeunes d'aujourd'hui sont des mouvements universels qui ne se limitent pas à un groupe ou à un autre. Les Canadiens d'origine polonaise vivent la même évolution que les gens d'autres origines. L'Église catholique, qui compte près de 2 000 ans d'histoire et d'expérience, est consciente de cette évolution des attitudes et des croyances et elle s'efforce de l'assumer. Les porte-parole des institutions religieuses polonaises sont persuadés que les Canadiens d'origine polonaise conserveront leur attachement à leur paroisse, au clergé polonais et aux valeurs religieuses au cours des années à venir.

REMARQUES EN GUISE DE CONCLUSION

Au Canada, en 1938, on comptait 172 paroisses et missions polonaises desservies par soixante-quinze prêtres polonais pour une population d'environ 160 000 âmes d'origine polonaise. En 1973, cette population dépassait les 316 000 membres, mais le nombre de paroisses et de missions avait diminué considérablement. Dans les grands centres urbains, le paroisses polonaises demeurent les centres de la vie sociale, des activités culturelles et de l'enseignement et elles constituent « les articulations de l'infrastructure polonaise au sein de la société canadienne [67]. Dans de nombreux autres cas, les paroisses desservies par des prêtres polonais ne sont polonaises que de nom ; elles sont composées de catholiques romains de diverses origines ethniques, et, de plus en plus, l'anglais y constitue la langue de communication. Certaines de ces paroisses « polonaises » célèbrent une messe en polonais le dimanche, et même moins souvent. La présence de prêtres d'expression polonaise permet cependant aux immigrants polonais plus âgés de se confesser dans leur langue maternelle. Certaines cérémonies comme les mariages, les baptêmes et les funérailles se déroulent en polonais, ce qui constitue peut-être le seul élément distinctif de ces paroisses.

Les déplacements géographiques des immigrants polonais au Canada ont joué un rôle important dans le processus d'anglicisation des paroisses autrefois polonaises. Ainsi, en 1941, 54,5% des Canadiens d'origine polonaise étaient installés dans les trois provinces des Prairies. Ces provinces comptaient le plus grand nombre de paroisses et de missions avant 1939. En 1971, les trois provinces ne comptaient plus que 36,3% de tous les Canadiens d'origine polonaise. Fait encore plus important, en 1941, la population rurale représentait 50,7% de l'ensemble [68] ; en 1971, le groupe rural ne correspondait plus qu'à 19,5% du total [69]. À partir de la Deuxième Guerre mondiale, les personnes d'origine polonaise se sont déplacées vers l'Est et vers les villes, laissant derrière elles leurs chapelles et leurs églises qui sont encore desservies par des prêtres polonais et conservent leurs noms polonais bien qu'elles servent aujourd'hui à d'autres catholiques romains [70]. Les quelques paroissiens polonais qui s'y trouvent encore ont dû se faire à l'idée qu'ils constituent une minorité et qu'ils n'ont droit à aucune messe spéciale.

En général, les églises chrétiennes se plaignent de « l'éloignement » de leurs fidèles et d'une absence de communication avec les jeunes ; ce problème se trouve accentué dans les relations entre le clergé polonais et les jeunes d'origine polonaise. En effet, ceux qui sont nés au Canada ne connaissent plus les traditions et coutumes religieuses typiquement polonaises et voient peu de raisons de continuer à les observer. Connaissant très mal la langue polonaise, quand ils la connaissent, ils assistent à la messe célébrée en langue anglaise ou fréquentent une autre église. Pour les jeunes, l'église polonaise joue le même rôle que les autres établissements religieux canadiens et elle n'est pas nécessairement synonyme de culture et de traditions polonaises.

Il n'est pas possible de déterminer combien des soixante-quinze paroisses sont demeurées distinctement polonaises. On peut supputer qu'à peine vingt tombent dans cette catégorie, toutes les autres ayant déjà franchi diverses étapes d'anglicisation. Si cette tendance devait continuer, la communauté polonaise du Canada en subirait d'importantes répercussions. La religion et les paroisses constituent un cadre où les différentes vagues d'immigration se rencontrent sans tenir compte de l'écart entre les générations et les classes socio-économiques. De toutes les organisations qui existent au sein de la communauté polonaise du Canada, les organisations religieuses sont les plus susceptibles de durer. La survie des paroisses polonaises est ainsi étroitement liée à la perpétuation d'une culture distincte au sein de toute la communauté ethnique polonaise et, si un jour ces établissements devenaient des paroisses canadiennes comme les autres, la communauté polonaise perdrait du coup l'un des plus importants moyens de perpétuer sa culture et ses traditions chez ses descendants nés au Canada. Les pronostics ne sont pas très encourageants.

NOTES

1. BARNETT, p. 64–68.

2. *Za Parę Pacierzy* (en autant de prières), une expression servant à mesurer le temps probablement unique au peuple polonais.

3. L'œuvre de REYMONT, *Chłopi* (Les Paysans), nous offre les meilleurs exemples de ce genre de coutumes et de croyances. Voir également PERKOWSKI, *op. cit.* et WAŃKOWICZ, *op. cit.*

4. Ainsi que l'a souligné WAŃKOWICZ, *ibid.*, parmi les quelques biens qu'une famille apportait avec elle, la Madone locale était le plus précieux.

5. Florian ZNANIECKI, « The Poles », dans H.P. FAIRCHILD, ed., *Immigrant Backgrounds* (New York, 1927).

6. Une mission était constituée de 20 à 50 familles polonaises qui disposaient d'une chapelle ou d'une église, mais sans prêtre résident. Située dans des régions trop éloignées des autres familles polonaises ou catholiques romaines, la mission était dans l'impossibilité de s'assurer les services d'un prêtre en permanence.

7. Voir par exemple GŁĘBORZECKI, *op. cit.* ; E. HUBICZ, *The History of Our Lady of the Lake Church, Winnipeg Beach, Manitoba, 1911 to 1956*, Winnipeg, 1956, et *Father Joe* ; TUREK, *Poles in Manitoba*.

8. HUBICZ, « Early Polish Priests ».

9. HUBICZ, *ibid.*, parle des prêtres pionniers du Manitoba.

10. Mazurkiewicz souligne que les 22 prêtres missionnaires devaient parcourir un territoire couvrant de nombreux milliers de milles carrés pour se rendre chez les colons dispersés.

11. KOS-RABCEWICZ-ZUBKOWSKI, *The Poles in Canada*.

12. IWICKI, p. 141. Au Canada, les Résurrectionnistes de la Province Ontario-Kentucky dirigent quatre collèges, une école secondaire, deux noviciats et neuf paroisses dont seulement trois sont polonaises, soit celles de Kitchener, de Hamilton et de Brantford.

13. GŁĘBORZECKI, *op. cit.* ; MAKOWSKI, *History and Integration*.

14. BRETON, *op. cit.* ; Jan SAJEWICZ, O.M.I., *Nasz Brat* (n.p. 1972).

15. Józef PIELORZ, O.M.I., *Oblaci Polscy, 1920–1970* (Rome, 1970) ; *Silver Jubilee, Oblate Fathers* (1960) ; TUREK, *Poles in Manitoba*.

16. HUBICZ, *Father Joe.*

17. La plus importante caisse d'épargne paroissiale qui existe actuellement au Canada fut mise sur pied grâce aux efforts du père S. Puchniak, O.M.I., en 1945.

18. *Silver Jubilee, Oblate Fathers* (1960).

19. Le père Puchniak au cours d'une entrevue avec H. Radecki le 29 août 1973.

20. Gwara Śląska.

21. Dans *Poles in Canada*, p. 166, Turek qualifie cette générosité d'« étonnante ».

22. S'inspirant de Hubicz dans *Father Joe*, p. 84.

23. Les Oblats ont continué d'être qualifiés sans raison d'« étrangers » ou d'« ordre germanique » jusqu'au milieu des années trente. Voir Jacek Rolnik, « Wycinanki Prasowe », *Związkowiec*, No. 8 (Toronto, 1935).

24. L'association Sokoły, établie à Winnipeg en 1906, illustre bien ce type d'organisation.

25. Voir les pages 84–86 du présent ouvrage.

26. Turek, *Poles in Manitoba*, p. 167.

27. Mazurkiewicz, *op. cit.*

28. K. Buchwald, O.M.I., « 25-Lecie Stowarzyszenia Polaków Manitoby », *Czas*, 25 octobre 1959.

29. Voir par exemple L.O., *Polskie Duchowienstwo w Americye — Jego Zasługi, Patriotyzm i Moralność* (Toledo, Ohio, n.d.). La maison d'édition A.A. Paryski de Toledo, Ohio, publiait des ouvrages anticléricaux.

30. Des détails sur ces conflits se trouvent dans les dossiers de la *Gazeta Katolicka*, du *Głos Pracy* et du *Związkowiec* et appellent d'autres recherches.

31. À l'exception de la Polish Democratic Association, organisme que toutes les autres organisations et institutions cherchent à éviter.

32. Différents auteurs ont traité des activités des Oblats : Makowski, *History and Integration*, Pierloz, *op. cit.* ; *Silver Jubilee, Oblate Fathers*, 1960 ; Turek, *Poles in Manitoba*, Złote Pokłosie Parafii Św. Stanisława Kostki, Toronto, 1911–1961 (Toronto, 1961) ; de plus, elles font actuellement l'objet d'une étude historique fouillée menée par le père Puchniak, O.M.I.

33. Voir Turek, *The Polish Language Press*, p. 100 *et passim*, pour obtenir de plus amples renseignements.

34. Yars Slavutych, « Slavic Literature in Canada », *Slavs in Canada*, Vol. 1. Proceedings of the First Conference on Canadian Slavs (procès verbal de la première conférence des Slaves du Canada) tenue du 9 au 12 juin à Banff, Alberta (Edmonton, 1966).

35. Pielorz, *op. cit.*

36. *Archives*, Maison-mère (1937–1973).

37. Entre autres activités, les sœurs « Féliciennes » de Toronto enseignent dans les écoles paroissiales polonaises à part entière, dirigent une garderie et deux chorales d'écoliers, distribuent des hosties de Noël aux paroissiens de Saint-Stanislas et ouvrent une fois par année les portes de leur couvent à tous les paroissiens, événement qui attire des centaines de familles.

38. Voir par exemple Buchwald, *op. cit.*

39. Des recherches effectuées dans différentes archives n'ont permis de découvrir qu'une seule petite brochure de prières à réciter à l'intention des mourants et lors de funérailles, en l'absence du prêtre. Voir *Trzy Przeześliczne i Bardzo Skuteczne Moklitwy Przy Umierającym* (n.p., n.d.), document publié probablement au début du siècle en Galicie.

40. À l'exception d'un cas dont nous traiterons plus loin, rien n'indique que certains ont établi des églises ou des paroisses séparées.

41. Il est également certain que certains changèrent de religion pour des raisons de commodité, de convenance ou autres, ou encore sous l'effet de pressions sociales ou économiques. Ainsi, Sir Casimir Gzowski embrassa la religion anglicane après sa venue au Canada.

42. Père Boniface, p. 49.

43. Hubicz, *The History of Our Lady*, p. 20.

44. Woodsworth, p. 141. Ce « levain » désignait les missionnaires protestants.

45. *Rapport de la commission royale d'enquête*, Livre IV, *op. cit.*, tableau A75, p. 310.

46. *Ibid.*, tableaux A61, A62, p. 301.

47. Le groupe ethnique polonais comptait 27 206 Juifs en 1961, soit 8,4% du total de ses membres ; cependant, le recensement de 1971 ne mentionne pas de Juifs se réclamant de la communauté polonaise. La disparition de ce groupe de la communauté ethnique polonaise appelle des précisions.

48. Même l'étude très approfondie de Turek, *Poles in Manitoba*, ne fournit que peu de détails au sujet de cette paroisse.

49. Père T.W. Jakimowicz, *Padręczniki Dla Użytku Polsko-Baptyjskiego Kościoła* (Buffalo, 1897).

50. Lubicz, *op. cit.*

51. Le père A. Pashko dans une lettre personnelle adressée à H. Radecki, novembre 1973.

52. Ce renseignement est tiré d'une entrevue téléphonique entre H. Radecki et le pasteur F. Berezowski en novembre 1973.

53. Père W. Blazowski : Pour de plus amples renseignements, voir Turek, *Poles in Manitoba*, p. 178-179.

54. Helena Lopata, « The Function of Voluntary Association in an Ethnic Community : "Polonia" » dans E.W. Burgess et D.J. Bogue, eds., *Contributions to Urban Sociology* (Chicago, 1964) ; Wytrwal, *op. cit.*

55. Père A. Markiewicz.

56. Cette Église cessa ses activités en 1949.

57. *Echo; Dwumiesięcznik*, nos 1 à 4, Vol. 5, 1973.

58. Père Col. Dekowski.

59. Son Excellence l'évêque Niemiński au cours d'une entrevue avec B. Heydenkorn en août 1973.

60. Les chiffres sont fournis par le père Capiga, président de la Conference of the Polish Roman Catholic Priests in Eastern Canada (Conférence des prêtres catholiques romains polonais de l'Est du Canada).

61. La paroisse Saint-Stanislas de Toronto compte les organisations religieuses suivantes : Towarzystwo Żywego Różańca (Rosaire vivant), Towarzystwo Imienia Jezus (Saint-Nom), Trzeci Zakon (Tertiaires), Sodalicja Mariańska (Enfants de Marie), deux chorales et des servants de messe.

62. L'archevêque J. Weber (1845–1918) fut sacré évêque auxiliaire de Lwów, en Pologne, en 1895, et nommé archevêque en 1904. Arrivé au Canada le 10 février 1909, il assuma les fonctions de maître des novices au noviciat des Résurrectionnistes, à Kitchener (Ontario). Voir Iwicki, *op. cit.*, p. 172, 261. Dans *Złote Pokłosie*, il est indiqué que l'archevêque Weber a présidé aux cérémonies d'inauguration de la première église polonaise de Toronto en 1911.

63. Głęborzecki, *op. cit.*
64. Perkowski, *op. cit.*
65. Radecki, « POLISH-Canadian ».
66. Le recensement de 1971 a dénombré 3 800 (1,2%) particuliers divorcés au sein du groupe ethnique polonais du Canada.
67. Turek, *Poles in Manitoba*, p. 183.
68. R. Kogler, « A Demographic Profile », tableau 3, p. 16.
69. Recensement du Canada de 1971.
70. Le père M. Szwej nous fournit un bon exemple de ce phénomène à propos de Krydor (Saskatchewan) dans *Zwiázkowiec*, « Czástka Polskiej Całoséi », Toronto, no 14, 20 février 1973.

CHAPITRE NEUF

Le travail et la mobilité professionnelle

> Ils ont été bons pour le Canada, le Canada a été bon pour eux.
>
> *Rapport CR-2* (1961)

Jusqu'à maintenant, nous avons abordé un certain nombre de sujets se rapportant aux expériences que tous les immigrants polonais et leurs descendants ont vécues au Canada. Une autre de ces questions porte sur le travail, les occupations et la mobilité économique. Bien que nous ayons déjà soulevé en passant les questions relatives aux conditions de travail, nous nous y arrêterons maintenant plus longuement afin d'approfondir la question de la mobilité professionnelle et des conditions de travail.

La majorité écrasante des immigrants polonais venus au Canada avant 1939 souhaitaient obtenir des terres, des emplois et une meilleure situation économique. Ils représentaient le type de gens que le Canada recherchait, soit forts, sains, dans la fleur de l'âge, prêts à faire valoir leurs droits à une terre ou à y travailler, à accomplir tout genre de travail physique dans les mines, les forêts, les usines et pour la voirie ou les chemins de fer. Le Canada ne sollicitait pas des commerçants ou des professionnels, mais des fermiers, des ouvriers agricoles et des domestiques. Telles étaient les catégories d'immigrants que les représentants des compagnies de navigation recrutaient. Après 1926, les inspecteurs du consulat canadien en Pologne soumettaient les candidats à une inspection afin de déterminer s'ils avaient l'apparence de fermiers et si leurs mains trahissaient l'activité manuelle [1]. On ne refusait pas les autres, mais on ne les encourageait jamais. Le seul groupe instruit qui accompagnait les nombreux paysans et travailleurs manuels se composait de quelques prêtres polonais.

Comme ils étaient pauvres au départ, les Polonais n'emportaient avec eux que peu de biens matériels. Beaucoup n'avaient même pas les 25 dollars exigés de chaque famille comme preuve de solvabilité par les agents de l'Immigration canadienne [2]. Ils avaient cependant beaucoup d'endurance physique, ou comme on disait souvent alors, « le dos solide ». Ils arrivaient prêts à entreprendre n'importe quel travail, sous n'importe quelles conditions et avec la ferme intention de réussir. Ils étaient économes ou, pourrait-on dire plus exactement, ils faisaient un emploi parcimonieux de leur argent, de leur nourriture et de leurs biens, car une « mauvaise année » pouvait signifier des privations et des souffrances. Ils se débrouillaient avec très peu, savaient se sacrifier en prévision de l'avenir, faire passer au second plan les gratifications et le confort pour leurs familles et eux-mêmes. Ces qualités leur furent d'un grand secours au cours des premières années de leur vie au Canada ou au cours des crises économiques. Au Canada, les nouveaux arrivants étaient dirigés vers les provinces de l'Ouest où certains revendiquaient leur concession et s'établissaient sur la terre. Beaucoup d'autres sont restés dans les villes ou sont partis s'installer dans d'autres régions du Canada y trouver les plus rémunérateurs parmi les emplois qui s'offraient.

LES COLONS

On prétend que si l'on donne suffisamment de terre à un fermier, il la cultivera et nourrira par le fait même non seulement sa famille mais d'autres aussi. C'est vrai dans une certaine mesure, mais chaque milieu géographique et chaque société posent un certain nombre de défis au nouvel arrivant qui doit les relever avant de commencer à cultiver sa terre ; retenons, par exemple, les conditions climatiques et les sols différents, le choix des semences et des façons culturales appropriées. Après un certain temps, les immigrants polonais ont appris à surmonter ces obstacles en travaillant au service d'autres fermiers, en prenant conseil ou à la suite d'expériences amères.

Les premiers immigrants polonais ont eu la chance de pouvoir choisir des terres déjà prêtes à labourer, non loin des villes et des moyens de communication et de transport. D'autres, moins heureux ou moins judicieux, se sont établis sur des terres plus éloignées ou moins convenables, mais tous ont obtenu leur 160 acres et partant, une richesse incroyable. Aucun paysan en Pologne n'aurait pu se vanter de posséder un tel domaine. Peu importe que la terre fût vierge, couverte de forêts ; elle était ou serait bientôt leur, en entier. Ils la défricheraient et utiliseraient le bois pour des bâtiments et des clôtures, ou le vendraient contre argent comptant et ils laboureraient le sol. Peu importe qu'ils n'aient eu pour seule nourriture qu'un sac de farine et qu'un sac de pommes de terre et pour seuls outils qu'une bêche, une hache et une faux. Les voisins déjà établis et le gouvernement suppléaient au manque de vivres [3] pendant les deux ou trois premiers hivers.

Toute la famille mettait la main à la tâche. Les hommes construisaient des abris pour le premier hiver et ils défrichaient une partie du terrain pour y faire un potager. Lorsqu'ils ne pouvaient rien faire d'autre, ils laissaient leur femme et leurs enfants pour un certain temps et allaient chercher du travail. Ils acceptaient de faire n'importe quoi — défricher, travailler pour le compte des chemins de fer, effectuer des tâches diverses — et ils économisaient chaque sou pour acheter des semences, une charrue et une paire de bœufs. Leur situation s'améliorait lentement. Le défrichage et les labours avançaient, ils remplaçaient les bœufs par une paire de chevaux et s'achetaient une vache ou deux. Après un certain temps, la femme devait aussi s'occuper de quelques porcs et de quelques poulets. Le fermier avait de moins en moins le temps, ou le besoin, de chercher un travail saisonnier et il se consacrait entièrement à son exploitation. Les femmes travaillaient aussi fort que leurs maris, prenant soin de la famille, du bétail et du jardin, vendant tout ce qu'elles pouvaient pour suppléer aux économies familiales.

Inévitablement, il y avait des échecs et des déceptions. Trouvant les conditions trop dures, la nature trop hostile avec ses moustiques, ses sauterelles et les hivers rudes, certains abandonnaient leurs terres, mais la plupart restaient. En quelques années le premier abri, la cabane en rondins ou la hutte de terre faisait place à une maison plus vaste et à un outillage agricole plus perfectionné, et les fermiers achetaient plus de bétail ; ces pauvres paysans sans terre ou ces petits fermiers devenaient ainsi les fiers propriétaires de vastes étendues de terre fertile et ils étaient pleins d'espoir pour l'avenir.

Les plus tenaces, avec un peu de chance, parvenaient à traverser les quelques premières années d'adversité et devenaient vite prospères. La demande de blé canadien sur le marché mondial était à la hausse, et les prix traduisaient cette tendance. En 1908 un boisseau de blé valait 80 cents ; en 1909, le prix grimpa à 95 cents. La Première Guerre mondiale fut une période très prospère pour les fermiers de l'Ouest de même que les colons polonais qui s'étaient établis avant 1914 : tous en profitèrent. En 1914, un boisseau de blé se vendait $1,15 ; le prix grimpa à $2,10 en 1916 et il subit d'autres augmentations en 1917. En 1918, le prix du boisseau de blé canadien de première catégorie avait atteint $2,35, prix exorbitant pour cette époque. En 1921, les prix tombèrent radicalement à 80 cents le boisseau, mais les fermiers avaient alors réglé la plupart de leurs dettes, ils avaient acheté un nouvel outillage agricole plus perfectionné et ils avaient des économies à la banque. Les années de labeur et d'épreuves n'avaient pas été vaines. Vers 1925, les immigrants polonais possédaient près de 4 000 fermes d'une valeur dépassant $27 000 000, et leurs revenus annuels totalisaient près de $7 000 000 [4].

Ce succès peut s'expliquer par un certain nombre de facteurs. Les familles étaient généralement nombreuses, et la coutume voulait que chacun assume des fonctions et des responsabilités relativement au bétail, à l'outillage agricole, à la terre ou à la maison. À la vue des petits enfants qui travaillaient, des socio-militants canadiens ont accusé les parents d'exploitation ; or, en réalité, ces derniers n'abusaient pas de leurs enfants. L'hiver, les pères de famille ne se contentaient pas de demeurer sur leurs terres ; ils allaient chercher du travail chez les fermiers déjà établis ou ailleurs. En travaillant pour les autres, ils apprenaient non seulement les meilleures techniques, méthodes et conditions de culture, mais aussi la langue, les valeurs et les normes du pays. Comme les fermiers ne jugeaient guère utile de donner à leurs enfants une instruction poussée, à l'âge de quinze ans, garçons et filles travaillaient à plein temps sur la ferme ou devaient aller chercher du travail ailleurs pour suppléer aux revenus de la famille. La fierté de posséder de telles étendues de terre leur donnait la motivation nécessaire pour venir à bout de tout. Finalement, le dicton populaire selon lequel « derrière chaque grand homme, il y a une femme » s'applique certainement aux immigrants polonais dont les femmes faisaient leur part, apportant à la famille leurs nombreux talents, leur travail physique et l'argent qu'elles tiraient de la vente de légumes, de produits laitiers et autres.

De tous les immigrants polonais qui sont venus au Canada avant 1929, ce sont les fermiers déjà établis qui ont le moins souffert de la Crise. Ils avaient de quoi s'abriter et se nourrir, ils pouvaient tirer un certain revenu de la vente de leur blé et de leur bétail et ils pouvaient aussi compter sur leurs économies. À l'instar d'autres fermiers canadiens, un certain nombre de Polonais ne purent survivre à cette longue crise économique et ils durent abandonner ou vendre leurs fermes pour aller s'établir dans les villes en quête de meilleures conditions. Cette tendance, qui s'établit dans une faible mesure à la fin des années trente, se prolonge pendant la Seconde Guerre mondiale et le nombre des personnes d'ascendance polonaise vouées à l'agriculture a diminué de façon constante.

Selon le recensement du Canada de 1941, 50,7% des Polonais vivaient dans les régions rurales (sur des fermes ou non), et les pourcentages correspondants des recensements de 1951 et 1961 s'élevaient respectivement à 37 et 24% [5]. Le recensement de 1971 signale une chute subséquente qui s'arrête à 19,5% du groupe. De plus, parmi les 61 740 ruraux, seulement 27 880, soit 8,8% du total, étaient effectivement fermiers [6].

Leur situation économique diffère probablement peu de celle des autres fermiers de leurs provinces. En 1971, il n'y avait que 95 membres du groupe ethnique polonais inscrits comme fermiers dans toutes les provinces maritimes, 165 au Québec, 4 695 en Ontario, 6 225 au Manitoba, 7 800 en Saskatchewan, 7 840 en Alberta et 1 055 en Colombie-Britannique [7].

LES TRAVAILLEURS

Depuis ses débuts en 1895 jusqu'en 1939, l'immigration polonaise vers le Canada s'est partagée presque également entre deux orientations [8]. Ceux qui étaient en quête de terres réclamaient leurs

TABLEAU 10

FERMES PROPRIÉTÉS D'IMMIGRANTS POLONAIS — 1926

	Nombre de fermes	Superficie cultivée (acres)	Valeur des fermes	Revenu annuel
Manitoba	1 642	272 611	8 800 000	1 950 000
Saskatchewan	1 337	492 665	11 800 000	3 300 000
Alberta	994	258 247	6 600 000	1 600 000
Total	3 973	1 023 523	$27 200 000	$6 850 000

De R. Mazurkiewicz, *op. cit.*, p. 44.

TABLEAU 11

TAILLE DES FERMES POLONAISES
DANS LES TROIS PROVINCES DE L'OUEST — 1926

		Manitoba		Saskatchewan		Alberta	
		#	%	#	%	#	%
Moins de 51	acres	284	17,3	12	0,9	28	2,8
51 à 160	acres	969	59,0	482	35,1	522	52,5
161 à 320	acres	286	17,4	438	31,9	278	28,0
321 à 480	acres	69	4,2	204	14,9	92	9,3
481 à 640	acres	22	1,3	149	10,8	48	4,8
Plus de 641	acres	13	0,8	88	6,4	26	2,6

De R. Mazurkiewicz, *ibid.*, p. 38, 41.

concessions, ou ils restaient dans les villes juste assez longtemps pour mettre de l'argent de côté en vue de s'acheter de l'outillage agricole et du bétail, puis ils demandaient ou s'achetaient une ferme. Les autres venaient pour trouver un travail non agricole et pour s'enrichir.

Ce dernier groupe escomptait toucher les salaires courants sans trop se rendre compte qu'il ne répondait pas aux normes canadiennes. Ces personnes étaient diligentes et pleines de bonne volonté, mais elles ne parlaient pas l'anglais et ne connaissaient pas les procédés et techniques canadiens. Leurs emplois et leur rémunération reflétaient leurs lacunes. Les employeurs canadiens les accueillaient habituellement favorablement, les considérant comme une source de main-d'œuvre stable, fiable et bon marché. La difficulté qu'ils avaient à s'exprimer réduisait le nombre de leurs exigences, et le taux d'absentéisme parmi eux était extrêmement faible. Comme ils étaient prêts à faire n'importe quel métier, « on retrouvait des Polonais sur tous les chantiers, dans la construction des routes, le pavage des rues, l'excavation et autres formes de travail manuel [9] ». Les anciens fermiers et travailleurs agricoles se tournaient vers les mines, les usines et les camps de bûcherons.

Peu d'emplois duraient plus d'une saison. Dès que les projets étaient achevés, tous les travailleurs étaient congédiés. Puis, il y avait les mises à pied pendant l'hiver. Ignorant tout de la situation du travail et de la langue, ils étaient susceptibles de se laisser influencer par les rumeurs et les perspectives trompeuses de meilleurs emplois ailleurs. Les hommes qui n'avaient pas de famille se déplaçaient donc constamment en quête d'améliorer leur situation ou leur salaire. Le mouvement ne se limitait pas à une seule région ou province. Certains parcouraient le Canada de la Colombie-Britannique à la Nouvelle-Écosse pour trouver la sécurité économique ou améliorer leur sort. Vers 1925, on pouvait trouver des Polonais dans toutes les collectivités où il y avait une industrie ou une entreprise d'extraction d'une richesse naturelle [10].

La rémunération qu'ils touchaient pour le genre d'emploi qui leur était accessible n'était pas faite pour les enrichir rapidement. Avant 1914, les nouveaux arrivants qui étaient embauchés par un cultivateur recevaient de $250 à $300 par année, nourris et logés. Pendant la moisson, un homme travaillant du matin au soir, pouvait gagner de $3,50 à $5 par jour en fonction de son expérience. Dans les usines, la rémunération horaire se situait entre vingt-cinq et quarante cents. Dans les aciéries, l'employé touchait de $4 à $5 pour un poste de onze à douze heures. Les chemins de fer payaient leurs employés de $1,75 à $2,15 l'heure, et certains des travailleurs étaient payés entre trente et quarante cents par période de dix heures pour essoucher le terrain ou couper du bois. Pour ce qui est de divers autres genres de travail, on appliquait des échelles de salaire selon lesquelles un homme de métier valait environ soixante-dix cents l'heure, un travailleur non spécialisé, trente à quarante cents, et les nouveaux arrivants, les « bleus », ne valaient que vingt-cinq cents. Les mineurs pouvaient gagner de $5 à $7 par jour et même plus lorsqu'ils étaient rémunérés au mérite ; cependant, ils accomplissaient des tâches dangereuses qui faisaient un grand nombre de blessés et de morts. Et d'ailleurs certaines entreprises, particulièrement les mines de charbon, réduisaient fréquemment leur production pendant les mois d'hiver, de sorte que les mineurs ne pouvaient compter que sur une semaine de trois jours.

Même si la plupart des Polonais avaient l'habitude des travaux durs et astreignants dans leur pays, les emplois qu'ils trouvaient au Canada étaient au-dessus des forces de beaucoup d'entre eux. Les fermiers et les ouvriers agricoles souffraient le plus d'aliénation, du rythme du travail et des instructions et exigences auxquelles ils ne comprenaient rien. Des grands espaces et de l'air pur, les Polonais passaient aux puits et aux galeries de mines humides, sombres et souvent asphyxiants, à la chaleur des hauts fourneaux ou au bruit d'une usine bourdonnante. Certains retournaient en Pologne, d'autres cherchaient un travail moins payant, mais plus humain. La majorité tenait bon.

Le bilan de la situation économique des immigrants polonais qui occupaient des postes non agricoles avant 1939 révèle certains points intéressants et inattendus. Même s'ils étaient exploités économiquement, les salaires qu'ils tiraient d'un emploi régulier au Canada représentaient des sommes qu'ils n'auraient jamais pu rêver de recevoir s'ils étaient restés en Pologne. Les conditions de travail difficiles et exigeantes dénoncées par les syndicats ouvriers et les particuliers concernés ne différaient pas beaucoup de celles qu'ils avaient connues dans leur pays. Le Canada offrait une gamme de possibilités à tous les nouveaux arrivants, mais les immigrants polonais ne pouvaient ou ne voulaient pas remplir les conditions susceptibles d'améliorer leur situation financière et la perspective de meilleurs emplois. Il y avait des postes permanents plus intéressants, mais ils exigeaient la connaissance de l'anglais, et peu se rendaient compte de l'importance de le parler couramment.

Une opinion répandue était que s'il y avait un besoin de main-d'œuvre, la langue importait peu. Ceux qui étaient venus avec l'intention de s'en retourner un jour estimaient que l'apprentissage de la langue était inutile et onéreux. D'autres qui travaillaient en compagnie de Polonais ou d'autres Slaves ne voyaient pas le besoin de parler une autre langue que la leur [11]. Il régnait aussi une attitude plutôt négative à l'endroit de l'apprentissage d'une langue en suivant des cours du soir ou des cours de jour à temps partiel [12] ; beaucoup, en effet, avaient peur d'être ridiculisés, de faire l'objet de la dérision ou des moqueries des autres immigrants qui qualifiaient volontiers ceux qui y recouraient de « petits enfants qui retournent à l'école ». Nous avons déjà abordé la question de leur attitude à l'égard de l'éducation ; nous tenons à souligner encore le fait que peu d'entre eux se rendaient compte de la valeur de l'instruction comme condition préalable à l'accession à des postes plus élevés et plus satisfaisants pour eux et pour leurs enfants.

Naïfs ou ignorants des conditions et des milieux de travail au Canada, ils prêtaient le flanc aux abus et à l'exploitation des agents et des entrepreneurs sans scrupules et quelquefois de leurs compatriotes même. Leurs récits révèlent qu'il devint pour eux pratique courante de payer des intermédiaires pour leur trouver du travail et d'assurer la permanence de leur emploi en soudoyant les contremaîtres ou les surveillants, en leur faisant des cadeaux, en leur payant des consommations ou en leur donnant de l'argent. À la longue, cette pratique s'est répandue, probablement initiée par les immigrants eux-mêmes, désireux d'obtenir un emploi stable [13]. Un auteur signale qu'à la fin des années vingt, on pouvait trouver du travail à Windsor (Ontario) pour quarante-cinq cents l'heure (deux faits plutôt inusités), mais on avertissait les nouveaux arrivants que la moitié de leur salaire devait servir à boire avec le contremaître pour éviter les ennuis [14]. À Windsor, les agents de placement exigeaient une commission de $50 à $75 pour placer quelqu'un dans une usine. En période de prospérité économique, les entrepreneurs pouvaient retenir le salaire de leurs employés pendant des mois pour les empêcher d'aller chercher un emploi plus rémunérateur, surtout à l'époque de la moisson.

Comme beaucoup des autres immigrants appartenant au groupe des « non désirables », ils se trouvaient visés par diverses conditions socio-économiques au Canada. En 1914, ceux qui étaient originaires des régions autrichienne et allemande de la Pologne et qui n'avaient pas encore obtenu la citoyenneté canadienne furent congédiés en leur qualité d'étrangers ennemis. Les conditions créées par la guerre et le besoin pressant de toute la main-d'œuvre possible firent accepter les étrangers à contrecœur [15] ; cependant, à la fin de la guerre, soit en 1919 et 1920, au moment où les soldats canadiens revenaient d'Europe, il se produisit un congédiement massif de ces travailleurs étrangers.

L'économie canadienne a toujours subi des fluctuations saisonnières. Le taux de chômage pendant les mois d'hiver était de deux à trois fois plus élevé qu'au mois d'août. Les immigrants polonais étaient particulièrement touchés par ces fluctuations. Le travail dans les mines et les usines diminuait souvent, la construction domiciliaire et routière cessait tout à fait et il y avait peu de travail sur les fermes pendant les mois d'hiver. Sans formation ni métier, il était difficile de trouver un quelconque travail en cette période.

Les immigrants apprirent vite que l'épargne constituait la garantie la plus importante et la plus sûre et que chaque dollar gagné représentait de meilleures chances de survie pendant les périodes de chômage. Ceux qui étaient arrivés avant 1914 et peu après la fin de la Première Guerre mondiale s'en tirèrent généralement assez bien. Les crises économiques étaient brèves, et la guerre intensifiait la demande de main-d'œuvre. Travaillant pour des salaires jugés inacceptables par le Canadien moyen, ils réussirent à économiser des sommes importantes.

Presque tous les immigrants polonais venus s'établir au Canada avant 1939 avaient pour principale préoccupation le règlement de dettes qu'ils avaient contractées pour payer leur passage ou pour hypothéquer leurs terres dans leur pays natal [16]. Voici un exemple qui illustre bien l'esprit économe des nouveaux arrivants : le fils d'une famille polonaise, envoyé au Canada pour aider ses parents, gagna plus de $100 à travailler à la moisson pendant ses six premières semaines au Canada. Il envoya la somme totale à ses parents en Pologne pour régler une partie de la dette de la famille. Grâce à un contrat de deux ans avec un fermier, à raison de $50 par mois pendant l'été et de $10 par mois pendant l'hiver, il réussit à mettre de côté $800. Ses dépenses annuelles s'élevaient à $70 pour l'habillement et 20 autres dollars pour certains luxes comme le tabac et des timbres [17]. L'économie caractérisait non seulement les Polonais, mais aussi tous les immigrants slaves ; d'ailleurs, leurs économies permirent à la plupart d'entre eux de réchapper relativement bien des crises économiques de 1929–1939.

Les immigrants polonais qui arrivèrent après 1925 avaient tout juste eu le temps de s'établir lorsque la crise économique vint interrompre ou différer tous leurs projets et leurs espoirs. Ceux qui sont venus au Canada entre 1918 et 1939 ont le plus souffert d'insécurité économique. Ceux qui écrivirent leurs mémoires se plaignent d'être traités comme des animaux par leurs contremaîtres et surveillants. Dans les équipes de travail, dans les usines, des hommes étaient congédiés pour s'être arrêtés de travailler le temps d'allumer une cigarette ou de parler avec des compagnons de travail.

La main-d'œuvre était abondante, et il y avait toujours des douzaines de candidats à un poste vacant. En période de crise économique, même des hommes de métier compétents ne pouvaient obtenir de travail dans leur domaine ; ils avaient toutefois de meilleures chances de trouver un emploi que les nouveaux arrivants non qualifiés. Les célibataires étaient souvent en grande difficulté, car il y avait peu de travail et ils n'avaient pas droit à l'assistance sociale [18].

Très peu d'immigrants polonais étaient syndiqués, et les syndicats ouvriers canadiens n'étaient pas favorables à leur cause. Les syndicats considéraient les immigrants comme une menace aux échelles de salaire courantes du fait qu'ils étaient prêts à accepter n'importe quel travail, dans n'importe quelles conditions, et des salaires minimes. Au mieux, ils concurrençaient les travailleurs canadiens. Les syndicats ouvriers encourageaient rarement les immigrants à se joindre à eux ; on n'assista à aucune tentative de créer un front commun des Canadiens autochtones et des immigrants dans le but d'exiger de meilleures conditions de travail et de meilleurs salaires. L'antipathie a continué de régner pendant de nombreuses décennies et elle existe encore dans une certaine mesure, car le travailleur immigrant non qualifié est considéré comme une menace pour le travailleur canadien [19].

Les associations professionnelles et les corps de métiers ont aussi érigé des barrières et rendu difficile l'acceptation des immigrants dans leur domaine de spécialisation. Chaque organisation provinciale régit l'accession des nouveaux membres par des permis d'exercer. Les règlements ne sont pas uniformes dans tout le Canada, mais généralement la qualité de professionnel, de technicien ou d'homme de métier des médecins, dentistes, pharmaciens, architectes, électriciens, menuisiers, plombiers, tôliers et de beaucoup d'autres éduqués en Pologne n'est pas reconnue par certaines associations professionnelles et corps de métiers provinciaux. Dans un certain nombre de métiers, pour être reconnu et avoir l'autorisation d'exercer au Canada, il faut poursuivre sa formation ou subir un examen. Dans d'autres, la formation acquise à l'étranger est inutile au Canada. Il en était ainsi particulièrement pour les avocats, les militaires de carrière et certains enseignants polonais.

La Seconde Guerre mondiale a de nouveau créé une demande de main-d'œuvre dans toutes les catégories d'emploi, et les immigrants polonais étaient alors mieux adaptés et capables de s'exprimer en langue anglaise. Une bonne part du travail manuel laborieux était effectué par des machines, et les ouvriers chargés de l'excavation des fossés et les ouvriers occasionnels sont passés à des emplois stables et plus rémunérateurs dans les usines et à d'autres occupations. Leurs enfants, nés et éduqués au Canada, se sont joints aux Forces armées canadiennes [20] ou se sont intégrés à l'édifice économique canadien en fonction de leur formation ou de leurs titres de compétence.

Les immigrants de l'après-guerre débutaient généralement aux échelons professionnels les plus bas de la société canadienne, mais leurs antécédents et leur compétence leur permettaient en quelques années de chercher des emplois plus intéressants et plus satisfaisants. Un nombre relativement faible de ces immigrants achetèrent des fermes ou restèrent sur la terre. La grande majorité est passée aux métiers et au domaine de la production, alors que beaucoup se sont mis en affaires ou se sont dirigés vers des domaines professionnels ou techniques [21]. La répartition des professions à l'intérieur du groupe polonais au Canada en 1971, comme l'illustre le tableau 12, fait contraste avec la composition professionnelle des groupes au cours des trois dernières décennies.

Comme l'indique le tableau 13, les gens d'ascendance polonaise au Canada sont aujourd'hui représentés dans la plupart des principales catégories professionnelles [22].

MOBILITÉ SOCIALE

Toutes les données historiques accessibles révèlent que la grande majorité des Polonais qui ont immigré au Canada avant 1939 était d'origine rurale et agricole et de la classe socio-économique inférieure. Une part importante des premiers groupes d'immigrants comprenait des gens illettrés ou peu instruits. Ils sont arrivés sans le sou et dépourvus de la plupart des compétences en demande dans les secteurs économiques canadiens. Ils arrivaient décidés à réussir, ce qui signifiait pour eux devenir propriétaires d'un terrain ou d'une maison de ville et se trouver un travail régulier et rémunérateur dans une entreprise économique quelconque. Ils ne s'imaginaient pas devenir des directeurs, de grands propriétaires terriens, des banquiers ni même des employés de bureau. Il leur suffisait de bien faire vivre leur famille et de s'assurer une retraite confortable.

Pour les paysans et leurs enfants, les possibilités d'améliorer leur situation socio-économique étaient extrêmement limitées en Pologne avant 1939, et le plus grand espoir d'un père était de voir l'un de ses fils devenir enseignant ou prêtre. Il n'est pas surprenant que la mobilité socio-économique vers les échelons supérieurs ait été lente et que peu de gens aient atteint des postes importants dans les

TABLEAU 12

PROFESSIONS DES TRAVAILLEURS POLONAIS — HOMMES ET FEMMES — 1971

Professions	Groupe polonais				Travailleurs canadiens — total			
	Hommes	%	Femmes	%	Hommes	%	Femmes	%
Toutes professions	95 770	100,0	52 510	100,0	5 665 715	100,0	2 961 210	100,0
Direction et administration	3 375	3,52	750	1,42	313 935	5,54	58 305	1,97
Sciences naturelles, ingénieurs, mathématiciens	4 395	4,59	425	0,80	217 025	3,83	17 905	0,60
Sciences sociales et connexes	510	0,53	475	0,90	49 525	0,87	29 525	0,99
Religion	180	0,19	40	0,07	19 880	0,35	3 710	0,12
Enseignement et connexes	1 805	1,88	2 585	4,92	138 170	2,44	211 125	7,13
Médecine et santé	1 170	1,22	3 555	6,77	83 865	1,48	242 690	8,20
Art, littérature, loisirs	750	0,79	290	0,55	58 585	1,03	21 895	0,74
Bureau et activités similaires	6 190	6,46	14 905	23,38	433 380	7,65	940 180	31,75
Vendeurs	6 740	7,04	4 010	7,63	567 985	10,02	247 760	8,37
Services	8 955	9,35	10 385	19,78	521 935	9,21	447 985	15,13
Fermiers	8 675	9,05	3 185	6,06	405 305	7,15	106 845	3,61
Pêcheurs, chasseurs et trappeurs	50	0,05	5	–	26 655	0,47	525	0,01
Forestiers et bûcherons	715	0,75	20	–	65 850	1,16	1 415	0,04
Mineurs	1 620	1,69	10	–	58 780	1,03	380	–
Industries de transformation	5 810	6,07	1 260	2,40	275 180	4,86	59 565	2,01
Mécanique	5 775	6,03	320	0,61	227 260	4,01	13 675	0,46
Manufacturiers	9 830	10,26	3 310	6,30	484 145	8,54	150 210	5,07
Construction	9 815	10,25	110	0,21	563 440	9,94	5 130	0,17
Transport	4 105	4,28	110	0,21	330 240	5,83	8 190	0,27
Manutention	3 330	3,47	935	1,78	165 390	2,92	40 450	1,37
Autres métiers manuels	1 320	1,38	210	0,40	95 300	1,68	13 540	0,46
Autres professions	3 085	3,22	456	0,87	145 900	2,57	21 730	0,73
Professions non déclarées	7 570	7,90	5 245	10,08	418 000	7,38	319 275	10,78

Source : Radecki, Tableau 2.9.

TABLEAU 13

PROFESSION DES TRAVAILLEURS POLONAIS (HOMMES) — ANNÉES 1941, 1951, 1961

Professions	1941			1951			1961		
	Nombre	% de Canadiens polonais Total	% de travailleurs canadiens	Nombre	% de Canadiens polonais Total	% de travailleurs canadiens	Nombre	% de Canadiens polonais Total	% de travailleurs canadiens
Toutes professions	54 846	100,0	1,63	78 780	100,0	1,9	96 100	100,0	2,0
Agriculteurs	20 547	37,4	1,92	18 434	23,4	2,3	13 466	14,0	2,3
Pêcheurs, chasseurs									
Trappeurs	129	0,2	0,2	103	0,1	0,2	86	0,1	0,2
Bûcherons	1 122	2,0	1,4	1 386	1,7	1,4	966	1,0	1,2
Mineurs	2 709	4,9	3,8	2 853	3,6	4,4	2 369	2,5	3,7
Journaliers	6 957	12,7	2,8	10 047	12,7	3,0	7 240	7,5	2,5
Construction	2 702	4,9	1,3	5 635	7,1	1,9	non disponible		
Manufacturiers	10 864	19,1	1,9	17 162	21,8	2,5	33 695	35,1	2,5
Services	2 948	5,4	1,5	4 422	5,6	1,6	7 011	7,3	1,7
Bureau	864	1,6	0,5	2 553	3,2	1,0	4 962	5,1	1,5
Finances	65	0,1	0,2	233	0,3	0,7	non disponible		
Professions libérales	103	0,1	0,1	2 082	2,6	1,0	6 458	6,7	1,8
Direction	non disponible			4 433	5,6	1,2	8 813	9,1	1,8

Modifié de Isajiw et Hartmann, Tableaux I, II, III, pages 106–109.

secteurs commerciaux ou financiers pendant de nombreuses années après être arrivés au Canada [23]. Comme cela ne faisait pas partie de leur tradition ni de leur expérience d'aspirer à ce que leurs enfants occupent des postes meilleurs et supérieurs, la classe moyenne d'origine manifestement polonaise a mis du temps à se constituer. Toutefois un certain nombre de personnes arrivées avec la première vague atteignirent des postes élevés au Canada [24]. Un écrivain canadien décrit fièrement les réalisations d'un Polonais arrivé au Canada dans son jeune âge, qui s'inscrivit dans une école canadienne à l'âge de 14 ans, puis fréquenta l'université pour devenir un enseignant respectable dans les écoles canadiennes [25]. Le même écrivain constate que « dans les villes de l'Ouest, il y a des avocats, des médecins et des enseignants éminents dont les parents sont nés en Pologne autrichienne [26] ».

Certaines mentions que l'on trouve éparses dans divers ouvrages indiquent qu'une proportion, si minime soit-elle, des enfants des immigrants polonais ont fréquenté les universités canadiennes et qu'un grand nombre ont terminé leurs études secondaires, ayant ainsi accès aux occupations de la classe moyenne. À l'exception de quelques personnes [27], ils ont quitté les rangs du groupe polonais en émigrant ou en anglicisant [28] leur nom et en allant habiter en dehors des centres de population d'immigrants polonais. Cette mesure s'est révélée nécessaire pour les individus ambitieux et compétents, car pour gravir les échelons professionnels et accéder à des postes clés, il a fallu pendant des décennies être « membre de l'Organisation de la franc-maçonnerie, ne pas être catholique romain et être d'ascendance principalement anglo-saxonne ou allemande [29] ». Changer son nom de famille et sa religion était une décision importante ; on a toutefois la preuve que beaucoup ont agi ainsi pour se rendre plus « acceptables » et pour faire moins « étranges » et « différents [30] ». Dans la mesure où ils ne se considéraient plus membres de la communauté polonaise, il est difficile de les inclure dans notre étude portant sur l'émergence d'une classe moyenne au Canada.

La fondation d'entreprises au Canada par des immigrants polonais connut des débuts propices. En 1788, Globenski ouvrit une pharmacie à Saint-Eustache (Québec) et, deux ans plus tard, obtint une licence pour pratiquer la médecine, devenant ainsi le premier médecin polonais au Canada. Puis, Gzowski fonda en 1853 la firme (Gzowski and Company, Canadian Contractors) chargée de la construction du chemin de fer de Toronto à Guelph (Ontario). Gzowski dirigeait également la société Toronto Rolling Mills et participa à un certain nombre d'autres entreprises commerciales.

Les groupes subséquents n'ont pas été en mesure de suivre les traces de ces deux prédécesseurs pendant un certain temps. À Winnipeg, où habitait la plus grande concentration d'immigrants polonais jusqu'à une période avancée des années trente, la croissance de toute entreprise était lente. Une cordonnerie fut ouverte en 1850, deux épiceries en 1880, une forge en 1904 et une autre cordonnerie en 1905 [31]. En Saskatchewan, on ouvrit en 1907 le premier magasin, une épicerie, avec un capital de $34. En Alberta, le premier magasin fut probablement fondé en 1908. En Colombie-Britannique, la première entreprise fut un atelier de menuiserie, ouvert en 1907 [32]. Les débuts furent lents en Ontario également. On considère que la première entreprise commerciale fut une bijouterie, qui vit le jour à Toronto en 1906 ; il est probable toutefois, que les groupes polonais de la région de Wilno-Barry's Bay et de Berlin (Ontario) aient fondé certaines entreprises commerciales avant 1906. À Toronto, un atelier de tailleur suivit en 1910, un magasin de bicyclettes en 1913, une boulangerie en 1915 et une usine de matelas en 1919 [33]. À Hamilton (Ontario), des Polonais étaient propriétaires en 1913 de quelques magasins d'alimentation, ainsi que d'un cinéma, d'un établissement vinicole et d'un hôtel. À Montréal, où se trouvait la plus forte concentration d'immigrants polonais de la province de Québec, l'esprit d'entreprise se manifestait davantage. En 1915, il y avait 28 entreprises dirigées par des Polonais ou leur appartenant. Il s'agissait de petits restaurants, d'épiceries, d'agences de voyage, d'agences immobilières, de compagnies d'assurance, de deux boulangeries, de salles de billards de faible envergure et d'autres petites entreprises de service. Il existait aussi une succursale de la Galician Financial Company of Canada dont le capital s'élevait à $50 000 [34].

Il y avait des épiceries, des ateliers de réparation, de petits restaurants, des magasins « généraux » et quelques petites manufactures dans d'autres villes où ces dernières pouvaient compter sur l'appui des Polonais et des autres immigrants slaves. Les pensions constituaient un autre genre d'entreprise qui permettaient à leurs propriétaires de réaliser des profits intéressants. La plupart étaient bondées et ne respectaient guère les règles d'hygiène ; certains de leurs propriétaires ou directeurs se sont d'ailleurs fait connaître des travailleurs sociaux par leur avarice au détriment de leurs pensionnaires [35]. Le nombre total de toutes ces entreprises est resté faible jusqu'en 1920, mais l'afflux de nouveaux immigrants venus de Pologne a vu leur nombre augmenter constamment, de sorte qu'en 1934, il y avait environ 1 000 petites entreprises dirigées par des immigrants polonais, surtout à Winnipeg et à Toronto. Peu d'entre elles firent fortune. On ne connaît que deux cas d'immigrants polonais qui soient devenus millionnaires avant 1939 : le propriétaire de la mine Sisco à Amos (Québec) [36], et un entrepreneur en matériaux de construction en acier et en béton [37]. D'autres sources font état d'une mine de charbon près d'Edmonton qui appartenait à deux immigrants polonais [38] et d'une usine prospère d'emballage de viande à Kitchener (Ontario) [39].

Les entreprises étaient généralement petites et le taux d'échec ou de faillite était élevé. Les Polonais étaient peu rompus aux affaires ; même si leurs projets réussissaient, ceux qui avaient économisé un excédent de capitaux n'avaient pas suffisamment de perspicacité pour en amorcer la croissance ou l'expansion. Face à ces problèmes, des associations d'hommes d'affaires polonais se formèrent, d'abord à Hamilton en 1928, puis à Toronto en 1932 et à Winnipeg en 1933. Ces associations avaient pour but de renforcer la position de leurs membres en leur fournissant l'occasion de s'entraider, de communiquer entre eux et de bénéficier de renseignements et de conseils.

Les conditions socio-économiques qui régnaient au Canada avant 1940 n'ont pas permis à la majorité des immigrants polonais et à leurs descendants d'accéder aux niveaux de prospérité dont jouissait la population canadienne en général. Au cours de la crise de 1929 à 1939, c'est à peine si certains ont pu conserver un emploi servile et peu rémunérateur ; beaucoup ont chômé pendant des mois et des années. Seuls ceux qui étaient parvenus à équilibrer leur situation financière ou même à une relative prospérité en 1929 ont été capables de faire face aux problèmes économiques. Il s'agissait en général de fermiers établis. Même après 1940, l'élite polonaise se composait principalement de propriétaires de petites entreprises et des fermiers les plus prospères. Les Polonais étaient absents des syndicats ouvriers, de la fonction publique et de tous les niveaux de gouvernement. On y comptait peu de professionnels et d'employés de bureau.

En 1941, le Canada accueillit un certain nombre de savants, de techniciens, d'ingénieurs et d'hommes de métier spécialisés polonais, et leur arrivée se fit sentir presque immédiatement. Les scientifiques polonais organisèrent un département de l'aéronautique à l'Université de Montréal ; six Polonais enseignaient dans les universités canadiennes et, en cinq ans, les nouveaux arrivants fondèrent douze sociétés industrielles employant plus de 800 personnes [40]. Après la guerre, on assista à l'arrivée d'un grand nombre d'immigrants polonais professionnels, techniciens, travailleurs hautement qualifiés et employés de bureau. Pour échapper aux camps de réfugiés, beaucoup de ces travailleurs qualifiés ont consenti à travailler sur une ferme ou comme domestiques[41], mais ce contretemps ne les a pas empêchés longtemps de poursuivre leur carrière[42]. Ils trouvèrent des emplois plus convenables, commencèrent à fonder de nouvelles compagnies et sociétés commerciales, et lancèrent de nouvelles entreprises, y apportant des idées et une initiative nouvelles.

En 1961, 267 nouvelles entreprises avaient été établies par des immigrants polonais de trois à six ans après leur arrivée au Canada. Il y avait également 229 fermes achetées par des immigrants demeurant au Canada depuis cinq ans ou ayant travaillé pour le compte de quelqu'un d'autre[43] et complété un cycle — c'est ce qu'on appelait le passage de simple ouvrier agricole à la fonction de métayer, puis de fermier à bail et enfin à la situation de propriétaire[44]. Un tableau des professions du Grand Toronto précise davantage la répartition des professions à l'intérieur du groupe ethnique polonais. En 1961, de 58 578 personnes d'origine ethnique polonaise, 17 931 étaient sur le marché du travail, dont 40% occupaient des emplois de bureau et 50% étaient des ouvriers. L'étude[45] établit une distinction entre les arrivées de Pologne d'avant 1946 et celles d'après 1946 et elle fournit les renseignements suivants :

TABLEAU 14
TRAVAILLEURS (HOMMES) DU GROUPE ETHNIQUE POLONAIS
(TORONTO MÉTROPOLITAIN)
1961

Immigrants arrivés de	Cols blancs	42,6%
Pologne avant 1946 et	Cols bleus	57,0%
leurs descendants	Fermiers	0,4%
TOTAL 7 411		
Immigrants arrivés de	Cols blancs	30,8%
Pologne de 1946 à 1961	Cols bleus	68,9%
TOTAL 10 392	Fermiers	0,3%

Source : Turrittin (1972 : Tableaux 7.4 et B1).

Les données ci-dessus indiquent que les immigrants polonais qui sont arrivés après la guerre n'ont pas atteint des niveaux aussi élevés que les premiers immigrants polonais et leurs descendants ; cependant, entre 1951 et 1961, les immigrants polonais se sont débarrassés de la cote d'immigration d'ouvriers agricoles et de travailleurs non qualifiés qui était la leur depuis longtemps. L'arrivée d'un grand nombre d'immigrants plus instruits et hautement qualifiés et l'accès des deuxième et troisième générations à des postes supérieurs ont radicalement modifié la composition professionnelle du groupe polonais au Canada. Une bonne part [46] de la population active polonaise du Canada est maintenant constituée de médecins, de dentistes, d'avocats, de professeurs, d'ingénieurs, de scientifiques, d'architectes et de techniciens hautement qualifiés. On y compte aussi un certain nombre de fonctionnaires aux niveaux municipal, provincial et fédéral. Des milliers de Polonais ont fondé des entreprises, alors que d'autres occupent des postes de direction au sein d'entreprises plus importantes. « Ils sont des consommateurs de produits canadiens, mais aussi des producteurs de biens et des employeurs de main-d'œuvre [47]. » Le groupe polonais est maintenant bien représenté au niveau des professions socio-économiques supérieures [48].

Les classes moyennes polonaises sont de plus en plus nombreuses et elles se rendent compte chaque jour davantage de l'importance de donner une instruction supérieure à leurs enfants. Les portes de l'élite du monde des affaires leur restent encore fermées, comme c'est en grande partie le cas pour beaucoup d'autres groupes d'immigrants [49] ; cette situation a dans une certaine mesure entraîné la fondation de nombreuses nouvelles entreprises, car comme le constatait un chercheur, « il s'est révélé plus facile pour un immigrant de créer quelque chose de nouveau que de pénétrer les échelons supérieurs de l'édifice social canadien [50] ». Cependant, même cette situation est en train de changer. Depuis quelques années, les nominations ou promotions à divers postes de direction dans les entreprises canadiennes les plus importantes ne sont plus limitées exclusivement à des noms anglo-saxons ou français, et quelques personnes ayant un patronyme distinctement polonais y figurent. On trouve au moins une personne d'ascendance polonaise parmi les cadres des syndicats ouvriers [51].

Par rapport à leurs prédécesseurs, les immigrants polonais de l'après-guerre ont apporté une participation importante et rapidement manifeste à l'économie canadienne. Il faut toutefois insister sur le rôle vital joué par les premiers immigrants polonais dans l'économie canadienne par leur conquête des terres vierges, l'utilisation ou l'invention de nouvelles façons ou techniques culturales et l'amélioration de la qualité du blé. « Ils ont accompli la plupart des dures tâches nécessaires à la colonisation d'un nouveau pays [52] », la construction des routes et des ponts, l'excavation des fossés, l'extraction des ressources minérales ou le défrichage. Ils ont dû lutter physiquement pour tout ce qu'ils ont réalisé, et le Canada doit beaucoup à ces travailleurs anonymes de la première heure.

NOTES

1. Les recruteurs canadiens ont continué d'examiner les soldats et les réfugiés polonais de 1946 à 1948 en fonction de « caractéristiques souhaitables ».

2. SMITH, *op. cit.*, a constaté qu'en 1899, l'immigrant polonais moyen possédait $10,37 à son arrivée. Or, c'était le cas de tous les immigrants, car même les nouveaux arrivants britanniques avaient tout au plus $38,90 en moyenne par famille, et les Italiens étaient encore plus pauvres que les Polonais, avec $8,70 par famille.

3. Pendant un certain temps vers le début des années 1900, le gouvernement canadien a aidé les colons établis sur des concessions en leur accordant une vache par quatre familles et en leur labourant un acre de terre pour leur permettre de cultiver les pommes de terre. Les documents polonais ne font guère mention de cette aide, et on ne sait trop si les immigrants polonais bénéficièrent de ce service. On peut cependant vérifier la remise d'allocations alimentaires à des familles dans le besoin établies sur des concessions.

4. Selon MAZURKIEWICZ, p. 44, ces statistiques ne se rapportent qu'aux Polonais nés à l'étranger. L'auteur estime que le nombre des propriétés et leur valeur seraient deux fois et demie plus élevés si ces données tenaient compte des descendants des immigrants polonais.

5. R. KOGLER, « A Demographic Profile », tableau 3, p. 16.

6. Recensement du Canada de 1971, catalogue no 92–723.

7. *Ibid.*

8. Après 1945, le nombre des immigrants se destinant à l'agriculture est devenu négligeable.

9. FOSTER, p. 43.

10. LUBICZ, *op. cit.*

11. Les travailleurs polonais apprirent certaines expressions et certains termes courants et la majorité pouvait communiquer en anglais jusqu'à un certain point, mais rarement suffisamment pour leur permettre d'occuper un poste de responsabilité ou de direction.

12. Vers 1910, des cours d'anglais se donnaient dans certaines villes ; les frais (remboursables) étaient de $2 pour 40 leçons afin de s'assurer que les étudiants suivent le cours. Voir ANDERSON, *op. cit.*

13. Au moins un récit le laisse croire fortement. Voir *Pamiętniki Emigrantów*, no 8, p. 242.

14. LUBICZ, p. 290.

15. Le manque de main-d'œuvre entraîne l'adoption de lois « anti-flânerie » en avril 1918. Voir D.H. AVERY, « The Immigrant Industrial Worker in Canada 1896–1930 : The Vertical Mosaic as a Historical Reality », document présenté à la conférence de la Société canadienne d'études ethniques à Toronto le 26 octobre 1973.

16. Les prêteurs étaient toujours disposés à avancer de l'argent à des taux exorbitants ; l'échelle des valeurs des Polonais ne leur permettait pas de ne pas acquitter de telles dettes. Dans toute la mesure du possible, ils remboursaient scrupuleusement les sommes qu'ils avaient empruntées.

17. *Pamiętniki Emigrantów*, 1970, no 9, p. 256. Selon Isaac A. HOURWICH, *Immigration and Labor* (New York, 1922), en Pologne russe, les comptes de 1903 indiquaient que 37 travailleurs polonais d'une ville américaine avaient

envoyé chez eux la somme de 47 863 roubles ($424 605 ou $665 par personne), ce qui illustre bien l'économie des immigrants polonais et l'intérêt qu'ils portaient aux familles qu'ils avaient laissées derrière eux.

18. La Crise a fait l'objet de recherches de la part d'un certain nombre d'écrivains canadiens, en particulier Barry BROADFOOT, *Ten Lost Years, 1929–1939: Memoirs of Canadians Who Survived the Depression* (Toronto, 1973) et M. HORN, *The Dirty Thirties* (Toronto 1972). Cependant, pour ce qui est des immigrants polonais, ce sont leurs propres mémoires qui les dépeignent le mieux. Voir *Pamiętniki Emigrantów*, 1971.

19. Débat ouvert sur l'immigration organisé par le *Toronto Daily Star*, le 17 octobre 1972, opinion de R. BELL, directeur de la recherche, Congrès du travail du Canada.

20. Les Canadiens d'ascendance polonaise ont servi dans toutes les branches des Forces armées canadiennes pendant la Seconde Guerre mondiale, et un fils d'immigrants polonais, Mynarski (Młynarski) a été décoré de la Victoria Cross pour son courage. Beaucoup d'autres se sont distingués par leur esprit de sacrifice et leur courage.

21. Pour une étude plus poussée des expériences économiques de cette vague d'immigration polonaise au Canada, voir HEYDENKORN, « Emigracja Polska » ; « Polonia Kanadyjska » ; « The Social Structure ».

22. W.W. ISAJIW et N.J. HARTMANN, « Changes in the Occupational Structure of Ukrainians in Canada », dans W.E. MANN, ed., *Social and Cultural Change in Canada*, Vol. I (Toronto, 1970), et A.H. TURRITTIN, « Ethnicity and Occupational Stratification in Metropolitan Toronto, 1961 », autocopie, Université York, 1972, discutent des professions dans lesquelles les Polonais sont « sur-représentés » et « sous-représentés ».

23. Aux États-Unis, les minorités ethniques pouvaient recourir à trois importants moyens pour gravir l'échelle sociale, à savoir : la direction des syndicats, le crime et la politique ethnique. Ces moyens n'étaient pas aussi avancés, acceptés ou appliqués au Canada et n'ont certainement pas été utilisés par les immigrants polonais.

24. Voir pages 20–22 de la présente étude.

25. ANDERSON consacre un chapitre entier (chapitre XV) aux expériences de Louis Niemczyk.

26. *Ibid.*, p. 81.

27. *Canadians All: Poles in Canada* dénombre sept médecins et cinq avocats polonais dans tout le Canada en 1938.

28. Selon MAZURKIEWICZ, *op. cit.*, des formules aux fins de la collation des grades universitaires permettaient aux candidats de changer le nom qui devait figurer sur leur diplôme.

29. M. DALTON, « Informal Factors in Career Achievement », *American Journal of Sociology* LVI (1951), p. 407–415.

30. R.B. KLYMASZ, *A Classified Dictionary of Slavic Surname Changes in Canada* (Winnipeg, 1961) a découvert plus de 2 000 changements de noms de la langue slave à la langue anglo-saxonne dans la province du Manitoba au cours des années 1937–1957.

31. L.S. GARCYŃSKI, *Handel, Premysł Naszą Przyszłością* (Winnipeg, 1934), p. 7.

32. *Ibid.*, p. 8.

33. *Księga Pamiątkowa*, 1962.

34. *Pierwszy Kalendarz.*

35. On fait peu mention des célèbres pensions après 1920 ; cependant les Polonais, comme beaucoup d'autres immigrants, ont continué de louer une partie de leurs maisons pour aider à purger l'hypothèque et leur permettre ainsi d'obtenir la propriété pleine et entière beaucoup plus tôt que ne leur auraient permis leurs revenus.

36. Il s'appelait Stanisław Szyszko.

37. Mazurkiewicz, *op. cit.*, ne fournit pas beaucoup d'autres détails au sujet de cette personne.

38. *Kalendarz Czasu, op. cit.*

39. B. Heydenkorn, « Emigracja Polska ».

40. Admission au Canada de membres des Forces armées polonaises, « Exposé présenté au Comité permanent du Sénat de l'immigration et du travail par la section d'Ottawa du Canadian Polish Congress », le 25 juin 1946.

41. Comme il a été mentionné ailleurs, « pendant un temps, ils ne purent pas échanger leurs décorations et leurs honneurs militaires pour de meilleurs emplois et de meilleures conditions de travail ». Voir Heydenkorn, « Związkowiec. »

42. Selon l'hypothèse de Richmond, les immigrants qui commencent par se retrouver à un niveau plus bas sur l'échelle socio-économique, mais qui remontent la pente en quelques années pour retrouver leur position antérieure sont généralement plus satisfaits des conditions qui existent au Canada et ils s'identifient plus volontiers à leur pays d'adoption. Voir A. Richmond, *Post-War Immigrants*, p. 118, 191.

43. Ministère de la Citoyenneté et de l'Immigration, 1961.

44. Palmer, p. 228.

45. Turrittin, *op. cit.*

46. Voir le tableau 12 pour plus de détails.

47. Fairclough, p. 19.

48. Pour une analyse approfondie de certaines professions et métiers, voir A. Wołodkiewicz, *op. cit.* Pour avoir une liste des humanistes et des scientifiques canadiens-polonais, voir T. Krychowski, *The Register of Persons Actively Engaged in Scholarly Pursuits or Scientific Research* (Toronto, 1970).

49. Cela se trouve bien illustré et documenté par J. Porter, *op. cit.* et M. Kelner, « Ethnic Penetration Into Toronto's Elite Structure », *Canadian Review of Sociology and Anthropology* (1970), p. 128–137.

50. Hawkins, p. 359.

51. Voir B.C. Hughes, « The Seafarers New Strongman », *The Canadian Magazine*, October, 1973.

52. Foster, p. 50.

CHAPITRE DIX

Rapports humains

Ils parlent ; à l'occasion, ils se parlent les uns aux autres ; parfois, ils parlent les uns des autres ; et le plus souvent, c'est un dialogue de sourds.

Les immigrants polonais vivaient rarement parmi leurs compatriotes, au sein d'une communauté où ne s'imposait guère la nécessité d'établir ou de maintenir des liens avec les membres d'autres groupes. Généralement, seules quelques familles occupaient un même voisinage de sorte qu'il devenait inévitable de fréquenter des gens autres que polonais. Quels genres de relations avec d'autres groupes d'immigrants ainsi qu'avec la population d'accueil les immigrants polonais ont-ils connus ? Comment s'entendaient-ils entre eux ? [1]

LES HÔTES

Un chapitre précédent [2] a abordé certains aspects des rapports des immigrants polonais avec leurs hôtes, particulièrement dans certains domaines économiques. Nous pouvons ajouter ici que même si une certaine proportion de la population canadienne d'origine s'est montrée hostile en périodes de difficultés socio-économiques, l'attitude générale de la société se caractérisait par l'indifférence, comme en témoigne l'absence de relations sociales suivies. Des rapports personnels et amicaux s'établissaient lentement et ils se limitaient en grande partie au lieu de travail. Cela a été le lot de la plupart des immigrants de la première génération ; leurs enfants, nés au Canada, ont pu s'intégrer ou adhérer sans trop de difficultés à la société canadienne [3]. Lorsque l'ensemble des Polonais ont franchi le cap de l'adaptation, au cours des années cinquante, leurs hôtes les ont accueillis plus volontiers ; il existe actuellement des rapports harmonieux, souvent étroits et de bon voisinage, entre les personnes d'ascendance polonaise et la population canadienne d'ascendance anglo-saxonne ou française.

Les relations avec l'ordre institutionnel de la société canadienne [4] ont été extrêmement bonnes. Les immigrants polonais ont tout de suite été frappés de la politesse et du respect que leur témoignaient les fonctionnaires de l'Immigration et autres, et ils ont été en grande partie satisfaits de l'accueil réservé à leurs démarches à Ottawa ou dans les capitales provinciales. Ils estimaient les lois canadiennes justes et impartiales et ils considéraient les organes politiques et les forces de l'ordre comme les représentants légitimes de la nation canadienne. Les nouveaux arrivants de Pologne n'ont jamais rencontré d'obstacles d'ordre juridique, politique ou social à leurs efforts pour recréer des aspects du mode de vie qu'ils avaient laissé derrière eux ou pour perpétuer leurs particularités culturelles.

Depuis le milieu des années soixante, les rapports entre le gouvernement du Canada et l'ensemble des Polonais (et autres groupes ethniques) sont devenus encore plus étroits et plus harmonieux. Les recommandations de la Commission royale d'enquête sur le bilinguisme et le biculturalisme sont connues de tous, et les Canadiens sont au courant de l'attitude positive et encourageante adoptée par le gouvernement fédéral et certaines administrations provinciales envers les minorités ethniques. La nomination d'un ministre [5] chargé de ces politiques démontre l'engagement et l'intérêt pris face à la pluralité culturelle dans le cadre des deux cultures fondatrices. Les personnes d'ascendance polonaise ont accueilli favorablement ces faits nouveaux, et leurs organisations sont impatientes de collaborer à la mise en œuvre de ces politiques avec tous les niveaux de gouvernement.

RAPPORTS AVEC D'AUTRES GROUPES ETHNIQUES

Avant 1939, environ 35% de la population polonaise se composait d'Ukrainiens, de Biélorusses, de Juifs, d'Allemands, et autres. Les Lituaniens, dont la nation faisait partie intégrante du royaume de Pologne et de Lituanie avant le dernier partage de 1795, constituaient un élément inséparable de la nation polonaise. La Pologne s'est battue contre l'Allemagne et la Russie, et elle a livré des luttes amères contre les mouvements indépendantistes ukrainiens au cours des années 1650 et au début des années 1920. Elle a connu des périodes de paix et de tolérance mutuelle, et même des rapports harmonieux, mais il y eut aussi de nombreux conflits, luttes et manifestations d'acrimonie entre les Polonais, les minorités nationales et les voisins politiques.

En traversant l'Atlantique pour venir au Canada, il semble que les Polonais se soient départis de leur animosité envers ceux qui avaient été leurs voisins politiques ou géographiques. Ils ont continué de s'intéresser aux événements qui se déroulaient en Pologne. La scène politique européenne en 1914-1918, et plus tard, à partir de 1939, préoccupait vivement la majorité des immigrants polonais au Canada, mais cette préoccupation ne se traduisait pas, en milieu canadien, par un changement d'attitude envers les personnes originaires de nations traitant avec la Pologne. Les Allemands, les Russes, les Ukrainiens, les Juifs et autres étaient tous des immigrants, partageaient tous les mêmes problèmes et difficultés, et faisaient tous partie du Canada. La scène politique européenne du début des années vingt influença les rapports entre les Polonais et certains autres groupes au Canada, mais depuis 1940, rien n'indique que les rapports, là où ils existent, sont fondés sur autre chose que la tolérance, la compréhension mutuelle ou la collaboration.

Quoiqu'une partie importante des Juifs du Canada soient nés en Pologne et que des liens nombreux et étroits aient existé en Pologne, les relations établies au Canada furent tout au plus marginales. Les deux groupes s'établissaient rarement dans les mêmes rues, dans les régions urbaines, ou ensemble sur une terre. Les seuls contacts qui se sont établis découlaient de relations entre propriétaire et client lorsque les Juifs polonais mettaient sur pied des entreprises situées à proximité de concentrations d'immigrants polonais (et autres Slaves), offrant biens et services dans une langue commune. Il y avait peu de contacts sociaux au niveau des particuliers ou des organisations, et cette situation persiste toujours.

Les données nous manquent lorsqu'il s'agit de définir les rapports entre le groupe polonais et les groupes russe et allemand au Canada. Jusqu'en 1881, les Polonais étaient assimilés aux Russes lors des recensements canadiens; mais il n'y a pratiquement rien qui nous permette de penser que ces deux peuples habitaient les mêmes localités ou qu'ils entretenaient des rapports fréquents ou étroits. Les deux groupes avaient vraisemblablement peu de rapports sauf lorsqu'ils travaillaient ensemble dans certains domaines; ce n'est qu'au cours de la dernière décennie qu'une collaboration plus étroite s'est établie dans le cadre du Comité slave canadien [6].

Les rapports avec les immigrants allemands sont illustrés dans des mémoires [7] et dans un roman [8] et il semblerait que ces rapports, là où ils existaient, aient généralement été amicaux. Les Allemands, qui sont venus au Canada avant les Polonais et qui ont rapidement prospéré, ont aidé les immigrants polonais en maintes occasions. On ne trouve pas d'allusions à des manifestations d'hostilité ou de malveillance entre les deux peuples à quelque moment que ce soit, ce qui a de quoi étonner vu l'histoire des relations entre la Pologne et l'Allemagne.

Les relations avec les Hongrois, principalement entre particuliers, ont toujours été bonnes, ce qui fait suite aux rapports très étroits et harmonieux qui existent entre les deux pays depuis des siècles. Des contacts encore plus étroits ont été établis et maintenus avec les Slovaques. Des membres des deux groupes se sont établis à proximité les uns des autres dans de nombreuses régions ; les Slovaques se joignaient aux paroisses polonaises lorsqu'ils n'avaient pas d'église propre, et le clergé aidait les membres des deux groupes. Par exemple, « un prélat polonais, Mgr Vincent Helenowski, a guidé les Slovaques dans la fondation de leur paroisse à Montréal, en 1928 [9] ». Les Slovaques catholiques romains ont été membres d'une paroisse polonaise à Toronto jusqu'en 1929 [10]. La congrégation luthérienne polonaise de Toronto partage les locaux de l'église avec les luthériens slovaques [11]. La sympathie qui existe entre les Polonais et les Slovaques résulte d'un grand nombre d'expériences communes au Canada et provient en partie de la facilité des communications, les deux langues étant étroitement liées et facilement comprises ou apprises par l'un et l'autre groupe.

Il semble y avoir eu moins de contacts avec les Tchèques, sauf en certaines occasions comme celle du « Jour de la vente d'insignes » tchèque-polonais de 1943 à Toronto, afin de recueillir des fonds pour les deux nations combattantes. Des contacts ont vraisemblablement été établis à titre personnel au lieu de travail, à l'occasion du voisinage ou de l'affiliation à une même église. La collaboration avec d'autres groupes slaves est illustrée par le cas des Croates, dont la paroisse à Toronto relève de l'évêque de l'église catholique nationale polonaise. Les catholiques romains et autres sont membres de paroisses polonaises tout comme des personnes d'ascendance polonaise appartiennent à des paroisses non polonaises.

Des rapports très étroits furent entretenus entre les immigrants polonais et lituaniens, qui jusqu'en 1920 vivaient et travaillaient dans une étroite proximité. Des clubs polono-lituaniens virent le jour ; les deux peuples se partageaient les services des paroisses et des prêtres, et de nombreux Lituaniens parlaient un peu le polonais. En 1918, la Lituanie accéda à l'indépendance, et le différend avec la Pologne au sujet de la ville de Wilno (Wilnius) et du territoire environnant mit fin aux relations jusque-là amicales entre les deux peuples. Les Lituaniens rompirent tout lien avec les Polonais, et seuls quelques contacts personnels persistèrent. Depuis 1940, les Lituaniens n'ont plus de raison politique de garder rancœur à la Pologne, mais les relations entre les deux peuples n'ont pas retrouvé leur caractère amical antérieur.

Plus que tous les autres groupes ethniques au Canada, les Polonais et les Ukrainiens ont été unis par un certain nombre de circonstances. Les deux peuples ont partagé pendant des siècles des territoires et des quartiers voisins. Bon nombre d'entre eux ont quitté leur pays à peu près à la même date, originaires des mêmes régions, ils ont voyagé ensemble, et le nombre plus faible des colons ruraux polonais a eu tendance à s'installer près des concentrations et des établissements ukrainiens dans les provinces des Prairies. À l'occasion, l'inverse se produisait, et les Ukrainiens s'établissaient au sein d'agglomérations plus importantes de Polonais. Les nombreux traits culturels qu'ils partageaient exerçaient une forte attraction sur les personnes seules et égarées. Leurs rapports au Canada reflétaient ceux qui existaient dans leur pays d'origine. Ils vivaient et travaillaient ensemble et se mariaient souvent entre eux. « La coexistence étroite des deux groupes slaves a eu entre autres effets l'ukrainisation progressive des Polonais moins nombreux [12]. »

Les événements de Pologne influencèrent une fois de plus les relations qui avaient été établies. La proclamation de la République ukrainienne indépendante en novembre 1917 finit par entraîner des affrontements militaires avec la République polonaise nouvellement rétablie ; les Polonais, plus forts sur le plan militaire, parvinrent à rester maîtres des territoires disputés. Les Ukrainiens au Canada, alarmés par le présumé rudoiement de leurs compatriotes par les autorités polonaises, demandèrent au gouvernement du Canada d'intervenir. Les accusations et manifestations d'hostilité s'exprimèrent principalement dans la presse de langue ukrainienne et visaient le gouvernement de Pologne et ses politiques et non pas les Polonais au Canada. La presse de langue polonaise se sentit obligée de défendre les politiques et les actions du gouvernement de Pologne et tenta d'en justifier la position. La plupart des immigrants polonais étaient en accord avec leur presse, position qui, avec le temps, entraîna la dégénérescence des rapports personnels.

Au début des années vingt, de nombreux militants politiques ukrainiens, vétérans de l'Armée ukrainienne, et d'autres personnes qui avaient été emprisonnées par le gouvernement polonais pour activités politiques illégales arrivèrent au Canada. Les sentiments profondément nationalistes qui avaient cours parmi les premiers immigrants ukrainiens s'en trouvèrent renforcés et engendrèrent une attitude de plus en plus hostile vis-à-vis des immigrants polonais. Il y eut sans doute des affrontements nombreux et la collaboration a souvent cédé la place aux frictions ; on ne connaît toutefois qu'un seul incident d'hostilité préméditée qui se déroula à Oakburn, au Manitoba, lorsqu'une campagne verbale menée par des nationalistes ukrainiens aboutit à la destruction de croix que les colons polonais avaient érigées le long de la route [13]. Le froid entre les deux groupes slaves persista jusque vers le milieu des années quarante et, jusqu'à cette date, seuls les gauchistes polonais radicaux gardèrent des liens étroits avec leurs homologues ukrainiens [14].

Vu les développements politiques d'après-guerre (les territoires disputés font maintenant partie de la République socialiste soviétique d'Ukraine), des personnes éclairées des deux groupes slaves ont cherché un terrain d'entente visant à améliorer leurs relations. À cet égard, les dirigeants des deux presses ont joué un rôle important ; ils ont mis de côté les questions litigieuses pour souligner l'importance de la collaboration et de la formation d'un front commun pour faire face à des problèmes communs. Les rapports entre les deux groupes se sont grandement améliorés, et certains universitaires, chercheurs et dirigeants d'organisations ont établi des liens étroits de collaboration.

Aujourd'hui, les générations d'avant-guerre se sont adoucies, et le souvenir du passé perd beaucoup de son amertume. Pour les nouvelles générations d'ascendance polonaise, les problèmes polono-ukrainiens sont incompréhensibles et dépassés [15]. Le Canada offre de nouveaux défis qui exigent une collaboration étroite et la formation d'un front commun face aux autorités canadiennes ; en outre, le désir de préserver les cultures respectives a pour effet d'harmoniser les rapports et la collaboration.

Les rapports entre les immigrants polonais et les autres groupes ethniques du Canada, là où ils avaient été établis et entretenus, ont généralement été harmonieux. Le conflit avec le groupe ukrainien n'a jamais pris des proportions alarmantes. Les Polonais et les Ukrainiens étaient tous deux faibles politiquement et économiquement, divisés contre eux-mêmes, et ne jouissaient ni de l'encouragement, ni de l'appui ni même de l'intérêt de la société et du gouvernement canadiens au chapitre de leurs revendications. Les attitudes inamicales, parfois hostiles, entre les immigrants polonais et ukrainiens au Canada faisaient suite à des événements qui avaient eu lieu en Europe. Une fois cette situation disparue, les deux groupes ont entrepris de renouer leurs liens. Espérons que cette tendance persistera.

LIENS AVEC LA POLOGNE

Dans une perspective historique, les liens qu'avaient gardés avec la Pologne les immigrants polonais du Canada tenaient fortement aux événements socio-économiques et politiques qui se déroulaient dans leur ancienne patrie et à l'arrivée de nouvelles vagues d'immigrants. Les attitudes qu'affichaient envers la Pologne les premiers arrivants au Canada, avant 1914, et l'idée qu'ils s'en faisaient s'exprimaient surtout par l'intérêt qu'ils portaient à leurs anciens villages, leurs amis et leur parenté. La Pologne, en tant que nation indépendante, n'existait pas.

La Première Guerre mondiale fit naître une préoccupation beaucoup plus profonde à l'égard des événements qui se déroulaient en Europe et des luttes du peuple polonais pour rétablir son indépendance politique. Un nombre relativement faible de personnes se sont rendues en Europe pour lutter pour l'indépendance de la Pologne, mais celles qui sont restées au Canada ont fait leur part en envoyant de la nourriture, des vêtements, de l'argent et, plus tard, en achetant des obligations du gouvernement polonais. Certains sont retournés vivre dans l'État indépendant. Les années qui suivirent immédiatement la Première Guerre mondiale virent se raviver le patriotisme polonais, et c'est l'époque où les immigrants furent le plus enclins à se considérer comme étant des Polonais à l'étranger. De nouvelles organisations furent créées en contrepartie de celles de la Pologne, et l'actualité et les activités du pays natal furent suivies assidûment.

Après près de 125 ans de domination étrangère, la Pologne faisait face à la tâche gigantesque de se rebâtir et de se réorganiser, par suite du désordre et de la destruction survenus pendant la guerre. En 1919, le gouvernement polonais ouvrit un consulat à Montréal [16], mais les ressources de la nation ne lui permettaient pas de s'occuper des immigrants polonais du Canada et on assista à très peu de tentatives visant à guider ou à influencer le groupe polonais du Canada [17].

Ce n'est qu'en 1927 que s'est formée en Pologne une organisation [18] dont l'un des principaux buts était de garder contact avec les émigrants polonais. En 1933, une fédération [19] affiliée à l'organisme central de Varsovie, fut constituée au Canada pour favoriser un rapprochement entre les immigrants et la Pologne. En 1938, plus de 80 organisations polono-canadiennes faisaient partie de cette fédération.

La ferveur patriotique de l'après-guerre immédiat s'apaisa vers les années trente, tous ne percevant plus la Pologne comme une source d'identité, d'orientation et de référence. Certaines organisations et institutions, surtout les paroisses polonaises et leurs organismes, choisirent de se soustraire à l'influence de la Pologne. Par ailleurs, deux associations critiquaient ou contredisaient le gouvernement polonais. La Friendly Polish Alliance du Canada reprochait durement au gouvernement polonais d'avoir maltraité les paysans et ouvriers polonais et d'avoir persécuté leurs dirigeants. L'organe d'information *Związkowiec*, qui publiait ces condamnations, fut finalement interdit en Pologne. L'Association des ouvriers et fermiers polonais (après 1936, l'Association populaire polonaise) était fermement opposée au gouvernement polonais, le qualifiant de fasciste, d'exploiteur et de répressif. L'organe d'information de cette organisation fut également interdit, et les chefs avertis qu'ils risquaient la prison s'ils s'avisaient de retourner en Pologne. Enfin, de plus en plus d'immigrants polonais s'intéressaient de moins en moins aux questions de la Pologne, se préoccupant plutôt des problèmes socio-économiques auxquels ils se heurtaient au Canada. Les générations de Polonais nées au Canada étaient généralement peu informées ou indifférentes à l'égard de la Pologne.

L'attaque contre la Pologne en 1939, et la Seconde Guerre mondiale, firent resurgir la loyauté ethnique et engendrèrent une vive inquiétude quant au sort du peuple polonais et des Forces armées polonaises. Les souffrances de la nation rapprochèrent nombre de factions belliqueuses et dissidentes qui redoublèrent d'efforts pour aider la Pologne occupée. Cependant, les années passées au Canada avaient produit leur effet. Au début de la guerre, la mission militaire polonaise tenta de recruter des Canadiens polonais en vue du service militaire dans l'armée polonaise alors en voie de formation en France. Malgré la permission du gouvernement canadien de recruter des citoyens canadiens d'ascendance polonaise, la mission échoua : les Canadiens polonais préféraient servir dans les Forces armées canadiennes.

Durant les premières années de l'après-guerre, on assista à l'intensification des activités des organisations polonaises visant à aider le peuple polonais, mais les rapports avec les représentants officiels étaient dans un état de confusion, car il y avait maintenant deux gouvernements polonais, celui de Pologne, sous la botte des armées soviétiques de libération et entièrement parrainé par le

Kremlin, et le gouvernement polonais du temps de la guerre, à Londres (Angleterre), qui fut reconnu par les Alliés et les autres nations libres comme étant le seul gouvernement jusqu'en 1945. Le gouvernement, d'abord établi à Lublin, puis à Varsovie, assuma le pouvoir en Pologne, tandis que le gouvernement en exil continuait d'exercer une influence énorme sur les milliers de réfugiés d'après-guerre, d'exilés politiques et d'anciens combattants qui s'étaient battus aux côtés des Alliés en Italie et en Europe occidentale. L'existence de deux gouvernements, chacun affirmant sa légitimité, sema la confusion parmi les Polonais du Canada jusqu'à la fin des années quarante. Seuls les gauchistes radicaux ont immédiatement reconnu et appuyé sans réserve le gouvernement de Varsovie. D'autres ont préféré attendre la suite des événements, soulignant dans l'intervalle la nécessité de s'identifier davantage au Canada, leur nouvelle patrie.

L'arrivée d'un grand nombre de réfugiés et d'anciens combattants polonais de 1946 à 1950 influa fortement sur les attitudes des Polonais canadiens vis-à-vis de la Pologne et des deux gouvernements. La politique subséquente de la guerre froide et l'affrontement Est-Ouest acheva de convaincre les indécis que le gouvernement de Varsovie, officiellement reconnu par toutes les grandes puissances, n'était qu'un organisme fantoche imposé au peuple polonais par Moscou. Le gouvernement polonais en exil à Londres, dès lors isolé et inopérant sur le plan diplomatique, obtenait l'appui moral et financier de diverses organisations et particuliers au Canada. Jusqu'en 1956, la plupart des Polonais du Canada tenaient les membres du régime de Varsovie pour rien de plus que les valets de Staline et ils condamnaient violemment quiconque se rendait en Pologne ou avait des contacts avec les représentants ou fonctionnaires du gouvernement de Varsovie. Il ne s'agissait pas d'un manque d'intérêt envers le peuple polonais. Les relations se poursuivaient par le biais du courrier et, d'après divers documents d'expédition établis entre 1945 et 1956, des colis de médicaments, de nourriture et de vêtements atteignant une valeur de 4 ou 5 millions de dollars étaient envoyés du Canada en Pologne chaque année[20].

En 1956, l'intransigeant gouvernement staliniste polonais fut remplacé par un gouvernement plus modéré sous Gomułka, inaugurant une réévaluation et un changement d'attitude chez les Polonais du monde entier. Les Polonais ont recommencé cette même année, en petit nombre d'abord, à visiter des parents en Pologne puis, au fil des années, ils s'y sont rendus de plus en plus nombreux pour y voir leurs familles et leurs amis ou simplement pour revoir leur lieu de naissance. Plus récemment, des jeunes, nés au Canada, ont commencé à s'intéresser à la terre de leurs ancêtres, et ces deux ou trois dernières années, des groupes importants d'étudiants polonais nés au Canada sont allés en Pologne pour y suivre des cours d'été de polonais, d'histoire, de géographie et de littérature. Des troupes de danse et des chorales canado-polonaises et d'autres artistes assistent à des festivals culturels en Pologne, des universitaires et des chercheurs participent à des discussions avec leurs collègues de Pologne, des dirigeants de la presse polonaise se rendent en Pologne pour obtenir des renseignements de première main sur les conditions qui règnent dans ce pays, et beaucoup d'autres font le voyage pour des motifs purement sentimentaux.

Les déplacements s'effectuent dans les deux sens. Les proches parents peuvent se rendre au Canada. Depuis 1956, des ensembles de chanteurs et de danseurs de renommée mondiale, comme Mazowsze et Śląsk, se produisent au Canada. Des films polonais sont projetés dans diverses salles de cinéma du Canada là où il y a de fortes concentrations de Polonais. Des troupes de théâtre et de variétés et d'autres groupes culturels se rendent dans certaines villes canadiennes plusieurs fois par an. Des universitaires, des chercheurs et des journalistes polonais viennent donner des conférences et rencontrer les immigrants polonais et leurs descendants. Des relations économiques sont maintenant établies par des hommes d'affaires et certaines organisations, et un certain nombre de produits polonais — artisanat, nourriture, disques et livres — se vendent maintenant au Canada. Il semble que les liens du sang et les sentiments familiaux réussissent à passer outre aux profondes considérations politiques et idéologiques pour un bon nombre, mais pas pour tout le monde.

Ces pratiques et ces faits nouveaux ne sont pas appuyés ni même approuvés par tous les Polonais du Canada. Les fidèles défenseurs du gouvernement polonais en exil à Londres [21] soutiennent que l'actuel gouvernement polonais, malgré un certain adoucissement politique, est imposé au peuple polonais qui n'est pas libre d'exprimer sa volonté véritable et n'a pas le pouvoir de changer le régime politique actuel. À leurs yeux, c'est le devoir sacré de tous les immigrants polonais d'informer le monde libre de l'Occident des véritables conditions derrière le rideau de fer. Les partisans de Londres ont toujours vu d'un mauvais œil les activités et les influences éventuelles du gouvernement de Varsovie sur les immigrants polonais, surtout en Europe et en Amérique du Nord. Ils ont fait valoir que l'appareil de propagande de l'État polonais servait et sert encore à neutraliser les activités des organisations et associations des immigrants polonais au moyen d'échanges culturels en apparence inoffensifs, de rencontres anodines avec les représentants de l'État polonais et même de visites auprès de parents vivant en Pologne.

Il est difficile de déterminer la proportion de Canado-polonais qui adhèrent aux politiques des émigrés et continuent d'appuyer le gouvernement en exil à Londres, mais il est probable que leur nombre est relativement restreint[22]. L'immigrant polonais « moyen » du Canada ne se préoccupe pas de ces questions ou bien il considère que depuis la fin de la guerre froide, étant donné qu'il est peu probable qu'il y ait des changements importants dans la politique européenne dans un proche avenir[23], l'acceptation de la situation actuelle est la seule solution possible. Certains appuient publiquement la position prise par les Polonais de Londres, d'autres la rejettent carrément comme étant dépassée. Pourtant, la question demeure entière et constitue le problème le plus litigieux que le groupe polonais ait à trancher aujourd'hui.

Le débat sur ces questions se poursuit dans la presse canado-polonaise depuis quelques années déjà, et d'éminents participants parmi les universitaires et chercheurs du Canada et d'ailleurs ont consacré quelques jours à l'analyse de ces questions lors d'une conférence spéciale[24]. Au cours de la dernière décennie, le groupe polonais a vu se manifester un groupe important d'adhérents éclairés qui n'excluent plus les contacts avec la Pologne « à tout prix ». Cette faction a commencé à souligner la nécessité de renouveler et d'intensifier les rapports avec la Pologne. Elle partage l'opinion voulant que le gouvernement actuel de la Pologne ne soit pas élu démocratiquement comme au Canada, mais elle met plutôt l'accent sur les contacts avec la culture et le peuple polonais, non pas avec le gouvernement et ses représentants. Cette faction appuie des initiatives comme l'aide à la construction d'écoles, à la restauration de trésors et de monuments nationaux, l'aide matérielle en cas de sinistre et de semblables interventions.

Les militants et quelques personnalités ou chefs d'organisations éminents adoptent l'une ou l'autre position vis-à-vis de la Pologne, mais la vaste majorité des immigrants polonais et de leurs descendants y sont indifférents. Ceux qui ont de la parenté en Pologne vont lui rendre visite. Les spectacles offerts par des troupes artistiques de Pologne ont un vaste auditoire, même chez ceux qui professent une profonde inimitié vis-à-vis du gouvernement de Varsovie et de tous ses représentants. Dans le cadre général d'une politique mondiale de rapprochement entre l'Est et l'Ouest, les attitudes précédemment rigides se sont modifiées ou ont été abandonnées et des contacts plus étroits avec la culture et le peuple polonais (sinon avec le gouvernement) s'acceptent davantage. Cette tendance va vraisemblablement continuer.

RELATIONS ENTRE LES GROUPES

Bien que les immigrants polonais aient généralement réussi à entretenir des relations neutres ou amicales avec presque tous les groupes ethniques du Canada [25], leur histoire est tissée de conflits et d'animosités internes fréquents et nuisibles. Une des conséquences les plus destructrices en a été une sorte d'auto-classification en « eux » et « nous ». Le « nous » représentait les Polonais originaires de certaines régions de la Pologne partagée. Les « nous », provenaient de la Galicie ; les « eux » étaient des « Polonais russes » ou des « Polonais allemands ». Ils étaient polonais, mais « pas vraiment comme nous ». Ce critère a cessé de jouer un rôle important après 1918, lorsque la Pologne a repris son indépendance ; pourtant, la distinction entre « nous » et « eux » a persisté. Les « nous » représentaient les immigrants des premières générations, protégeant jalousement « notre » position contre celle d'« eux autres », les nouveaux arrivants, qui voulaient imposer leurs idées et leurs projets.

Les immigrants établis se définissaient et se situaient d'après leurs réalisations au Canada et les biens qu'ils y possédaient [26], tandis que le rang social que réclamaient les nouveaux était le plus souvent basé sur la situation qu'ils avaient occupée en Pologne ou sur les souffrances endurées pendant la guerre ou la gloire du combat. « Nous », c'était les immigrants établis et les descendants d'immigrants, qui considéraient souvent le Canada comme étant « notre patrie » à laquelle ils vouaient avant tout leur loyauté. « Eux », c'était les émigrés et réfugiés politiques qui acceptaient les directives de Londres et tentaient de gagner à leur cause d'autres immigrants polonais au Canada [27]. « Nous », c'était ceux qui adhéraient aux idéaux et aux valeurs démocratiques alors que « eux », c'étaient des communistes et des subversifs.

La division entre « eux » et « nous » avait cours au sein des institutions et associations religieuses et laïques et elle se glissait dans les relations quotidiennes, créant ainsi des dissensions et un manque de consensus quant aux buts et objectifs à atteindre. Ce n'est qu'en période de difficultés extrêmes en Pologne qu'on réussissait à mettre de côté les divergences. Organisations et particuliers s'unissaient dans une cause commune pour alléger la souffrance et aider dans toute la mesure du possible. Cette collaboration et cette unification dans un but commun se manifestèrent particulièrement durant la Seconde Guerre mondiale. Les paroisses polonaises, les organisations laïques et les personnes de marque axèrent leurs préoccupations et leurs efforts sur les victimes de l'occupation allemande en Pologne et sur les soldats polonais qui s'enfuirent de Pologne ou rejoignirent les rangs d'armées étrangères pour combattre l'ennemi commun. On recueillit des fonds, des vêtements, on acheta des médicaments et on envoya des colis aux orphelins et aux prisonniers de guerre et aux unités polonaises combattant aux côtés des Alliés. Cette activité se poursuivit immédiatement après la guerre, à l'intention surtout du pays lui-même, et alors, une certaine collaboration s'établit avec les Gauchistes polonais radicaux au sein de la United Polish Relief Fund. Les activités et préoccupations des organisations polonaises du Canada relatives aux problèmes éprouvés par la Pologne décimée et ruinée économiquement cédèrent rapidement le pas à des considérations politiques. En 1948, on parvint à la conclusion que continuer l'aide à la Pologne signifiait transiger avec le régime communiste imposé, et on fit porter les efforts sur les problèmes liés à l'arrivée au Canada d'un nombre croissant d'anciens combattants et de réfugiés polonais.

Le problème du « eux » et « nous » diminua peu à peu. L'intransigeant gouvernement staliniste polonais offrait un système de référence aux nouveaux arrivés d'après-guerre qui appuyaient sans réserve le gouvernement polonais en exil à Londres et en reconnaissaient les représentants au Canada. En règle générale, les immigrants d'avant-guerre acceptaient les opinions des nouveaux venus, mais cette question n'était pas pour eux d'une importance capitale, et ils accordaient plus d'importance à l'adaptation et l'intégration à la société canadienne. Les nouveaux venus, surtout les anciens combattants des forces armées polonaises, croyaient que la guerre froide aboutirait tôt ou tard à une reprise des hostilités et que le conflit ainsi amorcé libérerait la Pologne de la domination communiste, leur permettant ainsi d'y retourner pour y vivre. Les immigrants d'avant-guerre mettaient l'accent sur la permanence de leur séjour au Canada et encourageaient les nouveaux venus à oublier leurs rêves.

En 1956, les gouvernants stalinistes polonais furent remplacés par un gouvernement fortement nationaliste et apparemment plus libéral sous Gomułka. La position officielle des organisations polonaises du Canada à l'égard de ces événements ne changea pas beaucoup. Bien qu'on accueillît favorablement la libéralisation du régime politique, on soutenait que le nouveau gouvernement était toujours communiste et qu'il subissait l'influence de Moscou. Officieusement, la communauté polonaise ne partageait pas ce point de vue. Les immigrants d'avant-guerre, surtout, considéraient les changements comme étant significatifs. Malgré les condamnations des partisans de Londres, de plus en plus de personnes se rendaient en Pologne, les visiteurs polonais étaient libres de venir au Canada, et l'attitude vis-à-vis des gouvernants polonais s'adoucit. Il s'agissait bien de « communistes » mais de « communistes polonais ».

Petit à petit, deux camps canado-polonais se sont constitués. Font partie du premier les fidèles défenseurs du gouvernement polonais en exil à Londres qui continuent à adhérer aux préceptes et à l'idéologie de cet organisme ; ils condamnent tout contact interprétable comme une reconnaissance de la légitimité du gouvernement de Varsovie et ils insistent toujours sur la nécessité pour tous les immigrants polonais de jouer le rôle d'« ambassadeur » du gouvernement en exil. L'autre camp, aux prises avec les questions pratiques liées à la préservation de certains aspects de sa culture parmi les générations successives de Polonais nés au Canada, voit les contacts avec la Pologne comme le seul moyen pratique de réaliser ce but. Sans transiger directement avec le gouvernement central de Varsovie et ses représentants, il préconise la collaboration avec les institutions éducatives et culturelles et il estime souhaitable l'échange de chercheurs, d'universitaires, d'artistes et d'intellectuels. Il cherche surtout à susciter les occasions d'exposer les descendants d'immigrants polonais à la richesse culturelle et traditionnelle de la nation polonaise. À ce camp, représenté par des organisations comme la Polish Alliance of Canada, l'Église catholique romaine et l'Église catholique nationale polonaise et divers autres organismes, s'opposent les dirigeants du Congrès canado-polonais, les associations de combattants et d'autres organisations.

La question de favoriser la collaboration et les relations avec la Pologne, à quelque chapitre que ce soit, plutôt que de couper tous les ponts et de s'aligner sur la position du gouvernement exilé à Londres, a été si litigieuse que la Polish Alliance in Canada, représentant plus de 30 organisations, s'est retirée du Congrès canado-polonais en 1972. Ce retrait a fait suite à un certain nombre de désaccords antérieurs avec le bureau du Congrès au sujet de la définition du rôle de ce dernier. Selon la Polish Alliance in Canada, le Congrès a transformé sa fonction initiale d'organisme coordonnateur en une source de pouvoir et a tenté d'imposer des règles et des idéologies qui, jusque là, étaient déterminées par chaque organisation affiliée. La Polish Alliance du Canada soutenait qu'elle avait le droit de déterminer ses propres objectifs et de les réaliser sans se faire imposer des lignes de conduite rigides quant à ses relations avec le peuple et les institutions de la Pologne. Cette question a suscité beaucoup de dissension et a entravé l'unification des efforts pour la résolution des problèmes qu'affronte aujourd'hui la collectivité polonaise du Canada.

Les divergences d'opinion ayant leur source en Pologne et celles qui ont vu le jour au Canada sont à l'origine de la fragmentation du groupe polonais depuis plusieurs décennies. Ces divergences persistent jusqu'à nos jours; elles entravent la collaboration, empoisonnent les relations harmonieuses et retardent la mise en œuvre de projets qui permettraient au caractère distinctif de la culture polonaise de se perpétuer au sein de la mosaïque culturelle du Canada. L'amélioration prochaine des relations entre groupes est peu probable. Les organismes constitués, avec tous les avantages que peut en tirer la collectivité polonaise du Canada, se trouvent paralysés par un refus de collaborer, par des ambitions personnelles [28], des rivalités de clocher, l'individualisme et l'absence d'engagement ou l'apathie de la majorité des personnes d'ascendance polonaise du Canada.

NOTES

1. Ce sujet intéresse de nombreuses personnes au plus haut point, mais les auteurs se heurtent, dans le présent cas, à d'énormes lacunes dans les renseignements dont ils disposent.

2. Voir le chapitre intitulé « L'adaptation ».

3. Comme en fait foi la fréquence des mariages entre personnes polonaises et anglo-saxonnes.

4. Mise à part la structure économique, discutée ailleurs.

5. L'honorable docteur Stanley Haidasz, né au Canada de parents venus de Pologne. Le docteur Haidasz a été très actif au sein des organisations polonaises du Canada.

6. Citons le Comité inter-universitaire sur les Slaves canadiens. Pour de plus amples renseignements sur ses activités, voir les procès-verbaux en trois volumes de la Conférence nationale des Slaves du Canada (1966, 1967, 1971).

7. *Pamiętniki Emigrantów*, 1971.

8. Wańkowicz, *op. cit.*

9. Kirschbaum, p. 143.

10. *Złote Pokłosie, op. cit.*

11. *Księga Pamiątkowa 20-lecia Polskiego Zboru Ew-Augburskiego w Toronto* (1973).

12. V. Turek, « Jeszcze o Polonii », p. 89. Hunchak, *op. cit.*, corrobore l'existence de cet état de fait avant 1941.

13. W. Turek, *Poles in Manitoba*, p. 564.

14. Contrairement à d'autres organisations polono-canadiennes, l'Association des ouvriers et fermiers polonais niait tous les droits de la Pologne à l'égard des territoires disputés.

15. Voir l'éditorial dans *Echo*, Vol 4, no 2, 1972.

16. D'autres consulats polonais furent établis plus tard à Winnipeg et à Ottawa.

17. Les efforts des consuls polonais au Canada visaient principalement à dorer le blason du leadership politique en Pologne et à contrecarrer les luttes dissidentes au sein des organisations polonaises du Canada. Les seules initiatives connues pour influencer la presse polonaise visaient à s'assurer que le contenu ne s'opposait pas au gouvernement polonais.

18. Swiatowy Związek Polaków z Zagranicy (Association mondiale des Polonais à l'étranger).

19. Zjednoczenie Zrzeszen Polskich w Kanadzie.

20. B. Heydenkorn, « Emigracja Polska », p. 86.

21. Les Canadiens polonais utilisent les expressions « Londyńczycy » (Londoniens) ou « Niezłomni » (constants ou respectueux) pour les désigner.

22. Des représentants du gouvernement en exil, lors d'une entrevue récente accordée au *Globe and Mail* de Toronto, ont revendiqué l'allégeance de tous les immigrants d'ascendance polonaise de l'Amérique du Nord et d'ailleurs. En Amérique du Nord surtout, ils reçoivent un appui négligeable qui s'effrite rapidement. Voir C. McCullough, « Polish Government in Exile Battles On », *The Globe and Mail*, 4 juillet 1973.

23. Pour connaître ces points de vue, voir Adam Bromke, « Diaspory Polskiej — Ciąg Dalszy... », *Związkowiec*, 13 juin 1972.

24. B. Heydenkorn, « Problemy Polonii ».

25. Compte tenu de l'exception indiquée dans les pages précédentes.

26. Habituellement acquis par suite de privations, d'insécurité, de durs labeurs et d'une grande détermination.

27. Voir la déclaration de T. Glista, Président de l'Alliance polonaise du Canada, dans *Związkowiec*, no 35, 1973.

28. Désigne les visées impérieuses de certains. Voir *Związkowiec* (36), 1973.

CHAPITRE ONZE

La « Polonia » canadienne

> Les Polonais sont portés à croire qu'un homme né Polonais ne peut cesser de l'être. On dit souvent que les enfants et petits-enfants des immigrants polonais ont une « nature polonaise » qui se manifestera dans les moments importants de la vie.
>
> BARNETT

La tendance grandissante qu'ont les gens de penser en fonction de leur groupe ethnique, jusqu'à exiger l'autonomie politique, est de portée mondiale et est en train de modifier les frontières politiques de l'Afrique, du sud-est asiatique et de certaines parties d'Europe. Au Canada, l'existence de deux cultures et de deux nations fondatrices a empêché la constitution d'un modèle culturel unique pour tout le Canada qui aurait conféré à tous une même identité claire et nette. Selon la thèse d'un historien canadien « le Canada n'offre aucun dénominateur commun au chapitre des valeurs profondes qui unissent habituellement un peuple, sur le plan de la race, de la langue, de la religion, de l'histoire ou de la culture [1] ». Il incombait aux immigrants subséquents de s'intégrer à l'une ou l'autre des deux cultures dominantes, mais les pressions exercées au nom du conformisme ne ressemblaient en rien à celles dont on usait aux États-Unis. Les deux peuples fondateurs acceptaient ou tout au moins toléraient, de façon générale, la loyauté envers ses origines ethniques. Au cours des années, notre société est parvenue à un degré de tolérance encore plus grand à l'égard des cultures et des valeurs « étranges » ou différentes, « à tel point que nous nous enorgueillissons de notre mosaïque culturelle et de notre pluralisme ethnique [2] ».

Il est courant pour les Canadiens de s'identifier en fonction de la région où ils habitent. Certains Canadiens sont d'abord et avant tout des habitants des Maritimes ; d'autres sont Québécois ou

Ontariens ; il y a ensuite les gens de l'Ouest qui se considèrent comme des Canadiens un peu spéciaux, tandis que les Rocheuses offrent à d'autres une frontière naturelle leur permettant de se définir comme des gens de la Colombie-Britannique. Enfin, il y a les Canadiens du Grand Nord. Ces étiquettes régionales favorisent un sentiment d'appartenance plus intime à une population relativement faible et éparpillée sur un vaste territoire. Un sentiment d'identité plus réconfortant et plus intime encore s'exprime par l'identification à l'un ou l'autre des groupes ethniques du Canada. Les gens de l'Ouest ou les Ontariens, les habitants de l'Atlantique ou les Québécois se considèrent également comme des Canadiens d'ascendance allemande, ukrainienne, anglaise, française, italienne, polonaise ou autre ou comme membres d'un certain groupe ethnique.

La littérature sociologique traite de façon approfondie le rôle que joue pour les membres l'appartenance à un groupe ethnique. Cette adhésion remplace partiellement la collectivité et la grande famille traditionnelles ; elle permet des contacts et des relations plus étroits et plus intimes dont se trouve en grande partie privée une société industrialisée et hautement urbanisée comme le Canada. Elle offre un point de comparaison important et un sentiment d'appartenance qui satisfait, dans une certaine mesure, les nombreux besoins psychologiques de tous les Canadiens, mais surtout des immigrants plus récents et leurs descendants. Elle peut faire échec aux conditions dépersonnalisantes ou aliénantes d'un monde caractérisé par les gratte-ciel, le divertissement de masse et la vie impersonnelle des grandes villes. Au Canada, l'appartenance à un groupe ethnique situe clairement quelqu'un dans l'ensemble de la société. On naît dans un groupe ethnique, « on s'y identifie au moyen d'attaches émotives et symboliques[3] », et cette situation sert de tremplin à l'autoperception, qui représente un ensemble d'états psychologiques et de rôles sociaux.

La littérature abonde en définitions de l'ethnie et de l'identité au groupe ethnique ; elle souligne les variables de la lignée[4], de la langue, de la nationalité, de la religion, des coutumes, des valeurs et des attitudes. Aux fins de la présente étude, ethnie désigne un groupe de personnes qui partagent des ancêtres communs, le même passé historique, la même langue ou autres caractéristiques culturelles (dont la religion est une des plus importantes), qui se considèrent comme appartenant au groupe ethnique et qui sont identifiées comme telles par d'autres. Dans le cas particulier où un groupe ethnique constitue une minorité, ses institutions et organisations distinctes sont souvent des symboles importants de son caractère culturel distinctif[5].

241

GÉNÉRALITÉS

Les ouvriers urbains ont vite subi les pressions et les influences socio-économiques de la société d'accueil ; leurs hôtes vilipendaient et condamnaient leur identité polonaise ou galicienne comme étant indésirable, ils tournaient en dérision leurs coutumes et traditions, ils passaient des remarques désobligeantes sur leur langue et leurs noms de famille. Nombre d'immigrants ont tenté d'esquiver les stéréotypes et étiquettes malveillants en s'intégrant pour passer inaperçus. Leur caractère polonais se manifestait principalement lors d'occasions spéciales, d'anniversaires patriotiques et de célébrations traditionnelles. Les enfants nés au Canada adoptaient rapidement et facilement le Canada comme pays, abandonnant leur langue maternelle, leurs traditions et leur culture, souvent contre le gré de leurs parents qui leur enseignaient la langue polonaise à la maison et essayaient de leur inculquer le sentiment de leur héritage culturel.

Un grand nombre d'indifférents ou d'insensibles à leur personnalité nationale furent forcés de réviser leurs positions lorsqu'ils se virent traités « d'étrangers ennemis » pendant la Première Guerre mondiale. Ils protestèrent, que s'ils n'étaient pas acceptés comme « Canadiens », ils n'étaient pas des Autrichiens ou des Allemands non plus, mais des Polonais, et que le peuple polonais n'était pas en conflit avec le Canada et les autres alliés, mais combattait lui-même contre les ennemis communs. Les événements qui se déroulèrent en Pologne dans les années 1918 à 1920 renforcèrent leur identité, jusque-là en veilleuse, par rapport aux autres immigrants polonais du Canada et à la Pologne. Il existait maintenant une nation indépendante qui pouvait servir de point d'attache à des liens symboliques et concrets.

Les immigrants polonais venus au Canada après 1918 s'identifiaient fortement à la Pologne, puisqu'ils étaient nombreux à avoir servi dans les Forces armées et lutté pour son indépendance. La plupart des nouveaux arrivés (ou du moins leurs enfants) avaient reçu une certaine instruction dans les écoles polonaises, connaissaient l'histoire et la personnalité nationale de la Pologne. Au Canada, ils étaient plus susceptibles de participer aux activités des associations polonaises et d'insister sur la perpétuation de leur caractère culturel distinctif chez leurs enfants nés au Canada. L'expansion et la disponibilité de la presse polonaise, divers contacts avec la Pologne et la présence au Canada de représentants du gouvernement polonais, furent autant de facteurs déterminant la conception qu'avaient les immigrants polonais de leur propre identité [6].

La majorité des immigrants qui arrivèrent après 1945 étaient des réfugiés ou des exilés politiques, « une armée en exil chargée de la mission presque messianique de perpétuer certaines idées et valeurs culturelles autrement menacées de disparition [7] » dans une Pologne dominée par les communistes. Ils arrivaient avec la conscience aiguë de leur nationalité polonaise, s'estimant souvent les dépositaires de la culture et de l'héritage polonais libres, croyant que c'était leur devoir sacré de rester polonais afin de préserver et de promouvoir leurs valeurs à l'étranger puisque cela n'était plus possible en Pologne même.

Les années cinquante ont donné lieu à une recrudescence d'activités au sein des organisations grâce à l'action des nouveaux arrivés ; on mit l'accent sur les questions politiques, les valeurs culturelles et la conscience polonaises. Comme on l'a déjà signalé, c'est durant cette période qu'ont été établies le plus grand nombre d'écoles polonaises à temps partiel, ce qui démontre que les parents étaient soucieux de perpétuer les valeurs culturelles chez la jeunesse. L'identité ethnique polonaise se manifestait alors clairement par la participation massive des immigrants aux divers anniversaires et célébrations patriotiques, historiques et religieux. Le souvenir de la Pologne et l'expérience de la guerre étaient encore vivaces dans la mémoire de ceux qui avaient participé aux luttes et aux souffrances ; il était difficile de les oublier. L'attitude tolérante et compréhensive de la population canadienne constituait un milieu favorable aux manifestations et à l'affirmation de l'attachement à la Pologne, à sa culture et à ses traditions. On peut dire que cette période représentait l'occasion de réaffirmer leur appartenance pour certains, de redéfinir leur identité ethnique pour d'autres et qu'elle donna lieu à une prise de conscience générale des Polonais canadiens en tant que Polonais ou en tant que personnes d'ascendance polonaise.

Les derniers arrivés, les immigrants venus de Pologne après 1956, forment un groupe qui est très clairement imprégné des valeurs et traditions polonaises. Ils ne se voient pas nécessairement comme faisant partie du même groupe polonais que leurs prédécesseurs [8], puisqu'ils ne participent pas aux activités des organisations de ce groupe, mais on ne peut douter de leur adhésion à l'identité ethnique polonaise.

L'image que projette actuellement la Pologne dans le monde, sur le plan politico-économique et culturel, contribue à attirer l'attention et l'intérêt de tous ceux qui déclarent appartenir, même vaguement, au groupe polonais du Canada. La Pologne et le Canada ont participé ensemble à une mission de paix au Vietnam pendant de nombreuses années et ils collaborent actuellement au Moyen-Orient. La Pologne achète le blé canadien en grande quantité, et ces accords économiques et d'autres sont bien connus de tous. Le 500ᵉ anniversaire de la naissance de Copernic a été signalé par les grands moyens d'information du Canada [9]. Tout cela rappelle aux personnes d'ascendance polonaise du Canada leur pays d'origine et les rend fiers de son histoire et de ses réalisations. Ce sentiment devient plus intense encore grâce à des politiciens canadiens éminents qui soulignent l'importance de la Pologne dans les domaines culturels et politico-économiques [10].

Depuis l'arrivée des Kachoubes en 1858, des milliers d'autres immigrants polonais sont venus au Canada. Parfois, ils s'établissaient près d'autres immigrants polonais pour former ce qu'on appelait des « colonies polonaises [11] » ; ils se manifestaient à leurs hôtes par leur langue, leurs coutumes et leur apparence distinctives. Leur appartenance et leur identité polonaises s'exprimaient par la langue [12] et la religion, deux véhicules des valeurs et traditions particulières aux Polonais. A l'occasion, leur identité était renforcée par le patriotisme axé sur la mère patrie ou sur la nation polonaise dans son ensemble. Le groupe polonais est demeuré « visible [13] », renforcé par de nombreux nouveaux arrivés de Pologne et d'ailleurs.

L'ÉLÉMENT POLONAIS ACTUEL

Aujourd'hui, les membres de l'élément polonais du Canada ne sont plus facilement reconnaissables ou repérables. Certains sont complètement assimilés et n'affirment plus leur appartenance à ce groupe sauf aux fins du recensement ; ils désignent alors la Pologne comme lieu d'origine de leurs ancêtres. D'autres sont acculturés, ne manifestant leurs origines qu'en des occasions spéciales. Ils ne se distinguent généralement pas des autres Canadiens.

Diverses sources polonaises désignent les groupes d'émigrants polonais du terme « Polonia [14] », ce qui donne la Polonia américaine, la Polonia française, la Polonia anglaise ou la Polonia canadienne. Cette expression est synonyme d'« ethnie polonaise », dont les membres possèdent certaines caractéristiques et certains traits qui dénotent clairement un ensemble de relations et d'attitudes spéciales vis-à-vis de la Pologne et de la culture et des traditions polonaises. Cette expression a donné lieu à des interprétations diverses ; pour certains, elle signifie un net sentiment d'appartenance

TABLEAU 15
CANADIENS D'ORIGINE ETHNIQUE POLONAISE
RECENSEMENT DÉCENNAL

Année	Nombre	Pourcentage de la population totale
1871	617	
1881	1 216	Non significatif
1891	695	
1901	6 285	0,1
1911	33 652	0,5
1921	53 403	0,6
1931	145 503	1,4
1941	167 485	1,4
1951	219 845	1,5
1961	323 517	1,8
1971	316 430	1,5

TABLEAU 16
GROUPE ETHNIQUE POLONAIS AU CANADA — 1971

Total	316 430
Hommes	162 380
Femmes	154 045
Citadins	254 690
Ruraux	61 740
Fermiers (inclus dans les ruraux)	27 880

Source : *Recensement du Canada 1971*, Catalogue 92-723.

TABLEAU 17
GROUPE ETHNIQUE POLONAIS AU CANADA — 1971
(par provinces)

Terre-Neuve	280
Île-du-Prince-Édouard	110
Nouvelle-Écosse	3 260
Nouveau-Brunswick	690
Québec	23 970
Ontario	144 115
Manitoba	42 705
Saskatchewan	26 910
Alberta	44 325
Colombie-Britannique	29 545
Yukon	245
Territoires du Nord-Ouest	270

Source: *Ibid.*

TABLEAU 18

GROUPE ETHNIQUE POLONAIS AU CANADA — 1971 —
PAR GROUPES D'ÂGE

Moins de 15 ans	76 475	(24,2%)
15 - 44	133 335	(42,1%)
45 - 64	77 965	(24,6%)
65 +	28 655	(9,1%)

Source: *Ibid.*

TABLEAU 19

GROUPE ETHNIQUE POLONAIS — LIEU DE NAISSANCE — 1971

	%	Nombre
Canada	66,7%	210 920
États-Unis	1,2%	
Royaume-Uni	1,2%	
Europe (y compris la Pologne)	30,6%	105 510
Asie	0,1%	
Autres	0,2%	

Source: *Recensement du Canada 1971*, Catalogue 92-723.

et d'intérêt à l'égard de tout ce qui est polonais et elle se manifeste par la participation à des événements qui soulignent des valeurs idéologiques ou politico-culturelles. D'autres soutiennent que la connaissance de la langue polonaise et l'appartenance à l'Église catholique romaine polonaise sont des conditions préalables essentielles de la participation à une « Polonia ». Ce sont là des opinions clairement définies, mais étroites de ce qu'est l'appartenance au groupe polonais du Canada. Il y a ceux qui ne parlent peut-être plus le polonais ou qui ne font partie d'aucune organisation polono-canadienne et qui s'abstiennent de nouer des relations personnelles et intimes avec d'autres personnes d'ascendance polonaise au Canada, mais qui ont tout de même des sentiments et des attitudes spéciaux vis-à-vis de la Pologne et de sa culture et qui demeurent fortement conscients d'être polonais.

Bon nombre de descendants des premiers immigrants polonais ont été presque totalement assimilés, mais leur caractère ethnique n'est pas totalement effacé s'ils ont encore connaissance de leurs origines. L'image dominante que les Canadiens se font de leur pays étant celle d'une société caractérisée par un pluralisme culturel, qui valorise la diversité de sa composition ethnique, rares sont ceux qui n'ont pas la curiosité de se renseigner sur la patrie et la culture de leurs ancêtres. L'opinion ou la connaissance qu'ils ont de leur ethnie peuvent provenir des grands moyens d'information, des écoles publiques ou de leurs relations avec amis et voisins [15]. Ces personnes forment ce que l'on pourrait appeler un groupe quasi ethnique et elles peuvent éventuellement participer ou s'intéresser à l'activité de ceux qui ont gardé leur identité polonaise d'une façon plus marquée et plus évidente. On peut vérifier le sentiment d'appartenance (ou même d'allégeance) de quelqu'un lors d'événements sportifs, par exemple, lorsque des équipes représentant différents pays s'affrontent [16]. On peut demander qui une personne appuierait si une équipe polonaise de soccer ou de hockey jouait contre une équipe de Russie, d'Allemagne ou du Canada. Sans aucun doute, l'épreuve la plus probante pour déterminer l'allégeance se présenterait lors d'une joute Canada-Pologne. La position prise alors pourrait bien indiquer l'identité ou l'appartenance à l'un ou l'autre des deux groupes en présence.

La question de l'identité personnelle et de la perception de soi au sein de la société canadienne nous amène à poser la question suivante : « Qu'est-ce que la "Polonia" canadienne ? » Comprend-elle les 316 430 personnes dénombrées par le recensement du Canada de 1971 dans la catégorie ethnique polonaise ? Le terme « Polonia » devrait-il désigner seulement les 134 780 personnes dont la langue maternelle était le polonais en 1971 ? Ce terme devrait peut-être être réservé à ceux qui participent activement aux activités des organisations polonaises du Canada, à ceux qui se manifestent culturellement par leur nom, leur accent et leur comportement ou à ceux qui ne doutent ni de leur appartenance, ni de leur identité ethnique.

Nous ne souscrivons pas au mythe selon lequel l'identification aux fins du recensement confère automatiquement la qualité de « Polonais ». Il y a un nombre important de personnes qui, si elles en avaient le choix, s'identifieraient comme Canadiens, sans autre précision telle que « Canadiens polonais » ou « de descendance polonaise [17] ». Par ailleurs, le fait de ne pouvoir parler polonais ou de ne pas participer aux activités des organisations polonaises du Canada ne suffit pas non plus à établir l'identité ethnique des gens quant à la culture ou aux traditions polonaises, puisque ces facteurs peuvent être remplacés par une connaissance approfondie de la culture et de l'histoire de la Pologne, considérations qui leur permettent de se situer et de savoir qui ils sont [18].

La participation aux organisations ou l'expressivité culturelle sont de piètres indices de la situation de quiconque dans la mosaïque culturelle du Canada. Il y a de nombreux immigrants polonais et descendants d'immigrants qui ne sont, pour des motifs variés, pas en mesure de participer à la vie d'associations ou de manifester leur identité ethnique même s'ils le désirent. Habitant dans des villes où il n'y a pas d'organisations, isolés des autres Polonais, ils peuvent exprimer leur caractère polonais à la maison, au sein de la famille seulement. D'autres choisissent, pour des raisons personnelles, de ne pas participer aux organisations ou activités officielles du groupe polonais du Canada, mais n'en demeurent pas moins polonais à leurs propres yeux. Le critère de l'expressivité peut aussi être trompeur. Un observateur non averti prendrait pour acquis que des personnes comme George Stanton ou John Bradley font partie du groupe anglo-saxon du Canada. En réalité, comme des milliers d'autres qui portent des noms anglicisés, ce sont des immigrants polonais venus au Canada après 1945, dont un grand nombre ont une conscience aiguë de leurs origines et de leur identité [19].

Le Service de la citoyenneté canadienne ne dispose pas de critères judicieux pour classer les gens selon leurs origines ou leur nationalité. Dans les premiers temps, la citoyenneté canadienne était convoitée pour des raisons précises : elle était une condition préalable pour devenir propriétaire à part entière d'une concession. D'autres cherchaient à l'acquérir pour éviter la discrimination et s'assurer du travail durant la Crise économique. On a aussi noté que durant certaines périodes, « les deux partis politiques principaux ne répugnaient pas à produire des masses de certificats de citoyenneté à l'intention des immigrants pour qu'ils puissent voter pour eux [20] ». Il est certain que pour beaucoup, l'adoption de la citoyenneté canadienne était le meilleur moyen de manifester leur appréciation de leur sort au Canada, ainsi que leur décision d'y rester en permanence. En 1921, plus de 50% des immigrants polonais l'avaient obtenue, et en 1961, 90% des membres du groupe polonais étaient citoyens canadiens.

Les immigrants subséquents ont souvent choisi le Canada après avoir considéré d'autres possibilités et consciemment décidé que cette société serait leur patrie. Après avoir obtenu la citoyenneté canadienne, ils devenaient farouchement loyaux envers le Canada, en défendant les institutions et le régime politique auprès des visiteurs de Pologne et d'ailleurs. En même temps, ils ne voyaient pas dans l'abandon de leur allégeance à la Pologne la nécessité d'oublier totalement sa langue, son histoire et ses traditions. Les sentiments de loyauté envers le Canada ne les obligeaient pas de rompre leurs liens culturels et émotifs avec la nation polonaise ou de s'abstenir de manifester leur caractère polonais au Canada.

Les problèmes inhérents à l'auto-identification sont légion. Pour les personnes d'ascendance polonaise au Canada, la notion d'identité tient à des facteurs comme la date de leur arrivée au Canada, le motif de leur émigration, les générations successives d'enfants nés au Canada, le degré d'adaptation socio-économique, la proximité d'institutions et d'organisations polonaises et la pratique religieuse. Le problème de l'appartenance devient plus complexe encore pour les descendants de couples de groupes différents, surtout lorsque l'un des conjoints est un(e) non-slave. Ces questions n'ont encore fait l'objet d'aucune recherche, de sorte que l'on ne peut établir avec certitude qui s'identifie et qui ne s'identifie pas au groupe polonais du Canada et, surtout, comment se définit cette appartenance.

IDENTITÉS

Afin de résoudre ce problème, nous proposons un modèle hypothétique sous la forme d'une typologie, lequel peut permettre d'interpréter avec plus d'exactitude comment se définit et se manifeste l'appartenance polonaise. Il faut souligner que les catégories sont des généralisations qui représentent un nombre indéterminé de personnes appartenant à un groupe, mais il est probable que les catégories traduisent des faits et conditions réels du peuple polonais du Canada. La typologie est arbitrairement divisée en cinq catégories.

Les Polonais au Canada

Les Polonais au Canada sont des immigrants dont le principal système de référence durable demeure la Pologne et la culture polonaise. Ils apprennent à se conformer à un certain nombre d'exigences de la société d'accueil : ils apprennent les critères canadiens et la langue anglaise ou française pour pouvoir travailler ou communiquer dans d'autres situations inévitables et dans leurs rapports avec leurs hôtes. Cependant, ils n'intègrent ni même n'acceptent les valeurs et attitudes canadiennes incompatibles avec celles qu'ils ont apportées de Pologne [21], et ils ne modifient en rien leurs vieilles valeurs et croyances.

À la longue, ces immigrants réussissent plus ou moins bien à s'adapter, mais la durée de leur séjour au Canada, les succès socio-économiques, même l'acceptation de la citoyenneté canadienne ne modifient pas vraiment les attitudes des Polonais au Canada vis-à-vis de leur identité polonaise ou de leur qualité d'exilés ou de résidents « temporaires », dans l'impossibilité de retourner en Pologne pour des raisons politiques ou autres. Ils demeurent des Polonais transplantés qui rêvent de rentrer « chez eux » un jour, si ce n'est que pour mourir dans leur pays natal. Les événements qui se rapportent à la Pologne et aux Polonais d'autres pays sont suivis avec avidité dans la presse, par correspondance et par d'autres moyens.

Les Polonais de cette catégorie appartiennent le plus souvent à des organisations et associations qui mettent en valeur les coutumes et traditions polonaises ou qui soulignent les expériences vécues dans les Forces armées polonaises. Il est probable qu'ils s'intéressent et participent également aux affaires politiques des émigrés et qu'ils sont parfaitement capables d'exprimer leurs valeurs, leurs attitudes et leur identité. Les membres de cette catégorie sont extrêmement soucieux de transmettre à leurs enfants les valeurs et la culture de la Pologne, et la langue polonaise est utilisée à la maison et, le plus possible, dans d'autres situations.

Les Polonais canadiens

Cette catégorie se compose en grande partie d'immigrants adultes de l'après-guerre, déjà tout à fait formés selon les normes et les valeurs polonaises, pour qui il serait difficile ou impossible de troquer leurs attitudes et croyances contre d'autres, si attrayantes soient-elles. Reconnaissant qu'ils sont au Canada à demeure, ils s'efforcent de s'adapter à leur nouveau milieu ; ils adoptent nombre des critères et valeurs du Canada, ils deviennent avec le temps de loyaux citoyens canadiens et ils considèrent le Canada comme un refuge pour eux-mêmes et un foyer permanent pour leurs enfants. S'ils avaient à définir leur identité, ils se désigneraient probablement comme des « nouveaux Canadiens », ce qui signifie qu'ils comptent devenir des citoyens à part entière de la société qu'ils ont adoptée. Cependant, ils sont déjà membres d'une autre société, où ils ont grandi, reçu leur formation, vécu et travaillé et dont les caractéristiques et les valeurs leur seront chères leur vie durant.

Ils demeurent attachés à la Pologne, à sa culture et à ses traditions ainsi qu'aux autres Polonais vivant au Canada, ce qui leur procure la satisfaction d'une langue, de coutumes et de valeurs qui leur sont familières et leur facilite la période d'adaptation d'une société à une autre. Il est probable que les personnes de cette catégorie participent autant que possible aux activités des organisations au Canada, qu'elles établissent et entretiennent des relations avec d'autres Polonais canadiens, mais qu'elles sont disposées à découvrir le Canada et à rencontrer d'autres Canadiens. Leurs enfants sont tout à fait conscients des antécédents culturels de leurs parents, apprennent à parler le polonais à la maison et peut-être même participent aux activités des organisations de jeunes Polonais canadiens.

On pourrait désigner la catégorie des Polonais canadiens comme étant une catégorie de transition car, à la longue, ils s'orientent davantage vers la société canadienne. Leurs contacts avec la Pologne se font moins fréquents ; l'importance et la perpétuation de divers aspects de la culture et des traditions polonaises et la prépondérance des relations avec d'autres Polonais canadiens font place à des préoccupations strictement canadiennes (éducation de leurs enfants, situation économique, impôts municipaux et intérêts semblables). Leur personnalité et la conscience qu'ils ont d'être polonais se ressentiront fortement de leur accession à la citoyenneté canadienne, du fait d'habiter dans un milieu canadien et de leur participation à des loisirs canadiens, par exemple, le hockey, le football ou d'autres sports d'hiver. À la longue, la plupart finiront par passer à la catégorie suivante mais il en restera toujours dans celle des Polonais canadiens.

Les Canadiens polonais

Les personnes de cette catégorie sont complètement adaptées à leur nouveau milieu, ayant réussi à réconcilier les deux mondes et accepté le Canada comme leur patrie permanente et une nation digne de recevoir leur allégeance. Elles adoptent et intériorisent volontiers de nombreuses valeurs canadiennes. Lorsqu'elles voyagent à l'étranger, (surtout en Pologne) elles affichent sans doute fièrement leur citoyenneté canadienne. Elles s'intéressent à toutes les questions touchant le Canada ; nombre d'entre elles s'occupent directement, à titre officiel ou privé, de questions et problèmes intéressant le Canada. Elles demeurent aussi nettement conscientes de leurs origines ethniques ou nationales, elles perpétuent dans la pratique des aspects de la culture polonaise, surtout la langue, et elles peuvent profiter et jouir de leur héritage culturel et traditionnel. Elles participent et puisent à deux cultures dont elles savent tirer le meilleur parti. Dans les milieux socio-politiques sympathiques et compréhensifs du Canada, elles peuvent conserver leur double identité et leurs deux allégeances en reconnaissant le Canada comme « leur » pays et société tout en gardant avec le peuple polonais, sa culture et ses traditions des liens symboliques et nostalgiques.

Le fait d'adhérer à une organisation polonaise procure toujours une satisfaction émotive, mais les personnes de cette catégorie sont tout aussi susceptibles d'avoir des amis canadiens et d'appartenir à des organisations et associations non polonaises. À l'intention de leurs enfants, elles souligneront l'importance de parler plusieurs langues (espérant pouvoir y compter la langue polonaise) et la richesse de la culture, de l'histoire et des traditions de la Pologne pour que les enfants puissent s'y intéresser suffisamment pour perpétuer et explorer leurs origines et leur héritage culturel.

Les Canadiens d'ascendance polonaise

Cette catégorie désigne en grande partie ceux qui sont nés au Canada ou y sont arrivés très jeunes. La conscience qu'ils ont d'eux-mêmes et leur système de référence leur sont fournis par les institutions, les normes et les valeurs canadiennes. Nombre d'entre eux auront appris à parler le polonais étant enfants, il se peut même qu'ils aient fréquenté des écoles polonaises à temps partiel, mais la langue et l'éducation acquises lorsqu'ils étaient jeunes se perdent souvent à l'âge adulte.

Leurs notions sur la Pologne, son histoire, sa culture et ses traditions sont vagues, et leur caractère polonais leur est transmis largement par leurs parents ou peut-être par une paroisse polonaise. Une fois adultes, ils ne participent guère aux activités des organisations polonaises, peu nombreux sont ceux qui peuvent lire ou parler couramment le polonais, et leurs amis et connaissances sont rarement des personnes d'ascendance polonaise.

Jusqu'au mariage, ils restent en étroite relation avec leurs parents et, grâce à ces derniers, ils participent à au moins une institution polonaise, l'Église. Après le mariage, souvent à une personne non polonaise, ils tendent à s'éloigner des groupements polonais ; leurs rapports avec leurs parents deviennent plus distants, et ils cessent de s'associer ou de participer aux organisations polonaises. Leurs enfants n'apprendront pas la langue polonaise et ne seront pas très conscients de l'héritage culturel polonais et des organisations et activités de la collectivité polonaise du Canada.

Les Polonais à titre purement statistique

Cette catégorie comprend ceux qui sont classés par le recensement canadien comme étant d'origine ethnique polonaise. Il est probable que la plupart d'entre eux préféreraient se désigner comme Canadiens tout simplement. La majorité d'entre eux sont nés de parents eux-mêmes Canadiens de naissance n'ayant acquis et conservé que des notions vagues de leurs antécédents ethniques et ayant à peine conscience de la culture et des traditions de la Pologne.

Le seul système de référence et la seule source d'identité des « Polonais à titre purement statistique » sont les réalités, les normes et les valeurs canadiennes. Ils ne connaissent de la Pologne et de sa culture que ce qu'ils en ont appris dans les écoles publiques du Canada. Ils demeurent étrangers ou indifférents aux organisations et aux activités de la collectivité polonaise. Ils sont en effet complètement assimilés ; ils se considèrent comme Canadiens et souvent reprochent au gouvernement sa manie de leur coller des étiquettes qui ne signifient rien. Ils constituent généralement la troisième et la quatrième génération d'immigrants polonais au Canada.

Connaissant le groupe polonais du Canada, on ne peut adhérer à la théorie selon laquelle les immigrants de la deuxième génération essaient de s'assimiler complètement à la société d'accueil, mais que la troisième génération cherche à retrouver et à recréer ses origines et son identité [22]. Rien n'indique qu'il existe un nombre significatif de personnes cherchant à recouvrer leur appartenance ethnique, du moins pour le groupe polonais du Canada.

Il est plus probable qu'à mesure que les générations se succèdent, certains se reclassent eux-mêmes et affirment appartenir à un autre groupe ethnique. Nous avançons cette hypothèse parce que le recensement du Canada de 1961 signalait que 323 517 personnes déclaraient appartenir au groupe polonais. Dix ans plus tard, après l'arrivée de 15 041 nouveaux immigrants polonais et une augmentation naturelle de 32 500 âmes [23], le groupe polonais dénombré par le recensement du Canada de 1971 avait en fait diminué de plus de 7 000 personnes. Nous ne pouvons actuellement offrir d'explications tout à fait valables face à ces contradictions, mais la redéfinition de l'identité ethnique est nettement évidente dans le recensement du Canada de 1971 qui fait totalement abstraction des Juifs dans la catégorie ethnique polonaise et consigne le passage des orthodoxes grecs et des catholiques ukrainiens à d'autres groupes ethniques que le groupe polonais [24]. Il est évident que la tendance générale souffre des exceptions ;

certaines personnes de la troisième ou quatrième génération demeurent étroitement attachées à la culture et aux traditions polonaises et peuvent même participer activement à l'action d'une organisation. Il y a aussi ceux qui se départissent volontairement et consciemment de tous les signes visibles de leur ancienne identité pour essayer de devenir des Canadiens à part entière dans le plus bref délai possible [25].

Nous convenons de ces exceptions éventuelles et d'autres, mais la typologie constitue surtout le moyen de mieux comprendre et définir le groupe ethnique polonais du Canada en se fondant sur la perception que ses membres ont d'eux-mêmes. Voici un exemple de la complexité des problèmes liée à l'évaluation et à l'établissement du caractère ethnique :

> Le caractère ethnique... n'est pas une question de tout ou rien, ni une question de logique. Il n'est aucunement compréhensible ou descriptible en fonction de la seule mère patrie. Pour certains, il se compose de souvenirs partiellement oubliés, d'aspirations inassouvies et de préférences intermittentes ; pour d'autres, il est actif, intégré, élaboré et constant. Pour certains, il est excluant et isolant ; pour d'autres, c'est une voie qui mène à une participation plus authentique aux affaires courantes. Pour certains, il est caché et possède des attributs négatifs et contradictoires ; pour d'autres, il est ouvert, constructif et stimulant. Pour certains, il est archaïque, immuable et figé ; pour d'autres encore, il est évolutif et créateur. Pour certains, c'est une tare honteuse qu'il faut ignorer, oublier et extirper ; pour d'autres, c'est une source de fierté, le centre des loyautés et des intégrations initiales d'où procèdent des loyautés et intégrations plus considérables. Pour certains, il est imprégné de religion et d'organisations officielles ; pour d'autres, il est entièrement laïque et communautaire [26].

En dernière analyse, il semblerait que la cohésion, la solidarité et l'uniformité des groupes ethniques sont dans une large mesure des mythes ; le groupe polonais, comme d'autres groupes ethniques du Canada, n'est pas en fait un tout, mais il se compose de nombreux éléments dont les critères personnels d'identité et d'intégration sont un des facteurs. Le groupe, ou toute autorité qui en fait partie, ne peut dicter ou imposer des règles à observer, et chaque personne choisit sa voie, détermine son identité et se situe au sein de la société multiculturelle.

DEVENIR CANADIEN

Le caractère culturel distinctif du groupe ethnique polonais du Canada a toujours dépendu de la première génération d'immigrants.

Les Polonais qui sont arrivés après 1895 ont jeté les bases de la différentiation ethnique et culturelle du groupe lorsqu'ils ont créé les assises qui devaient respecter leurs besoins et leurs valeurs particulières[27]. Ils ont aussi projeté une image d'eux-mêmes largement négative dans la société d'accueil. Les nombreux immigrants qui sont arrivés entre 1918 et 1939 ont renforcé et élargi les structures établies et ont perpétué l'image du peuple polonais auprès des hôtes canadiens. Ce processus s'est répété durant la période 1946–1955, lorsque les organisations et les activités ont principalement servi à garder le peuple polonais en évidence aux yeux des autres Canadiens. À cette époque, les stéréotypes négatifs se sont estompés.

Malgré le fait que les immigrants polonais continuent de venir au Canada, bien que moins nombreux, le groupe dans son ensemble perd son caractère polonais. Un certain nombre de facteurs mettent ce processus en lumière. Parmi les plus importants, mentionnons la fréquence de mariages de Polonais nés au Canada à des personnes d'autres groupes ethniques et la conservation du polonais comme langue maternelle. Alors qu'en 1921, seulement 4,9% n'avaient pas le polonais comme langue maternelle, en 1971 ce chiffre est passé à 59,8%. Plus de la moitié des Polonais ne peuvent plus communiquer en polonais, ce qui influe considérablement sur la conscience qu'ils ont de la culture et des traditions de leurs ancêtres et sur la perception qu'ils ont d'eux-mêmes[28]. L'adhésion aux associations bénévoles est également à la baisse. Une source situe entre 5 et 7% seulement les membres du groupe polonais qui sont membres d'un quelconque de ces organismes[29]. Rien ne permet de corroborer cette affirmation à l'heure actuelle, mais il est probable que la vaste majorité des membres sont les immigrants de la première génération et que seul un nombre insignifiant de Polonais nés au Canada participent activement ou appartiennent à des organismes bénévoles.

Les parents qui voulaient que leurs enfants continuent de faire partie de la collectivité polonaise ou de partager et de mettre en pratique les normes et valeurs polonaises, ont dû lutter non seulement contre le caractère rebelle des jeunes, mais aussi contre la force et l'attrait écrasants des grands moyens d'information canadiens, contre les camarades, contre les écoles publiques et d'autres institutions. L'issue ne faisait pas de doute. Si ce n'était les Polonais de la deuxième génération, alors ceux de la troisième devenaient des Canadiens d'ascendance polonaise ou des « Polonais à titre statistique ». Nombreux sont ceux qui ont totalement disparu en anglicisant leur nom, en se mariant à des membres d'autres groupes et en s'intégrant à d'autres groupes. À la longue, les immigrants eux-mêmes ont subi l'action plus ou moins forte de l'acculturation et ils ont abandonné certains aspects de la culture et des traditions polonaises. Ce processus se poursuit, et le groupe polonais devient de moins en moins visible et culturellement distinct.

ACCULTURATION, ASSIMILATION, INTÉGRATION

Les processus d'acculturation et d'assimilation, pour les immigrants polonais et leurs descendants, débute dès leur arrivée dans la nouvelle société. Bien que le Canada ait projeté l'image d'une société multiculturelle tout au long de son histoire, des exigences et des pressions se sont toujours manifestées en faveur de la conformité aux normes et aux valeurs du groupe dominant.

Aux fins de la présente étude, par *acculturation*, on entend une adaptation plus ou moins volontaire des normes et valeurs de la société d'accueil, jugées supérieures. Cela présuppose la connaissance et l'adoption des coutumes, de l'histoire et même des traditions canadiennes sans l'abandon correspondant des valeurs et des traditions polonaises ou de l'identité ethnique.

L'*assimilation* constitue l'absorption totale des personnes d'ascendance polonaise par un autre groupe culturel. Ce processus sous-entend l'abandon ou l'absence des normes, des valeurs et des coutumes polonaises et non seulement une conformité apparente ou même une acceptation, mais l'adoption sans réserve des modes de penser, de sentir et de réagir de la société canadienne. Certains peuvent demeurer conscients de leurs origines, mais cette conscience ne leur sert plus de système de référence à leurs croyances et à leur comportement.

Les deux notions précédentes dénotent l'adaptation des immigrants à la société d'accueil dans un processus à sens unique. La littérature sur les groupes ethniques du Canada utilise souvent le terme *intégration* des immigrants à la société canadienne. La justesse de l'expression est douteuse. Un certain dictionnaire sociologique définit l'intégration comme étant « l'adaptation mutuelle de traits culturels distincts ou contradictoires visant à former un ensemble culturel harmonieux [30] ». Il s'agit d'une adaptation réciproque et d'un échange et, pour réussir, l'intégration exige que les immigrants et les hôtes soient disposés à changer, à faire des concessions mutuelles et à s'adapter les uns aux autres.

Cette intégration ne s'est aucunement produite au Canada. Il y existe toujours deux cultures dominantes, la canadienne-française et l'anglo-saxonne, et les millions d'« autres » immigrants n'ont influé sur la culture canadienne que dans une très faible mesure. Le processus d'acculturation et d'assimilation est essentiellement un phénomène d'« anglo-conformité », en ce sens que les nouveaux venus adoptent ou assimilent les deux cultures dominantes sans modifier le moindrement la société canadienne. Les pressions exercées sur les immigrants et la mesure dans laquelle on attendait d'eux qu'ils s'adaptent ou se conforment aux normes et valeurs de la société canadienne, n'ont jamais été sanctionnées officiellement mais elles n'en ont pas moins exercé leur action. Les récalcitrants qui ne voulaient ou ne pouvaient accéder aux attentes de leurs hôtes étaient, dans les premiers temps, stigmatisés par des stéréotypes malveillants, objets de discrimination sur le marché du travail et frappés d'ostracisme.

La conformité à certaines normes et attentes de la société d'accueil n'était qu'un des facteurs liés à l'acculturation subséquente des immigrants et à l'assimilation de leurs enfants nés au Canada. Un certain nombre d'autres facteurs ont facilité l'acculturation et l'assimilation. Les valeurs du groupe polonais ne se sont jamais dressées irrévocablement contre l'acculturation complète. Certains porte-parole ont exhorté les parents à inculquer à leurs enfants certaines valeurs culturelles et des connaissances sur la Pologne, mais les immigrants étaient souvent incités par leur presse à s'adapter au Canada et à accepter la permanence de leur séjour dans la nouvelle société. Certaines organisations offraient des cours d'anglais et fournissaient d'autres renseignements visant à préparer les immigrants polonais à satisfaire aux attentes de leurs hôtes.

Tôt ou tard la technique et les valeurs nord-américaines ont eu raison des valeurs et coutumes des paysans et ouvriers non qualifiés. La plupart d'entre eux étaient fascinés par les « miracles technologiques », par la prospérité apparente, l'égalité et le bien-être général. Si réussir et partager les bénéfices disponibles signifiait l'adoption de nouvelles normes et valeurs, alors il fallait y souscrire.

On considère que la dispersion démographique et l'abandon de la langue maternelle sont les principales conditions préalables de l'assimilation. Rien n'indique l'existence de « ghettos polonais » dans les communautés urbaines [31]. Il y avait des concentrations de résidents polonais dans quelques villes plus importantes, habituellement à proximité d'une église polonaise. Même de telles concentrations ne duraient pas, car les immigrants se déplaçaient sans cesse en quête de travail ou de meilleures conditions et leurs descendants, Canadiens de naissance, demeuraient rarement dans le même voisinage après leur mariage.

Bien qu'il fût rare que les immigrants adultes oublient leur langue maternelle [32], l'absence d'écoles ou d'organismes voués à la perpétuation de la langue et de la culture, conjuguée à la pénétration des grands moyens d'information, des écoles canadiennes et l'influence des camarades auraient pour résultat que la langue polonaise n'était jamais bien apprise par les enfants d'immigrants. Certains pouvaient la comprendre et la parler jusqu'à un certain point, mais ils éprouvaient de la difficulté à lire et surtout à écrire le polonais. Faute d'être maîtrisées, ces pratiques étaient rapidement abandonnées et oubliées. La connaissance de l'histoire de la Pologne et de diverses valeurs sociales connaissait un sort semblable.

Les personnes « canadianisées », surtout celles qui ont anglicisé leurs noms étranges et difficiles à prononcer, n'ont jamais été rejetées par les deux groupes culturels dominants du Canada car, contrairement aux Asiatiques, aux Noirs, aux Amérindiens et aux Inuits, les Polonais ne sont pas physiquement différents des autres Européens et la couleur de leur peau ne posait aucun problème. Les « canadianisés » pouvaient lier connaissance assez facilement. Nous avons déjà signalé [33] la fréquence de l'exogamie, et les descendants de mariages mixtes ont ou adhéré à un autre groupe ethnique du fait des origines non polonaises du père, ou sont devenus des « Polonais à titre statistique » si la mère n'était pas polonaise.

D'autres facteurs influent quelque peu sur le degré d'acculturation ou d'assimilation subséquente. La satisfaction de leur sort au Canada, par contraste aux conditions subies en Pologne, et les possibilités d'améliorer la situation socio-économique de leurs enfants « canadianisés » ont joué un grand rôle. La pauvreté des contacts avec la Pologne, s'il y en avait, et la cessation inévitable des influences de la famille ou de la collectivité affaiblissaient souvent la volonté de conserver une identité culturelle distincte. Il y a toujours eu une partie des immigrants polonais qui venaient au Canada avec un faible sentiment nationaliste et une conscience nébuleuse de leur identité en tant que Polonais, et qui voyaient mal pourquoi il fallait se soustraire à l'influence des institutions et des valeurs canadiennes pour eux-mêmes et pour leurs enfants. La transition de la catégorie de Polonais canadiens à celle de « Polonais à titre statistique » ou de Canadiens appartenant à d'autres ethnies s'est aussi trouvée facilitée par l'affaiblissement de l'attachement aux églises et organisations paroissiales polonaises, l'éparpillement, l'absence d'institutions et d'organisations polonaises dans les petits centres. Les gens d'ascendance polonaise s'assimilaient ou s'acculturaient surtout au groupe culturel anglo-saxon et, dans une beaucoup plus faible mesure, à la culture canadienne-française [34]. Ils s'identifiaient aussi comme Ukrainiens plutôt que comme Polonais. L'importance de cette assimilation est corroborée dans une étude [35] qui révèle que, parmi les 313 273 Ukrainiens dénombrés dans le recensement du Canada de 1941, 17 675 se disaient Polonais d'origine et 3 936 ont déclaré avoir appris le polonais comme première langue dans leur enfance.

Un des facteurs qui a fortement motivé les Ukrainiens, les Latviens, les Lituaniens, les Estoniens et d'autres groupes ethniques à maintenir une forte et viable identité culturelle n'existe pratiquement plus chez le peuple polonais. Les groupes ethniques susmentionnés se préoccupent beaucoup de la lutte des leurs dans la mère patrie, territoires maintenant intégrés à l'Union soviétique, et de l'affaiblissement de leur culture en ces pays. Pendant un certain temps dans les années cinquante, le gouvernement polonais en exil à Londres a lancé le slogan « Attendez le prochain appel aux armes, soyez prêts à retourner combattre pour la prochaine libération de la Pologne » et une partie des anciens combattants des Forces armées polonaises sont restés en état d'alerte. À la longue, l'état d'alerte s'est calmé pour ensuite être oublié, car on s'est rendu compte que la culture, les valeurs et les traditions polonaises non seulement survivaient sous l'influence omniprésente de l'Union soviétique, mais qu'elles fleurissaient dans tous les milieux.

Dans les premiers temps, nombre de facteurs ont retardé l'acculturation et l'assimilation. Une partie des immigrants polonais se sont établis dans des régions rurales isolées, parfois parmi d'autres colons polonais, et dans ces conditions, leur identité culturelle et ethnique s'est perpétuée pendant plus d'une génération. Pour d'autres, le processus a été retardé ou rendu plus difficile étant donné qu'ils devaient passer non seulement d'une culture nettement différente à une autre, mais aussi d'un milieu traditionnel rural à une société industrialisée et urbanisée. Cet abîme n'était pas facile à franchir. Les membres de la société d'accueil ne comprenaient ni n'accueillaient pas toujours les nouveaux venus parmi eux et, à certaines époques, les groupes dominants étaient fermés, pour ne pas dire xénophobes, et indifférents aux problèmes d'adaptation des nouveaux venus.

Les organisations et la presse polonaises ont joué un rôle décisif pour retarder le processus d'assimilation. Nous avons déjà analysé le rôle des organisations polonaises du Canada. Sans organisations, le groupe polonais n'aurait pas eu d'organismes voués à la défense de la culture ni de sources d'identité ou de point de ralliement par rapport aux cultures dominantes, à d'autres groupes ethniques et aux personnes d'ascendance polonaise non représentées au Canada. Les processus d'acculturation et d'assimilation s'accélèrent actuellement car, contrairement à des groupes culturellement distincts comme les Portugais, les Italiens, les Grecs et autres, le groupe polonais reçoit un nombre sans cesse décroissant de nouveaux immigrants de Pologne qui pourraient renforcer la conscience ethnique des immigrants déjà établis et de leurs descendants [36].

Tous les immigrants polonais au Canada ont dû vivre des périodes de réadaptation, apprendre des symboles, des normes et des rôles nouveaux et, ce faisant, changer, modifier ou abandonner leurs modes culturels traditionnels. Nombre des anciennes coutumes et traditions étaient difficilement adaptables à une société urbaine moderne et elles ont facilement cédé aux pressions d'acculturation pour être abandonnées et finalement oubliées par les générations nées au Canada. Le groupe polonais actuel est à un stade crucial de son existence en tant qu'entité culturelle distincte au sein de l'ensemble ethno-culturel composite du Canada. Le problème le plus important lié à la perpétuation de la « Polonia » canadienne est la sollicitation de nouvelles adhésions aux organisations existantes. Un petit nombre décroissant de membres éventuels se dévoue dans diverses activités qui visent à assurer des sources d'identité et la présence culturelle du groupe polonais et d'autres Canadiens, mais les militants et les partisans appartiennent pour la plupart à la génération précédente.

Les efforts visant à intéresser et à faire participer les générations nées au Canada sont affaiblis par l'incapacité des dirigeants des organisations à s'entendre sur les aspects de la culture et de l'identité polonaises à perpétuer au Canada. La communication entre les générations se trouve négligée. Confus et désillusionnés parce qu'ils considèrent souvent sans importance les questions, les buts et les activités des organisations existantes, les enfants des immigrants sont forcés de chercher leur identité en Pologne ou parmi leurs camarades nés au Canada ou de demeurer tout à fait à l'écart ou indifférents.

Le groupe polonais vit l'assimilation rapide de ses membres au groupe culturel principalement anglo-saxon du Canada. Cependant, la nouvelle tournure des événements pourrait retarder ou même renverser cette tendance. La détente entre l'Est ou l'Ouest et la reconnaissance tacite du fait que la Pologne, bien qu'elle soit gouvernée par un régime communiste, demeure toujours polonaise, a éliminé les réserves que la plupart avaient pour ce qui est de reprendre contact avec leur lieu de naissance. La révolution des moyens de transport, surtout l'avènement des vols à forfait, ajouté à la prospérité générale des immigrants polonais et de leurs descendants, permettent de fréquents voyages en Pologne et la subvention de voyages de parents au Canada. Les jeunes nés au Canada manifestent un intérêt croissant pour la terre de leurs ancêtres.

Le rétablissement de tels contacts avec la Pologne et sa culture peut exercer une influence durable et importante sur les personnes d'ascendance polonaise du Canada, sur leur identité et leur caractère distinctif futurs. Ces contacts pourraient bien remplacer le rôle et les influences des organisations menacées et assurer ainsi la survivance de la « Polonia » canadienne dans un avenir prévisible.

NOTES

1. Lower, p. 564.

2. W.E. Mann, ed., *Social and Cultural Change in Canada* (Toronto, 1970), p. xiv.

3. R. Breton et M. Pinard, « Group Formation Among Immigrants : Criteria and Processes », *Canadian Journal of Economics and Political Science* XXXVI (1960), p. 474.

4. Le recensement du Canada fonde l'origine ethnique sur l'ascendance paternelle et donc « ignore complètement la lignée maternelle, l'importance des mariages entre groupes dans la société, les effets de l'assimilation par les groupes anglophone et francophone au cours des générations et les effets réciproques du lieu de naissance et de la religion sur la formation et l'identité du groupe ethnique. » De A. Richmond, « Language, Ethnicity and the Problem of Identity in a Canadian Metropolis », Exposé présenté lors du IXᵉ Congrès international des sciences anthropologiques et ethnologiques, à Chicago, du 28 août au 8 septembre 1973.

5. Voir R. Breton, *op. cit.*, pour ces opinions.

6. Même à cette époque certains des nouveaux arrivés, après quelques années de séjour au Canada, n'affirmaient ni n'avouaient plus leur origine ethnique. Voir Lubicz, *op. cit.*

7. Sheila Patterson, « This New Canada », *Queen's Quarterly* LXII (1955), p. 88.

8. Un seul écrivain s'est intéressé un peu aux arrivés d'après 1956. Ses constatations ne sont pas encore concluantes. Voir A. Matejko, « The New Wave of Polish Immigrants », *Migrant Echo*, II (3), 1973, p. 113–129.

9. Le réseau anglais de Radio-Canada a diffusé une émission d'une heure aux heures de grande écoute pour commémorer son anniversaire de naissance le 21 octobre 1973.

10. L'allocution de M. Sharp, ministre des Affaires extérieures, lors de la réunion bisannuelle du Polish Congress, le 7 octobre 1972, qui s'est déroulé à Thunder Bay, en Ontario.

11. WALLACE, p. 131.

12. Pour le peuple polonais, la langue a été le principal moyen de préserver une identité commune « pendant cent cinquante années de domination russe, autrichienne et allemande. » Voir C.F. WARE, « Ethnic Communities », in E. SELIGMAN, ed., *Encyclopedia of the Social Sciences*, Vol. V (New York, 1963), p. 609.

13. Visible à la fois à cause des particularités culturelles des immigrants et des stéréotypes et des images qui avaient cours dans la société d'accueil pour identifier les membres du groupe polonais.

14. Un mot latin désignant la Pologne.

15. Il est intéressant de noter que des questions au sujet des antécédents ethniques motivées par des manifestations comme la physionomie, un nom à consonance étrange ou un accent sont courantes même lors de rencontres fortuites entre étrangers. Il semble convenable de demander « D'où venez-vous? », ce qui signifie « Quels sont vos origines ethniques? »

16. C'est ce qui ressort d'un entretien téléphonique avec M. Peter Gzowski, qui ne s'est jamais identifié à la Pologne ou au groupe polonais du Canada. Il a affirmé qu'il avait été très heureux lorsque la Pologne a gagné aux Jeux Olympiques de 1972 ou lorsqu'une équipe polonaise ou un particulier d'ascendance polonaise excellait lors d'une performance (8 mars 1973).

17. A. RICHMOND, « Language, Ethnicity and the Problem of Identity », Table I, p. 28, fait remarquer que dans la région métropolitaine de Toronto, 9% des répondants polonais ont indiqué qu'ils étaient d'origine ethnique canadienne.

18. WOJCIECHOWSKI, *op. cit.*, soulève ce problème et conclut que la langue n'est pas la condition préalable la plus importante pour qu'une personne puisse s'identifier comme membre d'un groupe ethnique.

19. *The Toronto Daily Star*, le 6 juin 1969; *The Toronto Telegram*, 18 janvier, 18 octobre 1969.

20. MAZURKIEWICZ, p. 100.

21. Des attitudes et des valeurs représentées par des biens matériels ostentatoires et visibles, l'accaparement par le travail ou le métier à l'exclusion d'autres intérêts, la difficulté d'établir des relations personnelles étroites et intimes avec des Canadiens, voilà quelques exemples de la réalité canadienne dénoncée par ces gens.

22. Voir E.L. BENDER et G. KAGIWADA, « Hansen's Law of Third Generation Return and the Study of American Religio-Ethnic Groups », *Phylon* 29 (1960), p. 360-370 et M.L. HANSEN, « Third Generation in America : The Problem of the Third Generation Immigrant », *Commentary* 14 (1952), p. 492-500, pour plus de précisions sur le retour aux sources de la troisième génération.

23. R. KOGLER et B. HEYDENKORN, « Poles in Canada, 1971 », in B. HEYDENKORN, ed., *Past and Present* (Toronto, 1974).

24. Il y avait 27 294 membres juifs du groupe ethnique polonais lors du recensement du Canada de 1961 et aucun dans celui de 1971. Dans le même temps, le groupe orthodoxe grec a diminué de 9 752 en 1961 à 5 565 en 1971 et

les catholiques ukrainiens de 10 681 à 7 025. Voir le tableau 9 de la présente étude.

25. Comme l'a fait remarquer A. SCHUTZ, *Collected Papers*, Vol II (La Haye, 1964), ils sont peut-être désireux ou capables de faire partie du groupe auquel ils veulent appartenir et ils peuvent y être acceptés, mais ils demeureront des étrangers dans la mesure où il leur est impossible de partager l'histoire ou les valeurs intrinsèques du groupe puisque « les tombes et les souvenirs ne peuvent être ni légués, ni conquis ».

26. J.A. FISHMAN, *et al., Language Loyalty in the United States* (La Haye, 1966), p. 390.

27. Ce qui s'est créé, ce ne sont pas des entités culturelles et linguistiques apportées telles quelles de Pologne et transplantées ici, mais plutôt une réflexion partielle de leur culture et de leurs traditions.

28. La perte de la langue n'est pas un phénomène irréversible, comme l'a indiqué un observateur qui a constaté qu'une « femme de ma connaissance ne parlait pas un mot de polonais étant enfant, et elle le parle maintenant couramment et dirige des écoles de langue polonaise simplement parce qu'il y a un désir de retourner aux sources ». Tiré de S. BURKE, « Canada ; Multicultural », Rapport publié par la Direction de la citoyenneté du Secrétariat provincial de la citoyenneté, gouvernement de l'Ontario. La conférence s'est déroulée à l'Université de Toronto, le 7 août 1970.

29. B. HEYDENKORN, « Problemy Polonii », p. 138. Ce chiffre ne comprend pas l'affiliation paroissiale.

30. G.A. THEODORSON et A.G. THEODORSON, *Modern Dictionary of Sociology* (New York, 1969), p. 209.

31. Les villes en plein essor, l'influence des institutions canadiennes et les communications modernes ont généralement empêché l'établissement durable et la survivance d'enclaves ethniques homogènes. Voir A.G. DARROCH et W.G. MARSTON, « Ethnic Differentiation : Ecological Aspects of a Multidimensional Concept », *The International Migration Review* IV (1969), p. 71–94 ; A. RICHMOND, *Ethnic Residential Segregation in Metropolitan Toronto* (Toronto, 1972).

32. Sir Casimir Gzowski ne pouvait plus s'exprimer couramment en polonais vers la fin de sa vie. Voir TUREK, *Sir Casimir Gzowski*, pp. 96-97.

33. Voir pages 186-187 de la présente étude.

34. Le groupe ethnique polonais d'après la langue maternelle, 1971 :
    Anglais   164 525   (52,0%)
    Français   4 360   (1,4%)
    Polonais   121 420   (38,4%)
    Autre   26 120   (8,3%)
    Source : *Recensement du Canada 1971*, Catalogue 92-731.

35. HUNCHAK, p. 26–30.

36. A. JAWORSKI, « Wynarodowienie Się Polonii Kanadyjskiej », *Kultura* (Paris, 1974), ½, p. 79–192.

CHAPITRE DOUZE

Conclusion

> Un citoyen canadien a le privilège de vivre dans
> un pays qui non seulement lui permet de
> perpétuer la langue, la religion et la culture de
> ses ancêtres, mais aussi l'y encourage.
>
> *Circulaire du programme*
> *de la citoyenneté*

Notre histoire est passablement dépourvue de héros, d'exploits remarquables ou de grandes réalisations. Des rapports officiels, des statistiques arides, des dossiers poussiéreux, des récits et des tombes battues par les intempéries, racontent les arrivées, la recherche d'emplois, la réclamation de terres, les mariages, les naissances et, enfin, les décès. C'est l'histoire simple de gens venus avec courage et persévérance qui ont éprouvé des débuts très difficiles et mené de dures luttes pour leur survie, mais qui sont venus avec la volonté de réussir et d'offrir à leurs enfants la perspective d'un avenir meilleur dans une société qui avait beaucoup à offrir.

Ils sont arrivés hagards, perdus et fatigués au terme de longs voyages, mais économes, industrieux, forts et désireux de travailler. Ils ne s'attendaient pas à une vie facile ou à la charité, mais voulaient se mériter une place dans la nouvelle société. Le rang social ou les richesses économiques étaient difficiles d'accès pour ces travailleurs, que ce soit sur les terres, dans les usines, sur les routes ou dans les mines et les forêts. Chaque nouvel arrivant devait découvrir et interpréter le nouveau monde où il se trouvait et s'y adapter, car il ne pouvait tenir pour acquis que les autres partageraient la conception du monde qu'il se faisait. Pendant des générations et des décennies, les nouveaux arrivants ont éprouvé l'instabilité économique et l'isolement social, non seulement par rapport à leur ancienne collectivité, à leurs parents et amis, mais aussi par rapport aux autres Polonais du Canada. Ils vivaient dans un milieu aux valeurs, aux coutumes et aux techniques différentes, auquel ils devaient faire face à partir d'une situation socio-économique, conférée par leur qualité « d'arrivant », qui se situait quelque part au bas de l'échelle canadienne. Ils sont venus à titre d'immigrants « non préférés », mais ils étaient, dans l'ensemble, de bonnes gens, respectueux des lois, et très peu d'entre eux ont été déclarés indésirables ou expulsés. Ils se sont efforcés de remplir leurs obligations en tant qu'« immigrants reçus » ou citoyens du Canada et ils ont tâché de satisfaire aux exigences de leurs hôtes en adoptant de nouvelles valeurs et de nouveaux critères.

Malgré une multitude de problèmes et de difficultés, par comparaison, les conditions qu'ils avaient laissées derrière eux ne pouvaient que leur faire voir le Canada sous un jour très favorable. Le Canada n'était pas seulement le pays de la réussite économique, mais aussi un refuge politique et idéologique ; les immigrants polonais ont tâché de témoigner leur reconnaissance par leur loyauté envers leur nouvelle patrie. Acceptés sans réserve, leurs enfants avaient pleinement accès à toutes les sphères de la société canadienne ou étaient libres de satisfaire leurs plus hautes aspirations pour eux-mêmes et leurs familles, compte tenu de leurs seuls talents.

Contrairement au petit nombre d'éminents Polonais parmi les premiers arrivés qui ont exercé une influence durable sur la société et l'histoire canadiennes, la masse des immigrants subséquents, les colons et les ouvriers non qualifiés, sont pour la plupart demeurés anonymes. Grâce à leurs efforts passés inaperçus, ils ont contribué au développement du Canada en prenant rang parmi les pionniers de l'Ouest et d'autres régions du Canada. Les premiers pionniers encore en vie et leurs nombreux enfants au seuil de la retraite ont raison d'être fiers de leurs réalisations.

À la réflexion, ces gens étaient précisément ceux dont la société canadienne avait alors besoin, des gens robustes, endurants et confiants dans l'avenir. Grâce à leurs efforts non consignés et oubliés, ils ont aidé à établir les fondements de notre société moderne. Leurs successeurs venus de Pologne ont participé à l'essor et à l'amélioration de ce qui a débuté il y a plus de 100 ans, et le groupe ethnique polonais d'aujourd'hui pose sa pierre dans l'édifice canadien, et apporte sa contribution au rythme nouveau et à l'effervescence qui pourrait éventuellement produire un type nouveau de société.

Le Canada se développe, prospère et change. Les groupes culturels dominants sont passés du préjugé et de l'indifférence à la tolérance et, plus récemment, à une plus grande compréhension des nombreux groupes ethniques minoritaires et de leurs cultures dans la société canadienne. Les groupes dominants ont abandonné le paternalisme et la condescendance et ils sont davantage attentifs aux sentiments et aux valeurs des nouveaux arrivés. Les attitudes sont maintenant plus constructives, et tous les nouveaux arrivés sont plus volontiers acceptés pour ce qu'ils sont, et non en fonction de clichés établis. On apprécie non seulement leur formation, leur degré d'instruction et leurs talents, mais on reconnaît également leur héritage culturel distinct.

Grâce à un milieu de plus en plus sympathique et aux possibilités socio-économiques plus nombreuses pour tous les groupes ethniques, les Polonais ont perdu leur étiquette d'« arrivants » et son escorte de clichés malveillants ; de fermiers, d'ouvriers agricoles et de travailleurs non qualifiés qu'ils étaient, ils sont devenus marchands, fabricants, techniciens et professionnels hautement qualifiés. Aujourd'hui, les membres de ce groupe se retrouvent non seulement dans les quartiers pauvres de Toronto, Montréal ou Winnipeg, mais aussi dans les districts résidentiels les plus huppés et les plus opulents de ces villes. Ils travaillent encore sur la terre, dans les mines et dans des domaines non spécialisés, mais la proportion des propriétaires, des gestionnaires, des employés de bureau, des techniciens, des intellectuels et des professionnels est maintenant importante et s'accroît chaque année.

Ils mènent une vie de famille normale, jouissent de la liberté religieuse dans leurs églises, poursuivent leurs intérêts culturels et traditionnels et prennent aussi la place qui leur revient dans la société canadienne. Le Canada est leur patrie et le seul pays de leurs enfants. Conscients des privilèges, obligations et devoirs qui découlent de la citoyenneté canadienne, estimant qu'ils font partie intégrante de la société et de la nation canadiennes, ils demeurent attachés à la Pologne, à son peuple et à sa culture et leur gardent dans leur cœur une place spéciale.

Les personnes d'ascendance polonaise se sont généralement adaptées, elles ont prospéré et sont heureuses d'être au Canada, et nous croyons que le Canada s'est trouvé enrichi par leur arrivée et leur présence. Le Canada est effectivement unique parmi les nations du monde, et les Canadiens, qu'il s'agisse de « Néo-Canadiens » ou « d'anciens immigrants », sont fiers de faire partie de ce pays. Les réflexions suivantes, faites par R.S. Browne en 1916, sont tout à fait pertinentes aujourd'hui :

> Le Canada est un pays où vivent en harmonie de nombreuses nationalités, chacune préservant la saveur de son héritage originel et

ses intérêts pour la mère patrie et, dans le même temps, s'intégrant pour former une culture plus riche, plus cosmopolite et offrir ainsi une leçon d'amitié internationale aux autres pays.

ANNEXES

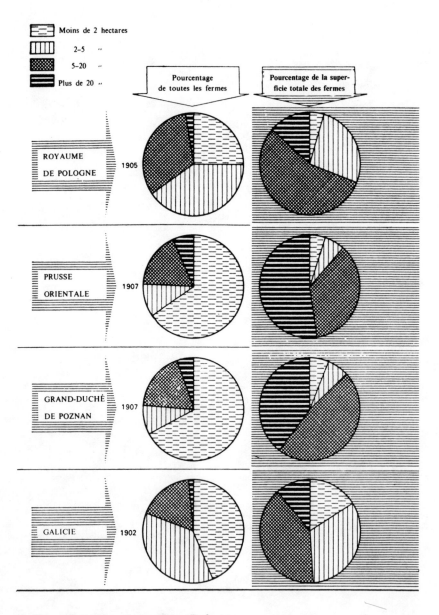

1. *Superficie des fermes en Pologne*

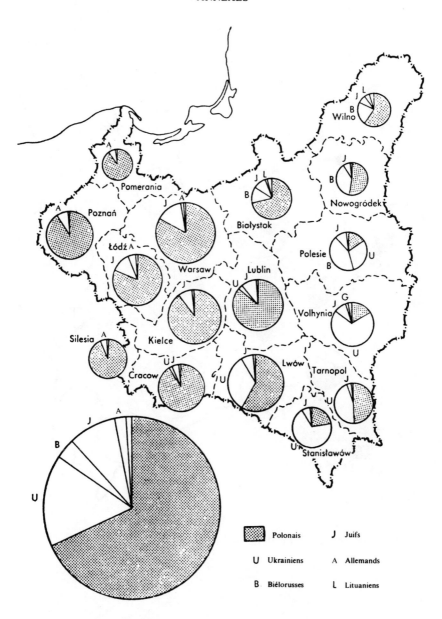

2. Nationalités en Pologne d'après le recensement de 1931

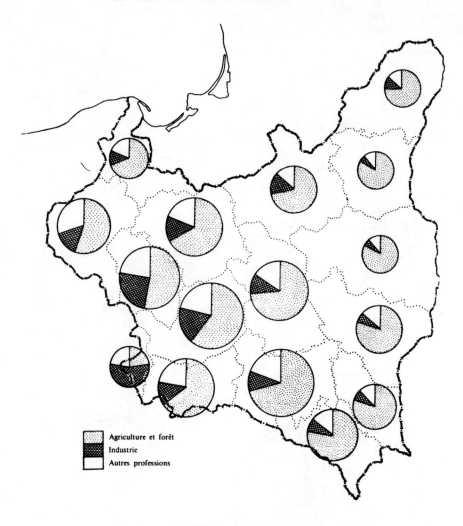

Agriculture et forêt
Industrie
Autres professions

3. Population de la Pologne selon les professions, 1936

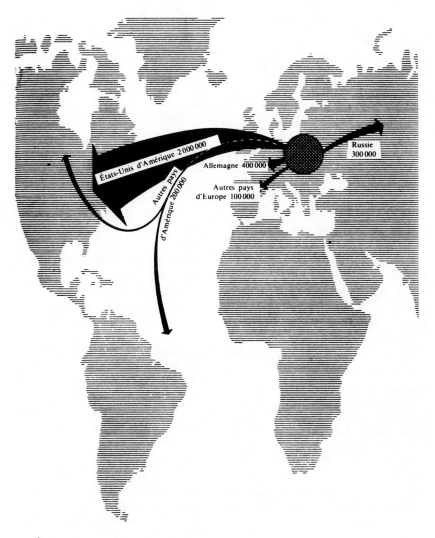

4. Émigration polonaise, 1870–1914

Bibliographie

ABBOTT, Edith. *Historical Aspects of the Immigration Problems.* Chicago, The University of Chicago Press, 1926.

ADBANK, Zbigniew. « Jednak Wracam z Kanady ». *Kultura* (Paris), 57/58, 85–92.

ADAMSKI, Franciszek. « Funkcjonowanie Katolickiego Modelu Małżeństwa i Rodziny w Środowisku Miejskim ». *Znak*, xxv (8), 1050–1069.

Admission to Canada of Members of the Polish Armed Forces. Mémoire présenté au Comité permanent du Sénat du Canada sur l'Immigration et la Main-d'œuvre par le Congrès polonais du Canada à Ottawa, le 25 juin 1946.

ADOLF, Jacek. « The Polish Press in Toronto ». York University, Mimeograph, 1970.

ANDERSON, J.T.M. *The Education of the New Canadians.* Toronto, J.M. Dent & Sons, 1918.

Annuaire Statistique du Canada (1885–1904). Ministère de l'Agriculture. Ottawa, Imprimerie du Gouvernement, s.d.

ANGUS, H.F. « The Future of Immigration into Canada ». *Canadian Journal of Economics and Political Science*, xii (1946), 379–386.

ARCHACKI, Henry. « America's Polish Gift to Canada ». 24ᵉ Assemblée annuelle de l'Association historique américano-polonaise, Toronto, 28 décembre 1967.

AVERY, D.H. « The Immigrant Industrial Worker in Canada, 1896–1930 : The Vertical Mosaic as a Historical Reality ». Exposé présenté à la Conférence de l'Association des études ethniques du Canada, Toronto, 26 octobre 1973.

BALCH, Emily. *Our Slavic Fellow Citizens.* New York, Charities Publication Committee, 1910.

BARGIEL, Jan. *Amerykańska Pula ; Organizacja Zbytu Amerykanskich Rolników.* Varsovie, Związek Spółdzielni Rolniczych i Zarobkowych Gospodarskich Rzeczpospolitej Polskiej, 1937.

BARKWAY, Michael. « Turning Point for Immigration ». *Institut canadien des Affaires internationales*, xvii (4), 1957.

BARNETT, C.R. *Poland.* New Haven, HRAF Press, 1958.

BAUMAN, Zygmunt. « Economic Growth, Social Structure, Elite Formation : The Case of Poland ». *International Social Science Journal*, 16 (1964), 203–216.

BENDER, Eugene L., et George KAGIWADA. «Hansen's Law of Third Generation Return and the Study of American Religio-Ethnic Groupes». *Phylon,* **29** (1960), 360–370.

Biblioteczka Nauczyciela Szkoł Polskich a Kanadzie; Zeszyt I. Toronto, Związek Nauczycielstwa Polskiego w Kanadzie, 1973.

BONIFACE, R.P., O.F.M. *Pioneering in the West.* Vancouver, Evergreen Press, 1957.

BORHEK, J.T. «Ethnic Group Cohesion». *American Journal of Sociology,* **76** (1970), 33–46.

BRETON, O.E. *Kowal Boży.* London, Veritas, 1961.

BRETON, R. «Institutional Completeness of Ethnic Communities and the Personal Relations of Immigrants». *The American Journal of Sociology,* LXX (1964), 193–205.

BRETON, R. and M. PINARD. «Group Formation Among Immigrants: Criteria and Processes». *Canadian Journal of Economics* and Political Science, XXVI (1960), 465–477.

BRIDGEMAN, Rev. W. *Breaking Prairie Sod.* Toronto, Musson, 1920.

BROADFOOT, Barry. *Ten Lost Years, 1929–1939: Memoirs of Canadians Who Survived the Depression.* Toronto, Doubleday, 1973.

BRODA, Józef. *W Cieniu Kanadyjskiego Klonu.* Ottawa, Private Edition, 1966.

BROMKE, Adam. «Diaspory Polskiej-Ciąg Dalszy...». *Związkowiec,* Toronto, 13 juin 1972.

BUCHWALD, Kazimierz, OMI. «25-Lecie Stowarzyszenia Polaków Manitoby». *Czas,* Winnipeg, 25 octobre 1959.

BURKE, Stanley. «Canada: Multicultural». Rapport publié par la Direction de la citoyenneté du Secré-tariat provincial de la citoyenneté, Gouvernement de l'Ontario, Conférence à l'Université de Toronto, 7 août 1970.

BURNET, Jean R. *Ethnic Groups in Upper Canada.* Ontario Historical Society Research Publication No. 1, 1972.

Canada Year Book, 1905 — Deuxième série. Ottawa, Imprimerie du Gouvernement, 1905.

Canadians All: Poles in Canada. Winnipeg, Acme Advertising Agency, 1938.

CHILD, E.L. *Italians in America: The Second Generation Conflict.* New Haven, Yale University Press, 1943.

CHRYPINSKI, Vincent C. «Unity and Conflict Among Canadian Slavs: Two Examples of Alien Infiltration». *Slavs in Canada,* Vol. 1, Edmonton, Inter-University Committee on Canadian Slavs, 1966.

CIOŁKOSZOWA, Lidia, and Barbara WYSOCKA. *Informator Polski.* London, Światowy Związek Polaków z Zagranicy, 1945.

CITROEN, H.A. *European Immigration Overseas, Past and Future.* La Haye, Martinus Nijhof, 1951.

CLARK, S.D. *The Social Development of Canada.* Toronto, The University of Toronto Press, 1942.

CONNOR, Ralph. *The Foreigner.* New York, s.é., 1909.

CORBETT, David C. *Canada's Immigration Policy: A Critique.* Toronto, The University of Toronto Press, 1957.

CROWFOOT, A.H. *The Life of Isaac Hellmuth, This Dreamer.* Toronto, Copp Clark, 1963.

Cultural Contribution of Newcomers to Canada. Ottawa, Direction de la citoyenneté, ministère de la Citoyenneté et de l'Immigration, 1965.

DAFOE, J.W., *Clifford Sifton in Relation to His Times*. Toronto, Macmillan, 1931.

DALTON, Melville. «Informal Factors in Career Achievement». *American Journal of Sociology*, LVI (1951), 407–415.

DANZIGER, Kurt. *The Socialization of Immigrant Children Part I*. Toronto, York University Ethnic Research Programme, 1971.

DARROCH, A. Gordon and Wilfred G. MARSTON. «Ethnic Differentiation: Ecological Aspects of a Multi-Dimensional Concept». *The International Migration Review*, IV (1969), 71–94.

DAWSON, C.A. «Group Settlement: Ethnic Communities in Western Communities in Western Canada», in W.A. MACKINTOSH et W.L.G. JOERG, eds., *Canadian Frontiers of Settlement*, Toronto, Macmillan, 1936.

DAWSON, C.A., and R.W. MURCHIE, «The Settlement of the Peace River Country», in W.A. MACKINTOSH et W.L.G. JOERG, eds., *Canadian Frontiers of Settlement*. Toronto, Macmillan, 1934.

DAWSON, C.A., et Eva R. YOUNGE, «Pioneering in the Prairie Provinces», in W.A. MACKINTOSH et W.L.G. JOERG, eds., *Canadian Frontiers of Settlement*, Vol. VIII. Toronto, Macmillan, 1940.

Dwudzieste Ósme Sprawozdanie. St. Stanislaus Parish (Toronto) Caisse d'épargne de la paroisse Saint-Stanislas Toronto, Głos Poslski, 1972.

EISENSTADT, S.N. *The Absorbtion of Immigrants*. London, Routledge & Kegan Paul, 1952.

ELKIN, F. *The Family in Canada*. Ottawa, Institut Vanier de la Famille, 1964.

EMERSON, Hugh. *The Sowing*. Winnipeg, Vanderhoof-Gunn Col. Ltd., 1909.

ENGLAND, Robert. *The Central European Immigrant in Canada*. Toronto, Macmillan, 1929.

——. «Disbanded and Discharged Soldiers in Canada Prior to 1914». *The Canadian Historical Review*, XXVII (1946), I, 1–18.

ESTREICHER, S. «Galicia in the Period of Autonomy and Self-Government, 1849–1914», in W.F. REDDAWAY *et al.*, eds., *The Cambridge History of Poland*, Vol. II. Cambridge, University Press, 1941.

FAIRCLOUGH, Ellen. «What Immigration Means to Canada». *Migration News*, 8 (1959), 2, 19-20.

FISHMAN, J.A., *et al. Language Loyalty in the United States*. La Haye, Mouton & Co., 1966.

FOSTER, Kate A. *Our Canadian Mosaic*. Toronto, The Dominion Council YWCA, 1926.

FRANCIS, E.K. «Variables in the Formation of So-Called "Minority Groups"», *The American Journal of Sociology*, **60** (1954), 6–14.

GARCZYŃSKI, L.S. *Co To Jest Kanada?* Varsovie, Polskie Wydawnictwo Emigracyjne, 1930.

——. «Polskość Naszych Dzieci». *Związkowiec*, Toronto, No. 5, 1933.

——. *Handel, Przemysł. Naszą Przyszłością*. Winnipeg, Swiązek Polskich Kupców, Przemysłowcow i Rękodzielników, 1934.

——. «Od Atlantyku Po Ocean Spokojny». *Księga Pamiątkowa Z.P. w.K. 1906–1946*. Toronto, The Polish Alliance Press, 1946.

GELLNER, John, and John SMEREK. *The Czechs and Slovaks in Canada*. Toronto, The University of Toronto Press, 1968.

BIBLIOGRAPHIE

GIBBON, J. Murray. *The Canadian Mosaic.* Toronto, McClelland and Stewart, 1938.

GIFFEN, P.J. « Rates of Crime and Deliquency », in W.T. McGRATH, ed. *Crime and its Treatment in Canada.* Toronto, Macmillan, 1965.

GŁĘBORZECKI, S.K. « Kanadyjskie Wilno » *Związkowiec,* Toronto, Nos. 23, 25, 27, 1957.

GLISTA, T. « Najpilniejsze Zadania na Przyszłość » *Związkowiec,* Toronto, No. 35, 4 mai 1973.

GOCKI, Rev. A.J. *Historia Osiedli Polskiej w Candiac, Saskatchewan.* Regina, s.é. 1924.

GOLDLUST, John, et Anthony H. RICHMOND. « Factors Associated with Committment to and Identification with Canada ». Exposé présenté à la conférence de la Canadian Ethnic Studies Association, Toronto, 26 octobre 1973.

GORDON, M.M. *Assimilation in American Life.* New York, Oxford University Press, 1964.

GREEN, A.W. « A Re-examination of the Marginal Man Concept ». *Social Forces,* 26 (1947), 2, 167–171.

GOLDBERG, M.M. « A Qualification of the Marginal Man Theory ». *American Sociological Review,* 6 (1941), 52–58.

GRODECKI, G. « Polish Language Schools in Canada », in Cornelius J. JAENEN, ed., *Slavs in Canada,* Vol. III, Inter-University Committee on Canadian Slavs. Toronto, Ukrainian Echo Pub. Co. Ltd., 1971.

Guide for New Canadians. Toronto, The Telegram, s.d.

GUILLET, Edwin C. *The Great Migration.* Toronto, University of Toronto Press, 1967.

HAIMAN, Mieczysław. *Ślady Polskie w Ameryce.* Chicago, Dziennik Zjednoczenia, 1938.

HAMILTON, L. « Foreigners in the Canadian West ». *The Dalhousie Review,* XVII (1938), 448–460.

HANDLIN, Oscar. *The Uprooted.* New York, Grosset & Dunlap, 1951.

_____. ed. *Immigration as a Factor in American History.* Englewood Cliffs, N.J., Prentice Hall, 1959.

HAWKINS, Freda. *Canada and Immigration, Public Policy and Public Concern.* Montreal, McGill-Queen's University Press, 1972.

HELLING, R. « Canadian Unity : Conformity or Diversity ? ». Quatrième conférence sur les relations entre groupes, Port Elgin (Ontario), 12–17 juillet 1964.

HEYDENKORN, Benedykt. « Emigracja Polska w Kanadzie ». *Kultura,* **54** (1952), 79–93.

_____. « Polonia Kanadyjska ». *Kultura,* **144** (1959), 85–107.

_____. « *Związkowiec* » — *Monografia Pisma Polonijnego.* Toronto, Polish Alliance Press, 1963.

_____. « Literatura Słowiańska w Kanadzie ». *Kultura,* **229** (1966), 134–136.

_____. « The Social Structure of Canadian Polonia », in T.W. KRYCHOWSKI, ed., *Polish Canadians : Profile and Image.* Toronto, Polish Alliance Press, 1969.

_____. « Polish Contribution to Canadian Culture ». Toronto, The Polish Canadian Research Institute, 1970.

_____. « The Immigration Policy of Canada », in J.M. KIRSCHBAUM, B. HEYDENKORN and P. GAIDA, eds., *Twenty Years of the Ethnic Press Association in Ontario.* Toronto, The Ethnic Press Association in Ontario, 1971.

_____. « Problemy Polonii Kanadyjskiej », in B. HEYDENKORN, ed., *Sympozjum 50.* Toronto, The Polish Alliance Press, 1972.

_____. *Pionierska Droga Związku Polakow w Kanadzie.* Toronto, The Polish Alliance Press, 1973.

HILL, Douglas. *The Opening of the Canadian West.* London, Heinemann, 1967.

HORN, Michiel. *The Dirty Thirties.* Toronto, Copp Clark, 1972.

HOURWICH, Isaac A. Immigration and Labour. New York, Huebsch, 1922.

HUBICZ, Edward M. *The History of Our Lady of the Lake Church, Winnipeg Beach, Manitoba, 1911-1956.* Winnipeg, s.é. 1956.

_____. *Father Joe — A Manitoban Missionary.* London, Veritas Foundation Publication Centre, 1958.

_____. « Early Polish Priests in Manitoba », in V. TUREK, ed., *The Polish Past in Canada.* Toronto, The Polish Alliance Press, 1960.

_____. *Polish Churches in Manitoba.* London, Veritas Foundation Publication Centre, 1960.

HUGHES, Barry Conn. « "The Seafarers", New Strongman » *The Canadian Magazine*, 27 octobre 1973, p. 2 à 7.

HUNCHAK, N.J. *Population: Canadians of Ukrainian Origin.* Series No. 1, Winnipeg, Ukrainian Canadian Committee, 1945.

HURD, W. Burton. « The Case for a Quota », *Queen's Quarterly*, XXXVI (1929), 145-159.

HUTCHINSON, B. *The Unknown Country.* New York, Coward-McCann, 1942.

Illustrowany Kalendarz Tygodnika Polskiego w Kanadzie na Rok 1949. Winnipeg, Polish Press, Limited, 1949.

Immigration Statistics — Canada (1956-). Ottawa, Information Canada, Main-d'œuvre et Immigration, 1956.

INFORMATOR. *Polski Dorobek a Dziedzinie Handlu, Przemysłu i Wolnych Zawodów.* Toronto: Stowarzyszenie Polskich Kupców, Przemsłowców i Profesjonalistów w Toronto, 1964.

ISAJIW, Wsevolod W., and Norbert J. HARTMANN. « Changes in the Occupational Structure of Ukrainians in Canada », in W.E. MANN, ed., *Social and Cultural Change in Canada.* Toronto, Copp Clark, 1970.

IWICKI, John C.R. *The First One Hundred Years.* Rome, Gregorian University Press, 1966.

JAENEN, C.J. « Ruthenian Schools in Western Canada, 1897-1919 ». *Paedagogica Historica*, **10** (1970), 3, 517-541.

JAKIMOWICZ, Rev. T.W. *Podręczniki Dla Użytku Polsko-Baptyjskiego Kósciolą.* Buffalo, American Baptist Publication Society, 1897.

JAWORSKI, Adam. « Wynarodowienie Się Polaków w Kanadzie ». *Kultura,* **116** (1957), 66-94.

_____. « Wynarodowienie Się Polonii Kanadyjskiej », *Kultura,* (1974), 179-192.

JAWORSKY, S.J. « Newspapers and Periodicals of Slavic Groups in Canada During the Period of 1965-1969 ». Thèse de maîtrise inédite, Université d'Ottawa, 1971.

JENKS, J.W., and W.J. LAUCK. *The Immigration Problem.* New York, Funk and Wagnalls, 1912.

Jubileusz Parafii 55 Lat Św Stanisława Kostki. Hamilton (Ontario), Jubilé paroissial de 55 ans, 1911-1966, 1968.

KAGE, J. «From "Bohunk" to "New Canadian"», *Social Worker*, **29** (1961), 4.

KALBACH, W.E. *The Impact of Immigration on Canada's Population.* Ottawa, Bureau fédéral de la Statistique, 1970.

Kalendarz Czasu Na 1951 Rok. Winnipeg, Polish Press Limited, 1951.

Kalendarz Polaka w Kanadzie Na Rok 1950. Winnipeg, Polish Almanac Publishers, 1950.

Kalendarz Rolnika Polskiego Na Rok 1929. Toruń (Poland), Pomorska Drukarnia Rolnicza S.A., 1929.

KAYE, V.J. «Sir Casimir Stanislaus Gzowski, A Great Canadian (1813–1898)». *Revue de l'Université d'Ottawa,* **25** (1955), **4**, 457–464.

———. «People of Polish Origin». *Encyclopedia Canadiana,* Vol. 8. Ottawa, The Canadian Company Ltd., 1965, 226–230.

———. «Problems of Research Connected with the Dictionary of Ukrainian-Canadian Biography, 1891–1900», in Cornelius J. JAENEN, ed., *Slavs in Canada,* Vol. III. Toronto, Ukrainian Echo Pub. Co., Ltd., 1971.

KAYFETZ, Ben. «The Jewish Community in Toronto», in A. ROSE, ed., *A People and its Faith: Essays on Jews and Reform Judaism in a Changing Canada.* Toronto, University of Toronto Press, 1959.

KELNER, Merrijoy. «Ethnic Penetration into Toronto's Elite Structure». *Canadian Review of Sociology and Anthropology,* **7** (1970), 128–137.

KENNEDY, H.A. *The Book of the West.* Toronto, Ryerson, 1925.

———. *New Canada and the New Canadians.* Toronto, Musson, 1907.

KEYFITZ, Nathan. «The Growth of the Canadian Population». *Population Studies,* IV (juin 1950).

KINASTOWSKI, S. «Dzieje Polonii w Kitchener». *Głos Polski,* **24** (14 juin 1973).

KIRKCONNELL, W. *The European Heritage.* Toronto, Dent, 1930.

———. *Canadians All.* Ottawa, Minister of National War Services, 1941.

———. *A Slice of Canada.* Toronto, University of Toronto Press, 1967.

KIRSCHBAUM, Joseph M. *Slovaks in Canada.* Toronto, Canadian Ethnic Press Association, 1967.

KLYMASZ, R.B. *A Classified Dictionary of Slavic Surname Changes in Canada.* Winnipeg, Ukrainian Free Academy of Sciences Onomastica No. 22, 1961.

KOGLER, R.K. «Ankieta Szkolna». Toronto, Autocopie du Canadian Polish Congress, 1965.

———. «A Demographic Profile of the Polish Community in Canada», in T.W. KRYCHOWSKI, ed., *Polish Canadians: Profile and Image.* Toronto, the Polish Alliance Press, 1969.

KOGLER, R., and B. HEYDENKORN. «Poles in Canada, 1971», in B. HEYDENKORN, ed., *Past and Present.* Toronto, Polish-Canadian Research Institute, 1974.

KOS-RABCEWICZ-ZUBKOWSKI, L., and W.E. GREENING. *Sir Casimir Gzowski.* Toronto, Burns & MacEachern, 1959.

KRUSZKA, Wacław. *Historya Polska w Ameryce.* Milwaukee, Kuryer Press, 1905.

KRYCHOWSKI, T. *The Polish Canadian Research Institute: Its Aim and Achievements.* Toronto, The Polish Canadian Research Institute, 1967.

———. *The Register of Persons Actively Engaged in Scholarly Pursuits or*

Scientific Research. Seventh Edition, Toronto, Polsko-Kanadyjski Instytut Badawczy, 1970.

Księga Pamiątkowa 20-lecia Polskiego Zboru Ew-Augburskiego w Toronto. Toronto, Rada Kościelna, 1973.

Księga Pamiątkowa z Okazji 30-lecia Istnienia Stowarzyszenia Polskich Kupców, Przemysłowcow i Profesjonalistów w Toronto, Ontario, Canada, 1932-1962. Toronto, s.é. 1962.

Księga Pamiątkowa Związku Polaków w Kanadzie 1906-1946. Toronto, Polish Alliance Press Limited, 1946.

Księga Pamiątkowa Związku Narodowego Polskiego w Kanadzie, 1930-1955. Toronto, Komitet Księgi Pamiątkowej, 1955.

LANDAU, Herbert. *Language and Culture.* New York, Oxford University Press, 1966.

LEARNER, M. « People and Place », in Peter I. ROSE, ed., *Nation of Nations.* New York, Random House, 1972.

LEE-WHITING, Brenda B. « First Polish Settlement in Canada ». *Canadian Geographical Journal*, LXXV (1967), 108-112.

Livre blanc sur l'immigration. « La politique d'immigration du Canada ». Ottawa, Imprimeur de la Reine, 1966.

L.O. *Polskie Duchowieństwo w Ameryce – Jego Zasługi, Patriotyzm i Moralność.* Toledo, Ohio: A.A. Paryski, s.d.

LOPATA, Helena Znaniecki. « The Function of Voluntary Associations in an Ethnic Community: "Polonia" », in E.W. BURGESS et D.J. BOGUE, eds., *Contributions to Urban Sociology.* Chicago, University of Chicago Press, 1964.

LOWER, Arthur R.M. *Colony to Nation: A History of Canada.* Don Mills, Longman, 1971.

LOZOWCHUK, Y.W., and H. RADECKI. « Slavs in Canada ». Exposé présenté lors du colloque sur les Relations ethno-raciales dans le cadre de l'assemblée annuelle de l'American Anthropological Association, Toronto, 30 novembre-2 décembre 1972.

LUBICZ, Józef. *Kanada — Kraj i Ludność.* Toledo (Ohio), A.A. Paryski, 1929.

LUKE, L.W. « Citizenship and Immigration ». 28ᵉ assemblée annuelle de la Chambre de commerce du Canada, Victoria (C.-B.), 3 octobre 1957.

Mc CULLOUGH, C. « Polish Government in Exile Battles on ». *The Globe and Mail*, Toronto, 4 juillet 1973.

McDOUGAL, Duncan M. « Immigration into Canada, 1851-1920 ». *Canadian Journal of Economics and Political Science*, XXVII (1961), 162-175.

McINNIS, Edgar. *Canada: A Political and Social History.* Toronto, Holt, 1969.

MAGRATH, C.A. *Canada's Growth.* Ottawa, The Mortimer Press, 1910.

MAKOWSKI, Bolesław. *Polska Emigracja w. Kanadzie.* Linz-Salzburg, Związek Polaków w Austrii, 1951.

———. « Historia Towarzystwa Białego Orła ». *Złoty Jubileusz Towarzystwa Białego Orła w Montrealu.* Toronto, Comité jubilaire, 1952.

MAKOWSKI, William B. *History and Integration of Poles in Canada.* Niagara Peninsula, The Canadian Polish Congress, 1967.

Mały Rocznik Statystyczny 1939. Varsovie, Główny Urząd Statystyczny, 1939.

MANN, W.E., ed. *Social and Cultural Change in Canada.* Vol. I. Toronto, Copp. Clark, 1970.

MARKOWSKA, D. « Family Patterns in a Polish Village ». *Polish Sociological Bulletin*, 2 (1963), 8, 97-110.

MARUNCHAK, M.H. *The Ukrainian Canadians: A History.* Winnipeg, Ukrainian Free Academy of Sciences, 1970.

MATEJKO, Alexander. « The New Wave of Polish Immigrants ». *Migrant Echo*, II (1973), 3, 113–129.

MAZURKIEWICZ, Roman. *Polskie Wychodżctwo i Osadnictwo w Kanadzie.* Varsovie, Dom Książki Polskiej, 1930.

MINCER, Tadeusz. *The Agrarian Problem in Poland.* London, Polish Research Centre, 1944.

Ministerstwo Spraw Zagranicznych. Wydział Polaków Zagranicą. « Korespondencja Dotycząca Prasy Polskiej w Kanadzie, 1934-1935 ». Autocopie, Pologne, s.d.

MORGAN, H.J., ed. *Canadian Men and Women of the Time.* Toronto, William Briggs, 1912.

Northwest Review, Édition du 45ᵉ anniversaire, Winnipeg, 1930.

O'DEA, T. *American Catholic Dilemma.* New York, Sheed and Ward, 1959.

OKOŁOWICZ, Józef. *Kanada: Garstka Wiadomości dla Wychodźców.* Kraków, Polskie Towarzystwo Emigracyjne, 1913.

PALMER, Howard. *Land of the Second Chance: A History of Ethnic Groups in Southern Alberta.* Lethbridge, The Lethbridge Herald, 1972.

Pamiętniki Emigrantów: KANADA. Varsovie: Książka i Wiedza, 1971.

PARK, Robert E. *The Immigrant Press and Its Control.* New York, Harper, 1922.

PATTERSON, Sheila. « This New Canada ». *Queen's Quarterly*, LXII (1955), 80–88.

PERKOWSKI, J.L. « Folkways of the Canadian Kashubs », in Cornelius J. JAENEN, ed., *Slavs in Canada.* Vol. III. Toronto, Ukrainian Echo Pub. Col. Ltd., 1971.

PIELORZ, Józef, O.M.I. *Oblaci Polscy 1920-1970.* Rome, Dom Generalny, 1970.

Pierwszy Polski Kalendarz Dla Kanady Na Rok 1915. Montreal, W.J. Ortela i Spółka, 1915.

PODOSKI, Wiktor. *Młodzież A My.* Ottawa, Édition à compte d'auteur, 1959.

Polonja Zagranicą. *Powszechna Wystawa Krajowa w 1929R.* Poznań (Pologne), s.é., 1929.

POLZIN, Theresita. *The Polish Americans: Whence and Whither.* Pulaski (Wisc.), Franciscan Publishers, 1973.

PORTER, John. *The Vertical Mosaic.* Toronto, The University of Toronto Press, 1965.

RADECKI, Franciszek. « Notatki ». Toronto, Autocopie, 1973.

RADECKI, Henry. « POLISH-Canadian, CANADIAN-Polish or CANADIAN? » Toronto, Autocopie de l'Université York, 1970.

———. « Culture and Language Maintenance Efforts of the Polish Ethnic Group in Canada ». Toronto, Autocopie de l'Université York, 1971.

———. « How Relevant are the Polish Part-Time Schools? », in B. HEYDENKORN, ed., *Past and Present.* Toronto, Canadian-Polish Research Institute, 1974.

———. « The Polish Voluntary Organizational Structure: Issues and Questions », in B. HEYDENKORN, ed., *Past and Present.* Toronto, Canadian-Polish Research Institute, 1974.

———. « Ethnic Organizational Dynamics: A Study of the Polish Group in Canada ». Université York, Thèse de doctorat inédite, 1975.

RAK, Stanisław. *Agricultural Reform in Poland.* London, S.P.K., 1946.

（UN MEMBRE D'UNE FAMILLE DISTINGUÉE）

RAKOWSKI, Janusz. *Wczoraj i Dziś Reformy Rolnej*. Fribourg (Suisse), Pamiętnik Literacki, 1946.

Rapport de la Conférence sur le développement des groupes ethniques et de la collectivité du Nord de l'Ontario. «Harmony in Culture», School of Social Work, Université Laurentienne Sudbury (Ontario), 3-4 avril 1971.

Rapport du Conseil économique de l'Ontario. «Immigrant Integration». Toronto, Imprimeur du Gouvernement de l'Ontario, 1970.

Rapport de la Commission royale d'enquête sur le bilinguisme et le biculturalisme. «Les Langues officielles», Livre I. Ottawa, Imprimeur de la Reine, 1967.

_____. «Education», Livre II. Ottawa, Imprimeur de la Reine, 1968.

_____. «L'apport culturel des autres groupes ethniques», Livre IV. Ottawa, Imprimeur de la Reine, 1970.

«Report of the Select Committee on Emigration, 1860». *Journal de l'Association juridique*, XVIII, Appendice 4, 1860.

REYMONT, Władyslaw S. *Chłopi*. 4 volumes. Varsovie, Państwowy Instytut Wydawniczy, 1970.

_____. *The Peasants*. Trad. M.H. Dziewicki, New York, Knopf, 1925.

RICHMOND, Anthony H. *Post-War Immigrants in Canada*. Toronto, University of Toronto Press, 1967.

_____. *Immigrants and Ethnic Groups in Metropolitan Toronto*. Toronto, Programme de recherche ethnique de l'Université York, 1967.

_____. «Sociology of Migration in Industrial and Post-Industrial Sociaties», in J.A. JACKSON, ed., *Migration*. Cambridge, At the University Press, 1969.

_____. «Immigration and Pluralism in Canada», in W.E. MANN, ed., *Social and Cultural Change in Canada*. Vol. I. Toronto, Copp Clark, 1970.

_____. *Ethnic Residential Segregation in Metropolitan Toronto*. Toronto, Programme de recherche ethnique de l'Université York, 1972.

_____. «Language, Ethnicity and the Problem of Identity in a Canadian Metropolis». Exposé présenté lors du 9ᵉ Congrès international des Sciences anthropologiques et ethnologiques, Chicago, 28 août au 8 septembre 1973.

ROLNIK, Jacek. «Wycinanki Prasowe». *Związkowiec*, No. 8, 1935.

ROSE, Arnold M. *Sociology*. New York, Knopf, 1965.

ROSE, W.J. «Russian Poland in the Late Nineteenth Century», in W.F. REDDAWAY *et al.*, eds., *The Cambridge History of Poland*. Vol. II. Cambridge, At The University Press, 1941.

_____. «Prussian Poland, 1850-1914», in W.F. REDDAWAY, *ibid.* Vol. II. Cambridge, At The University Press, 1941.

RYDER, N.B. «The Interpretation of Origin Statistics». *The Canadian Journal of Economics and Political Science*, XXI (1955), 466-479.

SAJEWICZ, Jan, O.M.I. *Nasz Brat*. Prowincja Wniebowzięcia N.M.P., O.O. Oblatów w Kanadzie, 1972.

SCHERMERHORN, R.A. *These Our People*. Boston, D.C. Heath, 1949.

SCHUTZ, A. «Collected Papers». *Studies in Social Theory*, Vol. II. La Haye, Martinus Nijhof, 1964.

SECRÉTARIAT D'ÉTAT. *Notre Histoire*. Ottawa, Information Canada, 1970.

SÉNAT DU CANADA. *Procès-verbal du Comité permanent sur l'Immigration et la Main-d'œuvre*. Mercredi 18 juin 1947. Ottawa, Imprimeur du Roi, 1947.

Sessional Papers No. 10, Vol. xxiv, Part ii, «Immigration». Department of the Interior Sessional Papers 13, No. 2, Report of W.T.R. Preston, Inspector of Agencies in Europe, London, December 23, 1899, 12–19.

SEYWERD, Henry. «Integration in Canada». *Migration News*, 7 (1958), 1, 1–5.

Silver Jubilee, Oblate Fathers. 1935–1960. Toronto, Province de l'Assomption, 1960.

SKORZEWSKI, Andrzej. *Pamiętñiki.* Wrocław, Ignacy Witan, 1888.

SLAVUTYCH, Yars. «Slavic Literature in Canada», in *Slavs in Canada*, Vol. i. Procès-verbal de la première conférence sur les Slaves canadiens, Banff, 9–12 juin 1966. Edmonton, Comité interuniversitaire sur les Slaves canadiens, 1966.

SMITH, W.G. *A Study in Canadian Immigration.* Toronto, Ryerson, 1920.

――――. *Building the Nation.* Toronto, Ryerson, 1922.

SOBOLEWSKI, George. «Reflections on my Experiences as an Immigrant to Canada». *Migration News*, 9 (1960), 5.

«Souvenir of the Opening and Blessing of the new Holy Ghost Parish School», Winnipeg, 23 novembre 1958.

STANIEWSKI, A.J. «Do Wokandy Historyka — z Życia Polonii Toronto». *Związkowiec*, n° du jubilé, avril, 1935.

STONEQUIST, E.V. *The Marginal Man.* New York, Scribners, 1937.

STOREY, M., et B. PEARSON, eds. *The Canadian Family Tree.* Ottawa, Direction de la citoyenneté canadienne, 1967.

SZCZEPAŃSKI, Jan. *Polish Society.* New York, Random House, 1970.

SZWEJ, R.P. M. «Cząstka Polskiej Całosci». *Związkowiec*, No. 14, 20 février 1973.

TAZBIR, J., et F. ROZTWOROWSKI. «The Commonwealth of the Gentry», in A. GIEYSZTOR *et al.*, eds., *The History of Poland.* Varsovie, Éditeurs scientifiques polonais, 1968.

THEODORSON, G.A., and A.G. THEODORSON. *Modern Dictionary of Sociology.* New York, Crowell, 1969.

THOMAS, W.I. et F. ZNANIECKI. *The Polish Peasant in Europe and America.* 2 volumes, New York, Dover, 1958.

TIMLIN, Mabel F. «Canada's Immigration Policy, 1896–1910». *The Canadian Journal of Economics and Political Science*, xxvi (1960), 517–532.

The *Toronto Star* Forum. «Canada's Immigration Policy». Toronto, St. Lawrence Hall, 17 octobre 1972.

Trzy Prześliczne i Bardzo Skuteczne Modlitwy Przy Umierającym. Z Dodatkiem Siedmiu Pieśni Pogrzebowych i Litanie o Smierć Szczęśliwą. Drukowane Dla Pobożnego Ludu Polskiego, s.d.

TUREK, V. «Poles Among the De Meuron Soldiers». *Historical and Scientific Society of Manitoba*, Série iii, 9 (1954) 53–68.

――――. «Jeszcze o Polonii Kanadyjskiej». *Kultura*, 122 (1957), 85–94.

――――. *Sir Casimir Gzowski (1813–1898).* Toronto, The Polish Alliance Press, 1957.

――――, ed. *The Polish Past in Canada.* Toronto, The Polish Alliance Press, 1960.

――――. *The Polish Language Press in Canada.* Toronto, The Polish Alliance Press, 1962.

――――. «Polacy w Manitobie: Liczba i Rozmieszczenie». *Problemy Polonii Zagranicznej.* Tome iii. Varsovie, Polska Akademia Nauk. 1964.

――――. *Poles in Manitoba.* Toronto, The Polish Alliance Press, 1967.

TUROWSKI, J. «Changes in the Rural Areas Under the Impact of Industrialization». *Polish Sociological Bulletin,* 1 (1966), 13, 123–131.

TURRITIN, A.H. «Ethnicity and Occupational Stratification in Metropolitan Toronto, 1961». Université York, Autocopie du département de Sociologie, 1972.

VALLEE, F.G., M. SCHWARTZ et F. DARKNELL. «Ethnic Assimilation and Differentiation in Canada». *Canadian Journal of Economics and Political Science,* XXIII (1957), 540–549.

VERNANT, J. *The Refugee in the Post-War World.* London, Allen & Unwin, 1953.

WACHTL, K. *Historia Polonii w Ameryce.* Philadelphia, Polish Star Publishing Co., 1944.

WALLACE, Stewart W., ed. «The Polish Group». *The Encyclopedia of Canada,* Vol. 5. Toronto, University Associates of Canada, 1937, p. 131.

WAŃKOWICZ, Melchior. *Tworzywo.* Varsovie, Instytut Wydawniczy Pax, 1970.

———. *Three Generations.* Trad. de K. Cękalska. Toronto, Institut de recherche polono-canadien du Canada, 1973.

WARE, C.F. «Ethnic Communities», in E.R.A. SELIGMAN, ed., *Encyclopedia of the Social Sciences,* Vol. V, p. 607–613. New York, Macmillan, 1963.

WAWRÓW, Leszek. «Editor's Notes». *Echo,* IV (1972), No. 2.

WITOS, Wincenty. *Jedna Wieś.* Chicago, Polskie Stronnictwo Ludowe i Związek Przjaciol Wsi Polskiej w Ameryce, 1955.

WOJCIECHOWSKI, Jerzy A. «The Future of Canada's Polish Speaking Community — Polonia's Problems and Possibilities», in T.W. KRYCHOWSKI, ed., *Polish Canadians: Profile and Image.* Toronto, The Polish Alliance Press, 1969.

WOŁODKIEWICZ, A. *Polish Contributions to Arts and Sciences in Canada.* London, White Eagle Press, 1969.

WOOD, Arthur Evans. *Hamtramck: A Sociological Study of a Polish-American Community.* New Haven (Conn.), College and University Press, 1955.

WOODSWORTH, James S. *Strangers Within Our Gates.* s.l., Frederick Clarke Stephenson, 1909.

———. *My Neighbour.* Toronto, The Missionary Society of the Methodist Church, 1911.

WOYCENKO, Ol'ha. *The Ukrainians in Canada.* Winnipeg, Trident Press, 1968.

Wskazówki Dla Uchodźców Do Kanady. Varsovie, Urząd Emigracyjny Przy Ministerstwie Pracy i Opieki Społecznej. Drukarnia Państowowa, 1927.

WYTRWAL, Joseph A. *America's Polish Heritage: A Social History of the Poles in America.* Detroit, Endurance Press, 1961.

Złote Pokłosie Parafi Św. Stanisława Kostki. Toronto. 1911–1961. Toronto, 1961.

Złoty Jubileusz Towarzystwa Białego Orla w Montrealu, 1902–1952. Toronto, Jubilee Committee, 1952.

ZNANIECKI, Florian. «The Poles», in H.P. Fairchild, ed., *Immigrant Backgrounds.* New York, Wiley, 1927.

ZUBRZYCKI, B.J. *Polacy w Kanadzie (1759–1946).* Toronto, Kongres Polonii Kanadyjskiej, 1947.

ZUBRZYCKI, J. *Polish Immigrants in Britain.* La Haye, Martinus Nijhoff, 1956.

Związek Nauczycielstwa Polskiego w Kanadzie. «Spis Szkoł w Kanadzie,

BIBLIOGRAPHIE

Rok Szkolny 1972/73». Toronto, Autocopie, 1973.

ZYBAŁA, Stanisław, «Foreign in Language, Canadian in Spirit, Human in Every Other Respect», in J.M. KIRSCHBAUM *et al.*, eds, *Twenty Years of Ethnic Press Association in Ontario.* Toronto, Ethnic Press Association in Ontario, 1971.

———. «Jak Tam Na Wojęnce Ładnie...». *Zwigzkowiec,* No. 100, 1973.

AUTRES SOURCES

ARCHIVES The Canadian Polish Research Institute, Toronto
The Mother's House.
The Order of the Felician Sisters of Mary Immaculate, Mississauga (Ont.).

INTERVIEWS M. W. Dutkiewicz
M. Peter Gzowski
R. M. Supérieure Mary Alexandrette, O.F.S.
S. Exc. Mgr Niemiński
M. S.T. Orłowski
R.P. S. Puchniak, O.M.I.

INDEX

COMPOSÉ AUX ATELIERS GRAPHITI INC.
À SAINT-GEORGES-DE-BEAUCE
ACHEVÉ D'IMPRIMER SUR LES PRESSES DE
L'ÉCLAIREUR LTÉE À BEAUCEVILLE